中国矿业大学教材建设专项资金资助出版教材

中国政治制度史新论

A New Theory About Chinese Political System History

翟军亮 编 著

天津出版传媒集团

天津人民出版社

图书在版编目（CIP）数据

中国政治制度史新论／翟军亮编著. -- 天津:天
津人民出版社,2019.4
经典教材教参系列
ISBN 978－7－201－14658－4

Ⅰ.①中… Ⅱ.①翟… Ⅲ.①政治制度史—中国—教
材 Ⅳ.①D69

中国版本图书馆 CIP 数据核字（2019）第 067216 号

中国政治制度史新论
ZHONGGUO ZHENGZHI ZHIDUSHI XINLUN

出　　版	天津人民出版社
出 版 人	刘　庆
地　　址	天津市和平区西康路 35 号康岳大厦
邮政编码	300051
邮购电话	（022）23332469
网　　址	http://www.tjrmcbs.com
电子信箱	reader@ tjrmcbs.com

责任编辑	郑　玥
特约编辑	武建臣
装帧设计	明轩文化·王烨

印　　刷	高教社(天津)印务有限公司
经　　销	新华书店
开　　本	787 毫米×1092 毫米　1/16
印　　张	28
插　　页	2
字　　数	450 千字
版次印次	2019 年 4 月第 1 版　2019 年 4 月第 1 次印刷
定　　价	96.80 元

自　序

探寻"古今治乱之由,长治久安之道"是亘古不变的主题,国家治理现代化赋予了这一主题以新的内涵。习近平同志多次强调历史传承对于国家治理体系和政治制度的重要意义。例如,习近平同志在省部级主要领导干部全面深化改革专题研讨班开班仪式上强调:"一个国家选择什么样的治理体系,是由这个国家的历史传承、文化传统、经济社会发展水平决定的,是由这个国家的人民决定的。我国今天的国家治理体系,是在我国历史传承、文化传统、经济社会发展的基础上长期发展、渐进改进、内生性演化的结果。"在庆祝全国人民代表大会成立 60 周年大会上的讲话中强调:"设计和发展国家政治制度,必须注重历史和现实、理论和实践、形式和内容有机统一。要坚持从国情出发、从实际出发,既要把握长期形成的历史传承,又要把握走过的发展道路、积累的政治经验、形成的政治原则,还要把握现实要求、着眼解决现实问题,不能割断历史,不能想象突然就搬来一座政治制度上的'飞来峰'。"可见,发展国家政治制度和推动国家治理现代化需要深入分析中国国家政治制度和国家治理的历史发展规律,需要总结历史经验、汲取历史智慧,需要建基于中国几千年来的国家政治制度与国家治理的历史实践基础之上。基于此,从国家治理现代化的理论视角重新编纂中国政治制度史教材就显得尤为必要。

何为国家治理? 国家治理的逻辑体系是什么? 如何推动国家治理现代化? 2013 年 11 月 13 日,党的十八届三中全会首次提出全面深化改革的总目标是完善和发展中国特色社会主义制度,推进国家治理体系和治理能力现代化。习近平同志在《切实把思想统一到党的十八届三中全会精神上来》①一文中强调,国家治理体系是在党的领导下管理国家的制度体系,包括经济、政治、文化、社会、生态文明和党的建设等各领域的体制机制、法律法规安排,是一整套紧密相连、相互协调的国家制度;国家治理能力则是运用国家制度管理社会各方面事务的能力,包括改革发展稳定、内政外交国防、治党治国治军等各个方面。这二者是一个有机整体,相辅相成,治理体系搭建好了,治理能力才能提高;治理能力提高了,治理体系才能充分发挥效能。推进国家治理体系和治理能力现代化,就是要适应时代变化,既改革不适应实践发展要求的体制机制、法律法规,又不断构建新的体制机制、法律法规,使各方面制度更加科学、更加完善,实现党、国家、社会各项事务治理制度化、规范化、程序化。要更加注重治理能力建设,增强按制度办事、依法办事意识,善于运用制度和法律治理国家,把各方面制度优势转化为管理国家的效能,提高党科学执政、民主执政、依法执政水平。从这些论断中可以看出:

第一,国家治理包括国家治理体系和国家治理能力两个方面。其中,国家治理体系关涉的是国家治理的制度层面,国家治理能力关涉的是国家治理的行为层面,只有两者密切结合,才能推动国家治理现代化。换句话说,国家治理应该包括制度与行为两个层面的内容。也正因为如此,有学者认为国家治理概念"是在国家政体概念之下的一个中层概念,是各类国家政体都共同具有的约束国家和治理社会的各种具体制度和机制的总和,强调的是国家政权实际运行的过程和成效"②。"实践中的国家治理,既可能出现治也可能出现乱,既可能出现兴又可能出现亡,既可能出现强也可能出现弱;国家治理既有很多现代的要素,是古代传统中所缺乏的,但古代传统中又有一些东西是可以吸收的。这涉及的是'用'的层面的内容,具有共通性。"③

第二,国家治理现代化属于政治发展的范畴,内涵了政治发展的意涵。例如,习近平总书记强调的"要适应时代变化,既改革不适应实践发展要求的体制机制、法律法规,又不断构建新的体制机制、法律法规,使各方面制度更加科学、更加完善,实现党、国家、社会各项事务治理制度化、规范化、程序化"等内容。也正因为如此,有学者认为,"国家治理现代化就是从前现代国家和社会向现代国家和社会的转型,即建构政治现代性和实现政治现代化。

①　习近平:《切实把思想统一到党的十八届三中全会精神上来》,《人民日报》,2014年1月1日。
②③　何增科:《国家治理现代化的维度和面向》,《人民论坛》,2014年第27期。

这个过程包括建立现代意义上的官僚制和代议制,其核心内容是实现现代意义上的法治与民主"①。"国家治理现代化就是从传统式国家治理向现代式国家治理转变。"②"国家治理体系和治理能力的现代化,实质上是一个政治制度现代化的问题,属于政治发展的范畴。"③

当然,对国家治理的分析必须以马克思主义经典国家理论为前提。毕竟"国家政体属于□□□□□□□□□□□□□□□□范畴"④。具体而言,对国家治理的研究□□□□□□□□□□□□□□家的职能、国家的阶级属性、国家的意□□□□□□□□□□□□□□□□□□□□

概而言之,国□□□□□□□□□□□□□□□□□性质—意识—制度体系—行为—发展。□□□□□□□□□□□□□□□

对中国古代和□□□□□□□□□□□□□□当时的国家治理场域之中。根据马克思□□□□□□□□□□□□□建建筑,表达和反映的是统治阶级的意志□□□□□□□□□□□□级统治的物化表现,政治制度是统治阶级进行国家治理、维护自身统治的工具。因此,要分析政治制度,必须将其置于国家治理场域中。中国古代乃至近代社会是以农业社会为基础的权力社会,政治与社会尚未分离,权力主导一切。这决定了中国古代乃至近代社会的国家治理主要甚至完全是通过政治制度来进行的。因此,可以用国家治理分析框架来分析中国古代乃至近代社会的政治制度。

基于此,本书立足于政治学和公共管理学科,但不局限于政治学和公共管理学科,而是以政治学基础理论为基础,以国家治理现代化为理论视角,整合历史学、政治学、社会学、经济学等学科相关理论对中国政治制度历史变迁进行分析(例如,引入产权与治权、公共选择理论、制度主义和行为主义理论来分析治乱兴衰),通过静态政治制度与动态政治行为相结合将中国政治制度及其演变过程置于国家治理场域中,剖析"古今治乱之由",探寻"长治久安之道",发现其中的规律与借鉴意义。具体而言,本书的内容体系如下:第一篇主要阐述中国政治制度的性质,具体内容主要包括中国政治制度史的核心概念、问题、内容与中国传统政治制度的基本特征。第二篇主要阐

---

① 胡伟:《如何推进我国的国家治理现代化》,《探索与争鸣》,2014 年第 7 期。

② 包心鉴:《国家治理现代化对执政党建设的新要求》,《中国浦东干部学院学报》,2014 年第 5 期。

③ 胡伟:《国家治理体系现代化:政治发展的向度》,《行政论坛》,2014 年第 4 期。

④ 何增科:《国家治理现代化的维度和面向》,《人民论坛》,2014 年第 27 期。

述政治意识,具体内容主要包括政治文化、政治社会化和意识形态。第三篇主要阐述政治体系,具体内容主要包括王权/皇权制度、中央行政制度、地方行政制度和监察制度。第三篇主要阐述政治行为,主要从产权与治权、科层代理、官员理性行为等角度展开。第四篇主要阐述政治发展,主要选取了中国近代君主立宪缘何没有成功、政治文化发展两个主题。

　　需要说明的是,限于篇幅和时间,本书没有对中国古代的政治辅助制度(例如,人事行政制度、法律制度、军事制度)进行详尽分析,只在相关部分进行了简略论述。另外,对中华民国时期的政治制度(1912—1949年)也没有作详尽论述,只在相关部分简略论之。虽然辛亥革命建立民主共和政府具有划时代的意义,但随后袁世凯窃取革命果实,中国政治由此进入北洋军阀时期。这一时期的政治制度名义上是民主共和,实质上是军事独裁,是封建皇帝思想的新实践。"军阀政府制宪的目的,只是借用立宪政治的形式,掩盖封建军事独裁专制的本质。"①南京国民政府建立后,国民党"打着'训政'旗号,公开实行'一党独裁,个人专制'"②,尽管进行了制宪活动(例如,颁布了"五五宪草"),但"实质上仍以维护和巩固国民党独裁政权为最高诉求"③。因此,笔者认为,这一时期静态的政治体系对当今国家治理的借鉴意义不大,但民主共和在这一时期的坎坷经历却需要分析,毕竟推进民主化是国家治理的重要内容。

　　基于上述内容体系,本书试图作出以下创新:

　　(1)分析框架:以国家治理分析框架来探讨中国政治制度史。本书立足于教科书和教学大纲的整体框架,补充了中国政治制度史近几年来的最新研究成果,融理论前沿于实际教学中。立足于中国政治制度史,紧密联系国家治理体系和治理能力现代化的实践前沿,将对中国政治制度的分析置于国家治理场域中,并用国家治理框架来分析中国政治制度在中国社会治乱兴衰中的作用,从历史中寻找新形势下提升国家治理效能的启示。

　　(2)学科定位:强化政治学和公共管理学学科性质。中国政治制度史作为一门交叉学科已经成为共识,从学科属性来看,中国政治制度史既属于历史学科,也属于政治学科。历史学科属性强调中国政治制度史中的"史",强

---

① 张继良:《近代中国政治社会变革研究》,北京大学出版社,2013年,第406页。
② 同上,第481页。
③ 同上,第487页。

调的是历史学专业性。政治学和公共管理学学科属性强调的是中国政治制度史中的"政治制度"。尽管在高校政治学和公共管理学科中开设"中国政治制度史"课程是一种普遍做法，但教科书多是作为政治学科的历史叙事，其教学结构和内容安排仍遵循的是历史学的学科体系与范式，典型体现为教学内容与结果主要是历朝历代的政治制度及其演变过程。也就是说，当前的中国政治制度史教材多为基于历史学科体系与范式的教材，或者说从历史叙事的角度来研究中国政治制度，以政治学/公共管理学学科体系和范式为基础的教材较少。鉴于既有教科书多为历史叙事，本书则增强化了中国古代政治制度的政治学和公共管理学学科性质，是政治学分析而非历史分析。

（3）内容体系：静态制度与动态行为的结合。以作为历史事实的中国政治制度作为核心内容，在国家治理现代化场域中意义不大。毕竟国家治理是动态的而非静态的，只有制度与行为的结合才能克服单纯的静态制度与动态行为分析的局限性。既有教科书多为静态制度分析，尽管可以"以史为镜"，通过分析静态的、作为历史事实的中国政治制度来提出借鉴，但这种借鉴是静态的、机械的，难以契合动态的国家治理实践。其实，关于制度与行为的关系，政治学的发展历程已经为我们提供了答案。政治学发展之初，旧制度主义持制度中心主义和制度决定论观点，认为在整体主义的思维中，制度决定人的行为，并通过分析制度来分析政府行为。20世纪五六十年代，受科学主义思潮和反理性思潮的影响，传统政治学开始向现代政治学转变。行为主义逐渐成为政治学的主流理论。行为主义将分析的重点放在了人及人的行为上，将传统政治学所关注的制度排除在了研究视野之外。过分关注作为个体的人的行为而有意识地忽视人的行为所得以发生的宏观背景，使得行为主义政治学在解释现实政治生活时面临着极大的局限性。正是在对行为主义政治学局限性反思的过程中，新制度主义开始崛起。新制度主义重新发现了制度在解释现实问题和人的行为中的地位和作用，认为行为发生在制度环境中，制度和行为是互相影响的。

（4）目的定位：历史事实描述与机理分析相结合。"以史为镜，可以知兴替。"在国家治理现代化背景下，要探讨中国古代乃至近代国家治理对当今的借鉴意义，需要对中国政治制度进行历史描述或历史事实描述，但仅仅进行历史事实描述是不够的，还必须分析中国政治制度这一历史事实所内涵或体现的政治意义。仅仅从静态角度来描述中国政治制度是不够的，还必须从动态的角度对中国政治制度进行解读,必须理解中国政治制度与特定制度约束下的政治行为之间的影响关系。换句话说,必须理解中国国家治理场域中的制度与行为之间的作用机理。只有如此,才能理解中国古代的治乱兴衰之由。

　　本书是在借鉴前辈们研究成果的基础上的一次尝试。既然是尝试,再加上时间和精力等因素的影响,本书难免存在不完善之处,诚恳欢迎批评指正。

目　录

第三篇　政治体系

第一篇
政治制度的性质

第一章
政治、政治制度与政治制度史

中国政治制度史是关于中国政治制度的历史，核心是政治和政治制度。因此，说明什么是政治和政治制度对理解中国政治制度史的研究对象和内容至关重要。

第一节　政治

对于什么是政治，不同的学者有不同的观点，为理解中国政治制度提供了不同的视角。例如，英国著名政治学者安德鲁·海伍德将政治界定为"作为政府艺术的政治、作为公共事务的政治、作为妥协与共识的政治、作为权力和资源分配的政治和'一般社会规则的制定、维系和修正'"①。戴维·伊斯顿则认为政治即是社会价值的权威性分配。这些观点均对理解中国政治制度具有启发意义。例如，将政治界定为政府艺术这一观点将政治的发生范围和主体限定为以政府部门为主要组成部分的政府结构内部，其参与者也自然而然地限定为政治人物、文官及其相关人员（如刀笔小吏等），私学、宗族、家庭等则不属于政治的范畴，因而也不属于中国政治制度的范畴。基于这一观点，我们理解中国政治制度则实质上是研究政府结构的发展演变过程及其规律，研究权威行使方式的演变过程。同样，这一界定也引发了我们的思考，在"皇权不下乡，乡下皆自治"的背景下，古代基层治理中存在着政治吗？属于我们的研究范畴吗？将政治界定为公共事务，则引发了对中国古代政治的思考——在"普天之下莫非王土，率土之滨莫非王臣"的背景下，中国古代社会存在公共领域和私人领域吗？将政治界定为权力、资源的分配和获取也许更加贴近中国古代政治实际，毕竟，中国封建社会的演变史

---

① ［英］安德鲁·海伍德：《政治学》（第三版），张立鹏译，中国人民大学出版社，2013 年，第 5~13 页。

即是一部波诡云谲的皇权争夺史,也是一部皇权和相权此消彼长的斗争史,更是古代土地这一农业社会中最根本的资源的分配制度发展演变史。因为资源是稀缺的,人的欲望是无限的,权力是达到所期望结果的重要手段。正如哈罗德·D.拉斯韦尔将政治界定为"谁得到什么?何时和如何得到?"所揭示的那样。同样,杨光斌也从权力与资源的角度对政治进行了界定,杨光斌认为:"政治就是人们围绕公共权力而展开的活动以及政府运用公共权力而进行的资源的权威性分配的过程。"①

但是这些观点均未有效揭示政治存在和发生演变的根本原因,也即尚未揭示中国政治制度史这门课程/学科得以存在的实质原因。这种根本原因要追溯到经济基础和上层建筑的辩证关系。马克思主义观点的推论过程为:任何社会都是由经济基础和上层建筑组成,经济基础主要由生产力和生产关系构成,而上层建筑主要由政治制度、政治机构、法律、意识形态和哲学等组成;生产力决定生产关系,经济基础决定上层建筑,两者间的矛盾以阶级斗争的形式表现出来。因此,"在阶级社会里,阶级斗争是解决社会基本矛盾的唯一途径,这是因为落后的阶级不愿意放弃自己的特权地位,不甘心丧失自己的利益。社会革命作为阶级社会里阶级斗争的最高表现形式,是一个阶级推翻另一个阶级的政治统治的斗争,其本质是消灭过时的、束缚生产力发展的旧的生产关系,建立适合生产力发展的新的生产关系,解放生产力。在这一意义上,革命不是偶然的事件,而是一种历史的必然,革命是推动历史前进的火车头"。正如马克思主义所认为的:"至今一切社会的历史都是阶级斗争的历史","自由民和奴隶、贵族和平民、领主和农奴、行会师傅和帮工,一句话,压迫者和被压迫者,始终处在相互对立的地位,进行不断的、有时隐蔽有时公开的斗争……"②可见,马克思主义是基于经济基础和上层建筑对政治进行界定的,认为政治是经济的集中反映。例如,王浦劬认为政治是"在特定社会经济关系及其所表现的利益关系基础上,社会成员通过社会公共权力确认和保障其权力并实现其利益的一种社会关系"③。王惠岩认为"政治是阶级社会中以经济为基础的上层建筑,是经济的集中体现,是以政治权力为核心展开各种社会活动和社会关系的总和"④。概而言之,马克思主义认为政治的根源是经济;政治的实质是阶级关系;政治的核心是权

① 杨光斌:《政治学导论》(第四版),中国人民大学出版社,2011年,第5页。
② 马克思、恩格斯:《共产党宣言》,中央编译出版社,2005年。
③ 王浦劬等:《政治学基础》,北京大学出版社,2014年,第9页。
④ 王惠岩:《政治学原理》(第二版),高等教育出版社,2006年,第6页。

力,国家政权是政治权力的根本问题;政治是科学也是艺术。从这一观点出发,我们可以从经济、政治、文化、社会等层面理解中国政治制度史,理解中国古代社会为什么跳不出"历史周期律",中国近代社会的变革为何如此艰难,中国共产党为什么会取得最终胜利等一系列问题,更可以理解为什么要推进国家治理体系和治理能力现代化等一系列问题。"以史为镜,可以知兴替",通过对中国政治制度的发展演变过程进行分析,可以理解并为当代中国政治经济文化和社会改革提供借鉴。

当然,对政治的理解也需要从中国古代思想中汲取营养。中国古代形成了丰富的政治思想,也对理解中国政治制度具有启发意义。例如,较为典型的伦理政治思想。中国儒家学说对于政治的阐释,寄托着其对于仁义礼智信、内圣外王的道德价值追求。孔子曰:"政者,正也。子帅以正,孰敢不正?""为政以德,譬如北辰,居其所而众星拱之。"①"正",就是儒家的道德规范,治者的思想行为符合这些规范,天下当治。因此,中国古代的政治与道德是一体两面的,修身、齐家、治国、平天下,形成了从道德到政治的内外统一逻辑,"以力假仁者霸,霸必有大国;以德行仁者王,王不待大。汤以七十里,文王以百里。以力服人者,非心服也,力不赡也;以德服人者,心悦而诚服也,如七十子之服孔子也。诗云:'自东自西,自南自北,无思不服。'此之谓也。"②这种伦理政治思想一直贯穿于中国政治制度发展始终,即使在当今社会,道德仍然是衡量政治人物的一个重要标准。而西方社会,尽管也经历了伦理政治时期,但在马基雅维里时期,则实现了政治与道德的分离,将政治从对某种理想政治价值和道德的追求剥离为对权力的赤裸裸追求。尽管中国古代也有类似的思想,例如法家的法、术、势,但总为统治者所掩饰,为人民所不齿。这也构成了中国政治与西方政治的重要分歧之一,也是理解中国古代政治乃至现代政治的重要视角之一。

此外,还有其他政治界定,不一而足。例如孙中山认为:"政就是众人之事,治就是管理,管理众人之事就是政治。有管理众人之事的力量,便是政权。"美国政治学家 G. 庞顿和 P. 吉尔认为"政治活动可以被认为是与对人的集体生活的管理联系在一起的。"

概而言之,不同的学者从不同的视角对政治进行了不同的界定。这些不同的视角为理解政治制度和中国政治制度史提供了不同的视角选择。

---

① 《论语》,万卷出版公司,2009年,第10页。
② 《孟子》,哈尔滨出版社,2007年,第49页。

第二节　政治制度

何为政治制度？中文的制度一词与英文中的"institution"或"system"相对应,意指规则或体系。制度经济学认为:"制度意味着一些普遍的永久的思想行为方式,它渗透在一个团体的习惯中或一个民族的习俗中……制度强制性地规定了人们行为的可行范围。"[①]"制度是一个社会的游戏规则,更规范地说,它们是为决定人们的相互关系而人为设定的一些制约。制度构造了人们在政治、社会和经济方面发生交换的激励结构,制度变迁则决定了社会演进的方式,因此,它是理解历史变迁的关键。"[②]制度有正式制度和非正式制度之分。正式制度由以某种明确的形式确定下来的、成文的规则或体系构成,例如法律、政策、规章、契约等。非正式制度多由不成文的信念、价值体系、伦理道德、风俗习惯等组成,它们构成了深层次的制度体系。相应地,政治制度即为政治领域的规则和体系。

除了制度经济学之外,其他学科的学者从不同的视角对政治制度进行了不同的界定,但其内容基本一致。例如,高放认为政治制度是指国家政权的性质及其组织形式的制度,包括国体和政体两个方面。[③] 曹沛霖认为政治制度是统治阶级为实现其统治而采取的统治方式和方法的总和。[④] 浦兴祖认为政治制度是指政治领域中要求政治实体遵守的各类准则或规范。[⑤] 王浦劬认为政治制度是政治权力按照不同的利益要求,为实现社会政治的有序运行而对各种政治力量之间的关系和活动方式所作的法定规约。[⑥]

本书认为,权力是政治的核心,这决定了政治制度是围绕政治权力所形成的规则和体系,换句话说,政治制度的核心是由一定的经济基础所决定的权力的生产、分配、使用的制度。因此,从权力的角度对政治的内涵与外延进行界定更为合适,政治制度即是一定经济基础之上的多元主体在政治权力的生产、分配、使用过程中所形成的正式与非正式的规则或体系。其主体

---

① Eduin R. A. Seligman, Alvin Johnson eds., *Encyclopaedia of the Social Sciences*(*Volume Eight*), Encyclopedia of the Social Sciences, 1932, pp. 84 – 89.

② [美]道格拉斯・C. 诺斯:《制度、制度变迁与经济绩效》,杭行译,上海三联书店,1994 年,第1 页。

③ 高放:《社会主义大辞典》,河南人民出版社,1988 年。

④ 曹沛霖:《外国政治制度》,高等教育出版社,1992 年。

⑤ 浦兴祖:《中华人民共和国政治制度》,上海人民出版社,2005 年。

⑥ 王浦劬:《政治学基础》,北京大学出版社,1995 年。

涵盖了体制内主体(如皇帝、宰相、官僚队伍等)、体制外主体(如以宗族为代表的社会精英、吏胥、臣民或公民等)和体制内与体制外之间的连接桥梁(如政治组织等)。其范围涵盖了:由权力在阶级之间的分配所形成的国体,即国家性质,确定了社会各阶级在国家中的地位;由权力的横向关系所形成的政体,即国家政权组织形式,尤其是中央(全国)政权的组织形式;由权力的纵向关系所形成的国家结构,即国家的整合形式,国家的各个组成部分如何整合为一个国家的政治共同体,表现为国家政体与各个组成部分之间的权力关系,以及权力的具体运作方式和具体制度,即政治体制。其形态涵盖了成文的正式制度和不成文的约束性规则。

第三节　中国政治制度史

在政治制度基础上理解中国政治制度史就容易多了。简单而言,中国政治制度史即是中国政治制度的历史。作为一个名词,它指的是已经存在的政治制度,也即政治制度的历史本身,由若干个时期/阶段的政治制度组成。作为一个动词,它指的是中国政治制度的发展演变过程及其内在规律。因此,从学科属性来看,中国政治制度史既属于历史学科,也属于政治学科。当前,教科书多采用政治学科的历史叙事。也就是说,当前的中国政治制度史教材多为基于历史学科及其体系的教材,或者说从历史叙事的角度来研究中国政治制度,以政治学/公共管理学学科及其体系为基础的教材较少。例如,较为典型的代表为柏桦的《中国政治制度史》、张创新的《中国政治制度史》、张鸣的《中国政治制度史导论》、左言东的《中国政治制度史》、韦庆远和柏桦的《中国政治制度史》。这些学者也多具有历史学背景,如柏桦为历史学博士,张鸣从历史系毕业。鉴于此,本书尝试从政治学学科及其体系来理解中国政治制度史。

本书认为,中国政治制度史的核心是"政治制度",而非"史",或者说是"变迁着的政治制度"。主要包括两层含义:第一层,从静态的角度来分析中国政治制度的核心内容,回答的是中国政治制度是由哪些内容组成的这一问题;第二层,从动态的角度来分析中国政治制度的变迁规律。回答的是这些政治制度是从哪里来的、经历了怎样的变迁过程、未来向哪儿去、对国家治理造成了什么影响等问题。

综合前述内容,本书采用性质—意识—体系—行为—发展的框架来建构中国政治制度史的内容。

　　尽管"政治制度"是核心,但也涉及了"史"。因此,需要对"政治制度"的时间段进行界定。本书对中国政治制度的阐述主要限于秦汉时期至南京国民政府时期。

第二章
中国政治制度史的核心概念与内容

　　马克思主义认为,政治是经济的集中反映,政治的核心是政治权力,国家政权是政治权力的根本问题。因此,政治制度的核心概念是由政治权力确定的,是由一定经济基础所决定的权力的生产、分配、使用制度。正如海伍德所说:"所有政治都是关乎权力的。政治实践经常被视为权力的运作,学术研究的主题本质上是权力的研究。毫无疑问,政治学的学者是研究权力的学者:他们试图知道谁拥有权力,权力是如何使用的,以及在什么基础上被行使。"①由此延伸出政治权力的核心问题:政治权力的来源问题和制约问题。政治权力的来源问题解决的是统治阶级的政治权力从何而来的问题,即合法性问题。政治权力的制约问题解决的是国家政治权力之间的制衡与约束问题。具体到中国古代社会,即为集权与分权问题,包含纵向集权与分权(中央与地方的集权与分权)、横向集权与分权(政府内部各部门之间的集权与分权)。整体上,中国古代政治制度逐步形成了专制主义中央集权制度。具体到现代社会,政治权力的制约问题为如何保障公民个人自由问题,即通常所说的宪政问题。中国当代社会逐步形成了人民民主专政的国体、人民代表大会制度的政体这一根本政治制度,形成了中国共产党领导的多党合作制度这一基本政治制度,形成了行政制度、司法制度、立法制度、军事制度等重要政治制度,形成了基层民主制度,人民权利得到了根本保障。

第一节　核心概念

　　中国政治制度史的核心概念是政治权力和政治制度。

　　何谓政治权力?海伍德认为:"就最一般的含义而言,当 A 使 B 去做 A 想做而 B 本不想去做的事情时,可以说 A 对 B 行使了权力。换言之,权力是

---

　　①　Andrew Heywood, *Political Theory*: *An Introduction*, Palgrave Macmillan, 1999, p. 122.

使他人去做本不愿做的事情的能力。"①马克斯·韦伯认为,权力是"在社会交往中一个行为者把自己的意志强加在其他行为者之上的可能性"②。A 影响 B 去做 A 想要做的事情的方式有多种,例如,海伍德认为主要存在三种方式并据此认为权力主要包括三个维度:作为决策的权力(power as decision-making)、作为议程设置的权力(power as agenda setting)和作为思想控制的权力(power as thought control)。作为决策的权力即是通过有意识的行动以某种方式来影响决定内容。基思·博尔丁认为主要有三种影响方式:强制或威胁的手段,使用互利的生产交换,形成责任、忠诚和同情的纽带。③

在中国政治生活中,这三种方式都在不同方面起着不同作用,共同形塑了中国的政治生态,影响了中国政治制度。例如,中国古代早熟的科层官僚制所形成的上下级之间的命令与服从关系即是强制手段的重要表现;中国古代官场中存在的以"拜门""碳敬""别敬"等为代表的"陋规"即为官员之间基于互利交换的产物,对中国政治生态产生了严重的消极影响。另一方面,与此恰恰相反,中国古代中有一部分官员基于自身的道德责任,廉洁奉公,忠于职守,为民请命,成了中国政治生态中的楷模。例如,晚清为变法自强而牺牲的刘光第、官至两江总督的于成龙、官至巡抚的陈璸、官至东阁大学士兼吏部尚书的熊赐履、官至吏部尚书的李光地、官至文华殿大学士兼吏部尚书的张鹏翮等均为代表性人物。

如果说第一种权力影响方式仅仅依赖于科层官僚体制即可顺畅运行,那么第二种和第三种权力影响方式则依赖于一定的社会环境。例如,明清时代清官辈出,在很大程度上并不是因为这两个朝代的律法多么的严厉,皇帝是多么地重视吏治,在很大程度上是因为明清两朝是理学大兴时期。可见,权力的运行要受到当时社会的主导价值观、政治仪式和神话、政治运行机制等因素的影响。巴克拉克(P. Bachrach)和巴拉兹(M. S. Baratz)认为:"如果 A 参与了影响 B 的决策,那么,权力无疑就得到了行使。但是,如果 A 致力于制造或强化社会政治价值和制度实践,而这些价值和实践又把政治过程的范围限定于不会对 A 造成损害的那些公共问题,那么,权力同样得到了行使。如果 A 成功地做到了这一点,那么,B 实际上就不可能在其解决问

---

① Andrew Heywood, *Political Theory: An Introduction*, Palgrave Macmillan, 1999, p. 123.

② [英]米勒、[英]波格丹诺编,邓正来主编:《布莱克维尔政治学百科全书》,中国问题研究所等译,中国政法大学出版社,1992 年,第 641 页。

③ Keith Boulding, *Three Faces of Power*, Sage Publications, Incorporated, 1989.

题的方案中提出任何会对 A 的偏好造成严重损害的问题。"①也就是说,政治议程的设置同样影响权力的运作。在中国古代社会,政治议程的设置表面上围绕治国理政来设置,如河道的疏浚、赋税的收缴、人才的选拔、户籍制度的制定与执行等,但实质上是围绕皇权而展开。这是由"普天之下莫非王土,率土之滨莫非王臣"这一主流价值思想决定的,也就是说维护皇权是当时的"国之根本",天下本应由皇帝及其委派的官僚来"牧"。

尽管如此,官吏的行为并不一定与皇帝/君主的期望相符,有时候甚至相悖。因为每个官员都是独立的个体,有着自己的观念、偏好和需求。例如,皇帝盼望的是"天下大治",因为天下是皇帝的天下;部分大臣盼望的可能也是"天下大治",因为这部分官僚是"清官",认为自己应该"为民请命";另一部分大臣可能盼望的是中饱私囊,因为天下不是自己的天下而是皇帝的天下,"天下大治"时自己也不一定能够获利。因此,如何形塑或制约观念、偏好和需求成了权力的第三种运行方式,即作为思想控制的权力。在日常的政治生活中,这种权力的运作方式一般体现为主流意识形态的宣传和主流价值观的社会化。较之第一种和第二种,这种权力的运作方式更为柔性,更为隐蔽,效果也更佳。从另一个方面来看,这种权力的运作方式涉及合法性的塑造。这个话题将在后文中阐述。

政治制度即是一定经济基础之上的多元主体在政治权力的生产、分配、使用过程中所形成的正式与非正式规则或体系。以上述政治权力分析为基础,政治制度应该由行政制度(中央行政制度、地方行政制度)、立法制度、司法制度、政治文化(含政治社会化)意识形态部分组成。由于中国古代是农业社会,对应的是里格斯所说的"融合型行政模式",行政、立法和司法三合一且行政占据主导地位。所以本书对政治制度的阐述主要侧重于行政制度。

① P. Bachrach, M. S. Baratz, The Two Faces of Power, *American Political Science Review*, 1962, p. 56. 转引自[英]赫尔德:《民主的模式》,燕继荣等译,中央编译出版社,2008 年,第 196 页。

第二节　核心问题

一、合法性问题

"合法性"（Legitimacy），又称之为"正统性""正当性"。例如，历史上通常所说的某个王朝的正统性问题就是合法性问题。所谓合法性，是指统治者与被统治者双方关于权力支配之理由与根据的证明和解释，是指某个政权、政权的代表为什么应该获得其成员的忠诚的问题。通俗地讲，"合法性"就是指关于"统治者依据什么理由说明他具有统治人民的资格（entitle-ment）；被统治者又依据什么理由认为应当服从这种统治"的道理。合法性与合法律性（legality）不同，合法性不仅仅包括合法律性，更指的是一种心理认同。"合法性是一种特性，这种特性不是来自正式的法律或命令，而是来自被统治者的心理认同。合法性主要关心的问题是统治、政府或政权怎样及能否在社会成员的心理认同的基础上进行有效运行。"①"政治哲学家将合法性当作道德或理性原则，政府可以此为基础要求公民服从。因而宣称具有合法性比服从的事实更为重要。政治学家通常从社会学的角度看待合法性，即遵从一个统治体系的意愿，而不管如何达成之。这种观点因循着韦伯的看法，用合法性来指对合法性的信奉——也就是相信'有权统治'的信念（abeliefinthe'righttorule'）。"②

合法性的功能在于将权力转换为权威，增加人们对政府的心理认同。政治权力是一种强制性关系，统治者通过政治权力强迫被统治者服从，因而这种服从关系往往是建立在暴力基础之上的，依靠的是国家的暴力机关，因而成本极大且充满不稳定性。"即使是最强者也决不会强得足以永远做主人，除非他把自己的强力转化为权利，把服从转化为义务。"③合法性的功能在于"赋予一种秩序或命令权威性和约束力的特征，使权力转化为权威"④。因为"强力并不构成权利，而人们只是对合法的权力才有服从的义务"⑤。综

---

① 杨光斌：《政治学导论》（第四版），中国人民大学出版社，2011 年，第 34 页。

② ［英］安德鲁·海伍德：《政治学》（第三版），张立鹏译，中国人民大学出版社，2012 年，第130 页。

③ ［法］卢梭：《社会契约论》（第 3 版修订本），何兆武译，商务印书馆，2003 年，第 9 页。

④ ［英］安德鲁·海伍德：《政治学》（第三版），张立鹏译，中国人民大学出版社，2012 年，第130 页。

⑤ ［法］卢梭：《社会契约论》（第 3 版修订本），何兆武译，商务印书馆，2003 年，第 10 页。

观世界政治的发展,合法性已经由君权神授/天授(中国古代的天子)、血统/嫡长子继承制度等逐步转变为人民主权或人民民主。

"古代中国国家权力以及统治者和被统治者的关系很少是通过成文的契约来建构的,古代中国的法律也是以刑法为主。合法性对于中国人来说是一个现代概念。但是古代中国曾出现过大量的、从今天来看是有关国家合法性的论述。《尚书》中的'天命'观、孔子的'正名'和'仁'、荀子的'水能载舟,亦能覆舟'、陆贾的'马上能打天下,却不能治天下'这些都可以被看作古代中国有关国家权力合法性的理论。"①中国古代皇帝更多是通过封建君主自编自导的神话故事来谱写自己的"天命观",来论证自己的合法性。

《明史》记载:

> 太祖开天行道肇纪立极大圣至神仁文义武俊德成功高皇帝,讳元璋,字国瑞,姓硃氏。先世家沛,徙句容,再徙泗州。父世珍,始徙濠州之钟离。生四子,太祖其季也。母陈氏,方娠,梦神授药一九,置掌中有光,吞之,寤,口余香气。及产,红光满室。自是夜数有光起,邻里望见,惊以为火,辄奔救,至则无有。比长,姿貌雄杰,奇骨贯顶。志意廓然,人莫能测。②

《汉书》记载:

> 高祖,沛丰邑中阳里人也,姓刘氏。母媪尝息大泽之陂,梦与神遇。是时雷电晦冥,父太公往视,则见交龙于上。已而有娠,遂产高祖"。"高祖为亭长,乃以竹皮为冠,令求盗之薛治,时时冠之,及贵常冠,所谓"刘氏冠"也。高祖以亭长为县送徒骊山,徒多道亡。自度比至皆亡之,到丰西泽中亭,止饮,夜皆解纵所送徒,曰:"公等皆去,吾亦从此逝矣!"徒中壮士愿从者十余人。高祖被酒,夜径泽中,令一人行前。行前者还报曰:"前有大蛇当径,愿还。"高祖醉,曰:"壮士行,何畏!"乃前,拔剑斩蛇。蛇分为两,道开。行数里,醉困卧。后人来至蛇所,有一老姬夜哭。人问姬何哭,姬曰:"人杀吾子。"人曰:"姬子何为见杀?"姬曰:"吾子,白帝子也,化为蛇当道,今者赤帝子斩之,故哭。"人乃以姬为不诚,欲苦

---

① 赵鼎新:《国家合法性和国家社会关系》,《学术月刊》,2016 年第 8 期。

② (清)张廷玉等:《明史》,第 1 页。

之,姬因忽不见。后人至,高祖觉。告高祖,高祖乃心独喜,自负。诸从者日益畏之。秦始皇帝尝曰:"东南有天子气",于是东游以当之。高祖隐于芒、砀山泽间,吕后与人俱求,常得之。高祖怪问吕后,后曰:"季所居上常有云气,故从往常得季。"高祖又喜。沛中子弟或闻之,多欲附者。①

尽管以天命来论证帝位合法性的故事在中国古代历史中屡见不鲜,为合法性问题披上了神秘面纱,但是也难以脱离合法性的类型学分析。马克斯·韦伯关心的问题是:为什么,在什么情况下,人民认为权力的行使是正当的或合法的? 他将合法性划分为三种类型:传统型、法理型和克里斯玛型(个人魅力型)(见下表1)。"在前理性主义时代,几乎整个行为的取向都被传统和魅力瓜分殆尽。"②

表1 马克斯·韦伯的合法性类型划分

合法性类型	政治服从的基础	适用范例
传统型	已经确立的习俗或习惯	世袭君主制
法理型	合理的规则和程序	现代官僚制
克里斯玛型	政治领袖的非凡人格、超凡感召力	革命或宗教政权

传统权威型的政治合法性建立在长期形成的传统风俗和习惯的基础上。传统习惯不需要得到证明。最明显的例子就是部落统治、村落中的老人政治。它往往与权力或特权的世袭制有密切关系。古代的世袭君主制以及现代世界幸存的王朝统治(如沙特阿拉伯、科威特和摩洛哥)也属此列。现代的君主立宪制国家(如英国、比利时和荷兰)虽然不能归于传统权威型,但它们政治文化中的传统因素依然在发挥作用。例如,英国君主尽管是虚位的,但是仍对民众具有巨大的号召力。

法理型权威建立在一系列清晰而明确的规则和制度的基础上,这种权威是现代国家典型的权威形式,总统的权威、总理权威以及政府机关的权威最终都是由宪法规定所赋予的。人们服从法律是因为法律和秩序是一个理性的社会所必需的。法理型权威最好的例子是现代官僚制,这种权威的优点在于:其权威寄托在规则、程序和制度之上,而不是寄托于个人,所以它较

---

① (东汉)班固:《汉书》,中州古籍出版社,1996年,第1~2页。
② [德]马克斯·韦伯:《经济与社会》(上卷),林荣远译,商务印书馆,1997年,第273~274页。

少被滥用，也不易引起严重的不正义。由于这种权威是以现代官僚制为依托的，因此往往容易陷入官僚制的牢笼之中，影响创造性和积极性。

克里斯玛型的政治合法性建立在某个人的非凡个性和超凡感召力（个人魅力）的基础上。典型例子如拿破仑或中国古代历朝历代的开国皇帝。这种例子往往出现在社会危机或剧变时期。因此，这种政治合法性的稳定性依赖于权威领袖能否将自己所具有的人格魅力等权威制度化，逐步转换为依赖于制度而非依赖于人，因为这种政治权威过分依赖于人，由此也导致了这种权威的稳定性期限难以超过权威领袖作为自然人的自然寿命。另一方面，由于这种政治权威并非建立在正式的规则和程序的基础上，所以个人权威几乎无所限制，领袖权威不可被质疑，大众只有跟随和服从。也因此，对这种权威的约束与制衡只能依赖于权威领袖的道德自觉。

任剑涛依据马克斯·韦伯关于合法性的三种类型划分，认为中国传统的政治合法性"是在传统、魅力与古典法理之间综合成特殊的、由伦理道德构造起来的政治合法性类型——一种可以称之为'德化的统治'的政治合法性形态"①。对中国传统政治合法性的探讨可以"区分为两个基本线索：一个线索是从理论形态上观察而认识的，另一个线索则是从实践形态的观察上得知的。两者自然是紧密地联系在一起，从而才足以合成为中国传统政治的合法性结构：前一线索是从中国传统政治合法性的自觉辩护的视角看问题的。因此，主要是从中国传统政治合法性的政治哲学建构角度审视问题的。后一线索则是从中国传统政治合法性的存在形态上看问题的。因此，主要是从中国传统政治合法性的政治运行角度看问题的"②。具体而言，"从政治哲学建构的角度看，中国传统政治是一种在伦理与道德之间确立其合法性根据的'德化的统治'的政治形态，主要表现为传统型统治；从政治运行状态看，中国传统政治则表现为将伦理榜样与政治权威合而为一的魅力型统治"③。什么是"德化的统治"？任剑涛认为，"它主要地是一种依赖于道德元素建构起来的政治合法性类型——德化的统治"④。

"中国传统政治合法性的道德化辩护，是由儒家思想家承担的。这种辩护的理论处境，可以区分为二：一是处于先秦'道术将为天下裂，百家往而不返'的境地中的儒家，建构中国传统政治合法性的进路。另一则是处于佛道兴盛境地中的儒家，重建中国传统政治合法性的努力。前者是由原始儒学

①②③④　任剑涛：《道德与中国传统政治的合法性》，《华中师范大学学报》（人文社会科学版），2005 年第 1 期。

完成任务的,后者是由宋明儒学完成任务的。"①"从理论结构上分析,儒家建立的'德化的统治'这一政治合法性架构,在理论辩护的主题上鲜明显现为'内圣外王'的机制。内圣的工夫就是将伦理道德的修养与政治规范的认同统合起来的工夫。外王的工夫就是将伦理道德的推己及人与政治规范的广泛推行统一起来的工夫。两者对于'德化的统治'之政治合法性建构都是必不可少的。而'内圣',既涉及对于历代相因礼治传统的伦理秩序的体认,也涉及对于发自内心的仁义理智之类的道德规范的自觉。'外王',也既涉及'推己及人'的伦理工夫的强化,更涉及'斯有仁心,故有仁政'的政治关联的实践。从内圣到外王,恰好构成为一个'德化的统治'之从理论辩护到政治操作的转换过程。这也是'德化的统治'必须既关照既有伦理秩序、又关照道德境界、更关照政治运行是否合乎伦理道德规范的政治合法性建构,所必然做出的双向考量。"②"按照韦伯的政治统治合法性理想类型来看,中国传统政治的'德化的统治'合法性建构,在实践形态上,基于伦理道德之作为自觉辩护的政治合法性建构,透入到政治实践过程中的时候,就不可能显现为抽象的道德法则自发地作用的状态,而一定会显现为政治统治者之作为伦理道德的典范,而将伦理榜样与政治权威合而为一的魅力型统治这一政治统治合法性类型。由此可以断定,'德化的统治'这一中国传统政治合法性结构,是既可以表现为传统型统治,又可以表现为魅力型统治的。"③

随着社会的发展,影响政治合法性的因素越来越多。例如,罗斯金④认为,政府获得合法性的方式主要包括:提供安全保障,良好的政绩,政府的组成结构;杨光斌⑤认为主要包括:合法律性,合法性中的利益性因素上升为执政者实际政绩的有效性,合法性中的合道德性因素较多或完全在执政者身上体现。

政治合法性来源的变化发展也贯穿于中国政治制度发展史中。例如,中国古代的传统型合法类型、中国近代的个人魅力型合法类型、中国当代的法理型权威类型,中国现代的合法律性、合利益性、合道德性等多种因素的叠加。

---

①②③　任剑涛:《道德与中国传统政治的合法性》,《华中师范大学学报》(人文社会科学版),2005 年第 1 期。

④　[美]迈克尔·罗斯金:《政治科学》(第十二版),林震等译,中国人民大学出版社,2014 年。

⑤　杨光斌:《政治学导论》(第四版),中国人民大学出版社,2011 年,第 35 页。

二、制约问题

阿克顿勋爵认为:"权力导致腐败,绝对的权力导致绝对的腐败。"政治权力既是维持秩序、实现公共政策目标不可缺少的手段,也是实施专制和暴政、谋取不正当利益的工具。专权既是某些政治领袖个性的结果,也是权力的特性使然。正由于此,合理的制度设计才有了更加重要的意义,而权力之间的制约与平衡才成为防止专权最有效的手段。

由于政治权力具有支配性、强制性、扩张性和排他性,所以对政治权力进行制约就显得尤为重要。对政治权力的制约可以分为两种路径,第一种为以权力制约权力,第二种为以权利制约权力。

所谓以权力制约权力,即是通过政府部门分权相互制衡来达到制约权力的目标,主要由横向的分权和纵向的分权两部分组成。纵向的分权主要指中央和地方的分权,这与国家纵向结构相关。横向的分权主要指政府内部的行政、立法、司法部门之间的分权。政府内部分权自古皆有相关思想,自亚里士多德(Aristotle)以来,行政、立法和司法三种权力(功能)的划分就已经成为一种公认的真理。亚里士多德在《政治学》一书中,认为要有效处理"议事机能""行政机能"与"审判机能"三种不同职能之间的有效分工。洛克在《政府论》一书中认为政府的立法和执行功能应由两个不同的机构来行使,其理由如下:第一个理由是技术性的,即立法功能与执行功能的性质不同,立法是临时的,且在短期内就可完成,而执行则需要经常不断地进行,因此需要由不同的机关来承担;第二个理由与我们的主题相关:"如果同一批人同时拥有制定和执行法律的权力,这就会给人们的弱点以绝大诱惑,使他们动辄要攫取权力,借以使他们自己免于服从他们所制定的法律,并且在制定和执行法律时,使法律适合于他们自己的私人利益,因而他们就与社会的其余成员有不相同的利益,违反了社会和政府的目的。"[1]需要指出的是,洛克没有区分执行权与司法/审判权(他所谓的执行权包括了今天我们所说的行政和司法),而且在洛克看来,两权虽然分立,但它们之间的关系不是平等的,立法权是国家唯一的最高权力,其他的权力均从属于立法权。也就是说,立法权与执行权是上下从属关系。孟德斯鸠的分权思想如下:"当立法权和行政权集中在同一个人或同一机关之手,自由便不复存在了;因为人们

---

① [英]洛克:《政府论》,刘晓根编译,北京出版社,2007年,第89页。

将要害怕这个国王或议会制定暴虐的法律,并暴虐地执行这些法律。""如果司法权不同立法权和行政权分立,自由也就不存在了。……因为法官就是立法者。如果司法权同行政权合而为一,则将对公民的生命和自由施行专断的权力,因为法官就是立法者。如果司法权同行政权合二为一,法官便将握有压迫者的力量。""如果同一个人或是由重要人物、贵族或平民组成的同一个机关行使这三种权力,即制定法律权、执行公共决议权和裁判私人犯罪或争讼权,则一切便完了。""……同一个机关,即使法律执行者,又享有立法者的全部权力。它可以用它的'一般意志'去蹂躏全国;因为它还有司法权,它又可以用它的'个别的意志'去毁灭每一个公民。"①

　　需要说明的是,这种分权(separation of powers)与制衡(check and balance)是西方自由主义者最为推崇的制约政府权力的方式。在古代农业社会和其他不同的社会形态中则有不同的表现。在中国古代社会中,受限于以自给自足的小农经济为基础的农业社会形态,政府内部尚未出现现代式的分权制衡,尽管也有相对简单的分工。整体上,在政治权力制约方面,中国古代政治制度史即是专制主义中央集权制度的发展演变史,总体趋势是专制皇权不断增强,相权不断削弱直至被废除和中央集权的不断加强,地方势力不断削弱。具体而言:第一,在不同的朝代,君主独揽国家最高权力,几乎不存在"合法"制约君权的机制。如果非要找到一个制约皇帝权力的机制的话,那就是"民意"。但民意也只能是在改朝换代时才有所体现,其余时间完全处于隐身状态,难以对皇帝形成约束力。第二,政府内部在皇帝的授权下呈现出不同的,尽管很简单的分工/分权制衡状态。例如,唐朝的中书省、门下省和尚书省之间的分工,尽管这种分工是以皇帝的意志为转移的,而到明清时期,宰相制度的取消使得这种分工几乎消失。这一话题将在后文中作详尽分析。

　　所谓以权利制约权力,即是通过公民权利来制约政府权力。这种权力制约方式的有效实施依赖于公民社会的崛起,要求政府职能的有效厘定,做到不越位、不缺位、不错位;要求私人生活领域的有效设定,争取处理公共领域和私人领域的关系;要求健全民主制度,切实提升公民自我管理和自我服务;要求切实提高公民的实质性参与程度。在古代专制社会中,首先,不存在所谓的国家—社会分野,国家权力通过各种方式,如乡绅或宗族直接深入到社会中,社会难以对国家权力形成制衡。其次,公众扮演着臣民角色,公

　　①　[法]孟德斯鸠:《论法的精神》(上册),张雁深译,商务印书馆,1961年,第156页。

民只有被压迫的权力而无任何义务,不存在现代意义上的公民社会,因此不存在所谓的以权利制约权力。在当今中国,人民代表大会制度的建立则保障了以公民权利制约国家权力的有效实施。

第三节 核心内容

政治制度的内涵与外延、政治制度的核心概念与问题部分为我们理解中国政治制度史的研究内容提供了依据。中国政治制度史的研究内容主要如下:

依据以经济为基础的国家权力在阶级之间的分配,政治制度可以划分为奴隶制政治制度、封建制政治制度、资本主义政治制度和社会主义政治制度。具体到中国政治制度史,则可以划分为奴隶制国家时期的政治制度、封建制国家时期的政治制度、资本主义国家时期的政治制度和社会主义国家时期的政治制度。具体到中国,中国政治制度史中绝大部分时间为封建制时期的政治制度,涵盖了从春秋战国到晚清末期,时间上大约为公元前475年—公元1840年。辛亥革命之后,中国进入资本主义政治制度时期。新中国成立之后,中国进入了社会主义政治制度时期。

权力之间的横向关系主要是指行政、立法、司法之间的关系,其核心是哪个部门居于主导地位并以何种形式组织国家。由此延伸为三个主要标准,即标准1:最高权威和权力归属问题,即最高权力机关的组成是一个人还是一个集体;标准2:最高国家权力机关的产生方式和任期;标准3:中央国家权力机关的设置以及它们之间的权力分配、地位和相互关系。

依据标准1和标准2,政治制度可以划分为君主制政治制度和共和制政治制度。所谓君主制是指以君主(名义上或实际上)为国家元首的政权组织形式,是共和制的对称。所谓共和制是指国家代表机关或国家元首由选举产生的一种政府体制或国家形式。共和制政治制度依据国体的不同又可分为资本主义共和制和社会主义共和制。依据这一标准,中国政治制度从君主制走向了共和制。依据标准3,共和制政治制度可以划分为三权分立制和议行合一制,君主制可以划分为贵族君主制、等级君主制、专制君主制和立宪君主制。依据这一标准,中国政治制度从专制君主制走向了共和制(资产阶级民主共和制和社会主义共和制)。

贵族君主制是一种与领主占有制经济和分封割据制的国家结构相结合的政体形式,它主要存在于封建社会早期,君权比较虚弱且被分割;君位由世袭或推举后经贵族会议确认而得;君权存在基础为封建诸侯的拥戴;君主名义上掌握全国最高权力,但徒有其名,各诸侯在其领地内拥有最高权力。中国的西周社会是典型代表。

专制君主制又称为绝对君主制,它是封建社会普遍采用的政体形式。在专制君主制中,君主/皇帝独享一切最高权力,视国家为私有财产("家天下");集立法、行政、司法、军事和财政大权于一身,通过直接对它负责的官僚机构进行统治。也因此,君主/皇帝权力不受限制,君主行为是否良善只能依赖于君主/皇帝的道德自觉。这种政体形式存在于西欧的封建社会末期,适应了资本主义初期发展对建立统一国内市场或对外扩张的需求;而中国古代社会基本上都属于君主专制政体,且专制程度不断上升。

依据权力的纵向关系所形成的国家结构,即中央与地方的关系,政治制度可以划分为单一制、联邦制和邦联制。单一制中,中央与地方关系属于上下级关系,地方政府的权力来源于中央政府的授予,地方政府必须服从中央政府,地方并不是独立的政治实体,仅仅因为管理的需要而将全国范围划分为若干区域。联邦制和邦联制中,中央与地方的关系均由相应的法律法规或条约/契约来规定。所不同的是,联邦制中,国家整体与部分之间是一种联盟关系,联邦政府行使国家主权,是对外交往的主体。设有国家最高立法机关和行政机关,行使国家最高权力,领导并约束其联邦成员;联邦各成员国有自己的立法和行政机关,有自己的宪法、法律和国籍,管理本国内的事务。联邦和各成员国的权限划分由联邦宪法规定。而邦联制是由小国家组成的一个松散的、超越国家的联合,利用条约作为架构,对外有共同军事防御之需要,对内促进商业贸易行为;成员国家彼此之间仍可被视为独立国家,有国旗、军队、外交(可以互派大使);权力来自地方政府的给予,比联邦制更松散。具体到中国政治制度,自郡县制开创中国单一制后,虽有多次修改和变异,但整体上仍属于单一制范畴,分封制只存在于西周封建社会阶段。

依据权力的具体运作方式和具体制度,中国政治制度史内容主要包括:①中央行政制度的发展变迁过程,主要包括中枢辅政系统和中央政务系统。②地方行政制度的发展变迁过程。③人事管理制度的发展变迁过程,主要包括选任、考核与奖惩、吏胥等。④监察制度的发展变迁过程,主要包括监察制度的形成、发展与完善。⑤法律制度的发展变迁过程。⑥军事制度的发展变迁过程。⑦经济制度的发展变迁过程等。

第三章
中国政治制度的基本特征

历史学家夏曾佑曰:"中国之教,得孔子而后立,中国之政,得秦皇而后行,中国之境,得汉武而后定。此三者,皆中国之所以为中国也。自秦以来,垂二千年,虽百王代兴,时有改革,然观其大义,不甚悬殊。譬如建屋,孔子奠其基,秦汉二君营其室,后之王者,不过随事补苴,以求适一时之用耳。不能动其深根宁极之理也。"①清人恽敬曰:"自秦以后,朝野上下,所行者皆秦制也。"这里所说的秦制即为统一的专制主义的中央集权制封建国家的政治制度。中国传统政治制度的主要特征包括封建君主专制主义占主导、中央集权制、官僚政治、政治与道德形影相随等特征。整体上,这些制度并没有突破农业社会的拘囿,属于人治的范畴,这也导致中国古代始终难以走出历史周期的兴替。

第一节　封建君主专制主义占主导

所谓主义是指某种特定的思想、宗旨、学说体系或理论体系。君主专制主义是指国家最高权力由君主一人掌握的学说体系或理论体系。这种学说体系或理论体系在中国古代国家治理实践中形成了封建君主专制制度体系,主要表现为以封建地主经济为基础的君权至上,君主独揽国家最高权力,不存在"合法"制约君权的制度。中国的君主专制制度,初创于秦始皇,健全于汉代。

封建君主专制主义占主导作为中国政治制度的基本特征,主要包括两个方面:作为政体的封建君主专制主义和作为社会基础的封建君主专制主义。作为政体的封建君主专制主义终结于1911年的辛亥革命,其标志性事件为资产阶级民主共和制度的建立。作为社会基础的封建君主专制主义终

---

① 夏曾佑:《中国古代史》,河北教育出版社,2000年,第245页。

结于 1949 年新中国的成立,其标志性事件为新民主主义革命的胜利和新民主主义政权的建立。

君主专制政体作为封建制国家最主要的政权组织形式,并非中国所独有,世界上许多封建制国家也曾实行过。但是中国的君主专制政体却与西方一些国家的君主专制政体大不相同。西欧一些国家的君主专制政体,是在封建社会向资本主义社会过渡时期,为适应原始资本积累和统一商业市场或扩张商业市场的需要,在封建等级君主制的基础上建立起来的,它的建立与发展,导致了西欧封建制度的解体和资本主义制度的确立。中国封建君主专制政体,则是从奴隶社会的等级君主制转化而来的,它与原始资本积累毫无关系。它的确立与发展,起到了巩固封建经济基础的作用,但并没有把封建的中国引导到资本主义。

从字面上看,封建君主专制主义主要由三方面内容组成:封建、君主和专制。封建指的是君主专制的经济基础,即封建经济;君主指的是政体性质,即君主制;专制指的是统治方式。

一、封建制度

封建一词既可以用来指代社会形态,如封建社会,与资本主义社会相对应;又可以用来指代经济基础,如封建经济与资本主义经济相对应;还可以用来指代上层制度,如中国西周所实行的与分封制相对应的国家制度。《左传·桓公二年》记载:"天子建国,诸侯立家,卿置侧室,大夫有贰宗,士有隶子弟,庶人、工商各有分亲,皆有等衰。"要理解封建制度,仅仅从上层建筑的角度来理解是不完整的,需要结合作为社会形态的封建和作为经济基础的封建。正如王亚南所认为:"单纯从形式上、从政治观点上考察,说中国封建社会在周末解体了,那是不无理由的,即作者在中国社会史论战开始时,亦是如此主张,但后来对封建制作更深一层的论究,始觉得错了。"[1]王亚南认为:"中国古代的或初期的封建形态,即完全建立在自然经济形式上的那种非集中化的封建政治关系,虽然经过春秋战国时代的商业资本与高利贷资本活动、军事的交通、带有拓殖性的战争,逐渐把那种非集中化的特点消除了,以致出现了秦代的统一。但那种变化,至多不过是在政治上把非集中的贵族统治的封建形态,转变为集中的专制官僚统治的封建形态;在经济上把

---

① 王亚南:《中国官僚政治研究》,商务印书馆,2010 年,第 44 页。

分田制禄的领主经济（Landlordeconomy）封建形态,转变为'履亩而税',佃田而租的地主经济（Landownereconomy）封建形态。封建的形态是改变了,其本质还存在着。"①

封建的本质是什么呢？王亚南认为:"对封建制有全面决定作用的因素,乃是主要由农业劳动力与土地这种自然力相结合的生产方式。当土地这种自然力,这种在当时的基本生产手段,以任何方式被把握在另一部分人手中的时候,需要利用土地来从事劳动的农奴或农民,就得依照其对土地要求的程度,与土地所有者——领主或地主——结成一种隶属的关系,把他们全部的剩余劳动,乃至一部分必要劳动,或其劳动生产物,用贡纳、地租、赋税或用其他名义提供给土地占有者。并且,为了保障这种财产关系的安稳与榨取的顺利推行,在这种社会经济基础允许或要求的范围内,相率成立了各种与其相适应的政治、法律、道德的关系。"②"封建制度并不像我们过去乃至晚近尚为许多历史学家、社会学家所想象的那样狭义的东西。如果在自然经济形式上的封建制度,以政权的非集中化为特征,但只要生产关系仍旧是封建的,这个特征虽有了重要的变化,或甚至消失了,封建制度的本质仍没有变更。"③

在这种封建经济基础之上,建立了封建上层建筑。"中国的专制官僚政体是随中国的封建的地主经济的产生而出现的,它主要是建立在那种经济基础上的,而我们也是容易由秦代专制官僚政治实现的过程来明确予以证实的。"④"中国二千余年的专制官僚政治局面其所以是由秦国开其端绪,乃因中国二千余年的地主经济制度,是由秦国立下基础。这种政治经济形态的配合,不但改变了中国封建性质,改变了中国官僚政治形态,且也改变了中国专制君主与官僚间,乃至官僚相互间的社会阶级利害关系。"⑤

尽管中国社会在 16 世纪就出现了资本主义萌芽,但是直至鸦片战争之前,中国社会的资本主义生产关系始终没有发展起来。1840 年以后,中国进入了半殖民地半封建社会。随着外国资本主义的入侵,传统的农业经济结构遭到了破坏,自然经济解体,农村经济濒临破产;与帝国主义相勾结的官僚资本则取得了长足的发展,逐步垄断并控制了中国的金融业、工业交通运输业和商业;民族资本主义在帝国主义、官僚资本和封建主义多方夹击之下

---

① 王亚南:《中国官僚政治研究》,商务印书馆,2010 年,第 45 页。
②③ 同上,第 44 页。
④ 同上,第 46 页。
⑤ 同上,第 55 页。

艰难生存。

1911 年辛亥革命的胜利标志着作为上层建筑的"封建"名义上的终结，但作为经济基础和社会形态的"封建"却并未终结或彻底终结。中国数千年的封建社会所确立的封建思想尚未被彻底消除，所形成的封建顽固势力尚未被真正消除。正因为如此，辛亥革命胜利果实被窃取了，袁世凯复辟、北洋军政府以"共和"之名行"封建独裁"之实。反映在阶级和上层建筑方面，北洋军阀是封建军阀集团，是大地主和买办资产阶级的利益代表。南京国民政府是大地主、大资产阶级的政权，是代表帝国主义、封建主义和大地主大资产阶级利益的军事独裁政府，是封建主义、资本主义和法西斯主义的混合体。反映在文化领域，则表现为旨在反对旧文化、旧道德的新文化运动的兴起。

二、君主制

如前所述，君主制是与共和制相对应的一种政体。在君主制政体中，君主是终身和世袭的。在君主专制政体之下，君权不受约束和监督。中国古代社会是君主专制社会，君主的权力是不受约束和监督的。

1. 君主终身制和世袭制

经济基础方面，封建社会实行的是私有制。自从"官天下"变成"家天下"后，君位终身制和世袭制便是经济领域的私有制在政治领域中的体现。首先，帝位终身制意味着一朝登基，终身便是皇帝，不用"退休"，体现了皇权的私有性和不可让渡性，也使得皇帝难以对天下兴亡负起真正的责任。尽管中国历史上有"禅位"而形成的"太上皇"的例子，例如，明英宗朱祁镇土木堡之变被俘，其弟朱祁钰即位，是为景帝，朱祁镇被称为太上皇；再比如唐玄宗、宋高宗、清高宗等，但是这些事件均难以改变皇权的私有性和不可让渡性。君位终身制使得皇帝制度变得更加封闭、保守、僵化、停滞，使得中国古代的政治制度始终停留在人治阶段，君主的道德水平、能力高低、好恶偏好等往往决定了王朝或政治制度的走向，"天下之事决于一人，国之安危系于一人"成为写照。正因为如此，"昏君""暴君"在中国古代层出不穷，"明君"成为大臣的期待，"清官"成为老百姓的盼望。这种状况也导致了我们是一个"膜拜清官的民族"，但"膜拜清官的民族是不幸的"。如果我们进一步扩展，抛开君位背后的统治属性而仅仅将其看作一种职位形式的话，那么这种职位终身制的局面直到 1982 年 2 月才得以彻底改变。1982 年 2 月，中共中央发布《关于建立老干部退休制度的决定》,正式废除实际存在着的领导干部职务终身制,中国的政治体制掀开了新的篇章。邓小平曾说:"我不希望在新的政治局、新的常委会产生以后再宣布我起一个什么样的作用。现在看来,我的分量太重,对党和国家不利。我多年来就意识到这个问题。一个国家的命运建立在一两个人的声望上面,是很不健康的、是很危险的。"①其次,皇位世袭制是经济私有制在政治上的直接移置。如果说"普天之下莫非王土,率土之滨莫非王臣"说的是君主对天下万物拥有产权,那么皇位世袭即是说君主对"皇位"这一"物"拥有产权。同时,由于其具有投入少、收益高的特征,这种产权在一般情况下是不可能被转让的,即使转让,也不可能转让他姓,即具有排他性。"朕为始皇帝。后世以计数,二世三世至于万世,传之无穷。"

2. 君权不受约束和监督

首先,封建国家中没有正式建立监督制约皇权的机构和制度。如果说有的话,也仅有一点宗族或"民意"的约束。这种局面导致了"故主独制于天下而无所制"的畸形状况。"夫贤主者,必且能全道而行督责之术者也。督责之,则臣不敢不竭能以徇其主矣。此臣主之分定,上下之义明,则天下贤不肖莫敢不尽力竭任以徇其君矣。是故主独制于天下而无所制也。能穷乐之极矣,贤明之主也,可不察焉!"②其次,皇权至高无上。《史记·秦始皇本纪》记载:丞相绾、御史大夫劫、廷尉斯等皆曰:"昔者五帝地方千里,其外侯服夷服诸侯或朝或否,天子不能制。今陛下兴义兵,诛残贼,平定天下,海内为郡县,法令由一统,自上古以来未尝有,五帝所不及。臣等谨与博士议曰:'古有天皇,有地皇,有泰皇,泰皇最贵。'臣等昧死上尊号,王为'泰皇'。命为'制',令为'诏',天子自称曰'朕'。"王曰:"去'泰',著'皇',采上古'帝'位号,号曰'皇帝'。他如议。"制曰:"可"。③ 自此而后,皇帝"总揽威权,柄不借下"④,就成为千古不变的教条。最后,"廷议""朝议""封驳"等制度难以改变皇权至高无上,不受监督的事实。例如,有学者认为,唐宋时期实行三省制,"中书主受命,门下主封驳,尚书主奉行",这是一种民主制的萌芽,目的在于限制和监督皇权。这其实是皇权不受监督的反证,是削弱相权的证据,通过将相权一分为三,使之互相牵制,从而达到防止宰相专权、维护皇

① 梁研慧:《全面深化改革案例 100 深度解读》,中共中央党校出版社,2014 年,第 160 页。

② (西汉)司马迁:《史记》(下),吉林大学出版社,2015 年,第 616 页。

③ 同上,第 99 页。

④ (宋)李昉等:《太平御览》,中华书局,1960 年,第 435~438 页。

权的目的。毕竟宰相开府辅政年代,皇权受到了巨大威胁。另一方面,退一步说,三省制是民主的体现,那么"斜封墨敕"为什么会出现?

当然,亦有相关学者持相反的观点。例如,钱穆先生认为:"我常听人说,中国自秦以来两千年的政体是一个君主专制黑暗的政体。这明明是一句历史的叙述,但却绝不是历史的真相。中国自秦以下两千年,只可说是一个君主一统的政府,却绝不能说是君主专制。……人才的选拔,官吏的升降,刑罚的处决,赋税的征收,依然都有传统客观的规定,绝非帝王私意所能轻易摇动。如此般的政体,岂可断言其是君主专制?"①中国古代的君主专制主义与"人才的选拔""官吏的升降""刑罚的判决"是什么关系? 在后文中的相关内容中将有相关的解释。

三、专制

专制是与民主相对应的一种统治方式,是最高统治者独自掌握国家权力,实行专断统治的制度,是"一个人自己,在没有法律和规则的情况下,从他自己的意志和随意的念头里面引出所有的事情……一个人或一个政治实体在一个政治系统内部享有不受制度限制的权力"②。

专制统治在奴隶制社会、封建社会乃至其他社会都可能存在(如法西斯专制)。在中国古代,专制通常与君主相联系,都指的是作为统治者的君主具有至高无上的权力,不受任何约束和监督,集行政、立法和司法权于一身。

在中国近代,专制依旧存在。民族资本主义经济的薄弱使其难以为中国资产阶级革命提供坚实的经济基础,民族资产阶级的弱小使其难以为中国资产阶级革命提供强大的主体基础,进而决定了中国近代民主共和制度在具体实现中的坎坷历程乃至异化。官僚资本的壮大决定了中国近代的政治制度必将由垄断官僚资本所控制。就其历程而言,辛亥革命建立民主共和政体之后,首先受到了封建主义经济的代表的威胁,发生了袁世凯复辟和北洋军阀控制民主共和的糟乱局面,之后中国近代政治制度进入国民党的独裁专制时期。这一过程中,民族资产阶级始终没有展现出其强大的、力挽狂澜的、建立政权并巩固政权的力量,这一重任最终是由中国共产党所领导的新民主主义革命实现的。

---

① 钱穆:《中国历史研究法》,生活·读书·新知三联书店,2001 年,第 162 页。
② 白彤东:《中国是如何成为专制国家的》,《文史哲》,2016 年第 5 期。

由于民族资产阶级的软弱性和中国封建君主专制主义的遗存，中国自辛亥革命以后，宪政共和政府往往蜕变为专制独裁政府。1919 年，蒋介石在南京成立国民政府，正式建立起国民党一党专制独裁统治。例如，南京国民政府时期，1936 年 5 月 5 日通过了《中华民国宪法草案》，史称"五五宪草"。"五五宪草"以宪法的形式确认了国民党一党专制独裁统治。虽然这部宪法中有关于国民权利的规定，但是有附加条件。在该宪法的第二章中对"人民之权利义务"作出了规定：

第十一条　人民有居住之自由，其居住处所，非依法律不得侵入搜索或封锢。

第十二条　人民有迁徙之自由，非依法律不得限制之。

第十三条　人民有言论著作及出版之自由，非依法律不得限制之。

第十四条　人民有秘密通讯之自由，非依法律不得限制之。

第十五条　人民有信仰宗教之自由，非依法律不得限制之。

第十六条　人民有集会结社之自由，非依法律不得限制之。

第十七条　人民之财产，非依法律不得征用征收查封或没收。

第十八条　人民有依法律请愿诉愿及诉讼之权。

第十九条　人民有依法律选举罢免创制复决之权。

第二十条　人民有依法律应考试之权。

第二十一条　人民有依法律纳税之义务。

第二十二条　人民有依法律服兵役及工役之义务。

第二十三条　人民有依法律服公务之义务。

第二十四条　凡人民之其他自由及权利，不妨害社会秩序，公众利益者，均受宪法之保障，非依法律不得限制之。

第二十五条　凡限制人民自由或权利之法律，以保障国家安全，避免紧急危难，维持社会秩序，或增进公共利益所必要者为限。

从这些条文中可以看出，附加条件为"非依法律"。在一党专制、个人独裁的前提下，这种规定为专制、独裁提供了合法理由。

1946 年的"制宪国大"通过了《中华民国宪法》。这部宪法较之"五五宪草"有了一些形式上的进步，但仍旧没有改变《训政时期约法》和"五五宪草"所确立的一党专制与独裁本质。首先，制定这部宪法的国民大会代表性不足，是由国民党一党包办的。国民大会排斥了民主党派、民族资产阶级的参与,也排除了真正能够代表国民利益的中国共产党的参加。其次,宪法制定后,国民政府制定了《维护社会秩序临时办法》《戡乱时期危害国家紧急治罪条例》《动员戡乱时期临时条例》,赋予了总统绝对的权力,这与宪法规范相冲突。"报纸、刊物登记困难,登记了发行困难,种种束缚,样样挑剔,再加上各地乱列禁书,毫无章则,自由主义及主张民主的出版物,封的封,倒的倒,机关被捣毁,人被殴打,弄得文化衰落,作家贫病,社会混浊,人心郁结,而请议不闻,这不合民主潮流,更非国家之福。"①"当时的国民大会不仅在召集期间听命于蒋介石,就是在其闭会期间其权力也是由蒋介石代为行使,蒋介石的权力远远超过民初总统袁世凯和贿选总统曹锟。"②之后,又在相关文件中认为,"今日党派虽多,舍本党而外,实更无任何一党担负得起建设三民主义新中国的责任","中国盛衰兴亡的关键,不操于任何一党之手,而是操于本党之手"。③

第二节　中央集权制占主导

中央集权指涉的是中央与地方的权力关系,是指国家权力集中于中央政府的原则或制度,是相对于地方分权而言的。国家权力全部集中于中央政府,则各地方政府只能根据中央的命令办事。在中国古代,中央集权与地方分权是相对存在的,尽管有的时期以地方分权为主,例如分封制,有的时候是两者并列存在,例如汉初郡县制与封国制并存,但中央集权是矛盾的主要方面,地方分权是矛盾的次要方面。

白钢④认为,中国古代中央集权制的内容主要表现在如下四个方面:第一,"海内为郡县,法令由一统"。郡国、郡县无立法权。第二,郡县制地方官员的除授、迁转权,悉归中央政府,地方行政长官必须向中央政府负责。第三,中央与地方的关系方面,地方政府在司法、财政、军事诸方面,均无自主权,必须受制于中央政府。第四,地方政府必须贯彻中央的命令,必须接受中央的监督。

中央集权制的建立是以秦朝郡县制的建立为标志的。正是郡县制的存

① 张学仁、陈宁生:《二十世纪之中国宪政》,武汉大学出版社,2002 年,第 225 页。
② 同上,第 227 页。
③ 荣孟源:《中国国民党历次代表大会及中央全会资料》(下册),光明日报出版社,1985 年,第1106 页。
④ 白钢:《中国政治制度史》(修订版)(上卷),天津人民出版社,2002 年,第 37 页。

在,使得商鞅变法在秦国得到最彻底的贯彻。《史记·秦始皇本纪》记载:丞相绾、御史大夫劫、廷尉斯等皆曰:"昔者五帝地方千里,其外侯服夷服诸侯或朝或否,天子不能制。今陛下兴义兵,诛残贼,平定天下,海内为郡县,法令由一统,自上古以来未尝有,五帝所不及。"①中国政治制度是一部不断继承前人成果、修正前人错误的历史。郡县制是建立在吸取之前分封制所导致的消极后果的基础上而构建的。例如,秦创郡县制,汉因之;隋创科举制,唐因之;宋创文官制,明因之;明创阁臣制,清因之。《史记·秦始皇本纪》记载:丞相绾等言:"诸侯初破,燕、齐、荆地远,不为置王,毋以填之。请立诸子,唯上幸许。"始皇下其议于群臣,群臣皆以为便。廷尉李斯议曰:"周文武所封子弟同姓甚众,然后属疏远,相攻击如仇雠,诸侯更相诛伐,周天子弗能禁止。今海内赖陛下神灵一统,皆为郡县,诸子功臣以公赋税重赏赐之,甚足易制。天下无异意,则安宁之术也。置诸侯不便。"始皇曰:"天下共苦战斗不休,以有侯王。赖宗庙,天下初定,又复立国,是树兵也,而求其宁息,岂不难哉! 廷尉议是。"②可以看出,分封制导致了"诸侯更相诛伐,周天子弗能禁止",秦朝吸取了置诸侯所带来的"天下共苦战斗不休"的教训后,易制建立郡县制。事实也证明,中央集权制拥有巨大的优势。正如易中天先生所言:"秦最终夺取了天下,只能归结为秦国有当时最管用的制度。或者说,他们把这个新制度建设得最彻底。这个新制度就是初具规模的中央集权制。或者准确地说,国君集权制。这样一种被黄仁宇先生称之为'极权主义'的制度,能够最大限度地集中国内的资源和财富,最大限度地激发民众的生产潜力和战斗勇气,并保持一种令行禁止、步调一致的'集体性格',从而使秦王国在优胜劣汰的激烈竞争中脱颖而出,最终消灭六国,建立一统天下的新政权。"③唐代柳宗元也在《封建论》中说:"有叛人而无叛吏……有叛国而无叛郡……有叛将而无叛州……"

当然,中央集权制也有其缺陷,对中国古代社会治理产生了巨大的消极影响。例如,中央集权制导致下属官员一切"唯上是从",只能按照中央的命令行事,不能进行创新,使得中国古代政治制度保守有余、创新不足;只按照上级命令办事,仅仅"对上负责",忽视乃至对民意要求置之不理。当然这种只"对上负责"结果的出现也与封建君主专制制度有关。中央集权使得文化

---

① (西汉)司马迁:《史记》(上),吉林大学出版社,2015年,第53页。
② 同上,第53~54页。
③ 易中天:《帝国的终结》,浙江文艺出版社,2014年,第38页。

思想由"同一"蜕变为"统一"①,"文字狱"的兴起便在所难免。再如,中央集权导致国家对社会具有极强的控制力,能够使"重农抑末"得到彻底贯彻。"重农"维持了小农的简单再生产,能够使封建国家"国运长久"。"抑末"则破坏了商品经济的正常发展,使封建经济失去了发展变化的活力,又抵消了它为社会经济发展提供有利的政治环境所能起到的某些积极作用,最终结果使得中国封建社会跳不出历史周期律。

鸦片战争以后,帝国主义势力的侵略,使得中央政府对地方政府的控制能力大为下降。晚清以后(如曾国藩代表的湘军的崛起),清朝前期和中期所确立的中央与地方的关系开始改变,地方力量渐超中央力量,财政、军事和行政权开始下移到地方,"户部之权日轻,疆臣之权日重。"东北易帜之后,国民党形式上完成了对全国的统一。新中国成立后,中央与地方权力也经过了不断调整,逐步形成了当前"理顺中央和地方职责关系,更好发挥中央和地方两个积极性"的格局。

第三节　官僚政治②

官僚政治,又称文官政治,是指国家事务由各级官僚/文官管理的治理形式。"官僚政治一语,通常是应用在政府权力全掌握在官僚手中,官僚有权以国家或者民族利益为理由,而随意侵夺普通公民的自由的那种政治制度。这种政治制度在日常行为中表现为:把应尽的行政职责全然当作例行公事处理,在这样职责面前他们没有工作的原动力,遇事拖拉、犹豫不决、敷衍应对、不重实验、事非到非处理不可而绝不处理。而在日常事务的处理中,又经常把一切政治措施,作为自己图谋利益的勾当。将本应该属于社会公共资源的政治权力、文化影响力、社会经济资源,甚至知识的拥有,都朝有利于自己地位巩固的方向揽进。久而久之,这类人也就会变成世袭阶级了。"③

就发展历程看,中国官僚政治经历了从传统官僚政治向现代官僚政治转型的历程。传统官僚政治与中国传统社会相适应,现代官僚政治与中国现代社会相适应。

从世界一般趋势来看,官僚一般是由贵族转型而来的。而中国则是在贵

---

① 同一:指一件事物的两种说法,即实质相同,而表象不一。统一:由两件事物整合起来,成为一件事物,统一之前实质是不同的,与同一有差异性。

② 本部分借鉴了王亚南:《中国官僚政治研究》,商务印书馆,2010年,第11页。

③ 陈建远:《社会科学方法辞典》,辽宁人民出版社,1990年,第510页。

族政治的没落中逐渐成长起来的。正如王亚南所说："官僚政治下的官僚是贵族的转型物。"①"无论那个国家,它如其尚是专制的,要伸张王权,虽然不能不限制并打击贵族,但为了使统治稳定,仍得利用贵族,迁就贵族,如是所谓官僚,就至少在开始的时候,大抵是由贵族转化过来的。"②例如,在英国,直到19世纪初,"资产阶级还深深为它自己的社会地位的卑贱之情感所支配,所以它以自己的及国家的经费,豢养一个怠惰的寄生阶级"③。"资产阶级在1832年得到了选举改革运动的胜利,差不多还是让贵族独占了一切高级的政府机关",因为"当时英国的资产阶级普通都是一些没有教养的暴发户,不管是好是坏,也只好把一切较好的地位让给贵族"。④在中国古代,春秋战国是贵族政治没落与官僚政治兴起的分水岭。春秋战国以前主要是贵族政治,贵族天然享有政治权力,是天然的统治者,国君"为天子之同姓者十之六,天子之勋戚者十之三,前代之遗留者十之一。国中之卿大夫皆公族也,皆世官也"⑤。春秋战国以后,主要是以官僚政治为主,贵族政治为辅。春秋战国时期,迫于竞争的压力,在长期的变法和诸侯征战过程中,封建贵族的政治支配权逐渐转移到封建官僚手中。首先,一系列的变法和生产力的进步,导致既有的以世卿世禄⑥为表征的贵族政治体系渐趋消解。例如,《史记·商君列传》记载:"宗室非有军功论,不得为属籍。明尊卑爵秩等级,各以差次名田宅,臣妾衣服以家次。有功者显荣,无功者虽富无所芬华。"⑦其次,与此相伴随的是血缘关系被地缘关系所冲击,新的社会管理机制开始形成,例如郡县制的建立,形成了以血缘关系与地缘关系并重的体制,贵族政治难以适应新的社会管理需求;中央集权制的形成,使得与分封制这种地方分权体制相适应的贵族政治彻底被淘汰。最后,也是最根本的推动力,即新的封建生产关系的形成。"新的封建生产关系开始冲击旧的奴隶社会的上层建筑,贵族世官制衰落了;一部分逐渐采用封建剥削方式的旧贵族、军功贵族和新官僚随着经济地位的变化,迫切要求取得政治上的权力,他们利用奴隶和平民的力量,向奴隶主贵族展开了激烈的夺权斗争,而上层衰落下层上进

---

①②　王亚南:《中国官僚政治研究》,商务印书馆,2010年,第11页。

③④　转引自王亚南:《中国官僚政治研究》,商务印书馆,2010年,第11页。

⑤　同上,第30页。

⑥　卿是古代对高级官吏的称呼。世卿就是天子或诸侯国君之下的贵族,世世代代、父死子继,连任卿这样的高官。禄是官吏所得的享受财物。世禄就是官吏们世世代代、父死子继,享有所封的土地及其赋税收入,世袭卿位和禄田的制度在古代曾十分盛行。

⑦　宗室:此指王族。属籍:家族的名册,谱牒。差次:等级次序。名:占有。芬华:比喻显荣,即显赫荣耀。

的士阶层则成了新兴阶层的政治支柱。地主阶层在夺权斗争中,需要改变旧的贵族世官制,一经夺得政权,更需要新的官僚制度巩固政权。"①经由春秋战国的过渡,秦朝首创官僚政治的格局,"穆公求士……并国二十,遂霸西戎;孝公用商鞅之法……民以殷盛,国以富强……惠王用张仪之计……散六国之从……蚕食诸侯,使秦成帝业"②,"秦兼并天下,建皇帝之号,立百官之职,不师古,始罢侯。置守太尉主五兵,丞相总百揆,又置御史大夫以贰于宰相"③。"中国二千余年的专制官僚政治局面其所以是由秦国开其端绪,乃因中国二千余年的地主经济制度是由秦国立下基础。这种政治经济形态的配合,不但改变了中国封建性质,改变了中国官僚政治形态,且也改变了中国专制君主与官僚间,乃至官僚相互间的社会阶级利害关系。"④当然,贵族政治向官僚政治转型的过程是漫长的,且是有条件的。直到隋唐时期科举制的成熟,官僚政治才对贵族政治取得了压倒性优势。需要说明的是,在贵族官僚化日益消解的同时,经由科举制度等人才选拔机制而进入官僚机器的官员却经历着"官僚贵族化"的过程。

在中国古代,官僚政治是专制政治的附属物和补充。"官僚政治是当作专制政体的一种配合物或补充物而产生的,专制政体不存在,当作一种社会体制看的官僚政治也无法存在。在这点上,中国官僚政治并非例外。"⑤费孝通认为:"封建制度中,政权并不集中在最高的王的手上,这是个一层层重叠着的权力金字塔,每个贵族都分享着一部分权力。王奈何不得侯,侯也奈何不得公,一直到士,都是如此。他们在一定的范围之内,各层有各层的政权。封建解体,在政治上说,是政权不再像金字塔一般的从上逐渐一层层地分下来,而集中成了大一统的皇权,皇帝是政权的独占者,'朕即国家'。他在处理政务时固然雇佣着一批助手,就是官僚。可是官僚和贵族是不同的。官僚是皇帝的工具,工具只能行使政权而没有政权。贵族是统治者的家门,官僚是统治者的臣仆。"⑥这种工具关系决定了官僚只对皇帝或上级负责,而不对下负责,例如对作为臣民的百姓负责。王亚南认为:"战国诸侯为着争霸权、争统治而进行的战争,培养了封建官僚。封建官僚起初不过是封建贵族

① 郝铁川:《论春秋官制的演变》,《中国史研究》(京),1987 年第 1 期。
② (汉)司马迁:《史记》,岳麓书社,2002 年,第 512~513 页。
③ (东汉)班固:《汉书》,中州古籍出版社,1988 年,第 291 页。
④ 王亚南:《中国官僚政治研究》,商务印书馆,2010 年,第 50 页。
⑤ 同上,第 29 页。
⑥ 费孝通、吴晗等:《皇权与绅权》,生活·读书·新知三联书店,2013 年,第 1~2 页。

技术上的助手,帮助封建贵族剥削农奴式的农民,组织封建榨取农民血汗的机关,并使这机关巩固和成为合法的形式。但封建的混战,使各种'专门人材'成为急切的需要,而且直接动摇了整个社会制度,削弱了和抹杀了旧有的阶级划分,并在新的调子上来重新划分阶级。封建上层阶级社会地位之一般的不稳固,是愈来愈加厉害,常使封建诸侯依靠官僚。这培养起来的封建官僚,不但成了专制政体实行的准备条件,且还在某种程度,成了专制政体实现的推动力。"①

从具体内容上看,中国古代官僚政治主要包括如下内容:①皇权是核心,处于支配地位,官僚处于从属地位。正因为如此,有的学者将中国古代的官僚政治称之为"皇权官僚政治"②。②职业官僚是工具。中国古代官僚是皇权政治赖以运行的工具。官僚由君主或其授权的机构任免,有任期,不能世袭。官僚必须按君主或上级的意志或规定行使职权,"丞相诸大臣皆受成事,倚辨于上"③。职业官僚受君主或上级的监督,官僚对君主或上级负责。③科层官僚制是载体。科层官僚体制是职业官僚进行国家治理的载体。具体表现为中央行政制度和地方行政制度。④辅助政治制度是桥梁,承担着连接皇权和官僚的重任,担负着"使皇权运转起来"和"使官僚制运转起来"的重任。这些辅助政治制度主要包括职官管理制度/人事管理制度、监察制度、伦理文化制度等。

基于此,中国古代官僚政治具有如下特点:①职位设置的非理性化,官为君设,人治色彩浓厚。白钢认为:中国封建官僚是从奴隶制时代君主的家臣演变来的,官僚的实质是君主的奴仆,君臣关系实质是主奴关系,④"主卖官爵,臣卖智力"⑤;官僚政治的要害,是确立官僚对皇帝以及官僚上下级之间的人身依附关系,这就为官僚政治打上了深深的人治烙印,往往导致"其人存,则其政举;其人亡,则其政息"。后梁宰臣敬翔曾对末帝说:"臣受国恩,仅将三纪,从微至著,皆先朝所遇,虽名宰相,实朱氏老奴耳,事陛下如郎君。"⑥安作璋等也认为封建官僚制度是服务于皇权的,"一个是皇帝独裁,亦即君主专制……;一个是以皇权为中心,以地主阶级为基础的封建官僚制

---

① 王亚南:《中国官僚政治研究》,商务印书馆,2010 年,第 30 ~ 31 页。

② 王衡:《皇权官僚政治视野下的中国古代考绩制度》,《北京行政学院学报》,2014 年第 1 期。

③ (汉)司马迁:《史记》,岳麓书社,2002 年,第 48 页。

④ 白钢:《中国政治制度史》(修订版)(上卷),天津人民出版社,2002 年,第 39 页。

⑤ 《韩非子·外储说》,山西古籍出版社,2001 年。

⑥ (宋)薛居正:《旧五代史》,卷 18《敬翔传》,吉林人民出版社,2005 年,第 156 页。

度,重要的是,官吏的任免予夺一切权力都集中在皇帝手上"①。这种人治的惯性与路径依赖也导致当今社会百姓仍盼望清官的出现。王亚南认为:"在这种情势下,官僚或官吏就不是对国家或人民负责,而只是对国王负责。国王的语言,变为他们的法律,国王的好恶,决定了他们的命运(官运和生命),结局,他们只要把对国王的关系弄好了,或者就下级官吏而论,只要把他们对上级官吏的关系弄好了,他们就可以为所欲为的不顾国家、人民的利益,而一味图所以自利了。所以,在专制政治出现的瞬间,就必然会把政治权力把握在官僚手中,也就必然会相伴而赍来官僚政治。官僚政治是专制政治的副产物和补充物。"②职位设置的非理性化是中国古代官僚政治与现代官僚政治的一个显著区别。现代官僚政治通过科层组织来实施。在科层组织中,职位的设置是根据组织结构和功能来设置的,是非常理性的。

②以皇权为核心,官僚政治仅仅控制社会工具,在开放性与封闭性两端之间谨慎移动,兼具开放和封闭的双重属性。首先,官僚制度必须为皇权服务,这决定了官僚选任的封闭性。其次,官僚的选任必须有利于社会控制,有利于缓和统治阶级和被统治阶级的矛盾,这决定了官僚选任必须面向全体社会,这赋予了古代官僚政治以开放性。例如,无论是两汉的察举、辟除、征召、荐举、魏晋的九品官人,还是自隋唐以来的科举制度等无一不是服务于统治阶级控制社会的。正如李世民看到新科举子从皇宫门口鱼贯而入时所说的"天下英雄,尽入吾彀中矣"。这种封闭性可能导致人才的选任异化。例如,东汉时期出现的"举秀才不知书,察孝廉父别居,寒素清白浊如泥,高第良将怯如鸡"现象;明清时期盛行的八股取士,科举考试的科目及内容限于经义范围,仅仅注重将社会人才体制化而忽略了创新性。再如,这种封闭性导致恩荫制和赍纳捐官在历朝历代难以根治。恩荫制重血缘,而不顾才能,是世袭制的一种延续,本身属于一种封建特权。恩荫制实行的结果是使官僚政治门阀化。赍纳捐官,顾名思义是使官僚政治商品化。捐纳的实质是"以官为贸易",基本不出殷实富户、官吏子弟、市井纨绔的圈子。从另一方面看,这些选任制度无疑赋予了社会阶层之间一定的流动性,使君主专制下的政府具有开放性,使政府职位不为某个阶层垄断,使得下层人士"有盼头",拥有向上流动和获取管理职位的机会,表面上突破了世家大族垄断官场的局面,防止了因社会阶层固化所带来的风险。例如,汉刘邦时期的"布

①　安作璋、熊铁基:《秦汉官制史稿》(上册),齐鲁书社,1984年,第6页。
②　王亚南:《中国官僚政治研究》,商务印书馆,2010年,第10页。

衣丞相"、唐武周时期的科举丞相占比接近50%。

③"官无封建,而吏有封建",赋予官僚政治以腐败性。历代设官,皆置吏胥。"吏胥作为封建官府中的具体办事人员,与官僚相辅相成,构成官僚政治的实体。官与吏的区别在于:职责不同,任期不同(官僚实行限任制;吏胥实行常任制),官僚放任要回避本籍,而吏胥则基本上是土著。……吏虽不入品,但却可以终身窟穴公堂,……从而形成吏胥左右官场的局面。"①对于吏胥对国家治理的消极影响,可以用"吏胥之害"来概括。"何谓吏胥之害? 从古患之,非直一日也,而今为甚者。盖自崇宁极于宣和,士大夫之职业,虽皮肤塞浅者亦不复修治,而专从事于奔走进取,其薄书期会,一切惟胥吏之听。而吏人根固窟穴、权势熏炙,烂恩横赐,自占优比。渡江之后,文字散逸,旧法往例,尽用省记,轻重予夺,唯意所出,其最骄横者,三省枢密院,吏部七司户刑,故今世号为公人世界又以为官无封建而吏有封建者,皆指实而言也。"②明朝黄宗羲认为:"盖吏胥之害天下,不可枚举。"清朝储方庆认为:"今天下之患,独在胥吏。"

官僚政治与贵族政治的不同之处主要有以下六个方面。①权力来源方面。贵族政治与世卿世禄制互为表里。贵族权力来源于世袭。而官僚的权力来源于上级或皇帝的授予。②权力运作方面。贵族政治中,贵族在自己领地内享有最高权力,权力运作以自己的意志为转移。而官僚政治中,官僚的权力受制于上级或皇帝的意志。③权力机构方面。贵族政治中,权力机构简单不完善。官僚政治中,官僚机构完善,且相互制衡。④效忠关系方面。贵族政治中是逐级封建,逐级效忠。官僚政治中是直接任命,直接效忠(见下图)。⑤收入来源方面。贵族政治中的贵族收入来源于其所在的领地。而官僚政治中的官僚收入来源于俸禄。⑥官吏选拔方面。贵族政中的官员往往由世卿世禄制产生,官僚政治下官员都由皇帝任免,通过察举、科举制等机制产生。

总之,自官僚政治建立起,"王朝的不绝再生产,再配合以官僚统治的不绝再生产;同式政治形态的重复,在有些人看来是'循环',而在其他较深刻的历史学家看来则是'没有时间','没有历史'"③。

①　白钢:《中国政治制度史》(修订版)(上卷),天津人民出版社,2002年,第41~42页。

②　叶适:《水心别集》,卷十四《吏胥》,中华书局,1960年。

③　王亚南:《中国官僚政治研究》,商务印书馆,2010年,第31页。

邦国贵族政治　　　　　　　　　　帝国官僚政治

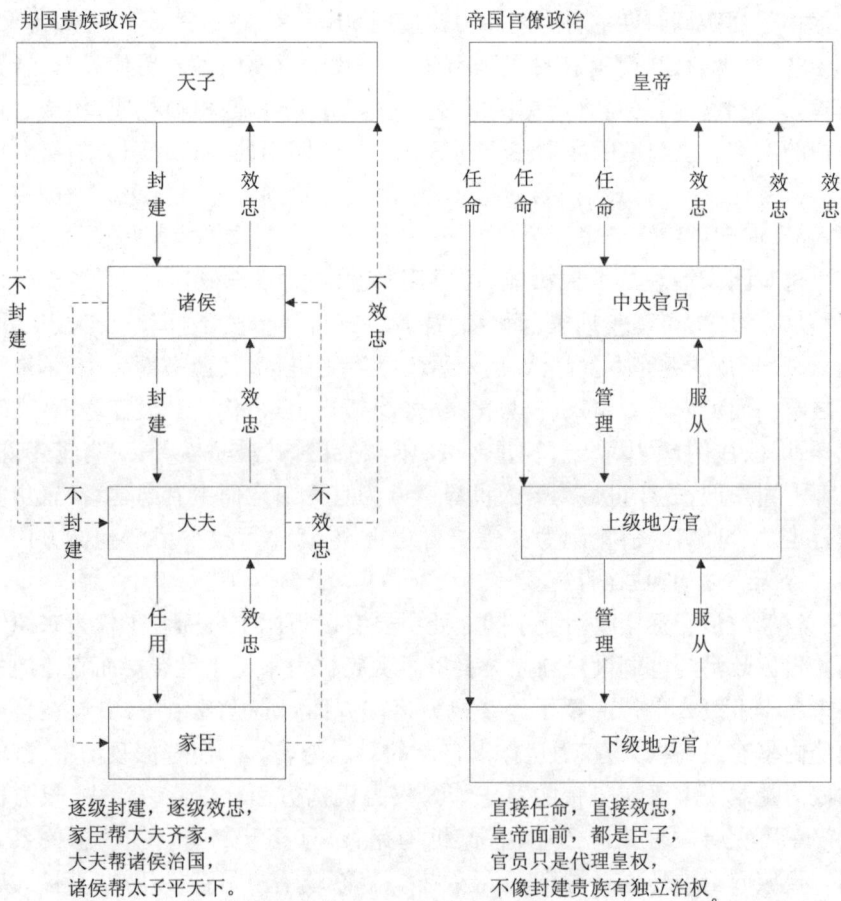

| 天子 | | 皇帝 |

（左图）
封建 / 效忠
不封建 / 不效忠
诸侯
封建 / 效忠
不封建 / 不效忠
大夫
任用 / 效忠
家臣

（右图）
任命　任命　任命　效忠　效忠　效忠
中央官员
管理 / 服从
上级地方官
管理 / 服从
下级地方官

逐级封建，逐级效忠，
家臣帮大夫齐家，
大夫帮诸侯治国，
诸侯帮太子平天下。

直接任命，直接效忠，
皇帝面前，都是臣子，
官员只是代理皇权，
不像封建贵族有独立治权。

贵族政治和官僚政治的区别①

第四节　政治与道德形影相随

政治与道德的关系是政治学和国家治理实践中的永恒话题。在中国和西方国家的国家治理实践中，政治与道德关系呈现出不同的关系状态。具体而言，政治与道德在中国的国家治理实践中总是形影相随的，而西方国家则以马基雅维利为分界点，实现了政治与道德的关系从相随到分离。"就是

---

① 易中天：《汉武的帝国》，浙江文艺出版，2016 年，第 128 页。关于贵族政治向官僚政治的转型，可参见王明德：《论春秋战国时期贵族政治向官僚政治的转变》，《理论导刊》，2009 年第 3 期。

从近代马基雅弗利、霍布斯、斯宾诺莎、博丹,以及近代的其他许多思想家谈起,权力都是作为法的基础的,由此,政治的理论观念摆脱了道德,所剩下的是独立地研究政治的主张,其他没有别的了。"①"马基雅维利开启了政治实证路径的讨论,把政治限定在治理与权术之上,其政治的主题是如何治理国家。在这一主题下,政治只是关于权力运作的技艺,政治应该关注如何统治,而不必关注道德学说。"②

欧洲中世纪的政治学是神学政治,或者说政治与道德是未分离的。从文艺复兴开始,政治逐步摆脱了神学的束缚,走向了独立发展的道路。在这一过程中,马基雅维利发挥了奠基性作用。马基雅维利"摆脱了神学,摆脱了道德,而采取对政治进行经验实证和理性分析的研究方法,第一次把政治问题看作纯粹的权力问题,为近代政治学的发展开拓了道路"③。在《君主论》一书中,马基雅维利将政治建基于权力之上,关注的是如何建立强大的中央集权、如何治国兴邦,"政治手段和军事措施几乎是他关心的唯一课题,而且他把这种手段和措施同宗教,道德和社会考虑几乎完全分割开来,除非他们直接影响到政治决策"④。

马基雅维利在《君主论》一书中认为:

> 如果没有那些恶行,就难以挽救自己的国家的话,那么他也不必要因为对这些恶行的责备而感到不安,因为如果好好地考虑一下每一件事情,就会察觉某些事情看来好像是好事,可是如果君主照着办就会自取灭亡,而另一些事情看来是恶行,可是如果照办了却会给他带来安全与福祉。⑤

> 君主既然必须懂得善于运用野兽的方法,他就应当同时效法狐狸与狮子。由于狮子不能够防止自己落入陷阱,而狐狸则不能够抵御豺狼。因此,君主必须是一头狐狸以便认识陷阱,同时又必须是一头狮子,以便使豺狼惊骇。然而那些单纯依靠狮子的人们却不理解这点。所以,当遵守信义反而对自己不利的时候,或者原来使自己作出诺言的

---

① 《马克思恩格斯全集》(第3卷),人民出版社,1960年,第368页。

② 李育书:《西方近代政治哲学中政治与道德分离的内在理路》,《天津行政学院学报》,2013年第6期。

③ 卢山冰:《马基雅维里非道德政治观及其评析研究》,《西北大学学报》(哲学社会科学版),2002年第1期。

④ [美]萨拜因:《政治学说史》(下),盛葵阳译,商务印书馆,1986年,第394页。

⑤ [意]尼科洛·马基雅维利:《君主论》,潘汉典译,商务印书馆,2012年,第74~75页。

理由现在不复存在的时候,一位英明的统治者绝不能够,也不应当遵守信义。假如人们全都是善良的话,这条箴言就不合适了。但是因为人们是恶劣的,而且对你并不是守信不渝的,因此你也同样地无需对他们守信。一位君主总是不乏正当的理由为其背信弃义涂脂抹粉。关于这一点,我能够提出近代无数的实例为证,它们表明:许多和约和许多诺言由于君主们没有信义而作废和无效;而深知怎样做狐狸的人却获得最大的成功。但是君主必须深知怎样掩饰这种兽性,并且必须做一个伟大的伪装者和假好人。人们是那样地单纯,并且那样地受着当前的需要所支配,因此要进行欺骗的人总可以找到某些上当受骗的人们。①

与西方国家治理中政治与道德逐步由相随走向分离不同,中国自古代起,政治与道德总是形影相随的。尽管不同学者认为两者关系在不同阶段有所不同,尽管"德"在不同的阶段有不同的内容。

何为德?《说文解字》将其解释为"外得于人,内得与己"。在中国古代,"德"是内部静态品质与外部政治行为的统一,始终在中国古代国家治理中居于重要地位。在《诗经》《尚书》《老子》等著作中有关于"德""政"和国家治理的详细记载。

《尚书·虞书·大禹谟》中记载:

> 皋陶矢厥谟,禹成厥功,帝舜申之。作《大禹》、《皋陶谟》、《益稷》。
>
> 曰若稽古大禹,曰文命敷于四海,祇承于帝。曰:"后克艰厥后,臣克艰厥臣,政乃乂,黎民敏德。"
>
> 帝曰:"俞!允若兹,嘉言罔攸伏,野无遗贤,万邦咸宁。稽于众,舍己从人,不虐无告,不废困穷,惟帝时克。"
>
> 益曰:"都,帝德广运,乃圣乃神,乃武乃文。皇天眷命,奄有四海为天下君。"
>
> 禹曰:"惠迪吉,从逆凶,惟影响。"
>
> 益曰:"吁!戒哉!儆戒无虞,罔失法度。罔游于逸,罔淫于乐。任贤勿贰,去邪勿疑。疑谋勿成,百志惟熙。罔违道以干百姓之誉,罔咈百姓以从己之欲。无怠无荒,四夷来王。"
>
> 禹曰:"于!帝念哉!德惟善政,政在养民。水、火、金、木、土、谷,

---

① [意]尼科洛·马基雅维利:《君主论》,潘汉典译,商务印书馆,2012年,第83~84页。

惟修；正德、利用、厚生、惟和。九功惟叙，九叙惟歌。戒之用休，董之用威，劝之以九歌俾勿坏。"

帝曰："俞！地平天成，六府三事允治，万世永赖，时乃功。"

帝曰："格，汝禹！朕宅帝位三十有三载，耄期倦于勤。汝惟不怠，总朕师。"

禹曰："朕德罔克，民不依。皋陶迈种德，德乃降，黎民怀之。帝念哉！念兹在兹，释兹在兹，名言兹在兹，允出兹在兹，惟帝念功。"

帝曰："皋陶，惟兹臣庶，罔或干予正。汝作士，明于五刑，以弼五教。期于予治，刑期于无刑，民协于中，时乃功，懋哉。"

皋陶曰："帝德罔愆，临下以简，御众以宽；罚弗及嗣，赏延于世。宥过无大，刑故无小；罪疑惟轻，功疑惟重；与其杀不辜，宁失不经；好生之德，洽于民心，兹用不犯于有司。"

帝曰："俾予从欲以治，四方风动，惟乃之休。"

帝曰："来，禹！降水儆予，成允成功，惟汝贤。克勤于邦，克俭于家，不自满假，惟汝贤。汝惟不矜，天下莫与汝争能。汝惟不伐，天下莫与汝争功。予懋乃德，嘉乃丕绩，天之历数在汝躬，汝终陟元后。人心惟危，道心惟微，惟精惟一，允执厥中。无稽之言勿听，弗询之谋勿庸。可爱非君？可畏非民？众非元后，何戴？后非众，罔与守邦？钦哉！慎乃有位，敬修其可愿，四海困穷，天禄永终。惟口出好兴戎，朕言不再。"

禹曰："枚卜功臣，惟吉之从。"

帝曰："禹！官占惟先蔽志，昆命于元龟。朕志先定，询谋金同，鬼神其依，龟筮协从，卜不习吉。"禹拜稽首，固辞。

帝曰："毋！惟汝谐。"

……

禹乃会群后，誓于师曰："济济有众，咸听朕命。蠢兹有苗，昏迷不恭，侮慢自贤，反道败德，君子在野，小人在位，民弃不保，天降之咎，肆予以尔众士，奉辞伐罪。尔尚一乃心力，其克有勋。"

三旬，苗民逆命。益赞于禹曰："惟德动天，无远弗届。满招损，谦受益，时乃天道。帝初于历山，往于田，日号泣于旻天，于父母，负罪引慝。祇载见瞽叟，夔夔斋栗，瞽亦允若。至诚感神，矧兹有苗。"

禹拜昌言曰："俞！"班师振旅。帝乃诞敷文德，舞干羽于两阶，七旬有苗格。

《尚书·周书·蔡仲之命》中记载：

> 蔡叔既没，王命蔡仲，践诸侯位，作《蔡仲之命》。
> 惟周公位冢宰，正百工，群叔流言。乃致辟管叔于商；囚蔡叔于郭邻，以车七乘；降霍叔于庶人，三年不齿。蔡仲克庸只德，周公以为卿士。叔卒，乃命诸王邦之蔡。王若曰："小子胡，惟尔率德改行，克慎厥猷，肆予命尔侯于东土。往即乃封，敬哉！尔尚盖前人之愆，惟忠惟孝；尔乃迈迹自身，克勤无怠，以垂宪乃后；率乃祖文王之遗训，无若尔考之违王命。皇天无亲，惟德是辅。民心无常，惟惠之怀。为善不同，同归于治；为恶不同，同归于乱。尔其戒哉！慎厥初，惟厥终，终以不困；不惟厥终，终以困穷。懋乃攸绩，睦乃四邻，以蕃王室，以和兄弟，康济小民。率自中，无作聪明乱旧章。详乃视听，罔以侧言改厥度。则予一人汝嘉。"王曰："呜呼！小子胡，汝往哉！无荒弃朕命！"

《尚书·商书·太甲下》记载：

> 伊尹申诰于王曰："呜呼！惟天无亲，克敬惟亲。民罔常怀，怀于有仁。鬼神无常享，享于克诚。天位艰哉！德惟治，否德乱。与治同道，罔不兴；与乱同事，罔不亡。终始慎厥与，惟明明后。先王惟时懋敬厥德，克配上帝。今王嗣有令绪，尚监兹哉！若升高，必自下，若陟遐，必自迩。无轻民事，惟艰；无安厥位，惟危。慎终于始。有言逆于汝心，必求诸道；有言逊于汝志，必求诸非道。呜呼！弗虑胡获？弗为胡成？一人元良，万邦以贞。君罔以辩言乱旧政，臣罔以宠利居成功，邦其永孚于休。"

《诗经》中也有类似记载。《诗经·周颂·维天之命》记载：

> 维天之命，于穆不已。于乎不显，文王之德之纯。假以溢我，我其收之。骏惠我文王，曾孙笃之。

从这些记录中可以看出，中国古代的先人们非常重视"德"在承天命、治民等古代国家治理中的重要地位。尽管这种思想比较朴素，但开启了中国古代"德"与"政"关系的演化进程，反映了中国古代国家朴素的"以德治国"

思想。

何为"德"？相关著述中亦有相关记载。例如，襄公讨论晋周的话语中可以看出，"德"在当时至少包含了敬、忠、信、仁、义、智、勇、教、孝、惠、让等内容。①

《国语·周语·单襄公论晋周将得晋国》记载：

> 晋孙谈之子周适周，事单襄公，立无跛，视无还，听无耸，言无远；言敬必及天，言忠必及意，言信必及身，言仁必及人，言义必及利，言智必及事，言勇必及制，言教必及辩，言孝必及神，言惠必及和，言让必及敌；晋国有忧未尝不戚，有庆未尝不怡。
>
> 襄公有疾，召顷公而告之曰："必善晋周，将得晋国。其行也文，能文则得天地。天地所胙，小而后国。夫敬，文之恭也；忠，文之实也；信，文之孚也；仁，文之爱也；义，文之制也；智，文之舆也；勇，文之帅也；教，文之施也；孝，文之本也；惠，文之慈也；让，文之材也。象天能敬，帅意能忠思身能信，爱人能仁，利制能义，事建能智，帅义能勇，施辩能教，昭神能孝，慈和能惠，推敌能让。此十一者，夫子皆有焉。
>
> "天六地五，数之常也。经之以天，纬之以地，经纬不爽，文之象也。文王质文，故天胙之以天下。夫子被之矣，其昭穆又近，可以得国。且夫立无跛，正也，视无还，端也；听无耸，成也；言无远，慎也。夫正，德之道也；端，德之信也；成，德之终也；慎，德之守也。守终纯固，道正事信，明令德矣。慎成端正，德之相也。为晋休戚，不背本也。被文相德，非国何取！
>
> ……
>
> 顷公许诺。及厉公之乱，召周子而立之，是为悼公。"

如果说夏商周是中国古代"德"与"政"关系的萌芽期，那么春秋战国时期就形成了比较系统的"德"与"政"的关系论述。这些论述中，以孔孟的儒家学说为代表。孔孟学说以"礼""仁"为核心。

《论语·为政篇》记载：

> 子曰："为政以德，譬如北辰，居其所而众星共之。"

---

① 《国语·周语·单襄公论晋周将得晋国》。

子曰:"道之以政,齐之以刑,民免而无耻。道之以德,齐之以礼,有耻且格。"

《论语·颜渊篇》记载:

子张问崇德辨惑,子曰:"主忠信,徙义,崇德也。爱之欲其生,恶之欲其死;既欲其生又欲其死,是惑也。'诚不以富,亦只以异。'"

齐景公问政于孔子,孔子对曰:"君君,臣臣,父父,子子。"公曰:"善哉!信如君不君、臣不臣、父不父、子不子,虽有粟,吾得而食诸?"

季康子问政于孔子,孔子对曰:"政者,正也。子帅以正,孰敢不正?"

季康子问政于孔子曰:"如杀无道以就有道,何如?"孔子对曰:"子为政,焉用杀?子欲善而民善矣。君子之德风,小人之德草,草上之风必偃。"

《论语·子路》记载:

子路曰:"卫君待子而为政,子将奚先?"子曰:"必也正名乎!"子路曰:"有是哉,子之迂也!奚其正?"子曰:"野哉由也!君子于其所不知,盖阙如也。名不正,则言不顺;言不顺,则事不成;事不成,则礼乐不兴;礼乐不兴,则刑罚不中;刑罚不中,则民无所措手足。故君子名之必可言也,言之必可行也。君子于其言,无所苟而已矣。"

樊迟请学稼,子曰:"吾不如老农。"请学为圃,曰:"吾不如老圃。"樊迟出,子曰:"小人哉樊须也!上好礼,则民莫敢不敬;上好义,则民莫敢不服;上好信,则民莫敢不用情。夫如是,则四方之民襁负其子而至矣,焉用稼?"

子曰:"诵《诗》三百,授之以政,不达;使于四方,不能专对;虽多,亦奚以为?"

子曰:"其身正,不令而行;其身不正,虽令不从。"

《孟子·梁惠王章句上·第五节》记载:

梁惠王曰:"晋国,天下莫强焉,叟之所知也。及寡人之身,东败于齐,长子死焉;西丧地于秦七百里;南辱于楚。寡人耻之,愿比死者一洒之,如之何则可?"

　　孟子对曰:"地方百里而可以王。王如施仁政于民,省刑罚,薄税敛,深耕易耨。壮者以暇日修其孝悌忠信,入以事其父兄,出以事其长上,可使制梃以挞秦楚之坚甲利兵矣。彼夺其民时,使不得耕耨以养其父母,父母冻饿,兄弟妻子离散。彼陷溺其民,王往而征之,夫谁与王敌?故曰:'仁者无敌。'王请勿疑!"

《孟子·离娄章句上·第一节》记载:

　　孟子曰:"离娄之明,公输子之巧,不以规矩,不能成方员;师旷之聪,不以六律,不能正五音;尧舜之道,不以仁政,不能平治天下。

　　今有仁心仁闻而民不被其泽,不可法于后世者,不行先王之道也。故曰,徒善不足以为政,徒法不能以自行。诗云:'不愆不忘,率由旧章。'遵先王之法而过者,未之有也。

　　圣人既竭目力焉,继之以规矩准绳,以为方员平直,不可胜用也;既竭耳力焉,继之以六律,正五音,不可胜用也;既竭心思焉,继之以不忍人之政,而仁覆天下矣。故曰,为高必因丘陵,为下必因川泽。为政不因先王之道,可谓智乎?是以唯仁者宜在高位。不仁而在高位,是播其恶于众也。

　　上无道揆也。下无法守也,朝不信道,工不信度,君子犯义,小人犯刑,国之所存者幸也。故曰:城郭不完,兵甲不多,非国之灾也;田野不辟,货财不聚,非国之害也。上无礼,下无学,贼民兴,丧无日矣。

　　诗曰:'天之方蹶,无然泄泄。'泄泄,犹沓沓也。事君无义,进退无礼,言则非先王之道者,犹沓沓也。故曰:责难于君谓之恭,陈善闭邪谓之敬,吾君不能谓之贼。"

《孟子·离娄章句上·第三节》记载:

　　孟子曰:"三代之得天下也以仁,其失天下也以不仁。国之所以废兴存亡者亦然。天子不仁,不保四海;诸侯不仁,不保社稷;卿大夫不仁,不保宗庙;士庶人不仁,不保四体。恶死亡而乐不仁,是犹恶醉而强酒。"

《孟子·离娄章句上·第五节》记载：

　　孟子曰："人有恒言，皆曰'天下国家'。天下之本在国，国之本在家，家之本在身。"

《孟子·离娄章句上·第六节》记载：

　　孟子曰："为政不难，不得罪于巨室。巨室之所慕，一国慕之；一国之所慕，天下慕之；故沛然德教溢乎四海。"

《孟子·离娄章句上·第九节》记载：

　　孟子曰："桀纣之失天下也，失其民也；失其民者，失其心也。得天下有道：得其民，斯得天下矣；得其民有道：得其心，斯得民矣；得其心有道：所欲与之聚之，所恶勿施尔也。

　　民之归仁也，犹水之就下、兽之走圹也。故为渊驱鱼者，獭也；为丛驱爵者，鹯也；为汤武驱民者，桀与纣也。今天下之君有好仁者，则诸侯皆为之驱矣。虽欲无王，不可得已。

　　今之欲王者，犹七年之病求三年之艾也。苟为不畜，终身不得。苟不志于仁，终身忧辱，以陷于死亡。诗云'其何能淑，载胥及溺'，此之谓也。"

《左传·襄公·襄公三十一年》记载：

　　……若天所启，其在今嗣君乎！甚德而度，德不失民，度不失事，民亲而事有序，其天所启也。

　　从上述著述中可以看出，君主道德是"德"的重要内容。具体而言，第一，君主的道德品质和行为对国家治理至关重要。正如孔子所认为的"政者，正也"，"其身正，不令而行；其不正，虽令不从"。第二，君主有"德"是塑造合法性的重要依据。第三，"德"与"天"相结合或呈现出互动关系。典型体现在有德者方可配天、"敬天以德""天无亲，唯德是辅。民心无常，惟惠之怀"等表述中。第四,"德"的内容开始拓展和丰富,即君主不仅仅要有"德",更要亲民、爱民、行仁政。

值得一提的是,这一时期的国家治理思想并非仅仅有孔孟儒学,还有法家思想。与孔孟儒学相反,以韩非子为代表的法家主张以"法"来治理国家。法家思想与儒学思想在之后的国家治理中形成了交错并用的态势。

春秋战国之后,中国古代社会国家建构与治理逐渐步入了成熟时期。秦朝的昙花一现使得汉的统治者反思法家思想在国家治理中的适用性与效用的问题。经过汉初无为而治的黄老思想之后,春秋战国时期的孔孟儒家在董仲舒的改造之下重新取得了国家意识形态的地位。"德"与"政"在国家治理中的关系进入了新的阶段。

对于政治与道德关系的演变,这里采用张昭的观点。① 张昭认为,政治与道德关系实现了"从政治的道德化逐渐演变为道德的政治化"②。

何为政治道德化? 张昭认为:"汉武帝时期的'独尊儒术'的实质是以政治权威赋予道德权威,而道德权威反过来论证了政治权威的正当性,二者形成了相辅相成的关系。同时标志着政治与道德的关系在理论上重新转变为道德作为政治的基础,政治统治重新以道德治理的外表示人,在实践中开启了政治在表象上的道德化进程。"③"政治统治的实质采取道德的表象主要是为了消解政治利益的争夺,把道德的精神渗透进政治的内核之中,在表象上体现出政治的道德性,缓解政治赤裸裸维护其统治地位的形象。根据现代政治的契约逻辑,国家和公民间的关系构成模式———我为你纳税,你保障我的生命与财产安全,为我提供稳定的生存发展环境,所以我接受你的统治。但在把政治道德化之后,统治者与臣民的关系转变为臣民单方面的服从义务,服从统治者成了个人的品质修养问题。儒家的政治思想把伦理道德视为人的本质,这样就把复杂的政治问题简单化,又把治国之道和国家的兴衰成败寄托于有道之君,忽略了从外在法治(政治制度)的构建驯化君主及其权力的制度,模糊、忽略二者各自的界限,甚至有意为政治'戴上'道德的帽子。从长远的政治发展和公民道德的现代化角度来讲都不合适,当然并不能否定儒家把政治道德化后其在历史中所起到的有益作用……把国家的本质等同于德,而君主掌握德与威'二柄'才能维护自己的君主地位,'国之所以为国者德也;君之所以为君者威也。故德不可共,威不可分'……德仅仅是君主掌握的一种维护政治统治的工具而已。政治的道德化包装和贯

---

①②③　张昭:《中国古代政治与道德关系的历史考察》,《中州学刊》,2016 年第 12 期。

彻实践还体现在以'经'取士的制度中,之后'五经'被儒生神圣化,陆贾把五经抬高到'天道'的境界……它使政治的根本问题变为了道德问题。"①

何为道德政治化？张昭认为:"政治表象上道德化的目的是道德的政治化,前者是表后者是体,前者是手段后者是目的,二者皆通过历代大儒改造而完成。自实行嫡长子继承制之后,从政治上讲解决了国家最高权力的更迭和归属问题,但这项制度本身却存在着正义之争,为以后君权之争埋下了隐患。君主为了证明自己获取君权和掌握君权的正当性,往往诉诸道德的论证。与此同时,这种道德政治化的论证并不能真正取代君权的争夺,而且道德也不为统治者所独占,每当统治集团昏庸腐败之时,道德的口号与力量就会成为起义者或者革命者的武器。但这些起义者一旦成为统治者,为了维护统治地位他们对待道德的立场和态度就会发生转化,为了让多数人服从自己的统治就会自我建构一套道德体系巩固和加强自己统治地位的正当性。因此,道德本身并不会自觉的转化成为政治统治的工具,而是需要经过思想家的论证和统治者加以推广才能成为政治统治的一种'术'或工具。"②"道德政治化的实现是从修身、齐家到治国三位一体的建构把道德的最终目的完全政治化。需要特别强调指出的是先秦时期儒家思想的本质是政治道德化,而后儒家思想才被一步步改变为道德政治化,在这里道德是作为政治的工具意义而被使用的,其目的是为了维护统治与服从的政治秩序。最为突出和明显的例证就是'孝'与'忠'这两种品德的内涵及其关系的演变。孝由原来对祖宗、健在的父母的孝逐渐过渡和转移到了对君主的'忠',这也被称之为'移孝作忠'……到秦王朝统一六国,再到董仲舒"三纲五常"理论与实践的确立,从此之后一直到清王朝的覆灭,仁义礼智信等其他的伦理道德规范全部转化为了作为政治'统治术'的道德规范,对仁义礼智信的论证主要从维护政治等级秩序和政治统治的角度阐释的。董仲舒从天子受命于天,诸侯受命于天子逻辑直接推导出来了家庭中的父子、夫妻关系间的统治与服从也从属于'天'……以此用一种统一的价值标准把个人、家庭与国家三个不同的领域统合,进而把三纲五常的秩序上升到了天的高度且神圣化。……君臣、父子、夫妻之间本来有着不同的主客体关系和应用范围,结果被董仲舒以及后世的思想家通过错误的逻辑推理和主观的类比而糅合在一起,其目的在于消解政治与道德间的矛盾与冲突,把君主作为天下之"共父"而让举国上下服从。汉代以后直至清代,儒术独尊的地位没有发生太大变化,三

①② 张昭:《中国古代政治与道德关系的历史考察》,《中州学刊》,2016 年第 12 期。

纲五常的理论又被进一步神圣化和政治化。……把社会中的普遍道德关系直接上升为政治关系,其目的是:'统治者把先秦儒家的道德进行了政治化的加工和处理,原本被设计为转化政治的道德却演化为实现政治目标的手段,道德评价和道德运作亦被纳入政治标准的严格制约之下,一场道德的政治化、世俗化运动由此开始'。……故历代统治者实施德政教化的最重要目的在于把人的心智和思想统一起来,并不是真正启迪民智和启蒙民众的品德和思想。"[1]

中国古代的政治与道德关系是由中国古代社会权力私有这一根本特征决定的。换句话说,中国古代社会权力私有属性造成了政治与道德关系的扭曲——政治道德化和道德政治化。进一步,由于道德政治化,道德成为封建君主维护政治统治的工具,使得具有强烈私人属性的道德被纳入了国家治理这一公共领域之中,在国家治理体制中集中表现为政治统摄一切、强国家弱社会等表象。当然,中国古代这种异化的政治与道德关系还与"家国同构"现象有关。

概而言之,中国古代国家治理整体上属于伦理政治时期,伦理道德性贯穿于国家治理的各个方面。即使是与"德"相对的"法",也与道德纠缠在一起,典型表现为"德主刑辅""出礼入刑""以礼入法""礼法合一"等表述和实践。所谓礼法合一,主要是指伦理道德和法律规范性相结合,礼为本,刑为用,礼高于法,以礼入法,礼法合一。由于以礼入法,所以中国古代的法律规范(如果有的话)是一种差别化的行为规范,因人而异。由于政治与道德关系建基于封建私制、权力私有基础之上,因此中国古代的政治与道德关系呈现出一种政治道德化与道德政治化的异化状态。这种异化状态直接影响了中国古代国家治理。具体而言,作为政治统治工具的道德,其内容和作用主要包括如下三个方面:第一,德行。重视君主的道德,君主的道德是王朝合法性的重要维度,君主的得道与失道往往是王朝更替的重要理由。第二,德政。亲民、爱民、行仁政是"德"的重要内容。第三,德化。道德逐步由君主扩展至社会大众(俗称的社会教化),对官僚道德的强调为历朝历代所重视。

如果说"中国两千年来,以道德代替法制,至明代而极,这就是一切问题的症结"[2],那么在现代政治条件下,我们应该把道德抛弃或把道德从政治中剥离吗?我们应该拥抱"去道德的政治"吗?答案是否定的。"那些想把政

---

① 张昭:《中国古代政治与道德关系的历史考察》,《中州学刊》,2016 年第 12 期。

② 黄仁宇:《万历十五年》,生活·读书·新知三联书店,1997 年,自序第 4 页。

治与道德分开论述的人,于两者中的任何一种,都将一无所获。"①我们在形塑政治独立性的时候,也不能抛弃政治的道德基础或伦理基础。具体到国家治理实践中,我们需要"道德的政治家"而非"政治的道德家"。"前者是真正具有'政治智慧'和'政治德行'的政治家,因为他们坚守了政治效忠于道德的原则,持守并弘扬了大道义、大原则(与小准则相比)和大理想(终极至善的目的)的政治家美德精神;而后者则是为了眼前的政治权力而牺牲这些道义、原则和至善目的的权术者。"②综观中国近代以来的国家治理实践,充斥着无数的"政治的道德家"。这种局面直到中国共产党的成立乃至新中国的成立才得以从根本上改变。

1911 年辛亥革命爆发,中国国家政治制度由封建君主专制转变为了共和制。但是由于资产阶级薄弱、社会基础等原因,民主共和成了军阀掩盖独裁的"幌子","政治的道德家"开始在国家治理中大行其道,执掌并垄断政治权力成为军阀的目标,至于应该坚持的道义、原则和至善目的被抛弃了。1921 年中国共产党成立,"道德的政治家"开始引领中国前进。时至今日,以德治国与依法治国已经纳入了国家治理体系。2016 年 12 月 9 日,在中共中央政治局就我国历史上的法治和德治进行第三十七次集体学习中,习近平总书记强调,法律是准绳,任何时候都必须遵循;道德是基石,任何时候都不可忽视。法律是成文的道德,道德是内心的法律。法律有效实施有赖于道德支持,道德践行也离不开法律约束。在新的历史条件下,必须坚持依法治国和以德治国相结合,使法治和德治在国家治理中相互补充、相互促进、相得益彰、协同发力,推进国家治理体系和治理能力现代化。此外,传统中国政治中的"德化"已经发展为公民美德,且公民美德建设已经取得了长足发展。

当然,除了上述特征之外,中国传统政治制度还有宗法制等特征,不再详述。

---

① [法]卢梭:《社会契约论》,何兆武译,商务印书馆,2003 年,第 3 页。
② 万俊人:《路难岂止是长安》,《读书》,2017 年第 1 期。

第二篇
政治意识

政治意识是指政治主体所持有的政治认知、政治态度和政治信仰,主要包括政治文化和统治阶级的意识形态。政治意识影响政治制度和政治行为,政治制度和行为又可以塑造政治意识。在政治文化方面,王亚南认为:"在中国整个长期专制时代却不同,中国文化中的这每一个因素,好像是专门为了专制官僚统治'特制'的一样,在几千年中,仿佛都与专制官僚政治达到了水乳交融的调和程度。所谓'二千年之政,秦政也,二千年之学,荀学也'(谭复生语),无非谓学术与政治的统一。'是道也,是学也,是治也,则一而已'(龚定盦语)。学术、思想,乃至教育本身,完全变为政治的工具,政治的作用和渗透力就会达到政治本身活动所不能达到的一切领域了。"①

---

① 王亚南:《中国官僚政治研究》,商务印书馆,2010 年,第 33 页。

第一章
政治文化

政治文化研究源于西方,尽管东方早已存在相关经验。政治文化研究兴起于 20 世纪 60 年代,其原因在于"20 世纪上半叶在欧洲出现的一系列事件而引发的一种对民主的焦虑"。阿尔蒙德等人希望通过对五个国家的系统调查,了解这些国家的政治体制得以在其中建立并运行的一般性政治态度和方式,以便找到一种能够维持西方式的政治民主制的文化条件或社会心理条件。可以看出,政治文化对政治行为有着深刻的影响,政治文化在分析微观个体的政治态度、政治行为和宏观政治体系结构和功能之间架起了桥梁。政治文化与政治行为关系的分析框架也可以应用于中国场域中,这在学术界已经成了惯例。

第一节　政治文化的内涵

政治文化是实行政治统治的文化基础,不同的政治文化支撑着不同的政治统治模式。不同的学者对政治文化进行了不同的界定。较为代表性的观点主要有:

第一种观点将政治文化定义为政治体系的心理方面,它包括政治体系的成员对体系各层面的感觉、认知、评价和情感倾向。[1] 例如,阿尔蒙德将政治文化明确概括为政治认知、情感与评价,他认为政治文化"包括一国居民中当时所盛行的态度、信仰、价值观"[2]。派伊将社会的各种传统、公共机构的精神、公民的情感与集体的理性以及领导人的风格与行为规范归结为政治文化,但是并非人们所有的政治态度和情感都可以归于政治文化,只有经

---

[1]　杨光斌:《政治学导论》(第四版),中国人民大学出版社,2011 年,第 50 页。
[2]　[美]阿尔蒙德、[美]小鲍威尔:《比较政治学:体系、过程和政策》,曹沛霖译,上海译文出版社,1987 年,第 15 页。

常影响政治发展的才可归至这个范畴。①

第二种观点认为政治文化不仅包括观念性的政治文化,也包括上层建筑领域"物质性"层面的政治制度和政治规范。②

第三种观点为马克思主义视角下的政治文化观点。该观点认为,政治文化是社会政治领域的精神现象,是由一定阶级、国家、民族或社会群体的人们在长期的社会政治实践中形成的政治心理、政治价值观和政治思想等要素构成的有机整体。王浦劬认为政治文化是政治关系的心理的和精神的反映,它是人们在社会政治生活中形成的对于政治的感受、认识和道德习俗规范的复杂综合。政治文化是作为一种观念形式而存在的,它是社会政治意识形态,是社会政治关系作用于大脑的产物,因此特定政治文化的性质是由特定政治关系决定的。③ 王惠岩认为:"围绕着国家政权而形成的政治思想、政治心理都应该属于政治文化的内容","政治文化既应该包括在政治生活中起潜在作用的社会政治心理意识,同时还应包括在政治生活中对人们政治行为起着规范和支配作用的政治思想"。④ 政治文化具有阶级性、相对独立性和历史继承性等特征。政治文化的构成要素主要包括:①政治心理。政治心理是人的心理活动的政治方面内容。政治认知、政治情感、政治动机、政治态度。②政治思想。政治思想是社会成员在政治经验和政治感性认识的基础上,对政治现象的理性认识,是对政治现象内在因果关系及其发展规律的抽象和逻辑阐述。③政治价值观。政治价值是由一系列互相联系的价值组成的价值体系,政治价值观则是对政治价值体系的系统认识,是一种思想体系。核心价值体系是一定阶级或民族政治价值观的集中体现,是社会意识形态的主体和灵魂,在所有价值目标中处于主导和支配地位,对社会意识和社会思潮具有强大的引领和整合功能。

第二节　政治文化的分类与功能

关于政治文化的研究,阿尔蒙德和维巴作出了开拓性的贡献,他们将政治文化划分为参与型政治文化、臣民型政治文化和地域型政治文化。

---

① Lucian W. Pye, Sidney Verba, *Political Culture and Political Development*, Princeton University Press, 1965, p. 7.

② 杨光斌:《政治学导论》(第四版),中国人民大学出版社,2011 年,第 51 页。

③ 王浦劬:《政治学基础》(第三版),北京大学出版社,2014 年,第 241～245 页。

④ 王惠岩:《当代政治学基本理论》,天津人民出版社,1998 年,第 142 页。

　　所谓参与型政治文化,是指社会成员对政治体系的输入和输出均有明确积极的感知,社会成员对其自身在社会中所扮演的角色有明确积极的认知、情感和价值倾向。在这种政治文化中,社会成员有着良好的政治能力和政治效能感,他们对政治的关注度较高,认为自己应该参与政治。参与型政治文化为民主体制提供了天然的土壤。

　　所谓臣民型政治文化是指社会成员对政治体系的输出有着明确的认知和取向,但是对政治体系的输入缺乏认识,对自己在政治体系中的角色缺乏积极的认识,通常认为应该服从政治体系。在与臣民型政治文化相适应的政治体系中,一般情况下缺乏专门的政治输入机构,难以为社会成员提供明确的政治输入渠道,因而社会成员的政治效能感偏低。在这种政治文化中,社会成员关注政治,但是是消极被动地关注政治;社会成员对政治体系并没有道德承诺;社会成员的政治能力和政治效能感偏低,经常感到无助;社会成员认为他们应该顺从政治而非积极参与政治。

　　所谓地域型政治文化是指在这种政治文化中,社会成员对政治输入、政治输出以及自我在政治体系中所扮演的角色等缺乏起码的感知和认识。这种类型的政治文化一般情况下存在于较为原始的社会中或者是社会分工不明确的社会中,在这种社会中,首领在一般情况下兼容政治、经济、宗教角色于一身。

　　特定的政治文化构成了特定的政治体系得以存在和维系的基础,影响着政治体系的实际运作状况与变革状况。

　　首先,特定的政治文化为特定的政治体系提供了必要的合法性,从而维系了该政治体系的存在和发展。参与型政治文化与民主相匹配,有助于维持民主体制的运作。臣民型政治文化则与封建社会相匹配,为封建政治统治运作提供了文化支持,为封建政治统治提供了合法性。所谓合法性,即是民众对国家政权的心理认同,对国家行为的心理认同乃至支持行为,或者是至少对国家行为持不反对态度。正是这种心理认同和支持行为为国家权力的正常运转提供了必要的基础。试想,如果一个国家的民众对国家政权持有敌对态度或反抗态度,则该国家必将采用武力等暴力手段来维护政治统治,这种成本是巨大的,是不可持续的。也正因为如此,一个国家政权建立以后往往通过意识形态来建构合法性,意识形态则往往是通过形塑成员思想观念、行为意识的方式来发挥其功效的。换句话说,是通过培养成员持久的政治文化来巩固政治统治的。在中国古代,这样的例子比比皆是。例如,秦始皇的"焚书坑儒"乃是为了统一思想,"车同轨""书同文"、统一度量衡等国家行为均是为形塑百姓观念与行为模式,为大一统的封建王朝建立良好的权力运行基础。再如,中国古代以儒家思想为核心、兼容百家所形成的"君君臣臣父父子子"思想观念的主要功能乃是将中国古代所确立的封建等级秩序合法化,使成员对自己的政治角色、政治地位和政治关系形成明确的、稳定的政治认知,并以此认知来规制自己的政治行为甚至主动维护封建统治秩序。而这种稳定的、明确的政治认知也在一定程度上促成了中国封建王朝延续几千年的格局。

其次,政治文化影响着政治制度的选择。根据马克思主义的经济基础与上层建筑学说,政治制度是由经济基础决定的,是由生产力的发展状况决定的。例如,资本主义经济基础决定了所建立的政权的属性乃是资本主义政权,封建经济基础决定了所建立的政权的属性乃是封建主义政权。这并没有否定上层建筑中不同构成要素之间的相互影响。正是这种相互影响可以解释为什么生产力发展水平大致相同的国家却采用了不同的政体模式。原因有很多,例如国情因素、历史因素等。一个国家所持有的公民文化也是一个重要因素。例如,同为资本主义国家,法国采用单一制,而美国却采用的是联邦制。中国几千年来采用的中央集权的单一制与中国几千年来社会成员所持有的大一统观念有着莫大的关系。

最后,政治文化影响着政治体系变革和发展。政治体系的变革不仅仅是政治制度的变革,也往往意味着政治意识和政治行为的变革,是从一种政治意识和政治行为过渡到另一种政治意识和政治行为。中国晚清宪政改革之所以没有成功,很大原因在于中国民众仍旧持有臣民政治文化,难以为当时先进知识分子所倡导的宪政体制提供文化支撑。这便是通常所说的中国的老百姓尚未"觉醒"。这种状况一直到新文化运动之后才有实质性改变,尤其是马克思主义政治文化的传播直接改变了中国宪政改革的命运。这一宪政改革命运的改变与中国共产党自成立之始就进行的持之以恒的文化普及同马克思主义思想传播有着莫大的关系。当然,这一过程还说明了政治文化对政治体系变革和发展的影响不仅仅是通过形塑少数先进知识分子的政治文化来进行的,更重要的是通过形塑千千万万作为政治统治基础的社会大众的政治文化来进行的。

第三节　政治文化沿革

中国古代的政治文化为臣民文化。时至中国近代,政治文化在风起云涌的革命与民主共和实践中缓慢地实现了从臣民文化向公民文化的艰难转型。

一、臣民文化

根据政治文化的内涵与分类,可以判定,中国古代的政治文化属于臣民文化类型。这种臣民文化支持了中国古代封建帝制的长治久安。臣民意识的主体是臣民,有"臣民"则必然有"君主"。中国两千多年的古代社会是君主专制社会,君主拥有至高无上的权力和权威。在漫长的历史长河中,在多种政治社会化方式的综合作用下,中国古代百姓形成了臣民意识。即使到了近代,中国老百姓的臣民意识也尚未发生实质性改变。晚清新政的失败、北洋军政府的立宪闹剧、南京国民政府的独裁统治,无一不是建立在占绝大多数人口的普通百姓所持有的臣民文化基础之上。持有臣民意识的百姓对政治输入缺乏认识,但是对政治输出有明确的认知和取向,认为应该履行臣民义务,应该服从政治体系。这种专制的政治体系中没有政治输入机构,难以为中国古代百姓提供政治输入渠道。中国古代百姓关注政治,但是是消极被动地关注政治,他们对政治体系并没有道德承诺。他们的政治能力和效能感偏低。总之,他们顺从政治而非积极地参与政治。

从根源上看,这种臣民文化表面上是由中国古代的君主专制统治导致的,但实际上是由中国古代封建社会的封建私有制决定的。中国古代百姓,包括封建士大夫之所以认为忠君是自己的义务乃是由于他们心里面所根深蒂固的观念,即"天下乃一家一姓之天下",而非"天下人之天下"。正因为他们认为君主是国家的所有者,"普天之下莫非王土,率土之滨莫非王臣",所以他们认为自己所获得的土地、财产和权力乃是皇帝所赐,因而要忠君,要感恩戴德。

对于中国古代臣民文化的主要内容,不同的学者进行了不同的阐述。例如,谢海光认为中国臣民文化可以概括为思想顺从、意识被动、心理依附等。[①] 孙克认为中国古代臣民文化的价值结构包括以下四个层面:从社会政治价值准则层面看,君权至上是社会成员共同的价值操守;在社会治理方式层面,人治是传统中国的基本治理方式;在社会成员政治思维模式层面,是

---

① 谢海光、陈中润:《中国传统臣民文化刍议》,《中共青岛市委党校·青岛行政学院学报》,2006年第2期。

长久以来对清官圣人的政治期盼;在权利义务观念层面,是忠君义务观和权利主体意识的泯灭。① 以这两位学者的观点为基础,下文将从如下方面来阐述中国古代臣民文化。

1. 忠君义务观

这是臣民文化的集中体现之一。"忠君义务观念是一种基于君主政治条件而形成的习惯型政治义务观。与法律义务观不同,这种观念的认识前提是君主和君主政治的利益需要。在忠君义务观念的制约和作用下,人们的政治期盼和利益表达并非通过权利规定的形式,而是通过忠君、报皇恩等形式表现出来,更加深了人们政治参与的从属性和被动性。"②"忠孝一体政治观念的核心就是臣子对君主专心不贰,敬顺不违,尽心事主。具体要求臣子要敬君、顺君、谏君。要求臣子在政治价值、政治意识、政治行为、是非标准上把君主的利益放在第一位,功为主上之圣明,错为臣下之愚鲁;归功于君,揽过于己,兢兢业业,惟君主马首是瞻。在这种理论的指导下,臣子就是帝王驯服的工具。忠君本质是一种奴才思想,这种思想势必造成政治参与者政治主体意识和独立人格的丧失。"③

《后汉书·循吏列传》④记载:

> 延视事四年,征诣洛阳,以病稽留,左转睢阳令,九真吏人生为立祠。
> 拜武威太守,帝亲见,戒之曰:"善事上官,无失名誉。"延对曰:"臣闻忠臣不私,私臣不忠。履正奉公,臣子之节。上下雷同,非陛下之福。善事上官,臣不敢奉诏。"帝叹息曰:"卿言是也。"

从这则史料中可以看出,任延将忠于皇帝而非上级视为自己的义务。这种义务应该是所有臣子的必备素质。

当然,这种忠于君主"体现的政治关系仍然是一种私人关系"⑤。黑格尔说:"臣属的忠诚并不是对于国家的一种义务,而是一种对私人的义务——所以事实上这种忠诚是为偶然机会、反复无常和暴行所左右。"⑥

---

①② 孙克:《中国传统臣民文化之价值结构析论》,《大连理工大学学报》(社会科学版),2010年第2期。

③⑤ 陈旭:《孝亲、忠君、爱民——清官政治思想模式》,《同济大学学报》(社会科学版),2004年第6期。

④ (南朝宋)范晔:《后汉书》,中州古籍出版社,1996年,第708页。

⑥ [德]黑格尔:《历史哲学》,王造时译,上海书店,2001年,第417页。

2. 主体意识、权利意识和平等意识的缺乏

中国古代两千多年臣民文化的又一体现是中国百姓主体意识、权利意识和平等意识的缺乏。

尽管中国古代存在民本、仁政之说，但是这并不能表明社会大众地位的提高、主体意识和平等意识的存在。民本、仁政之说不过是普通百姓对开明君主的期望，或者说"以民为本"之所以能够存在乃是由于其是以维护君主的专制统治为前提的，对君主并无法律性的实质性约束力。也正因为民本思想与封建专制统治没有实质性冲突乃至是为封建王朝延续提供群众基础这一原因，民本思想、仁政之说才得以在中国古代封建社会中流传至今。与此形成鲜明对比的是董仲舒提出的"天人感应"学说则被历朝历代封建统治者有意识地"忽略"。尽管封建君主可以发布"罪己诏"，但是始终不承认以天之名义强加给自己的这道"紧箍咒"。

中国古代社会是家国同构社会，正是这种家国同构体制，使得修身、齐家、治国、平天下得以具有融通性，在"家"范围内的"父为子纲"与"国"范围内的"君为臣纲"之间架起了桥梁，使得在家孝敬父母转换为在朝忠君的学说得以成立。"在宗法观念中，君臣、父子属于性质相同的支配与被支配的模式。因此，'忠'与'孝'在思想逻辑、宗旨以及内容方面有一致性。家庭伦理角色转换为政治伦理角色，君就是父，臣就是子，实际上是一种虚拟血缘关系。'忠'与'孝'在资君事父方面具有性质和作用相辅相成的政治规范作用，'忠'与'孝'在原则上并无二致。"①"三纲五常""三从四德"的封建伦理确立的封建等级秩序以及由此所确定的服从关系造成了中国古代主体意识、权利意识和平等意识的缺乏。所谓"三纲"，指的是君为臣纲、父为子纲、夫为妻纲，其核心在于确立封建主义人与人之间的尊卑、高低、主从、贵贱的等级序列，且这种等级序列是不可逾越的。所谓"三从"指的是妇女未嫁从父、出嫁从夫、夫死从子，表面上是中国古代女性的道德规范，实质上是维护中国古代男权社会、维护父权—夫权的"内外有别""男尊女卑"秩序的封建伦理，是"父为子纲""夫为妻纲"在性别上的延伸。

对于中国古代社会主体意识、权利意识和平等意识的缺乏，梁启超在《论政府与人民之权限》②一文中进行了精辟的论述：

---

① 陈旭：《孝亲、忠君、爱民——清官政治思想模式》，《同济大学学报》（社会科学版），2004 年第 6 期。

② 李华兴、吴嘉勋编：《梁启超选集》，上海人民出版社，1984 年，第 319～320 页。

中国先哲言仁政，泰西近儒倡自由，此两者其形质同而精神迥异，其精神异而正鹄仍同。何也？仁政必言保民，必言牧民。牧之保之云者，其权无限也，故言仁政者，只能论其当如是，而无术使之必如是。虽以孔孟之至圣大贤，哓音瘏口以道之，而不能禁二千年来暴君贼臣之继出踵起，鱼肉我民。何也？治人者有权，而治于人者无权。其施仁也，常有鞭长莫及、有名无实之忧，且不移时而息焉。其行暴也，则穷凶极恶，无从限制，流毒及全国，亘百年而未有艾也。圣君贤相，既已千载不一遇，故治日常少而乱日常多。若夫贵自由定权限者，一国之事，其责任不专在一二人，分工而事易举，其有善政，莫不遍及；欲行暴者，随时随事，皆有所牵制，非惟不敢，抑亦不能，以故一治而不复乱也。是故言政府与人民之权限者，谓政府与人民立于平等之地位，相约而定其界也，非谓政府畀民以权。赵孟之所贵，赵孟能贱之。政府若能畀民权，则亦能夺人权，吾所谓形质同而精神迥异者，此也。然则吾先圣昔贤所垂训，竟不及泰西之唾余乎？是又不然，彼其时不同也。吾故言政府之权限，因其人民文野之程度以为比例差。

当二千年前，正人群进化第一期，如扶床之童，事事皆须藉父兄之顾复，故孔孟以仁政为独一无二之大义。彼其时政府所应有之权，与其所应尽之责任，固当如是也。政治之正鹄，在公益而已。今以自由为公益之本，昔以仁政为公益之门，所谓精神异而正鹄仍同者此也。但我辈既生于今日，经二千年之涵濡进步，俨然弃童心而为成人，脱蛮俗以进文界矣，岂可不求自养自治之道，而犹学呱呱小儿，仰哺于保姆也？抑有政府之权者，又岂可终以我民为弄儿也？权限乎，建国之本，太平之原，舍是曷由哉！

与主体意识、权利意识和平等意识的缺乏相伴随的是思想顺从、意识被动与心理依附。

3. 人治传统与清官圣人崇拜情结

"膜拜清官的民族是不幸的。"什么是清官？清官是公正廉洁的官吏，是为民请命的官吏。这是一般普通百姓对清官的外观描述。实质上，"清官政治思想为'孝亲、忠君、爱民'三位一体建构，其核心是'忠君'"①。与清官崇

---

① 陈旭：《孝亲、忠君、爱民——清官政治思想模式》，《同济大学学报》（社会科学版），2004 年第 6 期。

拜相类似的是圣人崇拜,两者在本质上是一致的。综观中国几千年的封建社会,太平盛世和大治的年代不多,清官不多,因此会产生清官情结。但这仅仅是表面原因。实质原因在于通过寄希望于某个清官来克服人治时代所伴生的不确定性而带来的危机感与不安全感。由于这种危机感和不安全感,使得中国古代的百姓寄希望于道德修养高的清官。换句话说,人治是清官情结产生的根本原因。

人治与法治相对应。法治是以法律和制度为基础和前提,是现代政治意义上的概念,是与现代法律相适应的。一般意义上,法治主要有如下三层意思:第一层,法治意味着守法,且法是良法。第二层,法治意味着正义,与正当程序相关联。第三层,法治意味着有限政府,意味着政府受到了法律的约束和限制。在中国古代,虽有"法",但"法"不是全体社会成员意志的体现,是作为统治者的君主意志的体现。因此,中国古代的"法"是非公意的体现,是"律"。或者更确切地说,是刑律,如大清律、大明律等。理论上讲,律旨在为天下所有刑法提供统一的量刑标准。但事实上并非如此,"刑不上大夫"足以说明即使是刑罚,同样的罪责,不同的人所面临的处罚也可能是不一样的。换句话说,中国古代的"法"是统治者统治天下的工具,是随着统治者意志、喜怒哀乐改变而改变的,是对人不对事的——每个人所享受到的公平程度因人而异。概而言之,人治时代,人而非法起着至关重要的作用。因此,期盼清官、圣君的出现来拯救百姓于水火也就不足为奇了。

由于依靠人,人的道德素养就显得至关重要。道德素养高的则可能成为好"官",道德素养低的则可能陷百姓于水火之中。中国古代王朝出现盛世状况的,往往是道德素养高的君主和官吏在职,即我们通常所说的圣君贤相。王朝走向衰落乃至灭亡时,道德素养不高的君主和官吏往往在里面起到了加速作用。道德素养高低所依赖的只是自己对自己内在的"软"约束,并没有外在的"硬"约束。这种"软"约束在外界物质利益诱惑之下往往失效。所以尽管历朝历代都在倡导清官文化,倡导文武百官的道德修养,但是清官数量始终不多。尽管如何体恤百姓、如何治国理政是每个君主的必修课,但是圣君也并不多。当清官、圣君不在时,王朝的更替也就在所难免,百姓的苦难生活也就在所难免。

总之,清官圣人崇拜情结源于中国古代的人治。但在人治时代,"兴,百姓苦;亡,百姓苦"。

二、向公民文化的艰难转型

自鸦片战争以后,救国图强成了时代主题。从洋务运动到维新变法、辛亥革命再到新文化运动,中国向西方学习的历程经过了物质文明—制度文明—精神文明的过程。正是在这一过程中,中国开启了由臣民文化向公民文化的艰难转型。在这一过程中,新文化运动强烈批判伦理纲常等封建旧文化,对文化转型起到了至关重要的推动作用。

"吾中国之不知有国民也。"有关公民文化的转型可以追溯到林则徐广东禁烟时由先进地主阶级所开启的向西方学习的思潮。换句话说,公民文化的转型也是随救国图强思潮在中国的实践而不断进行的。在以"师夷长技以制夷"为目标的洋务运动所开启的学习西方先进物质文明的同时也为民主意识和公民权利的传播提供了机会。1899 年 10 月 15 日,梁启超在《论近世国民竞争之大势及中国前途》①一文中认为:

> 中国人不知有国民也,数千年来通行之语,只有以国家二字并称者,未闻有以国民二字并称者。国家者何? 国民者何? 国家者,以国为一家私产之称也。古者国之起原,必自家族。一族之长者,若其勇者,统率其族以与他族相角,久之而化家为国,其权无限,奴畜群族,鞭笞叱咤,一家失势,他家代之,以暴易暴,无有已时,是之谓国家。国民者,以国为人民公产之称也。国者积民而成,舍民之外,则无有国。
>
> 以一国之民,治一国之事,定一国之法,谋一国之利,捍一国之患,其民不可得而侮,其国不可得而亡,是之谓国民。

梁启超在《论权利思想》②一文中认为:

> 人人对于人而有当尽之责任,人人对于我而有当尽之责任。
>
> 我对我之责任奈何? 天生物而赋之以自捍自保之良能,此有血气者之公例也。而人之所以贵于万物者,则以其不徒有"形而下"之生存,而更有"形而上"之生存。形而上之生存,其条件不一端,而权利其最

---

① 李华兴、吴嘉勋编:《梁启超选集》,上海人民出版社,1984 年,第 116 页。
② 梁启超:《新民说》,宋志明选注,辽宁人民出版社,1994 年,第 42~55 页。

要也。

　　权利竞争之不已，而确立之保障之者，厥恃法律。故有权利思想者，必以争立法权为第一要义。凡一群之有法律，无论为良为恶，而皆由操立法权之人制定之以自护其权利者也。强于权利思想之国民，其法律必屡屡变更，而日进于善。盖其始由少数之人，出其强权以自利；其后由多数之人，复出其强权相抵制，而亦以自利。

　　大抵人生之有权利思想也，天赋之良知良能也。而其或强或弱，或隐伏或渐亡，至不齐者何也？则常缘其国家之历史政治之浸润以为差。

　　重为言曰：国家，譬犹树也。权利思想，譬犹根也。其根既拔，虽复干植崔巍，华叶蓊郁，而必归于槁亡。遇疾风横雨，则摧落更速焉。即不尔，而旱暵之所暴炙，其萎黄雕敝，亦须时耳。国民无权利思想者以之当外患，则槁木遇风雨之类也。即外患不来，亦遇旱暵之类。吾见夫全地球千五兆生灵中，除印度、非洲、南洋之黑蛮外，其权利思想之薄弱，未有吾国人若者也。孟子有言："逸居而无教，则近于禽兽。"若取罗马法之法理，而以论理解释之，则岂惟近法而已？一国之大，而仅有四万万禽兽居焉，天下之可耻，孰过是也？我同胞其耻之乎？为政治家者，以勿摧压权利思想为第一义。为教育家者，以养成权利思想为第一义。为一私人者，无论士焉、农焉、工焉、商焉、男焉、女焉，各以自坚持权利思想为第一义。国民不能得权利于政府也，则争之。政府见国民之争权利也，则让之。欲使吾国之国权与他国之国权平等，必先使吾国中人人固有之权皆平等，必先使吾国民在我国所享之权利与他国民在彼国所享之权利相平等。若是者国庶有瘳，若是者国庶有瘳！

梁启超在《论义务思想》[①]一文中认为：

　　义务与权利对待者也，人人生而有应得之权利，即人人生而有应尽之义务，二者其量适相均，其在野蛮之世，彼有权利无义务、有义务无权利之人，盖有焉矣。然此其不正者也，不正者固不可以久，苟世界渐趋于文明，则断无无权利之义务，亦断无无义务之权利，惟无无权利之义务也，故尽瘁焉者不必有所惧；惟无无义务之权利也，故自逸焉者不必有所歆。

① 梁启超：《新民说》，宋志明选注，辽宁人民出版社，1994年，第142～147页。

这是中国较早的关于与"公民"相近的"国民"一词的论述。从中可以看出,梁启超作为先进知识分子关于"国民"的分析也渗透着西方资产阶级革命所强调的天赋人权思想。当然,这一时期关于"国民"的倡导带有明显的工具主义色彩,是服从于通过上层建筑变革来实现救国图强这一目标的。

辛亥革命结束了统治中国几千年的封建专制制度,将社会大众从封建专制制度中解放出来。但是这种解放仅仅是一种形式上的解放,仅仅将束缚公民转型的制度枷锁给解除了,并未为公民的深入转型提供坚实的制度基础和经济基础。尽管辛亥革命促进了民族资本主义经济的发展,但却没有改变民族资本主义经济弱小的格局。民族资本主义的弱势决定了其难以为文化转型提供坚实的经济基础与主体基础。另一方面,公民转型的不彻底也决定了民主共和制度缺乏坚实的群众基础。经济基础和群众基础的薄弱等多种因素的交织导致了辛亥革命胜利果实被窃取,中国臣民文化向公民文化转型又进入了一个低谷。

新文化运动的爆发开启了中国臣民文化向公民文化转型的新征程。所不同的是,这次转型逐步由通过批判封建文化转变为以马克思主义文化传播来推动转型,这次转型是由中国共产党领导的、占社会绝大多数的社会大众参与的,因而具有广泛性和彻底性。尽管历程很漫长,但终究是不可逆转的;尽管路途很艰辛,但终究实现了人民当家作主,实现了从王权向人权、从依附向自主、从等级向平等、从人治向法治、从伦理到契约等诸多方面的转型。

第二章
政治社会化

第一节　政治社会化基础理论

　　政治社会化是指社会成员通过社会教化、个体学习、文化传承、政治传播等途径,逐步获取政治知识、能力和素质,形成政治意识和立场的过程。政治社会化思想源于柏拉图在理想国中有关公民教育的经典论述,并以 20 世纪 30 年代的美国公民教育研究为起点逐步走向成熟,"从柏拉图经过卢梭到毛(泽东)的几乎每个时代,在政治理论上都预料到政治社会化这一领域"①。国内外学术界关于政治社会化的研究主要集中于政治社会化路径、功能和媒介等方面。

　　政治社会化路径可以归纳为"社会教化论、个体学习论、文化传承论、政治传播论、社会环境论"②。以此为框架,梳理相关文献,具体如下:①社会教化论。该观点认为,政治社会化是社会塑造其成员的政治心理和政治意识的过程。西格尔和格林斯认为政治社会化是"正式教育的机构对政治知识、政治价值观和政治习惯的灌输的过程"③,加布里埃尔·A.阿尔蒙德和小 G.宾厄姆·鲍威尔认为:"每个政治体系都有某些执行政治社会化功能的结构,它们影响政治态度,灌输政治价值观念,把政治技能传授给公民和精英人物。"④格林斯泰因认为政治社会化是负责教育的机构有目的地对政治意识、政治价值和政治习惯的灌输。②个体学习论。该观点认为,政治社会化

---

　　① 　[美]格林斯坦、[美]波尔斯比:《政治学手册精选》(下册),竺乾威、周琪、明君芳译,商务印书馆,1996 年,第 1~2 页。

　　② 　李元书:《政治社会化:涵义、特征、功能》,《政治学研究》,1998 年第 8 期。

　　③ 　[美]D. L. 西尔斯:《国际社会科学百科全书》,美国麦克米兰出版公司和自由出版社,1979 年,第 551 页。

　　④ 　[美]加布里埃尔·A.阿尔蒙德,[美]小 G.宾厄姆·鲍威尔:《比较政治学:体系过程和政策》,曹沛霖译,上海译文出版社,1987 年,第 91 页。

是社会成员学习政治知识和技能的过程。"人们关于政治传统或政治角色以及与之相关的行为的知识不是与生俱有的,政治社会化就是获取这些知识的一种或多种过程"①,是人们学习政治知识和技能并形成政治取向和行为模式的发展过程,②它"包括一生中每一阶段的各种正式的、非正式的政治学习,不仅包括直接的政治学习,也包括名义上的影响政治行为的非政治学习"③。戴维·伊斯顿、杰克·邓尼斯认为:"政治社会化是人们习得其政治取向和行为模式的发展过程。"④罗伯特·E.道斯等认为:"人们关于政治传统或政治角色以及与之相关的行为的知识不是与生俱有的,政治社会化就是获取这些知识的一种或多种过程。"⑤王浦劬等认为政治社会化是人们在特定的政治关系中,通过社会政治生活和政治实践活动,逐步获得政治知识和能力,形成和改变自己的政治心理和政治思想的能动过程。⑥ 杨光斌认为政治社会化就是社会成员在政治实践活动中逐步获取政治知识和能力,形成政治意识和政治立场的过程。⑦ ③文化传承论。该观点认为,政治社会化是政治文化传递和延续的过程。政治社会化是"政治文化形成、维持和改变的过程"⑧,是"人们把自己所属的社会团体对社会的信仰和观念融合到自己的态度和行为模式中去的过程,是社会的一代向下一代传递其政治文化的方式"⑨。④政治传播论。如 Dawson 和 Prewitt 将政治社会化界定为政治系统通过学校、大众传播等媒介传递政治知识、价值观和信仰等的过程。⑩ ⑤社会环境论。该观点强调社会环境在政治社会化中的重要作用。

政治社会化的功能主要体现在两个方面:①训练个人。从个体角度看,个体通过政治社会化逐步获得政治知识和能力,形成和发展自己的政治认

---

① [英]米勒、[英]波格丹诺编,邓正来主编:《布莱克维尔政治学百科全书》,中国问题研究所等译,中国政法大学出版社,1992 年,第 571 页。

② 燕继荣:《政治学十五讲》,北京大学出版社,2007 年,第 267 页。

③ [美]D. L. 西尔斯:《国际社会科学百科全书》,美国麦克米兰出版公司和自由出版社,1979年,第 551 页。

④ David Easton, J. Dennis, *Children in the political System*, McCraw-Hill, 1969.

⑤ [英]米勒、[英]波格丹诺编,邓正来主编:《布莱克维尔政治学百科全书》,中国问题研究所等译,中国政法大学出版社,1992 年,第 571 页。

⑥ 王浦劬:《政治学基础》(第三版),北京大学出版社,2014 年,第 281 页

⑦ 杨光斌:《政治学导论》(第四版),中国人民大学出版社,2011 年,第 59 页。

⑧ [美]加布里埃尔·A. 阿尔蒙德、[美]小 G. 宾厄姆·鲍威尔:《比较政治学:体系过程和政策》,曹沛霖译,上海译文出版社,1987 年,第 91 页。

⑨ [英]K. P. 兰顿:《政治社会化》,牛津大学出版社,1969 年。

⑩ Dawson R., Prewitt K., *Political Socialization: Ananalytic Study*, Little, Brown and Company, 1969, pp. 80 – 82.

知、政治情感、政治立场和政治思想,将个体与政治系统联系起来。① ②支持政治系统。政治社会化是塑造社会成员政治心理和政治意识的过程,②它能够促使社会成员遵守系统规则,形成合乎要求的共同政治准则、政治价值和政治认同,维持政治系统与政府的运作,促进政治体系的自我延续和政治文化的传播、传承和发展。③

政治社会化媒介主要有家庭、社区和同辈群体、学校和教会、大众传播、体制内外政治组织等方面,④业已形成了较为完善的体系。"任何社会,为了能存在下去,必须紧密地围绕保持其制度完整这个中心,成功地把思想方式灌输进每个成员的脑子里。"⑤在西方,政治社会化已经深入到社会生活,"孩子们所遇到的每一个场所,都是政治社会化的潜在机构"⑥。家庭"常常是态度形成的第一个来源"⑦,它塑造了个体的心理特征,决定着个体的政治态度,传递政治规范、政治价值、政治信念和政治态度,⑧"家庭不仅'教'给儿童家庭所属的社会阶级的价值、标准、规范和习俗惯例,家庭也'教'给年轻人包括阶级在内的整个社会结构,几乎所有的家庭都支持并教育其孩子支持该社会阶级结构的性质"⑨。但是政治态度等并非一成不变,而是随着个体的政治经历和社会经历不断变化的。⑩ 学校、教会、大众传播媒介、社区和同辈群体、体制内外政治组织等媒介为政治社会化提供了持续的后续保障。

---

① 可参见 D. Easton, J. Dennis, Children in the Political System: Origins of Political Legitimacy, McGraw-Hill, 1969, p. 7; DawsonR., PrewittK., Political Socialization: Ananalytic Study, Little, Brown and Company, 1969, pp. 17 – 18;[美]迈克尔·罗斯金等:《政治科学》,林震等译,华夏出版社,2001年,第 142 页;王惠岩:《当代政治学基本理论》,高等教育出版社,2001 年,第 98 页。

② 燕继荣:《政治学十五讲》,北京大学出版社,2007 年,第 267 页。

③ 可参见[美]迈克尔·罗斯金等:《政治科学》,林震等译,华夏出版社,2001 年,第 217 ~ 218 页;王惠岩:《当代政治学基本理论》,高等教育出版社,2001 年,第 98 页;燕继荣:《政治学十五讲》,北京大学出版社,2007 年,第 267 页。

④ 可参见[美]迈克尔·罗斯金等:《政治科学》,林震等译,华夏出版社,2001 年,第 143 ~ 144 页;程同顺:《当代比较政治学理论》,南开大学出版社,2001 年,第 43 ~ 49 页。

⑤ 转引自[美]安东尼·奥罗姆:《政治社会学》,张华青、孙嘉明等译,上海人民出版社,1989 年,第 317 页。

⑥ [美]迈克尔·罗斯金等:《政治科学》,林震等译,华夏出版社,2001 年,第 143 页。

⑦ [美]加布里埃尔·A. 阿尔蒙德、[美]小 G. 宾厄姆·鲍威尔:《比较政治学:体系、过程和政策》,曹沛霖译,上海译文出版社,1987 年,第 104 页。

⑧ [美]迈克尔·罗斯金等:《政治科学》,林震等译,华夏出版社,2001 年,第 143 页。

⑨ [美]理查德·D. 范斯科德等:《美国教育基础——社会展望》,北京师范大学外国教育研究所译,教育科学出版社,1984 年,第 140 页。

⑩ [美]加布里埃尔·A. 阿尔蒙德、[美]小 G. 宾厄姆·鲍威尔:《比较政治学:体系、过程和政策》,曹沛霖译,上海译文出版社,1987 年,第 91 页。

例如,学校和教会因其具有强化个体对政治体系的良好认知以及培养个体的政治忠诚和政治信仰等社会化功能,而被统治阶级所重视;大众传播媒介因其能够改变基本政治文化模式而在政治社会化中发挥着独特的作用。①

根据社会政治形态的不同,②政治社会化可以划分为原始社会的政治社会化、奴隶社会的政治社会化、封建社会的政治社会化、资本主义社会的政治社会化、社会主义社会的政治社会化。根据政治社会化年龄③的不同,政治社会化可以划分为儿童时期的政治社会化、青年时期的政治社会化、成年时期的政治社会化。根据政治社会化方式④的不同,政治社会化可以划分为直接的政治社会化(政治模仿、政治教育、政治训练、政治实践)和间接的政治社会化(人际转移、价值转移、规则转移)。

第二节　政治社会化沿革

简单而言,政治社会化的功能可以概括为为政治体系奠定社会基础。例如,前文所说的通过训练个人,将个体培养成合格的"政治人",使其接受特定的政治信息、政治情感和政治信仰,维持特定的政治行为模式从而实现支持政治系统的目的。在不同的时代,政治社会化的方式是不一样的,或者说其显著特征、侧重点和目的是不一样的,尽管政治社会化途径基本上是一样的。

一、中国古代社会的政治社会化

中国古代社会主要为封建社会。这一时期的政治社会化带有明显的统治色彩。政治社会化主体为封建统治阶级。政治社会化客体为封建社会的处于被动状态的劳苦大众,目的在于维持并巩固社会大众的臣民意识和行为模式,进而为封建专制统治奠定社会基础。政治社会化内容为儒家价值观。主要通过如下途径来进行。

(一)舆论控制

舆论,简单而言即为公众的言论。在中国古代,这种言论既可以是口头

---

① 程同顺:《当代比较政治学理论》,南开大学出版社,2001年,第44~46页。
② 王浦劬等:《政治学基础》(第三版),北京大学出版社,2014年,第289页。
③ 同上,第290页。
④ 同上,第291~293页。

的,也可以是书面的,更可以是心理的。舆论在中国古代备受重视。舆论可以反映出吏治好坏和朝政得失,可以探寻治国良方。例如,苏舜钦《诣匦疏》记载:"朝廷已然之失,则听舆论而有闻焉";《晋书·王沈传》记载王沈"乐闻诽谤之言,听舆人之论",并"若迭一至之言,说刺史得失,朝政宽猛,令刚柔得适者,给谷千斛"。①

《晋书·王沈传》记载:

> 王沈,太原晋阳人也。沈少孤,养于从叔司空昶,事昶如父。奉继母寡嫂以孝义称。好书,善属文。正元中,迁散骑常侍,典著作。与荀颛、阮籍共撰《魏书》。时魏高贵乡公好学有文才,引沈数于东堂讲宴属文,号沈为文籍先生。寻迁尚书,出豫州刺史。至镇,乃下教曰:"自古贤圣,乐闻诽谤之言,听舆人之论,刍荛有可录之事,负薪有廊庙之语故也。自至镇日,未闻逆耳之言,岂未明虚心,故令言者有疑? 其宣下属城及士庶若能举遗连于林薮黜奸佞于州国陈长吏之可否说百姓之所惠兴利除害损益昭然者给谷五百斛若迭一至之言,说刺史得失,朝政宽猛,令刚柔得适者,给谷千斛。"沈探寻善政,案贾逵以来法制禁令,诸所施行,择善者而从之。又教曰:"后生不闻先王之教,而望政道日兴,不可得也。文武并用,长久之道也。俗化陵迟,不可不革。革俗之要,实在敦学。昔原伯鲁不悦学,闵马父知其必亡。将吏子弟,优闲家门,若不教之,必致游戏,伤毁风俗臭。"于是九郡之士,咸悦道教,移风易俗。②

舆论有积极作用,也有消极作用。封建君主为了维护自身的专制统治,往往采取思想专制乃至舆论控制的措施,例如禁言、文字狱、诽谤罪等。通过这些控制措施来设立舆论禁区,从而达到思想禁锢、意识形态控制的目的。相关史料中都有直接记载。

《十二本纪·周本纪》记载:

> 厉王即位三十年,好利,近荣夷公。大夫芮良夫谏厉王曰:"王室其将卑乎? 夫荣公好专利而不知大难。夫利,百物之所生也,天地之所载也,而有专之,其害多矣。天地百物皆将取焉,何可专也? 所怒甚多,不

---

① 《苏舜钦集》,上海古籍出版社,2011 年,第 128～130 页。
② (唐)房玄龄等:《晋书》,卷九十二《王沈传》,中华书局,1997 年,第 2381～2383 页。

备大难。以是教王,王其能久乎? 夫王人者,将导利而布之上下者也。使神人百物无不得极,犹日怵惕惧怨之来也。故颂曰'思文后稷,克配彼天,立我蒸民,莫匪尔极'。大雅曰'陈锡载周'。是不布利而惧难乎,故能载周以至于今。今王学专利,其可乎? 匹夫专利,犹谓之盗,王而行之,其归鲜矣。荣公若用,周必败也。"厉王不听,卒以荣公为卿士,用事。

王行暴虐侈傲,国人谤王。召公谏曰:"民不堪命矣。"王怒,得卫巫,使监谤者,以告则杀之。其谤鲜矣,诸侯不朝。三十四年,王益严,国人莫敢言,道路以目。厉王喜,告召公曰:"吾能弭谤矣,乃不敢言。"召公曰:"是鄣之也。防民之口,甚於防水。水壅而溃,伤人必多,民亦如之。是故为水者决之使导,为民者宣之使言。故天子听政,使公卿至於列士献诗,瞽献曲,史献书,师箴,瞍赋,矇诵,百工谏,庶人传语,近臣尽规,亲戚补察,瞽史教诲,耆艾脩之,而后王斟酌焉,是以事行而不悖。民之有口也,犹土之有山川也,财用於是乎出;犹其有原隰衍沃也,衣食於是乎生。口之宣言也,善败於是乎兴。行善而备败,所以产财用衣食者也。夫民虑之於心而宣之於口,成而行之。若壅其口,其与能几何?"王不听。於是国莫敢出言,三年,乃相与畔,袭厉王。厉王出奔於彘。①

《十二本纪·秦始皇本纪》记载:

丞相李斯曰:"五帝不相复,三代不相袭,各以治,非其相反,时变异也。今陛下创大业,建万世之功,固非愚儒所知。且越言乃三代之事,何足法也? 异时诸侯并争,厚招游学。今天下已定,法令出一,百姓当家则力农工,士则学习法令辟禁。今诸生不师今而学古,以非当世,惑乱黔首。丞相臣斯昧死言:古者天下散乱,莫之能一,是以诸侯并作,语皆道古以害今,饰虚言以乱实,人善其所私学,以非上之所建立。今皇帝并有天下,别黑白而定一尊。私学而相与非法教,人闻令下,则各以其学议之,入则心非,出则巷议,夸主以为名,异取以为高,率群下以造谤。如此弗禁,则主势降乎上,党与成乎下。禁之便。臣请史官非秦记皆烧之。非博士官所职,天下敢有藏诗、书、百家语者,悉诣守、尉杂烧之。有敢偶语诗书者弃市。以古非今者族。吏见知不举者与同罪。令下三十日不烧,黥为城旦。所不去者,医药卜筮种树之书。若欲有学法

---

① (汉)司马迁:《史记》,岳麓书社,2002 年,第 22~23 页。

令,以吏为师。"制曰:"可。"①

　　文字狱与舆论控制类似。前者针对书面文字,后者针对口头表达。从秦始皇的焚书坑儒开始,在中国两千多年的封建社会中,文字狱多得不计其数。目的只有一个,控制民众思想。

　　此外,还有"腹诽"的罪名。例如,《史记·平准书》②记载:"汤奏当异九卿见令不便,不入言而腹诽,论死。自是之后,有腹诽之法,而公卿大夫多谄谀取容矣。"

(二)政治教化

　　"德礼为政教之本",政治教化是封建君主维护专制统治,实现政治社会化的重要途径。"是故古之王者,莫不以教化为大务,立大学以教于国,设庠序以化于邑。教化以明,习俗以成,天下尝无一人之狱矣。"③历朝历代均设置有专职官吏来负责。从广义上看,绝大部分官职都有政治教化职责。有学者经过研究认为,"汉代循吏乃至所有地方官吏的教化实践绝对不是一种纯粹的个人行为,而首先是一种制度行为。它所秉承的并非经典儒教,而是早已化为政治共识的官僚意识和帝国理念,其原动力只能来自皇权政体的意识形态建制。在两汉官方的意识形态教化实践过程中,地方政府发挥的作用要明显大于中央政府,同时郡守的作用又明显大于县官"④,并进一步认为,郡国守相的教化实践主要有颁布条教、礼拜贤士、选拔儒士、推荐特殊人才、表彰孝廉、表彰节妇、祭祀(山川神灵、圣王、著名人物等)等,其中教民礼义、使民受教、观风易俗这三类是郡国守相最为频繁和重要的教化实践。事实上这几条途径也是古代官吏进行政治教化的主要途径。在基层,三老负责教化等事务。

　　《后汉书·志第二十八百官五》记载:

　　　　三老掌教化。凡有孝子顺孙,贞女义妇,让财救患,及学士为民法式者,皆扁表其门,以兴善行。⑤

---

① (汉)司马迁:《史记》,岳麓书社,2002年,第47页。
② 同上,第182页。
③ (东汉)班固:《汉书》,中州古籍出版社,1996年,第436页。
④ 雷戈:《两汉郡守的教化职能——秦汉意识形态建制研究之一》,《史学月刊》,2009年第2期。
⑤ (南朝宋)范晔:《后汉书》,中州古籍出版社,1996年,第203页。

班固《汉书·卷九十九下王莽传第六十九下》记载：

> 夫吏者,理也。宣德明恩,以牧养民,仁之道也。抑强督奸,捕诛盗贼,义之节也。①

班固在《汉书·卷八十九循吏传第五十九中》记载：

> 循吏如河南守吴公、蜀守文翁之属,皆谨身帅先,居以廉平,不至于严,而民从化。……及拜刺史守相,辄亲见问,观其所由,退而考察所行以质其言,有名实不相应,必知其所以然。常称曰:"庶民所以安其田里而亡叹息愁恨之心者,政平讼理也。与我共此者,其唯良二千石乎!"以为太守,吏民之本也。数变易则下不安,民知其将久,不可欺罔,乃服从其教化。故二千石有治理效,辄以玺书勉厉,增秩赐金,或爵至关内侯,公卿缺则选诸所表以次用之。是故汉世良吏,于是为盛,称中兴焉。②

班固在《汉书·卷九元帝纪第九中》记载：

> 朕承先帝之圣绪,获奉宗庙,战战兢兢。间者地数动而未静,惧于天地之戒,不知所由。方田作时,朕忧蒸庶之失业,临遣光禄大夫褒等十二人循行天下,存问者老、鳏、寡、孤、独、困乏、失职之民,延登贤俊,招显侧陋,因览风俗之化。相、守二千石诚能正躬劳力,宣明教化,以亲万姓,则六合之内和亲,庶几虖无忧矣。③

除了利用文武百官来进行政治教化外,统治者还注重利用自身形象修饰、宗法宗族、道德和天地鬼神等强化政治教化。"以善服人者,未有能服人者也;以善养人,然后能服天下。天下不心服而王者,未之有也。"④"高辛生而神灵,自言其名。普施利物,不於其身。聪以知远,明以察微。顺天之义,知民之急。仁而威,惠而信,脩身而天下服。取地之财而节用之,抚教万民而利诲之,历日月而迎送之,明鬼神而敬事之。其色郁郁,其德嶷嶷。其动

---

① (东汉)班固:《汉书》,中州古籍出版社,1996 年,第 1184 页。
② 同上,第 1041 页。
③ 同上,第 47 页。
④ 《孟子》,哈尔滨出版社,2007 年,第 113 页。

也时,其服也士。帝喾溉执中而遍天下,日月所照,风雨所至,莫不从服。"①

(三)教育管理

在中国古代,教育承担着个体学习、文化传承和社会教化的多重功能。教育管理是中国古代社会政治社会化的重要途径。通过制定和执行教育政策,可以非常容易地实现对政治意识形态的引导与调整。"历朝累代无不深谙'化民成俗,其必由学'、'建国君王,教学为先'的道理,他们总是通过控制教育,把有利于维持统治秩序的思想、理论('礼仪')灌输给全体社会成员,把整个社会成员的思想、言论、行动纳入大一统或一元化的轨道。在漫长的封建社会,作为'官学'的儒家思想其统治地位所以难以撼动且影响日愈深远和广泛,一个重要原因也正是在于儒家思想几乎垄断了中国古代的世俗教育。通过各种教育手段,儒学得以传播、弥散于社会生活的各个领域,并世代相袭,绵延不断,保持着中国封建时代'万流归宗'的正统意识形态的地位,并逐渐凝结、沉积为稳定、持久、牢固的民族社会心理和文化心理,成为人们共同遵行的道德规范、价值观念和社会生活准则。"②

中国古代封建社会的教育始于汉朝,完善于唐朝。作为政治社会化的教育管理涉及三个方面:一是教育内容。中国古代教育的主要内容是封建儒家伦理。这里不再赘述。二是教育载体。中国古代教育主要是通过官学和私学来进行的。三是教育客体。"官府学校和私学以及各种蒙学(儿童的启蒙教育)是儒家思想教育和传播的最主要渠道,但儒学教育远远超过了学校的范围,其影响遍及社会各阶级和阶层以及社会生活的各个组成领域。"③上至皇帝、中至读书人乃至妇女、下至儿童均是教育的客体。

当然,中国古代对教育的管理远不止于此。阿尔蒙德认为:"社会化和录用之间的相互作用是连续的。一个人通过复杂的选择或影响过程称为祭司、纳税人或政治家,进而他就会以自己的态度和期望来形成角色。"④"录用功能是一种体系功能;它与社会化和交流这两种其他的体系功能相互作用。"⑤在中国古代,教育制度与人才选拔制度也是联系在一起的。秦朝禁止私学,实行以吏为教、以法为师的教育政策。汉朝时,虽然可以兴办私学,但是实行"罢黜百家、独尊儒术"政策,设立的太学是用来培养儒家学说人才

① (汉)司马迁:《史记》,岳麓书社,2002 年,第 2 页。

②③ 金太军:《论中国封建社会儒学传播和延续的教育机制》,《中州学刊》,1997 年第 1 期。

④ [美]加布里埃尔·A.阿尔蒙德、[美]小 G.宾厄姆·鲍威尔:《比较政治学:体系、过程和政策》,曹沛霖译,上海译文出版社,1987 年,第 127 页。

⑤ 同上,第 129 页。

的,教授的内容为经学。秦汉时期,教育制度与人才选拔之间的关联性不是很强,故两者之间基本上呈现出独立发展的状态。隋唐科举制度产生以后,科举考试逐步成为人才选拔的主要方式,科举制度与教育制度就接轨了,教育开始为科举培养人才。宋朝时,科举制度进一步完善,通过科举选人名额进一步增加,科举制度成了教育发展的指挥棒,教学内容逐步向儒家经典靠拢。明清时期,学子参加教育的直接目的成了参加考据考试,教育成了科举的附庸,失去了独立性。在八股取士的背景下,封建教育逐步走向了衰落。鉴于科举和教育的这种关系,封建君主只要控制科举考试内容和方向就基本上实现了对主流意识形态的控制。也正是这种科举考试与教育制度之间的关系使得中国古代从事自然科学研究的知识分子较少。

(四)祭祀权的垄断

在君权神授的中国古代社会,君权与祭祀权是结合在一起的。祭祀权,尤其是重大祭祀权往往垄断于统治阶级之手。《礼记·祭统》曰:"凡治人之道,莫急于礼;礼有五经,莫重于祭。"祭祀是中国古代君主的大事,通过祭祀,尤其是祭天,将君主个人意志与天意结合起来,实现"天人感应",使政治制度与宗教意识结合起来并利用宗教意识来强化自己的专制统治,实现"借鬼神之威,以声其教"的目的。

除上述之外,中国古代社会的哲学、艺术、宗教和道德实际上也是集权于君主一人,通过方方面面的集权实现了对意识形态的控制,对统治思想的贯彻。

二、近代以来的政治社会化

近代以来,政治社会化则发生了根本性变化,这种变化整体上主要体现为:辛亥革命之前,政治社会化的目的在于促进社会大众臣民意识的消解和公民意识的觉醒,在于为新制度提供群众基础,在于通过制度革新中国(如变法图强)。政治社会化主体开始由封建统治阶级转变为先进的地主阶级知识分子、民族资产阶级,政治社会化客体处于被动地位。辛亥革命至南京国民政府时期,政治社会化的目的在于培育维护国民党一党专政的社会基础,政治社会化的主体主要为南京国民政府,政治社会化客体处于被动地位。中国共产党成立至新中国成立之前,政治社会化的目的主要在于培育新民主主义革命和旧民主主义革命的社会基础,政治社会化的主体主要为中国共产党,政治社会化的客体处于主动地位。

（一）晚清政治社会化危机与传统政治社会化的终结

1840 年鸦片战争以后，中国开始了"数千年未有之变局"，中国被迫卷入了世界现代化的浪潮之中，逐步成了半殖民地半封建社会。在这一过程中，西方的科学知识、政治社会思潮和价值观念不断传入中国，中国传统的价值观念被怀疑，传统的政治社会化难以进行，陷入了危机之中。首先，作为传统政治社会化核心内容的传统政治价值观逐渐失去了其主导地位。中国封建社会的政治社会化以儒家伦理为核心，以三纲五常和修齐治平为主要内容。鸦片战争以后，维新变法和辛亥革命对传统的封建儒学伦理进行了深刻的批判与否定，传播的是西方政治思想和价值观念。尤其是辛亥革命使得民主共和观念深入人心，严重动摇了封建专制的政治社会化。其次，传统的政治社会化途径受到冲击。洋务运动兴起后，新式学堂开始产生。例如，清末新政期间，清政府颁布了《钦定学堂章程》，设立了教学管理机构，允许各地兴办包括私人学堂在内的学堂。这种新式学堂的产生意味着新的教育体系的产生，意味着新的教育内容的形成。这种新式的教育体系与教育内容对传统的教育体系和教育内容（儒家学说）形成了实质性的冲击。再次，政治社会化客体的变化。中国传统政治社会顺利进行的一个很重要的原因在于统治阶级垄断了知识及其传播。换句话说，中国古代社会的知识和知识传播局限于少数人。新式教育的形成扩大了知识传播的范围，形成了一个较为庞大的知识群体。这个知识群体又充当了西方先进思想和价值观念的传播者。最后，科举制度的废除切断了政治社会化和人才选拔之间的联系，也宣告着传统政治社会化的终结。

（二）南京国民政府的政治社会化

1927 年 4 月 18 日，蒋介石在南京建立国民政府。南京国民政府实行"党化教育"①的方针，即按照国民党的"党义"和政策来组织学校课程，使得教育为政治服务，为国民党一党专制服务，变成了国民党的政治工具。"国民党执政后亦在全国各级学校普遍实行党义教育，政治教育奉行党的主义，以党治国、治教，一切政治教育设施，以党为前提。"②

党义教育，简单而言，即是将教育固定在党义上。所谓党义，主要是指"三民主义"和"孙文主义"。具体而言，教育内容为建国方略、建国大纲、三民主义、五权宪法；教育目标为三民主义的阐释和理解，使得学生毕业后能

---

① "党化教育"有一个发展过程。这里不再叙述。
② 程天君：《以政治为教育——从"革命的北大"说到"党义教育"》，《南京师大学报》（社会科学版），2014 年第 4 期。

够熟练地为党国服务。对于党义教育的目的,时任中华民国教育部部长的朱家骅曾有一段精辟的论述。他认为:"三民主义教育,不但是本党对于教育既定的政策,而且是保障完成本党所领导的国民革命一个必要的方法。……所以,我们要把我们的党义,溶化在教育的核心里,因为教育是能管教人生,指导人生,帮助人生生活唯一的利器,倘若我们把我们的党义,和这个唯一利器的教育,并合为一个东西,那么我们的党义,一定是不胫而走,不推自行了。"①教育的教师必须是国民党党员且具备教师资格者,或是曾任或现任中央党校干事以上职务满两年。

这种党义教育受到了广泛批评。教育家任鸿隽在《党化教育是可能的吗?》一文中指出:"近年以来,国人对于国民党的信仰,一落千丈,固然是因为政府的种种失政,使人失望,但是所谓党化教育,于党义的传播,并无一点好处,也可以概见了。……办学校以教育为目的,方有成功的希望,若以政治的目的来办教育,是非失败不可的。……我们现在先请提出两句单简的说话,来做本文的结束:(一)党化与教育,是不能并立的:有了党化,便没了教育;反过来说,要有教育,先取消党化。(二)国民政府,是应该对全国教育负责的。所以它的义务,应该先发展教育,再说党化。"民国学者欧阳慧真在1949 年反思:"国民党统治了中国,在过去二十年中,国民党中有若干人士,似乎知道政治教育的重要性。在全国教育各方面,乃渗进了若干他们自己认为有利于他们自己的政治意念。他们的根本企图,是在巩固他们永久一党专政的地位。于是,他们统制思想,永使他们所钦定的思想定于一尊,绝不容许其他任何思想的存在。国民党学上了意大利与苏联,以党治国,家家所有一切大小事情,先党而后国。既然认为党重于国,则一切政治教育设施,则以党为前提。政治教育的基本理论,即是党的主义。受过这种教育的人,只知有党,不知道有国;一切政治行为,先私于党,而公不及于国。如此教育的结果,最大的坏处,只知有党,不知有国。质言之,此是党的政治教育,绝不是国家的政治教育。"②

当然,这种政治社会化的结果是失败的。吴小鸥从多个方面对国民党的党义教育进行了评价:"在以党治国的历史背景下,党化教科书从编校到审定,中央训练部直接介入,多名浙江籍要员参与,是政治权力越界控制的

---

① 王聿、孙斌:《朱家骅先生言论集》,"中央"研究院近代史研究所印行,1977 年,第 112 ~ 113 页。

② 转引自程天君:《以政治为教育——从"革命的北大"说到"党义教育"》,《南京师大学报》(社会科学版),2014 年第 4 期。

教育文本;从形式到内容,突出'一个领袖、一个政党、一个主义',构建'唯一正确'的政治文化标准;从编制到教学,立足于'民族国家',规训'党治下公民'的'知'与'行'。党化教科书将'三民主义'设定为一种终极价值,强力引导儿童在心理和行为上明确指向'党',激发儿童的意义信仰,以期形成政治依附人格,其实质是封建专制的臣民政治心理延伸与发展。"[1]

(三)中国共产党的政治社会化

与南京国民政府的政治社会化相对应的则是中国共产党在根据地的政治社会化。根据地政治社会化的主体主要是中国共产党,客体是根据地的社会民众,目的在于通过政治社会化来获取自身合法性、增强民众对中国旧民主主义革命、新民主主义革命和抗日战争的认识。当然,这个时期的社会民众由于处于由臣民向公民转型的过渡时期,依旧带有很大的顺从特征,因此根据地的政治社会化带有明显的动员特征。

根据地政治社会化途径多样,社会教育运动是其中一种途径。所谓社会教育运动,主要是指中国共产党"以乡村社区为单位,通过开设冬学、夜校、半日校、识字组、读报组、民众教育馆、秧歌队、剧团等,有计划有组织地向根据地民众传授知识。民众通过接受知识教育,对民族意识、国家意识以及中共所主张的意识形态进行内化,从而激发民众参与政治,保家卫国的热情"[2]。陈梦和汪洸认为,社会教育运动主要包括如下三方面的内容:①普及教育与农业生产。通过办冬学、夜校、识字组、读报组等途径来普及教育。教育的内容贴近生活实际,"尽可能地从当地农谚、春联、民歌和报刊中进行选择,包括如何种菜、纺织以及记账、写信、写路条、写契约、打算盘等"[3]。②卫生教育与科学普及。③劳动教育与"二流子"改造。

尽管教育自秦朝始就是政治社会化的主要途径,但是直至中国共产党之前,所有的教育都未发生本质性变革。封建社会的教育针对少数人,目的在于培养臣民文化,维护封建专制统治。南京国民政府的教育也是旨在维护自身的一党专制统治。中国共产党所开启的社会教育运动使得教育发生了本质性变革,真正开启了中国社会由传统向现代的转型。首先,社会教育运动使得教育对象由中国几千年来所延续的作为少数的统治者转变为了作为社会基础的多数社会大众,使得知识传播不再局限于少数人,知识传播权

---

① 吴小鸥:《民国时期中小学党化教科书及其启蒙规定性》,《中国人民大学教育学刊》,2013年第4期。

②③ 陈梦、汪洸:《抗日根据地的民众政治社会化——以陕甘宁边区的社会教育运动为例》,《广西教育学院学报》,2016年第2期。

第二篇

开始为全社会成员所分享。其次,社会教育运动不仅仅是中国共产党的政治社会化途径,更重要的是教育的普及和民众素养的提高以及由此带来的社会大众的"觉醒"。尽管教育的普及和民众素养的提高是一个漫长的过程,但社会教育运动是一个良好的开端,且一直延续到了新中国成立之后。这种持续化的社会教育运动,使得民众接受了一次前所未有的思想启蒙、政治洗礼;抛弃了旧思想、旧习俗,学习了新思想、新习俗;促进了公民由传统"臣民"向现代"公民"的转变,由被统治奴役的对象向社会主人的转变。正是这种转变,这种"主人翁"身份使得社会大众积极参与民主革命和社会建设有了持续动力和强劲动力,为中国社会持续转型与进步奠定了坚实基础。最后,这次政治社会化使得中国共产党的形象深入人心,提高了民众对新民主主义政权的认同,提高了政权合法性。

第三章
政治意识形态

　　仅仅用暴力权力来维护统治的代价是昂贵的,是赤裸裸的,是外在的,是一种"硬统治"。需要用一种内在思想来规制被统治者的行为,来软化"硬统治"。意识形态就是这种"软统治"的理想工具,是增加合法性的途径之一。"从'神授君权'到'人权',从'人权'到……这些就是现代世界政治史上几次主要的词汇变化。每一次都使一种长期以来被作为一种空想的希望的反抗语言变成合法制度的语言———一种意识形态。统治精英就是通过元音和辅音进行各种新的组合而从人民大众中获取忠诚、血液和税款的。"①

第一节　何为意识形态

　　1796 年,法国哲学家德·特蕾西(Destuttde Tracy)首次用该词指代一种"思想的科学"。尽管提出时间如此之早,但是政治学界尚未就该词达成共识,不同的学者从不同的视角进行界定和研究。马克思主义者将意识形态界定为统治阶级的思想,是用于维护统治阶级利益的。政治学家海伍德将意识形态界定为:"从社会—科学的观点来看,意识形态是一套有或多或少内在一致性的思想观念,不管目的是维护、修正还是推翻现存的权力关系体系,它都提供了有组织政治行动的基础。"②所有的意识形态都具有如下特点:第一,意识形态为现存秩序(通常以世界观的形式)提供了一种解释;第二,意识形态提供了一个理性未来的模式和美好社会的构想;第三,意识形态勾勒了政治变迁如何产生并应该如何发生。政治意识形态在政治理论和政治实践之间起着桥梁作用。一方面,意识形态与某一种思想体系或原则

---

　　①　[美]拉斯韦尔:《政治学:谁得到什么? 何时和如何得到?》,杨昌裕译,商务印书馆,1992年,第92页。

　　②　Andrew Heywood, *Political Ideologies*: *An Introduction*(*fifth edition*), Basingstoke, Palgrave Macmillan, 2012, p.11.

相联系,或者是一种理论体系、价值观念;另一方面,意识形态往往与社会运动和政治运动相联系。意识形态绝非一成不变的思想体系,其与其他意识形态相互影响而不断发展,与社会环境相互影响而不断发展。

对意识形态的理解也必须坚持马克思主义。马克思主义认为,意识形态是统治阶级的思想,是用来维护阶级制度和剥削制度的。"统治阶级的思想在每一个时代都是占统治地位的思想。这就是说,一个阶级是社会上占统治地位的物质力量,同时也是社会上占统治地位的精神力量。支配着物质生产工具的阶级,同时也支配着精神生产资料,因此,那些没有精神生产资料的人的思想,一般地是隶属于这个阶级的。占统治地位的思想,不过是占统治地位的物质关系在观念上的表现,不过是以思想的形式表现出来的占统治地位的物质关系。"①

第二节　意识形态沿革

一、秦:法家思想为主

秦朝统一中国之前,通过商鞅变法,使秦从一个实力弱小的西陲小国在短时间内一统天下。商鞅变法在经济上实行废井田、重农抑商、奖励耕战的政策;在政治上实行废分封制、改行郡县制、君主专制、严刑峻法的政策;在思想上实行以法为教、以吏为师的政策。商鞅变法的政策基本上代表了先秦法家思想,即经济方面主张土地私有、奖励耕战和富国强兵;政治方面主张以法治来代替礼治、严刑峻法、君主专制和中央集权;自然观和历史观方面主张"苟可以强国,不法其故;苟可以利民,不循其礼","治世不一道,便国不必法古"。经过商鞅变法,秦国在经济上瓦解了井田制,确立了封建地主土地私有制;在政治上瓦解了血缘宗法制度,确立了中央集权制度;在军事上通过奖励军功,军队战斗力极大提升,成为战国后期实力最强的国家。

《商君书·更法》记载:

> 公孙鞅曰:"臣闻之:'疑行无成,疑事无功。'君亟定变法之虑,殆无顾天下之议之也。且夫有高人之行者,固见负于世;有独知之虑者,必见骜于民。语曰:'愚者暗于成事,知者见于未萌。民不可与虑始,而可

---

① 《马克思恩格斯选集》(第一卷),人民出版社,1972年,第52页。

与乐成。'郭偃之法曰:'论至德者不和于俗,成大功者不谋于众。'法者所以爱民也,礼者所以便事也。是以圣人苟可以强国,不法其故;苟可以利民,不循其礼。"

公孙鞅曰:"前世不同教,何古之法?帝王不相复,何礼之循?伏羲、神农,教而不诛。黄帝、尧、舜,诛而不怒。及至文、武,各当时而立法,因事而制礼。礼、法以时而定;制、令各顺其宜;兵甲器备,各便其用。臣故曰:治世不一道,便国不必法古。汤、武之王也,不脩古而兴;殷、夏之灭也,不易礼而亡。然则反古者未必可非,循礼者未足多是也。君无疑矣。"①

《韩非子·五蠹》记载:

圣人不期修古,不法常可,论世之事,因为之备。宋有人耕田者,田中有株,兔走触株,折颈而死,因释其耒而守株,冀复得兔,兔不可复得,而身为宋国笑。今欲以先王之政,治当世之民,皆守株之类也。②

《韩非子·南面》记载:

不知治者,必曰:"无变古,毋易常。"变与不变,圣人不听,正治而已。则古之无变,常之毋易,在常古之可与不可。伊尹毋变殷,太公毋变周,则汤、武不王矣。管仲毋易齐,郭偃毋更晋,则桓、文不霸矣。凡人难变古者,惮易民之安也。夫不变古者,袭乱之迹;适民心者,恣奸之行也。民愚而不知乱,上懦而不能更,是治之失也。人主者,明能知治,严必行之,故虽拂于民,必立其治。说在商君之内外而铁殳,重盾而豫戒也。故郭偃之始治也,文公有官卒;管仲始治也,桓公有武车:戒民之备也。是以愚戆窳堕之民,苦小费而忘大利也,故夤虎受阿谤而振小变而失长便,故邹贾非载旅。狃习于乱而容于治,故郑人不能归。③

司马谈在《论六家要旨》④一文中将法家思想概括为"严而少恩""正君

---

① 韩非著,张觉点校:《商君书》,岳麓书社,1990 年,第 7~8 页。
② 《韩非子》,时代文艺出版社,2008 年,第 380~381 页。
③ 同上,第 89 页。
④ (汉)司马迁:《史记》,岳麓书社,2002 年,第 739~751 页。

臣上下之分""法家不别亲疏,不殊贵贱,一断于法"。这是法家的优势。这些优势在春秋战国年代契合了封建地主经济战胜奴隶制经济、各国君主图强争霸、新型社会秩序代替传统社会制度的现实需求,显示出了强大的生命力。商鞅变法以后,法家思想在秦国占据统治地位,秦孝公及其之后的君主是忠实的执行者,终于一统天下。然而这些优势也是法家的劣势。"严而少恩""一断于法"造成了"亲亲尊尊之恩绝矣",故"可以行一时之计,而不可长用也"。之后的历史也证明,秦朝在短短的十几年内灭亡,不能不说与秦朝所奉行的法家思想没有任何联系。

司马谈在《论六家要旨》一文中认为:

> 法家严而少恩;然其正君臣上下之分,不可改矣。法家不别亲疏,不殊贵贱,一断于法,则亲亲尊尊之恩绝矣。可以行一时之计,而不可长用也,故曰"严而少恩"。若尊主卑臣,明分职不得相踰越,虽百家弗能改也。①

至于秦朝灭亡的原因,可谓众说纷纭,不同的学者和政治家从不同的角度进行了不同的分析。例如,杜牧在《阿房宫赋》一文中认为,秦国不"爱其人"导致了秦国的灭亡。贾谊认为秦朝灭亡的原因在于,秦王"怀贪鄙之心,不信功臣,不亲士民,以暴虐为天下始",秦二世不"礼天下"而"重之以无道,更始作阿房宫,繁刑严诛,吏治刻深,赏罚不当,赋敛无度。然后奸伪并起,而上下相遁,蒙罪者众,刑戮相望于道,而天下苦之"。这些分析或多或少地涉及了法家和儒家在国家治理方面的不同思想。但真正从意识形态方面解释秦朝灭亡,则是汉朝成立之后的事了。

杜牧在《阿房宫赋》一文中认为:

> 呜呼!灭六国者六国也,非秦也;族秦者秦也,非天下也。嗟夫!使六国各爱其人,则足以拒秦;使秦复爱六国之人,则递三世可至万世而为君,谁得而族灭也?秦人不暇自哀,而后人哀之;后人哀之而不鉴之,亦使后人而复哀后人也。②

---

① （汉）司马迁:《史记》,岳麓书社,2002 年,第 739 ~ 740 页。
② （清）吴楚材、吴调侯编选:《古文观止》,浙江少年儿童出版社,2009 年,第 203 ~ 204 页。

贾谊《过秦论》：

> 秦王怀贪鄙之心，不信功臣，不亲士民，以暴虐为天下始。今秦二世立，天下莫不引领而观其亡。夫寒者利短褐，而饥者甘糟糠；天下嗷嗷（众多的愁怨声），新主之资也，此言劳民之易为仁也。向使二世有庸主之行，而任忠贤，以礼天下，天下集矣。二世不行此术，而重之以无道，更始作阿房宫，繁刑严诛，吏治刻深，赏罚不当，赋敛无度。然后奸伪并起，而上下相遁，蒙罪者众，刑戮相望于道，而天下苦之。
>
> 野谚曰："前事之不忘，后事之师也。"是以君子为国，观之上古，验之当世，参之人事。察盛衰之理，审权势之宜，去就有序，变化应时，故旷日长久，而社稷安矣。[1]

二、汉：儒家统治地位的确立

汉朝初年，刘邦不喜欢"诗书"，常常骂儒生为"竖儒"。《史记》记载："沛公不好儒，诸客冠儒冠来者，沛公辄解其冠，溲溺其中。与人言，常大骂。"[2]陆生向刘邦劝谏，认为秦之所以失天下，原因在于没有"文物并用"，在于秦"任刑法不变"而没有"行仁义，法先圣"。叔孙通则认为"儒者难与进取，可与守成"，也正是叔孙通设计的"朝仪"使刘邦能够"知为皇帝之贵"。从陆生、叔孙通与刘邦的这两段君臣对话中可以看出儒法在国家治理中的不同作用。尽管如此，在汉武帝之前，儒家尚未受到统治者的重视。

《史记·陆贾列传》：

> 陆生时时前说称《诗》、《书》。高帝骂之曰："乃公居马上而得之，安事《诗》、《书》！"陆生曰："居马上得之，宁可以马上治之乎？且汤武逆取而以顺守之，文武并用，长久之术也。昔者吴王夫差、智伯，极武而亡；秦任刑法不变，卒灭赵氏。乡使秦已并天下，行仁义，法先圣，陛下安得而有之？"高帝不怿而有惭色，乃谓陆生曰："试为我著秦所以失天下，吾所以得之者何，及古成败之国。"陆生乃粗述存亡之徵，凡著十二

---

① 贾谊：《过秦论》，中华书局，1961年。
② （汉）司马迁：《史记》，岳麓书社，2002年，第562页。

篇。每奏一篇,高帝未尝不称善,左右呼万岁,号其书曰"新语"。①

《史记·叔孙通列传》：

> 汉五年,已并天下,诸侯共尊汉王为皇帝于定陶,叔孙通就其仪号。高帝悉去秦苛仪法,为简易。群臣饮酒争功,醉或妄呼,拔剑击柱,高帝患之。叔孙通知上益厌之也,说上曰："夫儒者难与进取,可与守成。臣原徵鲁诸生,与臣弟子共起朝仪。"高帝曰："得无难乎?"叔孙通曰："五帝异乐,三王不同礼。礼者,因时世人情为之节文者也。故夏、殷、周之礼所因损益可知者,谓不相复也。臣愿颇采古礼与秦仪杂就之。"上曰："可试为之,令易知,度吾所能行为之。"

> 于是叔孙通使徵鲁诸生三十馀人。鲁有两生不肯行,曰："公所事者且十主,皆面谀以得亲贵。吾不忍为公所为。公所为不合古,吾不行。公往矣,无污我!"叔孙通笑曰："若真鄙儒也,不知时变。"

> 遂与所徵三十人西,及上左右为学者与其弟子百馀人为绵蕞野外。习之月馀,叔孙通曰："上可试观。"上既观,使行礼,曰："吾能为此。"乃令群臣习肄,会十月。汉七年,长乐宫成,诸侯群臣皆朝十月。仪:先平明,谒者治礼,引以次入殿门。廷中陈车骑步卒卫宫,设兵张旗志。传言"趋"。殿下郎中夹陛,陛数百人。功臣列侯诸将军军吏以次陈西方,东乡;文官丞相以下陈东方,西乡。大行设九宾,胪传。于是皇帝辇出房,百官执职传警。引诸侯王以下至吏六百石以次奉贺。自诸侯王以下莫不振恐肃敬。至礼毕,复置法酒。诸侍坐殿上皆伏抑首,以尊卑次起上寿。觞九行,谒者言"罢酒"。御史执法举不如仪者辄引去。竟朝置酒,无敢喧哗失礼者。于是高帝曰："吾乃今日知为皇帝之贵也。"乃拜叔孙通为太常,赐金五百斤。

> 叔孙通因进曰："诸弟子儒生随臣久矣,与臣共为仪,愿陛下官之。"高帝悉以为郎。叔孙通出,皆以五百斤赐诸生。诸生乃皆喜曰："叔孙生诚圣人也,知当世之要务。"②

"牧民之道,务在安之而已。"③汉朝前期,政治制度"汉承秦制",但是在

---

① (汉)司马迁:《史记》,岳麓书社,2002年,第1336页。
② 同上,第1350~1351页。
③ 同上,第161页。

意识形态方面吸取了秦朝灭亡的教训,采用无为而治的黄老思想。原因在于,经过秦朝末期的战争和楚汉争霸战争,汉朝初期经济面临崩溃,民生凋敝。《史记·平准书》记载:"汉兴,接秦之弊,丈夫从军旅,老弱转粮饷,作业剧而财匮,自天子不能具钧驷,而将相或乘牛车,齐民无藏盖。"①统治者认识到不能"竭泽而渔",需要轻徭薄赋,减轻百姓负担,促进社会经济繁荣,从根本上维护君主统治。事实也证明,这种无为而治的思想确实符合当时的历史情境,文景之治盛况的出现便是佐证。《史记·平准书》记载:"至今上②即位数岁,汉兴七十余年之间,国家无事,非遇水旱之灾,民则人给家足,都鄙廪庾皆满,而府库馀货财。京师之钱累巨万,贯朽而不可校。太仓之粟陈陈相因,充溢露积于外,至腐败不可食。众庶街巷有马,阡陌之间成群,而乘字牝者傧而不得聚会。"③

汉武帝之后,表面上"罢黜百家、独尊儒术",正式确立了儒学在封建统治层面的正统意识形态地位。但是此"儒学"已经不完全是孔孟所倡导的儒学,而是综合了其他诸家思想后的儒学。在实践中是外儒内法,是"霸王道杂之""兼儒墨、合名法"的儒学。

班固《汉书·卷九元帝纪第九》记载:

> 孝元皇帝,宣帝太子也。母曰共哀许皇后,宣帝微时生民间。年二岁,宣帝即位。八岁,立为太子。壮大,柔仁好儒。见宣帝所用多文法吏,以刑名绳下,大臣杨恽、盖宽饶等坐刺讥辞语为罪而诛,尝侍燕从容言:"陛下持刑太深,宜用儒生。"宣帝作色曰:"汉家自有制度,本以霸王道杂之,奈何纯任德教,用周政乎!且俗儒不达时宜,好是古非今,使人眩于名实,不知所守,何足委任?"乃叹曰:"乱我家者,太子也!"④

在儒学被确立为封建社会统治意识形态和儒学发展的过程中,董仲舒都起到了至关重要的作用。董仲舒在《举贤良对策》中系统地提出了"天人感应""大一统"和罢黜百家、独尊儒术的主张。

《汉书·董仲舒传》记载:

---

① (汉)司马迁:《史记》,岳麓书社,2002 年,第 178 页。
② 指孝景帝。
③ (汉)司马迁:《史记》,岳麓书社,2002 年,第 178 页。
④ (东汉)班固:《汉书》,中州古籍出版社,1996 年,第 47 页。

及仲舒对册,推明孔氏,抑黜百家。立学校之官,州郡举茂材孝廉,皆自仲舒发之。①

《汉书·武帝纪》记载:

汉承百王之弊,高祖拨乱反正,文、景务在养民,至于稽古礼文之事,犹多阙焉。孝武初立,卓然罢黜百家,表章《六经》。遂畴咨海内,举其俊茂,与之立功。兴太学,修郊祀,改正朔,定历数,协音律,作诗乐,建封䄃亶,礼百神,绍周后,号令文章,焕焉可述。后嗣得遵洪业,而有三代之风。如武帝之雄才大略,不改文、景之恭俭以济斯民,虽《诗》、《书》所称,何有加焉!②

这几项主张中,董仲舒所倡导的儒学思想并不完全等同于孔子、孟子、荀子的思想,其"核心是用神学的观点来论证皇权和封建秩序是神圣不可侵犯的"③。董仲舒以儒家学说为主体,辅以法家、道家、阴阳家思想,建立起了以"三纲五常"为核心内容的、颇具神学色彩的新儒学体系,建构了中国古代社会2000多年的封建君主专制秩序结构,维护了封建专制统治,对中国几千年的文化伦理道德产生了深远影响,对近代中国政治社会转型产生了极大影响。

"三纲者,何谓也?君臣、父子、夫妇也。"④《礼纬·含文嘉》云:三纲,谓君为臣纲、父为子纲、夫为妻纲矣。何为纲?"纲者,张也。"⑤董仲舒按照阳尊阴卑的理论提出了三纲思想,即"阴者,阳之合,妻者,夫之合,子者,父之合,臣者,君之合,物莫无合,而合各相阴阳。阳兼于阴,阴兼于阳,夫兼于妻,妻兼于夫,父兼于子,子兼于父,君兼于臣,臣兼于君,君臣、父子、夫妇之义,皆取诸阴阳之道。君为阳,臣为阴,父为阳,子为阴,夫为阳,妻为阴,阴阳无所独行,其始也不得专起,其终也不得分功,有所兼之义"。董仲舒还认为,"王道之三纲,可求于天"。这就是说,三纲之上,是神权。换句话说,三

① (东汉)班固:《汉书》,中州古籍出版社,1996 年,第 784 页。
② 同上,第 36 页。
③ 何俊华:《从"百家争鸣"到"独尊儒术"——论封建统治思想不等同于孔孟儒学》,《文史杂志》,2015 年第 3 期。
④ (汉)班固:《白虎通》,崇文书局,光绪纪元 1879 夏月版。
⑤ (东汉)班固引:《礼纬·含文嘉》。

纲是天意,是上天安排的。董仲舒在《春秋繁露·顺命》中也说:"天子受命于天,诸侯受命于天子,子受命于父,臣受命于君,妻受命于夫,诸所受命者,其尊皆天也。虽谓受命于天亦可。"①东汉时,作为"白虎观会议"②重要成果的《白虎通义·三纲六纪》引《礼纬·含文嘉》,开始明确概括为"君为臣纲,父为子纲,夫为妻纲",并进行了进一步解释。之后,三纲五常虽在不同的朝代得到了不同的发展,但其作为儒家学术的核心从未变更过。

《春秋繁露·基义第五十三》记载:

> 凡物必有合。合必有上,必有下,必有左,必有右,必有前,必有后,必有表,必有里。有美必有恶,有顺必有逆,有喜必有怒,有寒必有暑,有昼必有夜,此皆其合也。阴者阳之合,妻者夫之合,子者父之合,臣者君之合。物莫无合,而合各有阴阳。阳兼于阴,阴兼于阳,夫兼于妻,妻兼于夫,父兼于子,子兼于父,君兼于臣,臣兼于君。君臣、父子、夫妇之义,皆取诸阴阳之道。君为阳,臣为阴;父为阳,子为阴;夫为阳,妻为阴。阴道无所独行,其始也不得专起,其终也不得分功,有所兼之义。是故臣兼功于君,子兼功于父,妻兼功于夫,阴兼功于阳,地兼功于天。举而上者,抑而下也;有屏而左也,有引而右也;有亲而任也,有疏而远也;有欲日益也,有欲日损也,益其用而损其妨。有时损少而益多,有时损多而益少。少而不至绝,多而不至溢。阴阳二物,终岁各壹出。壹其出,远近同度而不同意。阳之出也,常县于前而任事,阴之出也,常县于后而守空处。此见天之亲阳而疏阴,任德而不任刑也。是故仁义制度之数,尽取之天。天为君而覆露之,地为臣而持载之;阳为夫而生之,阴

---

① （西汉）董仲舒:《春秋繁露》,中华书局,2011 年,第 161～162 页。
② 东汉初年,今文经学与古文经学的门户之见日益加深,各派内部因师承不同,对儒家经典的解说不一,章句歧异。汉光武帝刘秀于中元元年(公元 56 年),"宣布图谶于天下",把谶纬之学正式确立为官方的统治思想。所谓谶是当作神灵启示人们的一种预言。谶与纬连称,是一种长期的发展结果。谶纬即总集过去所有的具有一定性质的预言,而用以解释一般性质的儒家经典,使那些预言与儒家经典相交织,使圣人的教条与神灵的启示合二为一。这样,圣经变成了天书,孔子就变成了神人。为了巩固儒家思想的统治地位,使儒学与谶纬之学进一步结合起来,章帝建初四年(公元 79 年),依议郎杨终奏议,仿西汉石渠阁会议的办法,召集各地著名儒生于洛阳白虎观,讨论五经异同,这就是历史上有名的白虎观会议。当年冬十一月壬戌,章帝邀集名儒、诸王集于白虎观,由五官中郎将魏应代表皇帝发问,其后各家儒生加以讨论,形成共识后由侍中淳于恭加以回答,此后章帝再亲自决定对此答案是否满意。会议连续举行了一个多月,会后,班固奉旨对会议内容加以总结,写成《白虎通义》四卷。把谶纬学说和今文经学混合在一起,使儒学进一步神学化,作为解释封建社会一切政治制度和道德观念的依据。

为妇而助之;春为父而生之,夏为子而养之,秋为死而棺之,冬为痛而丧之。王道之三纲,可求于天。天出阳,为暖以生之;地出阴,为清以成之。不暖不生,不清不成。然而计其多少之分,则暖暑居百而清寒居一。德教之与刑罚犹此也。故圣人多其爱而少其严,厚其德而简其刑,以此配天。天之大数必有十旬。旬,天地之数,十而毕举;旬,生长之功,十而毕成。天之气徐,乍寒乍暑,故寒不冻,暑不暍,以其有余徐来,不暴卒也。《易》曰:"履霜坚冰,"盖言逊也。然则上坚不踰等,果是天之所为,弗作而成也,人之所为,亦当弗作而极也。凡有兴者,稍稍上之,以逊顺往,使人心说而安之,无使人心恐。故曰:君子以人治人,憻能愿。此之谓也。圣人之道,同诸天地,荡诸四海,变易习俗。①

《白虎通义》三纲六纪记载:

　　三纲者何谓也? 谓君臣、父子、夫妇也。六纪者,谓诸父、兄弟、族人、诸舅、师长、朋友也。故《含文嘉》曰:"君为臣纲,父为子纲,夫为妻纲。"又曰:"敬诸父兄,六纪道行,诸舅有义,族人有序,昆弟有亲,师长有尊,朋友有旧。"何谓纲纪? 纲者,张也;纪者,理也。大者为纲,小者为纪,所以张理上下,整齐人道也。人皆怀五常之性,有亲爱之心,是以纲纪为化,若罗纲之有纪纲而万目张也。《诗》云:"亹亹我王,纲纪四方。"

　　君臣,父子,夫妇,六人也,所以称三纲何? 一阴一阳谓之道。阳得阴而成,阴得阳而序,刚柔相配,故六人为三纲。

　　三纲法天、地、人,六纪法六合。君臣法天,取象日月屈信归功天也。父子法地,取象五行转相生也。夫妇法人,取象人合阴阳有施化端也。六纪者为三纲之纪者也。师长君臣之纪也,以其皆成己也;诸父兄弟父子之纪也,以其有亲恩连也;诸舅朋友夫妇之纪也,以其皆有同志为纪助也。

　　君臣者,何谓也? 君,群也,下之所归心;臣者,繵坚也,属志自坚固。《春秋传》曰:"君处此,臣请归也。"

　　父子者,何谓也? 父者,矩也,以法度教子;子者,孳孳无已也。故《孝经》曰:"父有争子,则身不陷于不义。"夫妇者,何谓也? 夫者,扶也,以道扶接也;妇者,服也,以礼屈服。《昏礼》曰:"夫亲脱妇之缨。"《传》

---

① (西汉)董仲舒:《春秋繁露》,中华书局,2011 年,第 160～162 页。

曰:"夫妇判合也。"朋友者,何谓也? 朋者,党也;友者,有也。《礼记》曰:"同门曰朋,同志曰友。"朋友之交,近则谤其言,远则不相讪。一人有善,其心好之;一人有恶,其心痛之。货则通而不计,共忧患而相救。生不属,死不托。故《论语》曰:"子路云:'愿车马衣轻裘,与朋友共敝之。'"又曰:"朋友无所归,生于我乎,死于我乎殡。"朋友之道,亲存不得行者二:不得许友以其身,不得专通财之恩。友饥则白之于父兄,父兄许之,乃称父兄与之,不听则止。故曰:友饥为之减餐,大寒为之不重裘。故《论语》曰:"有父兄在,如之何其闻斯行之也!"

男称兄弟,女称姊妹何? 男女异姓,故别其称也。何以言之?《礼亲属记》曰:"男子先生称兄,后生称弟;女子先生为姊,后生为妹。"

父之昆弟不俱谓之世叔,父之女昆弟俱谓之姑,何也? 以为诸父曰内,亲也,故别称之也;姑当外适人,疏,故总言之也。至姊妹亦当外适人,所以别诸姊妹何? 以为事诸姑礼等,可以外出又同,故称略也;至姊妹虽欲有略之,姊尊妹卑,其礼异也。《诗》云:"问我诸姑,遂及伯姊。"

谓之舅姑者何? 舅者,旧也;姑者,故也。旧、故之者,老人之称也。

谓之姊妹何? 姊者,咨也;妹者,末也。

谓之兄弟何? 兄者,况也;况父法也;弟者,悌也,心顺行笃也。

称夫之父母谓之舅姑何? 尊如父而非父者,舅也;亲如母而非母者,姑也。故称夫之父母为舅姑也。[1]

董仲舒所确立起来的神权,也为各个朝代的皇帝塑造自身合法性提供了便利。因为君权神授,所以历朝历代的皇帝在塑造自身合法性的时候,总是以神为招牌,利用神性来表彰自己的天命所归。例如,张廷玉等编写的《明史》太祖一记载:

太祖开天行道肇纪立极大圣至神仁文义武俊德成功高皇帝,讳元璋,字国瑞,姓朱氏。先世家沛,徙句容,再徙泗州。父世珍,始徙濠州之钟离。生四子,太祖其季也。母陈氏,方娠,梦神授药一丸,置掌中有光,吞之,寤,口余香气。及产,红光满室。自是夜数有光起,邻里望见,惊以为火,辄奔救,至则无有。比长,姿貌雄杰,奇骨贯顶。志意廓然,

---

① (汉)班固:《白虎通》,崇文书局,光绪纪元1879夏月版。

人莫能测。①

再如,《汉书·高帝纪》也是通过这种方式来对刘邦进行神化:

> 高祖,沛丰邑中阳里人也,姓刘氏。母媪尝息大泽之陂,梦与神遇。是时雷电晦冥,父太公往视,则见交龙于上。已而有娠,遂产高祖。②

正如刘邦对待儒学的态度是从讨厌到利用的转变一样,儒学的重新崛起符合了统治阶级的利益,维护了封建专制统治。

以"三纲五常"为核心的儒家思想被确立为封建社会意识形态。

首先,儒学与封建社会所强调的等级秩序相契合,有利于强化封建社会的等级秩序。而这种等级秩序恰恰是君主维护自身君权的理想工具。例如,儒家所讲的"礼",本质上就是对等级秩序的再确认。刘邦让叔孙通议定朝仪即是对自己先前所抛弃的秦朝等级观念的再修补。③

《左传·隐公·卷四·传十一年》记载:

> 礼,经国家,定社稷,序民人,利后嗣者也。许无刑而伐之,服而舍之,度德而处之,量力而行之,相时而动,无累后人,可谓知礼矣。④

《礼记·乐记》:

> 乐者为同,礼者为异。同则相亲,异则相敬。乐胜则流,礼胜则离。合情饰貌者礼乐之事也。礼义立,则贵贱等矣;乐文同,则上下和矣;好恶著,则不肖别矣。刑禁暴,爵举贤,则政均矣。仁以爱之,义以正之,如此,则民治行矣。⑤

"序人民"即是在人民中间建立等级序列或分等级。"礼者为异"即是表示礼的作用在于区分贵贱等级,正所谓"礼义立,则贵贱等矣"。

---

① （清）张廷玉等:《明史》,第 1 页。
② （东汉）班固:《汉书》,中州古籍出版社,1996 年,第 1 页。
③ 《史记·叔孙通列传》记载:高帝悉去秦苛仪法,为简易。
④ 蒋冀骋标点:《左传》,岳麓书社,1988 年,第 11～13 页。
⑤ （西汉）戴圣:《礼记》,西安交通大学出版社,2015 年,第 172 页。

其次,儒家学说与中国古代基于血缘的宗法制度互为表里。基于血缘的宗法制度起源于西周的分封制,并与分封制互为表里。尽管秦以后,郡县制代替了分封制,但是基于血缘的宗法制度并未完全消失,只不过是以另一种形式存在着罢了。这种基于血缘的宗法制度为儒家学说的核心内容"三纲五常"提供了天然的土壤。

需要说明的是,外儒内法,并不是说儒家和法家仅仅是形式上的结合,相反,两者均是专制君主实行专制统治的手段,是实质上的融合。这种融合不仅体现在两者的目的上,体现在实践上,更体现在礼法相通上。就目的而言,两者均倡导建构并维护封建等级秩序。儒家倡导的"礼""三纲五常"思想旨在建构封建社会秩序。法家倡导的"正君臣上下之分"等思想也是旨在建构封建社会秩序。儒家倡导"仁者爱人",用柔性的手段来实现统治天下和治理天下,而法家倡导"严而少恩",用刚猛的手段来统治天下、治理天下,两者互补,正所谓"政宽则民慢,慢则纠之以猛。猛则民残,残则施之以宽"。由此可见,两者的目的是相同的。在实践上,汉武帝推恩令、盐铁官营等政治经济上的集权均采用了铁腕手段来推行。

《礼记·乐记》曰:

> 礼节民心,乐和民声,政以行之,刑以防之,礼乐刑政,四达而不悖,则王道备矣。[1]

三、隋唐:三教鼎立

魏晋南北朝时期,战乱的社会环境加速了玄学、佛教、道教的兴起,儒学的统治地位受到了一定程度的削弱。"经学衰落,玄学盛行,佛教发展,道教成熟"[2]是这一时期的典型特征。隋唐时期,社会政治统一,经济文化繁荣,为儒学的重新崛起奠定了物质条件。再加上科举制度以儒学为考试内容,更是强化了儒学的政治意识形态功能,儒学重新崛起。佛教在经过被排斥和中国化改造之后开始为君主的专制统治服务。在统治者开明的文化政策

---

[1] (西汉)戴圣:《礼记》,西安交通大学出版社,2015年,第172页。
[2] 蔺熙民:《隋唐时期儒释道的冲突与融合》,陕西师范大学,2011年。

的背景下,形成了儒、佛、道三教①鼎立与共同发展②(佛教的社会影响最大,道教次之,儒家最弱)的局面,成为当时统治阶级的意识形态。

隋文帝认为,"门下法无内外,万善同归。教有浅深,殊途共致"③,建立了以儒家学说为主,以佛教和道家学说为辅的意识形态体系。唐朝继承了隋朝确立的意识形态结构,并实行更加开放开明的政策,进一步推动了三教的共同发展。这一格局由隋文帝开启,经过唐高祖、唐太宗、唐高宗、武则天等几任君主的努力,大约于唐玄宗时期完成。尽管在不同的君主时期,三教的地位有所不同,例如有的君主崇尚道教,有的崇尚佛教,有的崇尚儒教,但三教鼎立的局面未发生实质性改变。三教并从,并服务于君主专制统治,反映了中国古代君主利用意识形态维护自身专制统治技术的成熟,也反映了中华传统文化兼容并蓄的特性。

三教并存与共同发展并不意味着三教之间没有斗争与冲突,恰恰相反,三教之间充满了斗争与冲突。也正是在这个过程中,三教认识到了自身的局限性与他教的优点,进行了相互借鉴与融合。这种融合,从统治阶级的角度来看,是功能的互补,即三教在服务于专制统治时是互补的,正所谓"儒家治世,道家治身,佛家治心"。从三教自身的角度看,三教仍然在保留着自身独立性的前提下在内容和思想上相互吸收借鉴。

四、宋:理学发展

宋朝时期,儒佛道三教之间的相互影响日益加深,宋朝学者援佛、援道入儒,形成了理学,这标志着三教关系进入了新的阶段。理学以周敦颐为开端,由程颢、程颐创立,由南宋朱熹集大成。也因此,理学被称之为程朱理学。顾名思义,理学探讨的主要内容是义理、性命,是一种融合了儒教、道教和佛教的思想体系。理学是一种唯心主义思想,它适应了封建君主专制统治的需要,巩固了儒家学说在中国古代封建意识形态中的地位,是宋元时期的官方意识形态。

---

① 本书中的教并不是宗教的意思,而是政治教化、教育、教义的意思,是从意识形态的角度来说的。如果将这里的"教"从宗教的角度来理解,则儒教的说法并不成立,因为儒家学说并不是宗教,而是中国古代社会的意识形态,或者说是一种哲学派别,是一种思想体系。

② 有学者认为,儒、佛、道三教在隋唐时期出现了合一。但更多学者认为三教之间呈三足鼎立状态。本书认为,虽然三教在隋唐时期出现了融合现象,但是三教之间仍然充斥着斗争、排斥和非难。直到元明时期,三教之间的这种状况才发生了实质性变化。

③ (隋)费长房:《历代三宝记》第十二卷。

"二程"与朱熹理学观比较

主张 代表	宇宙观	伦理观	认识论
"二程"	天理是宇宙万物的本原，先有理后有物	把天理和伦理道德直接联系起来	提出"格物致知"，只有深刻探究万物，才能掌握天下之理
朱熹	理之源在于天理，天理就是"三纲五常"	强调"存天理，灭人欲"	"格物致知"的目的在于明道德之善，而非求科学之真

五、元明：三教合流

明朝时，三教合流。"明代儒、佛、道三教合流，是以儒家学者为中心，并由众多名僧、方士参与其间，互相交游，互为影响，最终导致佛、道的世俗化以及儒学的通俗化。"①

明朝朱元璋入寺为僧的经历为朱元璋整合三教提供了天然优势。当然，朱元璋对三教的整合也是出于强化其专制统治的目的。《明太祖御制文集》卷11《三教论》中的相关记载即反映了这种目的："若绝弃之而杳然，则世无神鬼，人无畏矣。王纲力用焉。于斯三教，除仲尼之道，祖尧舜，率三王，删诗制典，万世永赖。其佛山之幽灵，暗助王纲，益世无穷。"②作为明朝开国文臣之首的宋濂也认为："天生东鲁、西竺二圣人，化导蒸民。虽设教不同，其使人趋于善道，则一而已。"③如果说朱元璋推动三教合流是出于维护其统治的功利目的，宋濂倡导三教合流是投朱元璋所好的话，那么王阳明通过创立心学对三教合流做出了实质性贡献。王阳明援佛、援道入儒，创制心学，其核心思想可借用王阳明的四句教来概括和凝练："无善无恶心之体，有善有恶意之动，知善知恶是良知，为善去恶是格物。"王阳明认为："道，一而已。仁者见仁，智者见智，释氏之所以为释，老氏之所以为老，百姓日用而不知，皆是道也，宁有二乎？"④"二氏之用，皆我之用。即吾尽性至命中完养此身谓之仙；即吾尽性至命中不染世累谓之佛。但后世儒者不见圣学之全，故与二氏成二见耳。譬之厅堂三间共为一厅，儒者不知皆吾所用，见佛氏，则割左边一间与之；见老氏，则割右边一间与之；而已则自处中间，皆举一而废

---

① 陈宝良：《明代儒佛道的合流及其世俗化》，《浙江学刊》，2002 年第 2 期。

② （明）朱元璋：《明太祖御制文集》卷 11《三教论》，台湾学生书局，1965 年。

③ 宋濂：《夹注辅教编序》。

④ （清）黄宗羲，沈芝盈点校：《明儒学案》，中华书局，1985 年，第 180～220 页。

百也。圣人与天地民物同体,儒、佛、老、庄皆吾之用,是之谓大道。"①对于王阳明学说中的儒道佛三教之间的关系,张履祥认为:"三教合一之说,莫盛于阳明之门。察其立言之意,盖欲使墨尽归儒,浸淫至于今日,此道日晦,彼说日昌,未有逃禅以入儒,只见逃儒以入释,波流风煽,何所底极!"②王阳明心学将"天理"回归为人的"良知",也带来了儒学的世俗化和通俗化。

王阳明之后,一大批学者文人继续了三教合流之事业。例如,王龙溪、罗汝芳、李贽、陶望龄、张履祥、李元阳、公安三袁等。这里仅列举部分人的观点供大家品赏分析。

王龙溪:

> 人受天地之中以生,均有恒性,初未尝以某为儒、某为老、某为佛而分授也。良知者,性之灵,以天地万物为一体,范围三教之枢。不徇典要,不涉思为。虚实相生而非无也;寂感相乘而非灭也。与百姓同其好恶,不离伦物感应,而圣功征焉。学佛老者,苟能以复性为宗,不沦于幻妄,是即道释之儒也;为吾儒者,自私用智,不能普物而明宗,则亦儒之异端而已。③
> 一念微明,常静常寂,范围三教之宗,吾儒谓之燕息,佛氏谓之反息,老氏谓之踵息,造化阖辟之玄枢也。以此徵学,亦以此卫生,了此便是彻上彻下之道。④

张履祥:

> 近世袁黄、李贽混佛老于学术,其原本于圣人之道不明,洪水猛兽,盖在于人之心术也。⑤

罗汝芳:

> 师事颜钧,谈理学;师事胡清虚,谈烧炼、采取、飞仙;师事僧玄觉,

---

① 《王阳明年谱》,力行要览编辑社,1933 年。
② (清)张履祥:《杨园先生全集》卷二八《愿学记》三。
③ (明)王畿:《王龙溪先生全集》卷十七《三教堂记》,齐鲁书社,1997 年。
④ (清)黄宗羲,沈芝盈点校:《明儒学案》,中华书局,1985 年,第 221~333 页。
⑤ (清)张履祥:《杨园先生全集》卷二七《愿学记》二。

谈因果、单传直指。①

李贽：

> 儒释道之学一也，以其初皆期于闻道也。②
> 夫所谓仙、佛与儒，皆其名耳。孔子知人之好名也，故以名教诱之；大雄氏知人之怕死也，故以死惧之；老氏知人之贪生也，故以长生引之；皆不得已权立名色以化诱后人，非真实也。③
> 谓三教圣人不同者，真妄也。④

袁宏道：

> 问：儒与老庄同异。答：儒家之学，顺人情；老庄之学，逆人情。然逆人情，正是顺处，故老庄尝曰因，曰自然。如不尚贤，使民不争。此语似逆而实因，思之可见。儒者顺人情，然有是非，有进退，却似革。夫革者，革其不同以归大同也。⑤
> 道不通于三教，非道也。学不通于三世，非学也。⑥

李元阳：

> 天地之间，惟此一道，初无儒、释、老庄之分也。⑦

顾大韶：

> 以儒为表，以道为里，以释为归，故称三教也。⑧

---

① （清）黄宗羲，沈芝盈点校：《明儒学案》，中华书局，1985年，第1026～1037页。
② （明）李贽：《初谭集》，中华书局，2009年。
③ （明）李贽：《焚书》，蓝天出版社，1999年，第21～22页。
④ （明）李贽：《续焚书》，中华书局，1961年，第1～2页。
⑤ （明）袁宏道：《袁中郎全集》卷十三《德山塵谈》，中华图书馆，1935年。
⑥ （明）袁中道：《珂雪斋近集》卷二《示学人》，上海书店出版社，1982年，第204页。
⑦ （明）李元阳：《中溪家传汇稿》卷五《重刻法华要解序》。
⑧ （明）顾大韶：《炳烛斋稿·易外别传序》。

明陶望龄：

> 阳抑而阴扶也。使阳明不借言辟佛，则儒生辈断断无佛种矣。今之学佛者，皆因良知二字诱之也。[1]

不仅在统治思想、学术思想层面出现了三教合流的状况，在民间也出现了三教合流的状况。这典型体现为祠庙中一并祭祀孔子、释迦和老子而非之前的分别祭祀（孔子祀于学、佛氏祀于寺、老氏祀于观）。例如，李元阳在《三教阁记》中记载："阁有孔子、释迦、老子三像。"[2]

六、清：封建意识形态的终结

清朝建立以后，基本上是沿袭明制。在意识形态方面，吸收了以儒家文化为主体的汉文化，兼之道教、佛教文化。随着明末清初的西学东渐，西方文化开始在清朝传播。

明朝末年，朝政腐朽，农民起义风起云涌，阶级矛盾和民族矛盾交织，虽然封建主义生产关系仍旧占据主导地位，但是资本主义萌芽开始产生。经济基础和社会环境的变化促进了思想领域的空前活跃。西方传教士来华传教，成了西方先进科学知识，如数学、机械、经济学等的传播者，促进了中西文化交流和社会思想的进步。另一方面，阳明心学泛滥，封建礼教空前，束缚了社会发展。于是，一部分进步思想家开始批判空谈误国的理学，倡导实学，主张学以经世，倡导民主启蒙思想，形成了波澜壮阔的主张经世致用的学术思潮，产生了一大批我们熟知的学者和思想家，例如李贽、黄宗羲、顾炎武、王夫之、吕留良等。尽管这些思想家形成了不同的学术派别，如黄宗羲的浙东学派、顾炎武的浙西学派等，但他们的思想是一致的，都主张经世致用；抨击封建专制，提倡民主思想；反对重农抑商，主张工商皆本；主张博求实证。

从清朝建立到康乾盛世，生产逐步恢复，经济逐步繁荣，社会逐步稳定，文化逐步鼎盛。社会经济条件为清朝思想文化的发展奠定了良好基础。在文化繁荣的同时，清朝也加强了文化专制，通过加强思想控制和文字狱等形

---

① （明）陶望龄：《歇庵集》卷十六《辛丑入都寄君奭弟书十五首》。
② （明）李元阳：《中溪家传汇稿》卷八《三教阁记》。

式束缚了社会思想的发展。

　　清朝时期,康熙皇帝大力提倡程朱理学,将其作为封建意识形态。实际上,康熙一朝也出现了很多理学名臣,例如李光地、熊赐履、于成龙等。这些理学修养颇高的官员也在政治行为中践行着自己的理论,成了名垂千古的一代清官。但是清代理学并没有实质性的发展,在清朝中期以后便逐步衰落了。

　　另一方面,文字狱的兴起使得自明末兴起来的实证思想得到了片面的继承。即形成了研制经书的考据传统,丢掉了明末思想家所强调的作为重要组成部分的经世致用思想,出现了乾嘉考据学派。虽然形成了一批大家和不同的学术派别(如戴震、庄存与、孙星衍、钱大昕、赵翼等),取得了重大的学术成绩,但是在宏观思想方面并无建树,这直接导致作为统治者意识形态源头的学术思想缺乏"活水之源"。较之明末的思想活跃程度,思想领域显得有些沉寂。

七、近代:资产阶级民主共和思想与马克思主义的发展

　　康乾盛世以后,清王朝极速衰落。古老的中国大地又进入了农民起义风起云涌的年代。只不过这次加入了外国侵略者。面对半殖民地反封建的社会现实,一批开明地主和先进的知识分子(如贺长龄、林则徐、魏源、徐继畬等)开始探求中国出路,撰写了《四洲志》《海国图志》《瀛寰志略》等一大批介绍西方社会情况的图书,开启了"中体西用"的思潮,成了当时的国家意识形态。

　　洋务运动失败后,中国大地逐渐发展出声势浩大的资产阶级民主共和思潮,经历了维新变法和辛亥革命两个阶段,君主立宪和民主共和思想成为主流思想。1919 年,五四运动爆发,中国革命进入了新民主主义革命时期,马克思主义在资产阶级思想的斗争中逐步成了主流意识形态。

第三篇
政治体系

中国古代政治体系的建立始于秦朝，"建皇帝之号，立百官之职"，确立了中国古代政治体系的基本框架。这个基本框架主要包括王权/皇权制度、中央行政制度、地方行政制度、监察制度、人事管理制度、军事制度等。

《汉书·百官公卿表》记载：

> 秦兼天下，建皇帝之号，立百官之职。汉因循而不革，明简易，随时宜也。其后颇有所改。①

---

① （东汉）班固：《汉书》，中州古籍出版社，1995年，第291页。

第一章
皇权制度

皇权制度是中国古代政治制度的核心。中国古代是封建君主专制社会,封建政治制度运转的核心就是君主。没有君主,则中国古代社会不能被称之为君主专制;没有君主,则中国古代的中央集权制度也无从谈起。中国古代社会的元首及其元首权力的实现方式,在不同的社会经济条件下有不同的称谓。从官天下到家天下,中国古代社会的元首继承方式实现了从禅让制向世袭制的转变。鉴于家天下占据了中国古代历史的绝大部分时间,本章主要阐述中国古代皇权制度。

第一节 皇帝的名位制度

中国古代封建君主专制制度决定了中国古代的名位制度主要围绕皇帝来进行,主要用来突出皇帝至高无上的尊崇地位、突出皇权的神圣。主要体现在从皇帝称呼到衣食住行再到皇权运行的各个环节。皇帝名位制度始于秦朝,确立并完善于汉朝。蔡邕编著的《独断》记载:

> 汉天子正号曰皇帝,自称曰朕。臣民称之曰陛下。其言曰制诏。史官记事曰上。车马衣服器械百物曰乘舆。所在曰行在所。所居曰禁中,后曰省中。印曰玺。所至曰幸。所进曰御。其命令一曰策书,二曰制书,三曰诏书,四曰戒书。[①]

一、名号制度

名号,简单而言即为称号,是指自己或别人给自己或他人的称号。皇帝

---

① 蔡邕:《独断》,上海古籍出版社,1990 年。

的名号制度主要包括将皇帝地位神圣化的各种年号、庙号和谥号以及与此相伴随的各种物化表现形式和制度。

皇帝,这一名号是中国古代君主最主要、最普遍和最崇高的称号。它始于秦始皇,沿用了两千余年。

《史记·秦始皇本纪》记载:

> 秦初并天下,令丞相、御史曰:"异日韩王纳地效玺,请为藩臣,已而倍约,与赵、魏合从畔秦,故兴兵诛之,虏其王。寡人以为善,庶几息兵革。赵王使其相李牧来约盟,故归其质子。已而倍盟,反我太原,故兴兵诛之,得其王。赵公子嘉乃自立为代王,故举兵击灭之。魏王始约服入秦,已而与韩、赵谋袭秦,秦兵吏诛,遂破之。荆王献青阳以西,已而畔约,击我南郡,故发兵诛,得其王,遂定其荆地。燕王昏乱,其太子丹乃阴令荆轲为贼,兵吏诛,灭其国。齐王用后胜计,绝秦使,欲为乱,兵吏诛,虏其王,平齐地。寡人以眇眇之身,兴兵诛暴乱,赖宗庙之灵,六王咸伏其辜,天下大定。今名号不更,无以称成功,传後世。其议帝号。"丞相绾、御史大夫劫、廷尉斯等皆曰:"昔者五帝地方千里,其外侯服夷服诸侯或朝或否,天子不能制。今陛下兴义兵,诛残贼,平定天下,海内为郡县,法令由一统,自上古以来未尝有,五帝所不及。臣等谨与博士议曰:'古有天皇,有地皇,有泰皇,泰皇最贵。'臣等昧死上尊号,王为'泰皇'。命为'制',令为'诏',天子自称曰'朕'。"王曰:"去'泰',著'皇',采上古'帝'位号,号曰'皇帝'。他如议。"制曰:"可。"追尊庄襄王为太上皇。制曰:"朕闻太古有号毋谥,中古有号,死而以行为谥。如此,则子议父,臣议君也,甚无谓,朕弗取焉。自今已来,除谥法。朕为始皇帝。後世以计数,二世三世至于万世,传之无穷。"①

皇帝名号是对皇帝本人的称号。与皇帝有血缘关系和婚姻关系的人都有相关的称号。例如,皇帝的父亲称"太上皇",母亲称"皇太后",祖母称"太皇太后",妻称"皇后",妾称"妃、嫔、贵人",子称"皇太子"、"皇子",姑称"大长公主",姐妹称"长公主",女称"公主",孙称"皇孙",皇族子弟称"宗室",女婿称"驸马"等。

---

① （汉）司马迁:《史记》,岳麓书社,2002 年,第 41～58 页。

二、尊号

仅仅有皇帝这一名号制度是不够的，是难以区分自己与其他皇帝的尊崇的。因此，自唐朝以后，尊号便不断出现，成为皇帝表明自己尊崇的又一种称号。以武则天为例。公元 688 年，被尊为"圣母神皇"；公元 690 年，又被尊为"圣神皇帝"；公元 693 年，再被尊为"金轮圣神皇帝"；公元 694 年，更被推为"越古金轮圣神皇帝"；公元 695 年，续加号"慈氏越古金轮圣神皇帝"和"天册金轮大圣皇帝"；公元 705 年，被尊为"则天大圣皇帝"。再以唐玄宗李隆基为例。公元 713 年上尊号为"开元神武皇帝"；公元 739 年加尊号"开元圣文神武皇帝"；公元 742 年再加为"开元天宝圣文神武皇帝"；公元 748 年又加为"开元天宝圣文神武应道皇帝"；公元 749 年续加号为"开元天地大宝圣文神武应道皇帝"；公元 754 年加至"开元天地大宝圣文神武证道孝德皇帝"。

三、谥号

谥号，是指古代君主、大臣等去世之后，根据其生平事迹和道德修养而给予的称号，主要分为美谥、平谥和恶谥三类。美谥主要包括庄、武、文、宣、襄、明、睿、康、景、懿等字，典型的代表为晋文公、汉武帝等。平谥主要包括怀、悼、哀、闵、思等字。恶谥主要包括厉、灵、炀等字，典型的代表为周幽王、周厉王、隋炀帝等。

谥号具有明显的善恶评价、评判性质。不同的朝代，谥号的字数也是不一样的。一般而言，明代皇帝谥字为 17 字或 21 字（明太祖），亲王 1 字，郡王 2 字，大臣 2 字。例如，明成祖的谥号为：启天弘道高明肇运圣武神功纯仁至孝文皇帝。清代皇帝谥字为 21 字（光绪帝）或 23 字或 25 字（努尔哈赤），和硕亲王 1 字，大臣 2 字。例如，康熙帝的谥号为：合天弘运文武睿哲恭俭宽裕孝敬诚信中和功德大成仁皇帝。咸丰帝的谥号为：协天翊运执中垂谟懋德振武圣孝渊恭端仁宽敏庄俭显皇帝。乾隆帝的谥号为：法天隆运至诚先觉体元立极敷文奋武钦明孝慈神圣纯皇帝。恭亲王奕䜣的谥号为：忠。曾国藩的谥号为：文正。

第二篇

谥号	对应品行	实际应用	
天	经纬天地 道德博闻 学勤好问 慈惠爱民	晋文公	
武	刚强直理 克定祸乱	汉武帝	美谥
桓	辟土服远 克敬动民 辟土兼国	齐桓公	
庄	兵甲亟作 睿圉克服 胜敌志强	鲁庄公	
厉	杀戮无辜	周厉王	
幽	壅遏不通 早孤铺位 动祭乱常	周幽王	恶谥
灵	乱而不损 死见鬼能 好祭鬼神	晋灵公	

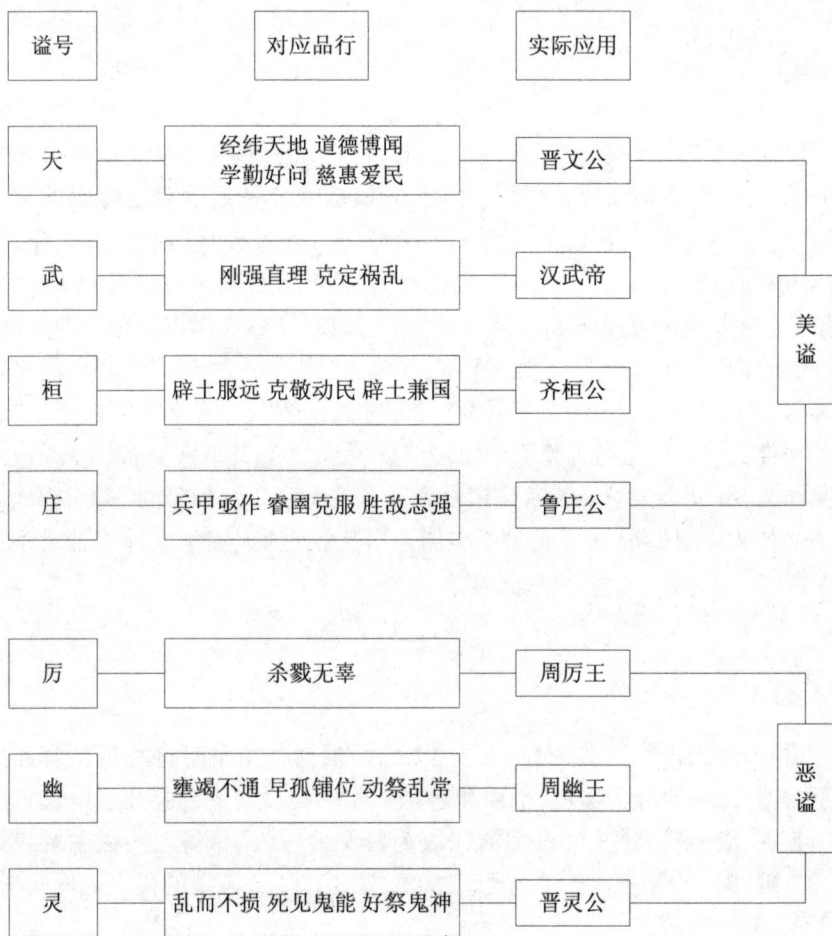

注：据汪受宽《谥法研究》。

四、年号

年号是中国古代皇帝用来纪年的一种名号。皇帝年号的内涵和更替，与该时期的社会经济形势、政治局势、皇帝本人的处境、特点、统治意向等相联系。例如，"洪武"年号体现了朱元璋的以武定国思想；"建文"年号体现了朱允炆意在建立文治；"永乐"年号表明了朱棣想造就永远安乐的局面；"同治"年号表明由慈安、慈禧两太后共同治理。

五、庙号

与谥号制度一样,庙号制度是将皇帝名位制度延伸到去世的皇帝的一种制度。通过庙号制度,既可以表明皇位、皇权的正当性和帝统,又可以对去世的皇帝的行为和政绩进行评价。隋唐以前,并不是每个皇帝都有庙号,只有品行端正、政绩突出的皇帝才有可能有庙号,因此,庙号是一种稀缺资源,再加上祭祀在中国古代社会中所占据的突出地位,能否拥有庙号对在位皇帝具有鞭策和警示作用,如果政绩不突出,则可能进不了帝统,接受不了祭祀。隋唐以后,庙号制度发生了巨变,所有皇帝均可以获得庙号,不再按照世系和政绩来排位。这表明皇权地位的巩固和专制程度的加强。

尽管如此,庙号仍旧有一定的褒贬之意,这可以从不同时期皇帝的庙号中看出来。称之为"祖"的皇帝,一般为开国皇帝。例如,汉高祖刘邦、清圣祖玄烨。称之为"太宗"的多为王朝复兴中的关键人物,或者被称之为王朝复兴的开创者。例如,唐太宗李世民开启了贞观之治,清太宗皇太极位居清朝开国皇帝之列,汉文帝庙号太宗,开启了汉朝的文景之治。以"高宗"称之的多毁誉参半。例如,清高宗乾隆既是康乾盛世的塑造者之一,又开启了清朝由中兴走向衰落的转折。

唐朝以后,谥号字数变得越来越多,且由之前的客观评定皇帝生前德行与政绩的功能变成了一味赞美,故唐朝之前,一般用谥号来称呼皇帝,例如汉武帝、隋炀帝;唐朝以后多以庙号来称呼皇帝,例如唐太宗、唐玄宗、宋太祖。而到了明清之际,人们则习惯于用年号来称呼皇帝,例如康熙皇帝、雍正皇帝等。

六、陵寝号

陵寝号是皇帝陵墓的称号,一般根据皇帝生前的功过和世系加以命名,也有以地名来命名的,例如汉文帝的霸陵、魏文帝的首阳陵等。

清朝皇帝年号、谥号、庙号和帝陵

名讳	年号	谥号	庙号	帝陵
努尔哈赤	天命(1616—1626)	高皇帝	太祖	福陵
皇太极	天聪(1626—1643)	文皇帝	太宗	昭陵

续表

名讳	年号	谥号	庙号	帝陵
福临	顺治（1643—1661）	章皇帝	世祖	孝陵
玄烨	康熙（1661—1722）	仁皇帝	圣祖	景陵
胤禛	雍正（1722—1735）	宪皇帝	世宗	泰陵
弘历	乾隆（1735—1795）	纯皇帝	高宗	裕陵
颙琰	嘉庆（1796—1820）	睿皇帝	仁宗	昌陵
旻宁	道光（1820—1850）	成皇帝	宣宗	慕陵
奕詝	咸丰（1850—1861）	显皇帝	文宗	定陵
载淳	同治（1861—1875）	毅皇帝	穆宗	惠陵
载湉	光绪（1875—1908）	景皇帝	德宗	崇陵
溥仪	宣统（1908—1911）	—	—	—

皇帝陵寝号事关皇帝的正统地位，尤其是对于通过非继承方式获取皇位的皇帝来说。例如，明朝朱棣通过非继承方式获取皇位后，将其兄长朱标的陵寝号由原来的"孝康皇帝"改成了"懿文太皇子"，也取消了朱标的"兴宗"庙号。

第二节　皇帝的权力

中国古代是权力社会，权力是中国古代政治与社会管理体制的生命线，获取权力和巩固权力成了中国古代政治运作的本质特征。也因此，在权力为私人所有的背景下，争夺皇位、巩固皇权成了中国古代政治体制的永恒主题。具体而言，主要包括如下三个方面的内容：

第一，中国古代实行的是君主专制制度，中国古代的一切政治制度均是围绕获取皇位、巩固和加强皇权而设立的。在获取皇位方面，主要体现为中国古代社会所形成的皇位继承制度。"五帝官天下，三王家天下。家以传子，官以传贤"是这一制度的经典描述。"三王"以后，国家成为了皇帝的一家之产，皇位世袭成为常态。

《礼记·礼运》记载：

今大道既隐，天下为家，各亲其亲，各子其子，货力为己，大人世及以为礼。①

《汉书·盖宽饶传》记载：

　　五帝官天下，三王家天下，家以传子，官以传贤。②

程大昌《演繁露》卷一记载：

　　五帝官天下，以天下为公，而使仕者任之，是为官矣。三王家天下，则以天下为己有者也。③

　　由于天下是皇帝的一家之产，权力与经济利益系于一体，故皇位的继承不仅涉及权力的分配，也涉及经济利益的分配，故皇位继承问题成了中国古代社会中的重要问题。

　　商汤采用了兄终弟及的制度，即兄长去世后由弟弟继承的制度。这项制度在理论上和实践上不切合实际，故造成了为王位而形成的旷日之久的"九世之乱"，"自康丁以下，四世传子，王室比较安定"④。也就是说，康丁以后，传子制度确立，王室才形成了安定的局面。

　　父子之亲逊于兄弟之亲是兄终弟及制度得以实行的前提条件。但是生产力以及由此带来的私有制和宗法制的发展在不断地颠覆着这一前提，使得父子之亲远远高于兄弟之亲。与生产力的发展以及封建私有制的发展相伴随的是宗法制的形成与发展。宗法制度在表面上表现为一种伦理制度、等级制度，实质上是一种财政继承与分配的制度。作为一种伦理等级制度，宗法制度确立了父亲在家族中的家长地位，且这种地位具有独占性和排他性。父权家长制的确立意味着父子之间的血缘关系高于一切社会关系。正如孟子所说的"父子有亲、君臣有义、夫妇有别"。再如《礼记·丧服小记》中所记载的："亲亲以三为五，以五为九，上杀、下杀、旁杀而亲毕矣。"⑤作为一种财产分配制度，宗法制决定了财产权利在家族内部的分配秩序。由于父

---

① （西汉）戴圣：《礼记》，西安交通大学出版社，2015年，第98页。
② （东汉）班固：《汉书》，中州古籍出版社，1996年，第950页。
③ 程大昌：《中国古典名著百部 演繁露》，远方出版社，2006年，第7页。
④ 顾颉刚：《周公执政称王》，载《文史》第23辑，中华书局，1984年。
⑤ （西汉）戴圣：《礼记》，西安交通大学出版社，2015年，第152页。

子之亲胜于兄弟之亲,故决定了由无限权力所带来的无限利益的分配与继承关系主要局限于父子之间而非兄弟之间。王国维《殷周制度论》对这一制度的利弊进行了分析。

王国维在《殷周制度论》中认为:

> 由传子之制而嫡庶之制生焉。夫舍弟而传子者,所以息争也。兄弟之亲本不如父子,而兄之尊又不如父,故兄弟间常不免有争位之事。特如传弟即尽之后,则嗣立者当为兄之子欤? 弟之子欤? 以理论言之,自当立兄之子,以事实言之,则所立者往往为弟之子。此商人所以有中丁以后九世之乱,而周人传子之制正为救此弊而设也。然使于诸子之中可以任择一人而立之,而此子又可任立其欲立者,则其争益甚,反不如商之兄弟以长幼相及者犹有次第矣。故有传子之法,而嫡庶之法亦与之俱生。其条例,则《春秋左氏传》之说曰:"太子死,有母弟则立之,无则立长。年钧择贤,义钧则卜。"《公羊》家之说曰:"礼,嫡夫人无子,立右媵;右媵无子,立左媵;左媵无子,立嫡姪娣;嫡姪娣无子,立右媵姪娣;右媵姪娣无子,立左媵姪娣。质家亲亲,先立娣;文家尊尊,先立姪。嫡子有孙而死,质家亲亲,先立弟;文家尊尊,先立孙,其双生也,质家据现在,立先生,文家据本意,立后生。"此二说中,后说尤为详密,顾皆后儒充类之说;当立法之初,未必穷其变至此。然所谓立子以贵不以长,立嫡以长不以贤者,乃传子法之精髓,当时虽未必有此语,固已用此意矣。盖天下之大利莫如定,其大害莫如争。任天者定,任人者争;定之以天,争乃不生。故天子诸侯之传世也,继统法之立子与立嫡也,后世用人之以资格也,皆任天而不参以人,所以求定而息争也。古人非不知官天下之名美于家天下,立贤之利过于立嫡,人才之用优于资格,而终不以此易彼者,盖惧夫名之可藉而争之易生,其蔽将不可胜穷,而民将无时或息也。故衡利而取重,絜害而取轻,而定为立子立嫡之法,以利天下后世;而此制实自周公定之。是周人改制之最大者,可由殷制比较得之。有周一代礼制,大抵由是出也。①

从这一段话中可以看出,古人并非不知道官天下优于家天下,也并非不知道由贤人来治理国家胜过根据出生等条件决定的嫡长子来治理国家。但

---

① 王国维:《殷周制度论》。

由于孰贤孰能较之嫡长子的确定来说较为困难,容易产生争端,而这种争端容易对国家治理产生负面影响,故选择了嫡长子继承制度。这大抵就是"立子以贵不以长,立適以长不以贤者"的原因。

《公羊传·隐公元年》记载:

> 元年者何?君之始年也。春者何?岁之始也。王者孰谓?谓文王也。曷为先言王而后言正月?王正月也。何言乎王正月?大一统也。公何以不言即位?成公意也。何成乎公之意?公将平国而反之桓。曷为反之桓?桓幼而贵,隐长而卑,其为尊卑也微,国人莫知。隐长又贤,诸大夫扳隐而立之。隐于是焉而辞立,则未知桓之将必得立也。且如桓立,则恐诸大夫之不能相幼君也,故凡隐之立为桓立也。隐长又贤,何以不宜立?立适以长不以贤,立子以贵不以长。桓何以贵?母贵也。母贵则子何以贵?子以母贵,母以子贵。①

所谓"立嫡以长不以贤,立子以贵不以长",主要是说,如果有嫡子,则选其中的长子为君位继承人,至于这位嫡长子是否贤能,是否能够胜任治理国家的需要则不属于考虑的范围;如果嫡妻无子,则选地位最尊贵的庶妻为君位继承人,至于这位君位继承人是否是年长者,则不属于考虑的范围。这种君位继承人选择办法产生的社会背景是一夫多妻制。其中,正妻称之为"嫡",其所生的儿子称之为嫡子;其余妻妾称之为庶妻,所生之子为庶子。

正如王国维所分析的,这种嫡长子继承制度虽然为君位继承人的选择确立了客观的标准,但是忽视了君位继承人的贤能标准。正是这种贤能程度决定着中国古代封建君主专制社会的治理状况。对贤能标准的有意忽略意味着可能在实际的政治运作过程中产生所需要的政治贤能度与所具有的政治贤能度不对称的状况。当所具有的政治贤能度不能满足所需要的政治贤能度时,如果没有完善的官僚体制运作,则国家治理往往处于糟糕状态。例如,中国历史上的儿皇帝、昏庸皇帝等。

虽然嫡长子继承制度确立了君位继承人的选任规则,但是在实际的政治运作中,由于无限的权力和无限的利益的诱惑,这一制度也很难得到良好的遵守。皇位继承人的选择往往是多种力量博弈的结果。例如,唐朝以嫡长子身份继承皇位的只有德宗和顺宗,由大臣和宦官所拥立的皇帝占了绝

---

① 　顾馨、徐明校点:《春秋公羊传》,辽宁教育出版社,1997 年,第 1 ~ 2 页。

大多数,例如,高宗、中宗、睿宗、敬宗、哀帝是由大臣拥立的,代宗、宪宗、穆宗、文宗、武宗、宣宗、懿宗、僖宗、昭宗是由宦官拥立的。即使是在汉朝,以嫡长子身份继承皇位的也仅仅有汉惠帝、汉景帝、汉元帝、汉成帝4人。宋朝18个皇帝中仅仅有3人以嫡长子身份继承皇位。

　　然而嫡长子继承制度虽然以较为客观的标准确立了君位继承人选,但这种确定的人选容易对君主专制形成威胁,即只要嫡长子一经诞生,就自然而然地成了君位继承人,就获取了相应的权力,就具备了与君主权力竞争的潜在条件。因此,随着中国由奴隶社会转变为封建社会,随着封建君主专制的不断强化,这种君位继承人选择制度逐步被淘汰,取而代之的是太子继承制度。

　　与嫡长子继承制由先天条件决定不同,皇子成为太子需要经过皇帝的同意,即通常所说的"立太子"。在太子继承制前提下,皇子是否具有与皇帝竞争权力的潜在条件是需要皇帝赋予的。因而,较之嫡长子继承制度,这是皇帝与未来继承人之间权力分配的一次重大调整,是皇帝集权的一种手段。这主要表现在以下两个方面:第一,谁是太子是由皇帝说了算的,因而皇位继承人的权力是来源于皇帝的而非先天条件赋予的。第二,在立太子之前,皇位未来继承人的权力是属于皇帝的,皇帝也不用担心自己的君位是否牢固。

　　虽然较之于嫡长子继承制度,太子继承制度是君主专制的一种体现,但也是一种历史的进步。例如,嫡长子继承制度的标准局限于先天条件,而忽略了贤能标准。太子继承制度则在一定程度上可以考虑皇位继承人的贤能并以此来确定继承人选。

　　当皇子成为太子之后,仍旧具备了与皇权相竞争的潜力,仍旧会对皇权形成威胁。太子继承制度进一步发展为了秘密建储制度。所谓秘密建储制度,是指在皇帝去世之前,文武百官或国家臣民是不知道谁是皇位继承人选的,只有在皇帝去世之后,才以某种特定的方式公开。通过秘密建储制度,从根本上排除了皇位继承人与在位皇帝竞争皇权的可能性。这是皇权在皇室内部集权的顶峰。

　　第二,权力来源方面,皇帝至高无上的权力来源于封建私有制生产关系,来源于皇帝是中国古代封建社会地主的"总头目"这一身份。

　　《旧唐书·归融传》记载:

　　融奏曰:"天下一家,何非君土? 中外财赋,皆陛下府库也。①

　　封建私有制为皇权的至高无上地位提供了天然的土壤,赋予了皇权至高无上的可能性,但并不会自动维护皇权的至高无上地位。因此,在中国古代的现实政治实践中,皇权的至高无上主要是通过意识形态宣传和军事等暴力机关来维持的。例如,借用董仲舒所创造的天人感应学说,通过神来塑造皇权的至高无上地位,通过"奉天承运"成为天下的主人,成为黎民百姓的衣食父母。

　　《汉书·鲍宣传》记载:

　　　天下乃皇天之天下也,陛下上为皇太子,下为黎庶父母,为天牧养元元,视之当如一,合《尸鸠》之诗。今贫民菜食不厌,衣又穿空,父子夫妇不能相保,诚可为酸鼻。陛下不救,将安所归命乎?②

　　也正是因为这种封建私有制关系,使得官僚制成为皇权行使的工具。皇权的行使者只有皇帝一人,而天下事务众多,因此造成了实际能力与所需能力之间存在缺口,故需要建立一套以皇权为核心的官僚体制来弥补这一缺口。而官僚机构一经产生,便具有自身的独立性,会按照自身规律来运作。在此背景下,如何控制王权成了皇权行使过程中的一个重要话题。换句话说,皇权要求官僚制以皇权为中心来运作,要求官僚绝对听从于皇帝,使其"远在千里外,不敢易其辞"③。而官僚制自身的规律要求官僚制按照自身规律来运作,两者之间便产生了矛盾。这种矛盾贯穿于中国古代君权与相权的关系演变始终。也正是这种矛盾的运作,使得有些学者认为专制君权有可能突破"家天下"的、"私"的格局,在客观上成为一种代表统治阶级整体利益的"公共权力"④。这种端倪可从如下故事中窥见。

　　《宋史·赵普传》记载:

　　　普性深沉有岸谷,虽多忌克,而能以天下事为己任。宋初,在相位

---

①　(后晋)刘昫等:《旧唐书》,第967页。

②　(东汉)班固:《汉书》,中州古籍出版社,1996年,第911页。

③　《韩非子》,时代文艺出版社,2008年,第24页。

④　张星久:《中国君主专制政体下的皇位嫡长子继承制新论》,《武汉大学学报》(哲学社会科学版),1998年第5期。

者多龊龊循默,普刚毅果断,未有其比。尝奏荐某人为某官,太祖不用。普明日复奏其人,亦不用。明日,普又以其人奏,太祖怒,碎裂奏牍掷地,普颜色不变,跪而拾之以归。他日补缀旧纸,复奏如初。太祖乃悟,卒用其人。

有群臣当迁官,太祖素恶其人,不与。普坚以为请,太祖怒曰:"朕固不为迁官,卿若之何?"普曰:"刑以惩恶,赏以酬功,古今通道也。且刑赏天下之刑赏,非陛下之刑赏,岂得以喜怒专之。"太祖怒甚,起,普亦随之,太祖入宫,普立于宫门,久之不去,竟得俞允。①

但是事实上,只要经济基础发生改变,只要封建生产关系未发生改变,这种突破就是不可能的。

第三,权力制衡方面,中国古代对皇帝权力是不存在制衡的,皇帝拥有至高无上的权力和绝对的权威,皇帝集行政、立法、司法、军事权力于一身。仅存的制衡也仅仅是对官僚体制权力的制衡,是通过官僚权力的制衡来实现加强皇权的目的。例如,《清实录·乾隆朝实录》记载,"大小政务。悉由乾断。太阿从不下移"②。《高宗纯皇帝实录》记载:"我朝纲纪肃清。皇祖皇考至朕躬百余年来。皆亲揽庶务。大权在握。威福之柄。皆不下移。"③

---

① （元）脱脱等:《二十五史》（全书）（第七册）（宋史）,内蒙古人民出版社,1998 年,第 277 页。
② 《清实录乾隆朝实录》卷 1271。
③ 《高宗纯皇帝实录》卷 1051。

第二章
中央行政制度

第一节　中枢辅政制度

宰相向上连接皇帝,向下连接官僚队伍,起着承上启下的作用。因此,宰相制度成理解中枢辅政制度的关键。"宰,官名。商朝始置,掌管家务和家奴。西周、春秋沿置,为王室总管,掌王家内外事务,传达君王王后之命。后为官吏通称,百家之长称太宰或冢宰,卿大夫家臣之长称家宰,卿大夫采邑总管称邑宰,都邑长官如中都宰,以及膳宰、庖宰等。"①"相者,论列百官之长,要百事之听,以饰朝廷臣下百吏之分,度其功劳,论其庆赏,岁终奉其成功,以效于君,当则可,不当则废。"②宰相"初为君王辅政大臣如相邦、相国、丞相等官的泛称。《吕氏春秋·制乐》:'宰相所与治国家也。'《韩非子·显学》:'故明主之吏,宰相必起于州部,猛将必发于卒伍'。秦、汉以来成为对辅佐皇帝、统领百官、综理全国政务的最高行政长官的通称。《史记·陈丞相世家》:'宰相者,上佐天子理阴阳,顺四时,下育万物之宜,外镇抚四夷诸侯,内亲附百姓,使卿大夫各得任其职也'"③。《新唐书》也记载了宰相在中国古代政治系统中的关键作用:"宰相之职,佐天子,总百官,治万事,其任重矣。"④

宰相,其具体职名、职权范围因时因人而异,历朝各有不同。例如,在秦朝、西汉时期,以相国、丞相当之;西汉后期,大司马、大司徒和大司空并号宰相;魏晋南北朝相国、宰相亦号宰相;隋朝时以尚书省正副长官尚书令、尚书仆射为宰相;唐初以尚书、门下、中书三省长官尚书左右仆射、侍中、中书令

---

① 吕宗力:《中国历代官制大辞典》(修订版),商务印书馆,2015 年,第 763 页。
② 《荀子》,万卷出版公司,2009 年,第 182 页。
③ 吕宗力:《中国历代官制大辞典》(修订版),商务印书馆,2015 年,第 764 页。
④ (宋)欧阳修、宋祁:《新唐书》,中华书局,1975 年,第 1182 页。

为宰相;唐玄宗以后,三省长官多为虚职,同中书门下平章事成为正式宰相职衔;北宋前期以同平章事为宰相;神宗元丰(1078—1085)改制后,以尚书左、右仆射为宰相;元朝以中书省左、右丞相、平章政事为宰相,左、右丞、参政为副宰相;明太祖洪武十三年(1380)罢中书省,不设宰相,皇帝亲揽政务,总领六部;成祖以后,诸殿、阁大学士渐得参与机务,品秩较低,不置属官,不得干预六部事务;仁宗、宣宗以后,其职渐崇,号为内阁,居六部之上,诸阁臣权位虽不及前朝宰相,或有宰相之称。清朝内阁大学士为名誉宰相,雍正(1723—1735)以后实际上由军机大臣执行宰相职权,然名望职权较前皆有所不及。

从上述职名、职权范围变迁过程可以看出,宰相制度中的宰相人数由一人变为了一群人,由独揽宰相权力到宰相权力的分权制衡,由总揽行政事务到参议顾问。尽管此时的分权并不是现代意义上的分权,而仅仅是分工罢了。正如马端临的精辟描述:"西汉以丞相总百官,而九卿分治天下之事。光武中兴,身亲庶务,事归台阁,尚书始重,而西汉公卿稍以失职矣。及魏武佐汉初建魏国,置秘书令,尚书典事。文帝受禅,改秘书为中书,有监有令,而亦不废尚书,然是中书亲近,而尚书疏外矣。东晋以来,不专任中书,于是又有门下,而中书权始分矣。降及南北朝,大体皆循此制。"①司马光在《上哲宗乞合两省为一》中也认为:"西汉以丞相总百官,而九卿分治天下之事。(东汉)光武中兴,身亲庶务,事归台阁(汉尚书台在宫禁内,称台阁),尚书始重,而汉公卿稍已失职矣。……(曹魏)文帝受禅,改尚书为中书。有令有监,而亦不废尚书。然中书亲近,而尚书疏外矣。东晋以后,天子以侍中常在左右,多与之议政事,不独任中书,于是又有门下,而中书权始分矣。降及南北朝,大抵皆循此制。"②

从上述变迁过程可以看出,宰相制度的形成经历了一个从兴起到鼎盛再到衰落的历史过程。其背后根源是君权和相权的争斗;整体的趋势是君权的不断增长,相权的不断削弱;其根本原因在于生产力的发展所导致的社会事务不断复杂和社会分工不断细化,但是经济发展却始终难以突破封建地主经济的范畴,封建经济与生产关系决定了上层建筑的私有性与自私性,"这种政治经济形态的配合,不但改变了中国封建性质,改变了中国官僚政治形态,且也改变了中国专制君主与官僚间,乃至官僚相互间的社会阶级利

---

① (元)马端临:《文献通考》(上册),中华书局,1986年,第455~462页。
② 司马光:《上哲宗乞合两省为一》。

害关系"①。

一、贵族辅政时期

　　春秋战国是贵族政治向官僚政治的转型时期。春秋战国以前是贵族政治，春秋战国以后是官僚政治。需要说明的是，说某一时期是贵族政治并不是说这一时期只有贵族政治，而无官僚政治，而只是说贵族政治和官僚政治在特定时期哪个占据主流的问题。例如，在春秋战国之后同样存在贵族政治，清王朝建立过程中所建立的议政王大臣制度即是贵族政治的典型表现，只不过相较于官僚政治，贵族政治在春秋战国之后处于次要地位而已。与贵族政治和官僚政治划分相适应，春秋战国之前的辅政体制可以称之为贵族辅政制度。

　　春秋战国之前特定的经济和社会条件决定了贵族辅政是其必然选择。从上层建筑角度而言，宗法制度是西周时期重要的社会制度，也是社会地位与权力分配制度。它以血缘关系为基础，直接导致了我国古代社会的"家国同构"现象，作为政治组织的国家/政府与作为社会组织的家庭/宗族之间的血缘关系纽带尚未断裂。这些上层建筑制度直接决定了只有亲贵宗族才能参与由其家族所建构的"国家"，君主也只能依靠亲贵宗族来治理国家。所以在贵族政治前提下，贵族辅政成了一种必然现象。例如，《史记·五帝本纪》记载尧寻找帝位继承人的故事便是一个佐证。

　　　　尧曰："嗟！四岳：朕在位七十载，汝能庸命，践朕位？"岳应曰："鄙德忝帝位。"尧曰："悉举贵戚及疏远隐匿者。"②

　　从经济基础角度而言，夏商周时期的农业生产工具是少量青铜农具，主要仍然是耒耜；生产关系主要为井田制的土地制度和石器锄的耕作方式，仍然处于奴隶制经济时代。春秋战国时期农业生产工具主要是铁器和牛耕的使用，较之夏商周时期，有了较大进步；生产关系中，井田制逐步瓦解，土地私有制开始出现。总体来说，这一时期的社会公共事务较少，社会分工不明显，不可能也不需要产生完善的宰相制度。

---

①　王亚南：《中国官僚政治研究》，商务印书馆，2010 年，第 50 页。
②　（汉）司马迁：《史记》，岳麓书社，2002 年，第 2 页。

但是宰相辅政的萌芽已经产生,且多依据血缘和亲缘关系而建立。这可以从尧舜禹时期到夏商周时期所设置的官职中体现出来。

《通典·职官二·三公总叙》记载:

> 虞夏商周有师、保,有疑、丞,设四辅及三公。[①]

《汉书·百官公卿表》记载:

> 夏、殷亡闻焉,周官则备矣。天官冢宰,地官司徒,春官宗伯,夏官司马,秋官司寇,冬官司空,是为六卿,各有徒属职分,用于百事。太师、太傅、太保,是为三公,盖参天子,坐而议政,无不总统,故不以一职为官名。又立三少为之副,少师、少傅、少保,是为孤卿,与六卿为九焉。记曰三公无官,言有其人然后充之,舜之于尧,伊尹于汤,周公、召公于周,是也。或说司马主天,司徒主人,司空主土,是为三公。四岳谓四方诸侯。[②]

《唐律疏议》记载:

> 周礼六官,冢宰掌邦治,司徒掌邦教,宗伯掌邦礼,司马掌邦政,司寇掌邦刑,司空掌邦土,而冢宰兼总六官。司宰,谓冢宰也。前汉志曰,刘向上疏曰:教化所恃以为治也,刑法所以助治。故律疏云:"德礼为政教之本,刑罚为政教之用。"[③]

《尚书·周书·周官》记载:

> 冢宰掌邦治,统百官,均四海。司徒掌邦教,敷五典,扰兆民。宗伯掌邦礼,治神人,和上下。司马掌邦政,统六师,平邦国。司寇掌邦禁,诘奸慝,刑暴乱。司空掌邦土,居四民,时地利。六卿分职,各率其属,以倡九牧,阜成兆民。[④]

---

① （唐）杜佑:《通典》,中华书局,1984年,第113～114页。
② （东汉）班固:《汉书》,中州古籍出版社,1996年,第291页。
③ 长孙无忌:《唐律疏议》,商务印书馆,1933年。
④ 《尚书》,内蒙古人民出版社,2008年,第284～289页。

　　"岳"是尧舜时主一方诸侯的伯长。《尚书·虞书·尧典》记载:"帝曰:'咨,四岳'","岳曰:'异哉,试可乃已'"。孔安国传:"分掌四岳之诸侯。"①可以看出,四岳是尧舜时期的辅政之臣。中国历代官制大辞典中关于"四岳"的解释为:传说尧舜时主方岳的四时官。一说为羲和四子分掌四岳诸侯。《史记·五帝本纪》:"尧又曰:'嗟,四岳,汤汤洪水滔天,浩浩怀山襄陵,下民其忧,有能使治者?'"裴骃集解引郑玄说:"四岳,四时官,主方岳之事。"张守节正义引孔安国说:"四岳,即上羲和四子也,分掌四岳之诸侯,故称焉。"②

　　"六卿"是殷周统军执政大臣合称。《尚书·甘誓》记载:"大战于甘,乃召六卿。"孔安国传:"天子六军,其将皆命卿也。"春秋诸国抑或置六卿统率六军。作为官制专著的《周礼》认为六卿是六官之长冢宰、司徒、宗伯、司马、司寇、司空的合称。《尚书·周官》记载:"冢宰、司徒、宗伯、司马、司寇、司空,六卿分职,各率其属,以倡九牧。"③郑玄注:"变冢言大,进退异名也。百官总焉,则谓之冢,列职于王,则称大。冢,大之上也。山顶曰冢。"④

　　"四辅"是君王之辅佐大臣。《礼记·文王世子》:"设四辅及三公。"孔颖达疏引《尚书大传》:"古者天子必有四邻,前曰疑,后曰丞,左曰辅,右曰弼。"西汉为太师、太傅、太保、少傅的合称。平帝元始元年(公元1年)置。位居三公上。以太傅领四辅事,总揽朝政。新莽指太师、太傅、国师、国将,始建国元年(公元9年)置。位上公,居三公上。东汉废。十六国北燕前、后、左、右辅亦合称四辅。北周亦置,指大前疑、大右弼、大左辅、大后丞。明朝太祖设四辅官,以春、夏、秋、冬为名,实仅置春、夏二官,秋、冬阙。⑤

　　《尚书大传》曰:

　　　　"古者天子必有四邻,前曰疑,后曰丞,左曰辅,右曰弼。天子有问无以对,责之疑;有志而不志,责之丞;可正而不正,责之辅;可扬而不扬,责之弼。其爵视卿,其禄视次国之君。"汉官仪曰:"仓颉作书,自环者谓之厶,背私者谓之公。"韩子曰:"背私曰公。鼎足三者,三光也。"⑥

---

①　吕宗力:《中国历代官制大辞典》(修订版),商务印书馆,2015年,第764页。
②　同上,第290页。
③　同上,第192页。
④　周礼注疏。
⑤　吕宗力:《中国历代官制大辞典》(修订版),商务印书馆,2015年,第291页。
⑥　(汉)伏胜:《尚书大传》。

"三老三吏"是西周时辅佐周天子的六位大臣。一说即"三左三右",指大宰、大宗、大史、大祝、大士、大卜。《逸周书·大匡》:"王乃召冢卿,三老三吏,大夫、百执事之人,朝于大庭。"①

西周中期形成了二寮制:即卿事寮(主要负责行政事务)和太史寮(主要负责宗教事务)。《中国历代官制大辞典》将"寮"解释为"西周官署统称"。可以看出,西周时,此类官职已经成为定制。《毛公鼎铭》:"王曰:'父厝,已曰级兹卿事寮,太史寮于父即尹。'"②"卿事寮:官署名。西周置,王室处理国政的权力机关。在内任职者称卿事"③《作册令尊铭》:"王命周公子明保尹三事四方,受卿事寮。""卿事:官名。同'卿士'。周朝王室执政大臣。"《番生簋铭》:"王命摄司公族、卿事、大史寮。"④"太史寮:见'太史友'。"⑤"太史友:西周史官类史官同官僚友的称呼。"⑥《尚书·周书·酒诰》:"矧太史友、内史友。"友即寮友,又称太史寮。

二、官僚辅政时期

如果说贵族辅政是贵族政治的产物,那么官僚辅政则是官僚政治的产物,是社会生产力的发展以及随之带来的社会分工的产物,是君主不断专制集权的结果。

君权的不断扩展与相权的不断衰落是由以下因素导致的。第一,封建社会的官僚制与当今社会的官僚政治有着本质的不同,直接决定了相权在君权和相权的斗争中处于劣势地位。这是最根本的因素。封建社会中的官僚只不过是君主/皇帝进行专制统治的工具或奴仆,作为其中一员的宰相也只不过是君主/皇帝治国理政的工具,"人主不可以独也,卿相辅佐,人主之基、杖也"⑦。官僚与君主/皇帝之间的关系是职位与待遇之间的赎买关系,"主卖官爵,臣卖智力"⑧。第二,"普天之下莫非王土,率土之滨莫非王臣"的私有产权关系从根本上决定了封建权力的自私性与私有性。"卧榻之侧,岂容他人鼾睡",尽管"宰相之职"在于"佐天子",但其职权却相当广泛,"总

---

① 吕宗力:《中国历代官制大辞典》(修订版),商务印书馆,2015年,第19页。
②③④ 同上,第922页。
⑤ 同上,第127页。
⑥ 同上,第126页。
⑦ 《荀子》,万卷出版公司,2009年,第204页。
⑧ 《韩非子》,时代文艺出版社,2008年,第280页。

百官,平庶政,事物不统"①,因而往往被视为对君权/皇权的威胁,被削弱成为必然趋势。"自秦以下,人人君天下者,皆不鉴秦设相之患,相继而命之,往往病及于国君者,其故在擅专威福。"②整体上,官僚政治时期的宰相辅政经历了萌芽(夏商西周)—创立(春秋至秦)—鼎盛(汉初至武帝)—调整(魏晋至宋)—衰落(元至清末)的演变过程。

(一)创立时期:从春秋至秦

以"相"作为宰相之称始于春秋战国时期。"相,官名。初为辅佐君主的执政大臣的泛称。春秋齐景公初年置,为百官之长,执掌国政。"③《左传·襄公二十五年》记载:"崔杼立(景公)而相之,庆封为左相。"自此始,"相"开始成为标配,尽管称谓尚未统一。例如,相邦、丞相、楚国的令尹、相等。邢昺疏:"令尹,宰也……楚臣令尹为长,从他国之言,或亦谓之宰。""令尹:官名。春秋战国楚国最高官职,辅佐楚王掌管全国军政事务。"④《史记·楚世家》:"考烈王以左徒为令尹,封以吴,号春申君。"《汉书·高帝纪上》:"(怀王)以羽为鲁公,封长安侯,吕臣为司徒,其父吕青令尹。"颜师古注引臣瓒曰:"诸侯之卿,唯楚称令尹,其馀国称相。"⑤秦孝公时期商鞅以大良造之名行宰相之实,职掌军政大权;齐桓公时设管仲为相,秦、汉以后,成为相国、丞相等宰相之官的统称。

随着社会分工的不断细化,以及诸侯争霸所带来的专业化需求,上层建筑领域中的相权也不断细化,其所涵盖的行政权、军事权和监察权不断分离出来,实现了从行政权和军事权的二分到行政权、军事权和监察权的三分。

第一步,行政权与军事权的二分。从战国中后期开始,军政分工进一步专业化,军政合一体制逐渐被军政分离体制所代替,行政权与军事权二分的官僚体制逐步形成。这可以从众多著述中反映出来。《战国策·齐策一·成侯邹忌为齐相章》:"成侯邹忌为齐相,田忌为将。"⑥从社会分工角度看,这是政治分工不断细化的必然结果。从权力制衡角度看,这是相权的缩小与君权的相对扩张,是封建专制主义中央集权不断发展的必然结果。《尉缭子·原官》云:"官分文武,惟王之二术也。"⑦较之于中原地区的诸侯国,秦国相权

① (元)脱脱等:《宋史》(第1册),中华书局,1977年,第2703~2724页。
② 胡士萼点校:《明太祖集》,黄山书社,1991年,第202页。
③ 吕宗力:《中国历代官制大辞典》(修订版),商务印书馆,2015年,第627页。
④ 同上,第300页。
⑤ 同上,第627页。
⑥ (西汉)刘向:《战国策》,时代文艺出版社,2008年,第115页。
⑦ 《尉缭子》,第61页。

的设立和分立则稍微晚些。《史记·秦本纪》记载:"(惠文)十年,张仪相秦。"①即公元前328年,秦惠王任命张仪为相。但此时的张仪仍兼具行政权和军事权。公元前309年,秦武王"二年,初置丞相,樗里疾、甘茂为左右丞相"②。虽然相权二分,但是仍然属于军政合一的体制,即张仪和左右丞相在掌握行政权的同时依旧掌握军事权。公元前307年,秦昭王任命魏冉为将军,秦国始有将军官职。《史记·穰侯列传》记载:"昭王即位,以冉为将军,卫咸阳。"③此时的将相分权并不十分严格。例如,魏冉一生多次为秦相,虽有其自身身为贵族的特殊原因,但是亦跟制度初创,尚不完善有关。

第二步,监察权的独立与扩张。御史,西周时期为从属史,与"御事"同义。"春秋战国置为史官,本职掌记录国事、君王言行,接受、保管文书等;因侍从君主左右,为亲近之职,常执行临时性差遣,秦、韩等国常奉遣监察郡、县、军队。秦或奉使出外调查审理重大案件,收捕罪犯。秦朝置御史大夫为其长官,御史监郡成为定制,亦称监御史、郡监。"④《史记·滑稽列传》记载:"执法在傍,御史在后。"⑤《史记·孟尝君列传》记载:"孟尝君侍客坐语,而屏风后常有侍史,主记君所与客语,问亲戚居处。"⑥《通典》记载:御史之名,《周官》有之。盖掌赞书,而授法令,非今任也。战国时,亦有御史。秦、赵渑池之会,各命书其事,又淳于髡谓齐王曰:御史在前。则皆记事之职也,至秦、汉为纠察之任。所居之署,汉谓之御史府,亦谓之御史大夫寺,亦谓之宪台。(此御史称台之始。)后汉以来,谓之御史台,亦谓之兰台寺。隋及唐,皆曰御史台。龙朔二年,改为宪台。咸亨元年,复旧。门北辟,主阴杀也。故御史为风霜之任,弹纠不法,百僚震恐。官之雄峻,莫之比焉。"⑦例如,公元前279年秦赵"渑池之会"中,御史便担任了"记录国事、君王言行"的职责。

《史记·廉颇蔺相如列传》记载:

秦王饮酒酣,曰:"寡人窃闻赵王好音,请奏瑟。"赵王鼓瑟。秦御史前书曰:"某年月日,秦王与赵王会饮,令赵王鼓瑟。"蔺相如前曰:"赵王

① (汉)司马迁:《史记》,岳麓书社,2002年,第37页。
② 同上,第38页。
③ 同上,第441页。
④ 吕宗力:《中国历代官制大辞典》(修订版),商务印书馆,2015年,第627页。
⑤ (汉)司马迁:《史记》,岳麓书社,2002年,第709页。
⑥ 同上,第451页。
⑦ (明)邱濬:《大学衍义补》(上),京华出版社,1999年,第67页。

窃闻秦王善为秦声,请奉盆缶秦王,以相娱乐。"秦王怒,不许。于是相
如前进缶,因跪请秦王。秦王不肯击缶。相如曰:"五步之内,相如请得
以颈血溅大王矣!"左右欲刃相如,相如张目叱之,左右皆靡。于是秦王
不怿,为一击缶。相如顾召赵御史书曰:"某年月日,秦王为赵王击缶。"
秦之群臣曰:"请以赵十五城为秦王寿。"蔺相如亦曰:"请以秦之咸阳为
赵王寿。"①

《秦会要订补·职官上》记载:

> 秦赵之会,御史书事,而淳于髡亦云御史在前,掌记事纠察之任也。②

可见,御史职能由以前的"记录国事、君王言行,接受、保管文书"扩大到
了监察职能。《汉书·百官公卿表》记载:"监御史,秦官,掌监郡。"监察权的
独立,表面上看来是因为"侍从君主左右,为亲近之职",便于代替君主监察。
实际上为君主对相权的控制与制衡手段,通过权力的分立与制衡来达到维
护君权的目的。至此,秦国形成了行政权、军事权和监察权三权分立的体
制。在具体官职上,秦国行政权、军事权和监察权三权分立的政府体制制度
化为了三公九卿制。

根据秦官制规定,丞相、太尉和御史大夫为宰相。秦创立宰相制度,具
有划时代的意义,标志着封建君主专制中央集权制度的形成。

首先,它标志着贵族政治正式转型为官僚政治,由皇帝任免而非世袭继
承成为常态,彻底废除了世卿世禄制。官僚由皇帝任免意味着官僚权力来
源于皇帝的授权,构成了中央集权的必要条件。同时也影响了地方行政制
度的改革进程。其次,君权进一步集中,君权在绝大部分的历史时间里,处
于优势地位,君主专制地位更加巩固。

《容斋随笔·秦用他国人》记载:

> 七国虎争天下,莫不招致四方游士。然六国所用相,皆其宗族及国
> 人,如齐之田忌、田婴、田文,韩之公仲、公叔,赵之奉阳、平原君,魏王至
> 以太子为相。独秦不然,其始与之谋国以开霸业者,魏人公孙鞅也。其

---

① (汉)司马迁:《史记》,岳麓书社,2002年,第483页。
② (清)孙揩,徐复订补:《秦会要订补》(26卷),中华书局,1959年,第199~228页。

他若楼缓赵人,张仪、魏冉、范雎皆魏人,蔡泽燕人,吕不韦韩人,李斯楚人,皆委国而听之不疑,卒之所以兼天下者,诸人之办也。燕昭王任郭隗、剧辛、乐毅,几灭强齐,辛、毅皆赵人也。楚悼王任吴起为相,诸侯患楚之强,盖卫人也。[①]

需要说明的是,这个阶段的宰相制度处于建构初期阶段,尚不完善。《史记·秦始皇本纪》记载:"吕不韦为相,封十万户,号曰文信侯。招致宾客游士,欲以并天下。李斯为舍人。"[②]何为舍人?《中国历代官制大辞典》注解曰:"战国、秦时贵戚官僚属员,类似宾客,为主人亲近私属。《史记·秦始皇本纪》载李斯为吕不韦舍人。裴骃集解引文颖曰:'主厨内小吏官名。或曰侍从宾客谓之舍人也。'至汉朝演变为正式职官。"[③]《史记·李斯列传》又记载:

> 至秦,会庄襄王卒,李斯乃求为秦相文信侯吕不韦舍人;不韦贤之,任以为郎。李斯因以得说,说秦王曰:"胥人者,去其几也。成大功者,在因瑕衅而遂忍之。昔者秦穆公之霸,终不东并六国者,何也?诸侯尚众,周德未衰,故五伯迭兴,更尊周室。自秦孝公以来,周室卑微,诸侯相兼,关东为六国,秦之乘胜役诸侯,盖六世矣。今诸侯服秦,譬若郡县。夫以秦之疆,大王之贤,由灶上骚除,足以灭诸侯,成帝业,为天下一统,此万世之一时也。今怠而不急就,诸侯复疆,相聚约从,虽有黄帝之贤,不能并也。"秦王乃拜斯为长史,听其计,阴遣谋士赍持金玉以游说诸侯。诸侯名士可下以财者,厚遗结之;不肯者,利剑刺之。离其君臣之计,秦王乃使其良将随其后。秦王拜斯为客卿。[④]

由此可见,舍人并不是丞相府的正式官吏,而是宾客之类。正因为吕不韦"贤"之,才有了李斯"说"秦王的机会。因此,可以推断,在秦朝,丞相府尚未形成系统的属官。

(二)鼎盛时期:西汉初年至汉武帝时期

汉承秦制,继承并发展了秦朝的宰相制度。西汉丞相是名副其实的宰

① (宋)洪迈:《容斋随笔》,三秦出版社,2007 年,第 22 页。
② (汉)司马迁:《史记》,岳麓书社,2002 年,第 41 页。
③ 吕宗力:《中国历代官制大辞典》(修订版),商务印书馆,2015 年,第 570 页。
④ (汉)司马迁:《史记》,岳麓书社,2002 年,第 511 页。

相。整体上看，其职权范围不仅非常广泛且集权于一人，可以说是宰相权力的巅峰。西汉后期乃至东汉，以大司马、大司徒和大司空为宰相，宰相的职权又发生了变化，分权趋势更为明显。

《史记·陈丞相世家》记载：

> 居顷之，孝文皇帝既益明习国家事，朝而问右丞相勃曰："天下一岁决狱几何？"勃谢曰："不知。"问："天下一岁钱谷出入几何？"勃又谢不知，汗出沾背，愧不能对。於是上亦问左丞相平。平曰："有主者。"上曰："主者谓谁？"平曰："陛下即问决狱，责廷尉；问钱谷，责治粟内史。"上曰："苟各有主者，而君所主者何事也？"平谢曰："主臣！陛下不知其驽下，使待罪宰相。宰相者，上佐天子理阴阳，顺四时，下育万物之宜，外镇抚四夷诸侯，内亲附百姓，使卿大夫各得任其职焉。"孝文帝乃称善。①

《汉书·卷十九上·百官公卿表第七上》记载：

> 相国、丞相，皆秦官，金印紫绶，掌丞天子助理万机。秦有左右，高帝即位，置一丞相，十一年更名相国，绿绶。孝惠、高后置左右丞相，文帝一年复置一丞相。有两长史，秩千石。哀帝元寿二年更名大司徒。武帝元狩五年初置司直，秩比二千石，掌佐丞相举不法。②

《续资治通鉴长编》记载：

> 凡宰相，上则启沃人主，论道经邦；中则选用百官，赏功罚罪；下则阜安百姓，兴利除害，乃其职也。③

《罗氏识遗·卷四》记载：

> 陈平为宰相，不问钱、谷、讼狱，丙吉为宰相，不问横道死人，但以镇国家、理阴阳、亲诸侯、附百姓为事，汲黯为九卿，拾遗补过，范文正公所至为政，敦礼教、厚风俗，皆识其大者也。故昔人论治必首三代，论人必

---

① （汉）司马迁：《史记》，岳麓书社，2002 年，第 364 页。
② （东汉）班固：《汉书》，中州古籍出版社，1996 年，第 291 页。
③ （宋）李焘：《续资治通鉴长编》，中华书局，2004 年。

希圣贤,论文必本六经,非过于矫亢也。①

《汉书·魏相丙吉传》记载:

　　吉又尝出,逢清道群斗者,死伤横道,吉过之不问,掾史独怪之。吉前行,逢人逐牛,牛喘吐舌,吉止驻,使骑吏问:"逐牛行几里矣?"掾史独谓丞相前后失问,或以讥吉,吉曰:"民斗相杀伤,长安令、京兆尹职所当禁备逐捕,岁竟丞相课其殿最,奏行赏罚而已。宰相不亲小事,非所当于道路问也。方春少阳用事,未可大热,恐牛近行,用暑故喘,此时气失节,恐有所伤害也。三公典调和阴阳,职当忧,是以问之。"掾史乃服,以吉知大体。

《汉书·匡张孔马传》记载:

　　(哀帝)后数月遂策免光曰:"丞相者,朕之股肱,所与共承宗庙,统理海内,辅朕之不逮以治天下也。朕既不明,灾异重仍,日月无光,山崩河决,五星失行,是章朕之不德而股肱之不良也。君前为御史大夫,辅翼先帝,出入八年,卒无忠言嘉谋;今相朕,出入三年,忧国之风复无闻焉。阴阳错谬,岁比不登,天下空虚,百姓饥馑,父子分散,流离道路,以十万数。而百官群职旷废,奸轨放纵,盗贼并起,或攻官寺,杀长吏。数以问君,君无怵惕忧惧之意,对毋能为。是以群卿大夫咸惰哉莫以为意,咎由君焉。君秉社稷之重,总百僚之任,上无以匡朕之阙,下不能绥安百姓。《书》不云乎?'毋旷庶官,天工人其代之'。於虖!君其上丞相、博山侯印绶,罢归。"②

《后汉书·百官一》记载:

　　司徒,公一人。本注曰:掌人民事。凡教民孝悌、逊顺、谦俭,养生送死之事,则议其制,建其度。凡四方民事功课,岁尽则奏其殿最而行赏罚。凡郊祀之事,掌省牲视濯,大丧则掌奉安梓宫。凡国有大疑大

----

① 罗璧:《罗氏识遗》(第 2 卷),中华书局,1991 年,第 45～58 页。
② (东汉)班固:《汉书》,中州古籍出版社,1996 年,第 926 页。

事,与太尉同。

　　司空,公一人。本注曰:掌水土事。凡营城起邑、浚沟洫、修坟防之事,则议其利,建其功。凡四方水土功课,岁尽则奏其殿最而行赏罚。凡郊祀之事,掌扫除、乐器,大丧则掌将校复土。凡国有大造大疑,谏争,与太尉同。①

以上为汉朝宰相职权的整体描述。具体而言,主要包括以下几个方面。

1. 协助君主治理国家

这是设置宰相的初衷,也是宰相的基本职责。著名的历史典故"萧规曹随"即是这方面职能的佐证,其背景为汉初无为而治的治国思想。

《汉书·传·萧何曹参传》记载:

　　及高祖起为沛公,何尝为丞督事。沛公至咸阳,诸将皆争走金、帛、财物之府,分之,何独先入收秦丞相、御史律令图书藏之。沛公具知天下厄塞、户口多少、强弱处、民所疾苦者,以何得秦图书也。②

《史记·曹相国世家》记载:

　　参子窋为中大夫。惠帝怪相国不治事,以为"岂少朕与"? 乃谓窋曰:"若归,试私从容问而父曰:'高帝新弃群臣,帝富於春秋,君为相,日饮,无所请事,何以忧天下乎?'然无言吾告若也。"窋既洗沐归,间侍,自从其所谏参。参怒,而答窋二百,曰:"趣入侍,天下事非若所当言也。"至朝时,惠帝让参曰:"与窋胡治乎? 乃者我使谏君也。"参免冠谢曰:"陛下自察圣武孰与高帝?"上曰:"朕乃安敢望先帝乎!"曰:"陛下观臣能孰与萧何贤?"上曰:"君似不及也。"参曰:"陛下言之是也。且高帝与萧何定天下,法令既明,今陛下垂拱,参等守职,遵而勿失,不亦可乎?"惠帝曰:"善。君休矣!"

　　参为汉相国,出入三年。卒,谥懿侯。子窋代侯。百姓歌之曰:"萧何为法,若画一;曹参代之,守而勿失。载其清净,民以宁一。"③

<hr>

① (东汉)班固:《汉书》,中州古籍出版社,1996年,第979页。
② 同上,第661页。
③ (南朝宋)范晔:《后汉书》,中州古籍出版社,1996年,第191～192页。

2.谏诤、封驳与被咨询之职

《史记·李斯列传》记载：

> 二世用其计，乃不坐朝廷见大臣，居禁中。赵高常侍中用事，事皆决于赵高。高闻李斯以为言，乃见丞相曰："关东群盗多，今上急益发繇治阿房宫，聚狗马无用之物。臣欲谏，为位贱。此真君侯之事，君何不谏？"李斯曰："固也，吾欲言之久矣。今时上不坐朝廷，上居深宫，吾有所言者，不可传也，欲见无间。"①

谏诤除进谏之外，还包括"封还诏书"和"不肯平署"等职责。

"封还诏书"，又被称之为封驳诏书，意为缄封退还诏敕，又可解释为封还皇帝失宜诏令，驳正臣下奏章违误。汉代封还诏书有封驳之实，但无封驳之名，亦无专官执掌。

《汉书·王嘉传》记载：

> 令成帝母王太后下丞相、御史，益封贤二千户，及赐孔乡侯、汝昌侯、阳新侯国。嘉封还诏书，因奏封事谏上及太后曰："臣闻爵禄土地，天之有也。《书》云：'天命有德，五服五章哉！'王者代天爵人，尤宜慎之。裂地而封，不得其宜，则众庶不服，感动阴阳，其害疾自深。今圣体久不平，此臣嘉所内惧也。高安侯贤，佞幸之臣，陛下倾爵位以贵之，单货财以富之，损至尊以宠之，主威已黜，府藏已竭，唯恐不足。财皆民力所为，孝文皇帝欲起露台，重百金之费，克己不作。今贤散公赋以施私惠，一家至受千金，往古以来贵臣未尝有此，流闻四方，皆同怨之。里谚曰：'千人所指，无病而死。'臣常为之寒心。今太皇太后以永信太后遗诏，诏丞相、御史益贤户，赐三侯国，臣嘉窃惑。山崩地动，日食于三朝，皆阴侵阳之戒也。前贤已再封，晏、商再易邑，业缘私横求，恩已过厚，求索自恣，不知厌足，甚伤尊尊之义，不可以示天下，为害痛矣！臣骄侵罔，阴阳失节，气感相动，害及身体。陛下寝疾久不平，继嗣未立，宜思正万事，顺天人之心，以求福晁，奈何轻身肆意，不念高祖之勤苦垂立制度欲传之于无穷哉！《孝经》曰：'天子有争臣七人，虽无道，不失其天下。'臣谨封上诏书，不敢露见，非爱死而不自法，恐天下闻之，故不敢自

---

① （汉）司马迁：《史记》，岳麓书社，2002年，第518页。

劾。愚戆数犯忌讳,唯陛下省察。"①

《后汉书·钟离意传》记载:

> 帝性褊察,好以耳目隐发为明,故公卿大臣数被诋毁,近臣尚书以下至见提拽。尝以事怒郎药崧,以杖撞之。崧走入床下,帝怒甚,疾言曰:"郎出!郎出!"崧曰:"天子穆穆,诸侯煌煌。未闻入君自起撞郎。"帝赦之。朝廷莫不悚栗,争为严切,以避诛责;唯意独敢谏争,数封还诏书,臣下过失辄救解之。会连有变异,意复上疏曰:
>
> 伏惟陛下躬行孝道,修明经术,郊祀天地,畏敬鬼神,忧恤黎元,劳心不息。而天气未和,日月不明,水泉涌溢,寒暑违节者,咎在群臣不能宣化理职,而以苛刻为俗。吏杀良人,继踵不绝。百官无相亲之心,吏人无雍雍之志。至于骨肉相残,毒害弥深,感逆和气,以致天灾。百姓可以德胜,难以力服。先王要道,民用和睦,故能致天下和平,灾害不生,祸乱不作。《鹿鸣》之诗必言宴乐者,以人神之心洽,然后天气和也。愿陛下垂圣德,揆万机,诏有司,慎人命,缓刑罚,顺时气,以调阴阳,垂之无极。
>
> 帝虽不能用,然知其至诚。亦以此故不得久留,出为鲁相。后德阳殿成,百官大会。帝思意言,谓公卿曰:"钟离尚书若在,此殿不立。"②

到唐朝时,成为定制,为门下省给事中的主要职责之一。例如,宋费衮《梁谿漫志·学士不草诏》记载:"唐制惟给事中得封驳,本朝富郑公在西掖封还遂国夫人词头,自是舍人遂皆得封缴。"③清顾炎武《日知录·封驳》记载:"唐制,凡诏勅皆经门下省,事有不便,得以封还。"④《新唐书·萧仿传》:"大和中,擢进士第。除累给事中。宣宗力治,喜直言,尝以李璲为岭南节度使,遣优工趋出追之,未及璲所而还。后以封勅脱误,法当罚,侍讲学士孔德裕曰:'给事中驳奏,为朝廷论得失,与有事奏事不类,不应罚。'诏可。"⑤

不肯平署。"平署,犹连署也",即在公文上一起署名。通俗而言,即为臣

---

① (东汉)班固:《汉书》,中州古籍出版社,1996年,第1014页。

② (南朝宋)范晔:《后汉书》,中州古籍出版社,1996年,第444页。

③ (宋)费衮:《梁溪漫志》,三秦出版社,2004年,第56页。

④ (清)顾炎武:《日知录》,周苏平、陈国庆点注,甘肃民族出版社,1997年,第442页。

⑤ (宋)欧阳修、宋祁:《新唐书》,中华书局,1975年,第3959页。

下有所奏请,皇帝已认可,转给宰相时,如果宰相不赞同,则可以拒绝签字。《后汉书·党锢列传》记载:"及遭党事,当考实膺等。案经三府,太尉陈蕃却之。曰:'今所考案,皆海内人誉,忧国忠公之臣。此等犹将十世宥也,岂有罪名不章而致收掠者乎?'不肯平署。帝愈怒,遂下膺等于黄门北寺狱。"①

"封还诏书"和"不肯平署"虽然是君主专制的门面装饰品,也因"斜封墨敕"的出现而效力大减,但终究还是对皇权的肆意妄行形成了一定的牵制力。君主也因此不得不事先咨询丞相。《史记·绛侯周勃世家》所记载的丞相阻止梁孝王封侯的例子便是佐证。

《史记·绛侯周勃世家》记载:

> 而梁孝王每朝,常与太后言条侯之短。窦太后曰:"皇后兄王信可侯也。"帝让曰:"始南皮、章武侯先帝不侯,及臣即位乃侯之;信未得封也。"窦太后曰:"人生各以时行耳。自窦长君在时,竟不得侯,死后乃(封)其子彭祖顾得侯,吾甚恨之!帝趣侯信也。"帝曰:"请得与丞相议之。"丞相议之,亚夫曰:"高皇帝约:'非刘氏不得王,非有功不得侯。'今信虽皇后兄,无功,侯之,非约也。"帝默然而止。②

需要说明的是,宰相所拥有的自由裁量权在不断缩小,到后期则变成了奉命执行。

3. 任免官吏

宰相为百官之长,对官员任免有很大权限。

《汉书·魏相丙吉传》记载:

> 赞曰:古之制名,必繇象类,远取诸物,近取诸身。故经谓君为元首,臣为股肱,明其一体,相待而成也。是故君臣相配,古今常道,自然之势也。近观汉相,高祖开基,萧、曹为冠,孝宣中兴,丙、魏有声。是时,黜陟有序,众职修理,公卿多称其位,海内兴于礼让。览其行事,岂虚乎哉!③

《汉书·循吏传·黄霸》记载:

---

① (南朝宋)范晔:《后汉书》,中州古籍出版社,1996年,第641页。
② (汉)司马迁:《史记》,岳麓书社,2002年,第368页。
③ (东汉)班固:《汉书》,中州古籍出版社,1996年,第926页。

又乐陵侯史高以外属旧恩侍中贵重,霸荐高可太尉。天子使尚书召问霸:"太尉官罢久矣,丞相兼之,所以偃武兴文也。如国家不虞,边境有事,左右之臣皆将率也。夫宣明教化,通达幽隐,使狱无冤刑,邑无盗贼,君之职也。将相之官,朕之任焉。侍中乐陵侯高帷幄近臣,朕之所自亲,君何越职而举之?"尚书令受丞相对,霸免冠谢罪,数日乃决。自是后不敢复有所请。然自汉兴,言治民吏,以霸为首。①

《史记·魏其武安侯列传》记载:

当是时,丞相入奏事,坐语移日,所言皆听。荐人或起家至二千石,权移主上。上乃曰:"君除吏已尽未?吾亦欲除吏。"尝请考工地益宅,上怒曰:"君何不遂取武库!"是後乃退。②

《全汉文·卷二十四》记载:

仲舒窃见宰职任天下之重,群心所归,惟须贤佐,以成圣公。愿君侯大开萧相国求贤之路,广选举之门。既得其人,接以周公下士之意,即奇伟隐世异伦之人,各思竭愚,归往圣德,英俊满朝,百能备具。

4.官员考核

《汉书·传·魏相丙吉传》记载:

岁竟丞相课其殿最,奏行赏罚而已。③

《汉书·传·匡张孔马传》记载:

衡位三公,辅国政,领计簿,知郡实,正国界,计簿已定而背法制,专地盗土以自益,及赐、明阿承衡意,猥举郡计,乱减县界,附下罔上,擅以地附益大臣,皆不道。④

① (东汉)班固:《汉书》,中州古籍出版社,1996年,第1043~1044页。
② (清)严可均辑:《全汉文》,任雪芳审订,商务印书馆,1999年,第228~243页。
③ (东汉)班固:《汉书》,中州古籍出版社,1996年,第925页。
④ 同上,第975页。

《汉书·传·张周赵任申屠传》记载：

> 迁为计相,一月,更以列侯为主计四岁。是时,萧何为相国,而苍乃
> 自秦时为柱下御史,明习天下图书计籍,又善用算律历,故令苍以列侯
> 居相府,领主郡国上计者。黥布反,汉立皇子长为淮南王,而苍相之。
> 十四年,迁为御史大夫。①

与秦朝相比,西汉时期的丞相开府辅政,形成了比较完善的丞相官属体
系。《汉旧仪》记载:"武帝元狩六年,丞相吏员三百八十二人:史二十人,秩
四百石;少史八十人,秩三百石;属百人,秩二百石;属史百六十二人,秩百
石。皆从同秩补。"在机构设置方面,据相关资料记载,设置有十五曹。丞相
府属官主要由司直、长史、丞相征事、丞相史、东曹掾、西曹掾、丞相少史、集
曹掾、奏曹、议曹、侍曹、从史、令史、计相等组成。丞相府规模颇为庞大,几
与皇权形成抗争之势。

司直:丞相府中的最高属官,汉武帝时开始设置。职责主要为检举不
法。由皇帝直接任命。

《汉书·百官公卿表》记载:

> 武帝元狩五年初置司直,秩比二千石,掌佐丞相举不法。②

《后汉书·马援列传》记载:

> 故事,州、郡所举上奏,司直察能否以惩虚实。③

《汉书·翟方进传》记载:

> 故事,司隶校尉位在司直下,初除,谒两府,其有所会,居中二千石
> 前,与司直并迎丞相、御史。④

---

① （东汉）班固:《汉书》,中州古籍出版社,1996 年,第 683 页。
② 同上,第 291 页。
③ （南朝宋）范晔:《后汉书》,中州古籍出版社,1996 年,第 316 页。
④ （东汉）班固:《汉书》,中州古籍出版社,1996 年,第 994 页。

《汉旧仪》记载：

> 丞相府司直一人，秩二千石，职无不监。武帝初置。曰马直官，今省。案："马直官"当作"司直官"。①

长史："盖众史之长也，职无不监"，具有监察百官的职能，由皇帝直接任命。

《汉书·百官公卿表》记载：

> 相国、丞相，皆秦官，金印紫绶，掌丞天子助理万机。秦有左右，高帝即位，置一丞相，十一年更名相国，绿绶。孝惠、高后置左右丞相，文帝二年置一丞相。有两长史，秩千石。哀帝元寿二年更名大司徒。武帝元狩五年初置司直，秩比二千石，掌佐丞相举不法。②

《通典·卷第二十一职官三》记载：

> 丞相长史。汉文帝二年置，一丞相有两长史。《汉·百官表》云丞相"有两长史"。而《张汤传》云："杀臣者三长史也。"颜师古曰："兼有守者，非正员故耳。"盖众史之长也，职无不监。田仁为丞相长史，上书言天下太守，皆下吏诛死。武帝悦，拜仁为丞相司直，威震天下。介帻，进贤一梁冠，朱衣，铜印黄绶。刘屈牦为左丞相，分丞相长史为两府，以待天下远方之选。待得贤人，当拜为右丞相。后汉建武中，省司直，有长史一人。魏武为丞相以来，置左右二长史而已。③

《汉书·爰盎晁错传》记载：

> 丞相曰："使君所言公事，之曹与长史掾议之，吾且奏之。④

《汉旧仪》记载：

---

① 卫宏：《汉旧仪 附补遗》，中华书局，1985 年。
② （东汉）班固：《汉书》，中州古籍出版社，1996 年，第 291 页。
③ （唐）杜佑：《通典》（上），岳麓书社，1995 年，第 284 页。
④ （东汉）班固：《汉书》，中州古籍出版社，1996 年，第 724 页。

汉初置相国史,秩五百石。后罢,并为丞相史。①

《后汉书·志·百官一》记载:

> 长史一人,千石。掾属三十一人。令史及御属三十六人。本注曰:
> 世祖即位,以武帝故事置司直,居丞相府,助督录诸州,建武十八年
> 省也。②

除此之外,西汉丞相府还有各种掾属。曹,官署统称,是古代分科办事
机构。掾,"官名。汉朝三公府及其他重要官府皆置掾、史、属,分曹治事。
掾为曹长,史、属为副贰。故掾多冠以曹名,如户曹掾。掾为有职吏,其下还
有从掾位、待事掾等散吏"③。掾属,"属官统称。汉朝泛指公府及郡县官府
属吏,正曰掾,副曰属。三国魏晋南北朝沿置"④。

《后汉书·志·百官一》记载:

> 长史一人,千石。本注曰:署诸曹事。
> 掾史属二十四人。本注曰:《汉旧注》东西曹掾比四百石,余掾比三
> 百石,属比二百石,故曰公府掾,比古元士三命者也。或曰,汉初掾史
> 辟,皆上言之,故有秩比命士,其所不言,则为百石属。其后皆自辟除,
> 故通为百石云。西曹主府史署用。东曹主二千石长史迁除及军吏。户
> 曹主民户、祠祀、农桑。奏曹主奏议事。辞曹主辞讼事。法曹主邮驿科
> 程事。尉曹主卒徒转运事。贼曹主盗贼事。决曹主罪法事。兵曹主兵
> 事。金曹主货币、盐、铁事。仓曹主仓谷事。黄阁主簿录省从事。⑤

(三)调整时期:从西汉中后期至宋元时期

1.尚书省的崛起

西汉中后期,丞相权力进一步被削弱。西汉成帝刘骜时,改御史大夫为
大司空,与大司马、丞相是为三公,同为宰相。丞相职权一分为三,三者互不
统辖,相互制衡,行政权力自然收归君主。西汉哀帝时,改丞相之名为大司
徒。东汉初年,以司马、司徒、司空为宰相。东汉光武帝时,"天下事皆上尚

---

① 卫宏:《汉旧仪 附补遗》,中华书局,1985 年。
②⑤ (南宋)范晔:《后汉书》。
③④ 吕宗力:《中国历代官制大辞典》(修订版),商务印书馆,2015 年,第 842 页。

书,舆人主参决,乃下三府,尚书令为端揆之官"①,丞相(司徒、司空和太尉)的权力进一步被缩减。

尚书原为六尚之一。尚是掌管帝王之物的意思,尚书即为掌管文书的意思。"秦时,少府遣吏四人在殿中,主发书,谓之尚书。尚犹主也。"②尚书,秦朝时开始设置于禁中,西汉沿置。秦朝时期,尚书的主要职责是"收发文书,传达记录诏命章奏,隶少府"③。可知,开始的尚书只不过是君主私人保管文书的官吏而已,其地位并不十分重要。"秦始置于宫禁中,西汉沿置。设令、仆射、丞、尚书吏,职掌收发文书,传达记录诏命章奏,隶少府。"④《唐六典》记载:"秦变周法,天下之事皆决丞相府,置尚书于禁中,有令、丞,掌通章奏而已。"但是因其是君主的近臣,故又显得举足轻重,其日后崛起具有先天条件,即在官僚和皇帝之间起着政治沟通功能。

汉承秦制,西汉初年尚书之所属以及职掌,基本上和秦相同。"西汉中期以后,渐成为重要宫廷政治机构,参与国家机密,常以中朝大臣兼领、平、视,以左右曹诸吏平尚书奏事,参与议政决策,宣示诏命,责成丞相、列卿执行。百官奏事先呈尚书,皆为正、副二封,由领尚书者拆阅副封,加以裁决,可屏抑不奏。百官选举任用考察诘责弹劾之责亦归之。以其事务繁重,常以郎官供差遣,逐渐分曹治事。武帝信用宦官,设中书谒者令(中书令)、仆射,掌出纳机密诏命章奏,尚书奏事,须经中书转呈皇帝。"⑤"汉承秦置。及武帝游宴后庭,始用宦者主中书,以司马迁为之。中间遂罢其官以为中书之职。"⑥"武帝用宦者,更为中书谒者令。"⑦汉武帝为加强皇权削弱相权而设立的中朝则充分利用了尚书、中书职位,"内朝,系指大司马、左右前后将军、侍中、常侍、散骑、诸吏、左右曹、给事中、尚书诸官"⑧。以丞相为首的百官称为外朝,实际上已变成执行一般政务的机关。

《唐六典》卷一记载:

> 秦置尚书,有令、丞,属少府。汉因之。武、昭后,其任稍重。……武帝游燕后庭,故用宦者,非古制也。宜罢中尚书宦官。中尚书,谓中书及尚书也,中书典尚书奏事,故连言之。

---

① 《唐六典》卷一。
②⑥ (唐)杜佑:《通典》,中华书局,1984年,第129页。
③④⑤⑧ 吕宗力:《中国历代官制大辞典》(修订版),商务印书馆,2015年,第519页。
⑦ (唐)杜佑:《通典》,中华书局,1984年,第130页。

《汉书·佞幸传·石显》记载：

> （元帝时石显为中书令）元帝（刘奭）"以显久典事，中人无外党①，精专可信任，遂委以政。事无大小，因显白决。贵幸倾朝，百僚皆敬事显"。②

西汉成帝刘骜建始四年，"去中书谒者令官，更以士人为尚书令"③。"成帝建始四年，罢中书宦者，又置尚书五人，一人为仆射，四人分为四曹，通掌图书、秘记、章奏之事及封奏，宣示内外而已，其任犹轻。"④这标志着作为行政机构的尚书开始分官设职，这也是台的最初萌芽。东汉光武帝刘秀时期，"事归台阁"，尚书正式成为正式国家机关。

《后汉书·百官三》记载：

> 尚方令一人，千石。本注曰：承秦所置，武帝用宦者（亦用士人，如张安世），更为中书谒者令，成帝用士人，复故。⑤

《汉旧仪》记载：

> 尚书四人为四曹：常侍尚书主丞相御史事，二千石尚书主刺史二千石事，户曹尚书主庶人上书事，主客尚书主外国事。成帝置五人，有三公曹，主断狱事。⑥

《后汉书·仲长统传》记载：

> 光武皇帝愠数世之失权，忿强臣之窃命，矫枉过直，政不任下，虽置三公，事归台阁（台阁谓尚书也）。自此以来，三公之职，备员而已。⑦

---

① 外党谓母族或妻族。
② （东汉）班固：《汉书》，中州古籍出版社，1996年，第1065页。
③ （唐）杜佑：《通典》，中华书局，1984年，第130页。
④ 同上，第129～134页。
⑤ （南朝宋）范晔：《后汉书》，中州古籍出版社，1996年，第197页。
⑥ 卫宏：《汉旧仪 附补遗》，中华书局，1985年。
⑦ （南朝宋）范晔：《后汉书》，中州古籍出版社，1996年，第510页。

自此以后,到东汉末年,尚书职权与日俱增。例如,在奏章处理方面,尚书实现了收发文书—通章奏—拆阅章奏—裁决章奏—直接"下章"乃至起草诏书的飞跃发展。

《汉书·霍光传》记载:

> 群臣以次上殿,召昌邑王伏前听诏。光与群臣连名奏王,尚书令读奏。①

这说明尚书令有读奏章的权限。

《汉书·魏相传》记载:

> 故事诸上书者皆为二封,署其一曰副,领尚书者先发副封,所言不善,屏去不奏。②

《后汉书·明帝纪》记载:

> 先帝诏书,禁人上事言圣,而间者章奏颇多浮词,自今若有过称虚誉,尚书皆宜抑而不省,示不为谄子蚩也。③

这说明尚书有拆阅章奏、裁决章奏的权限。

《汉官答问》记载:

> 臣下章奏上尚书,尚书进于天子,乃下丞相;有政事,天子常与之议。④

《通典·职官四·尚书省》记载:

> 至后汉则为优重,出纳王命,敷奏万机,盖政令之所由宣,选举之所

---

① (东汉)班固:《汉书》,中州古籍出版社,1996年,第874页。
② 同上,第922页。
③ (南朝宋)范晔:《后汉书》,中州古籍出版社,1996年,第18页。
④ (清)陈树镛:《汉官问答》,学识斋,1868年。

由定，罪赏之所由正。斯乃文昌天府，众务渊薮，内外所折衷，远近所禀仰。①

《唐六典》记载：

> 光武亲总吏职，天下事皆上尚书，（尚书）与人主参决，乃下三府。②

这表明尚书有下章乃至草诏的职权。

《通典·职官四·尚书省》记载：

> 至后汉则为优重，出纳王命，敷奏万机，盖政令之所由宣，选举之所由定，罪赏之所由正。斯乃文昌天府，众务渊薮，内外所折衷，远近所禀仰。故李固云："陛下之有尚书，犹天之有北斗。斗为天喉舌，尚书亦为陛下喉舌。斗斟酌元气，运平四时；尚书出纳王命，赋政四海。"赋，布也。令及左丞，总领纲纪，无所不统。仆射及右丞，分掌廪假钱谷。③

《通典·职官四·尚书令》记载：

> 后汉众务，悉归尚书，三公但受成事而已。尚书令主赞奏事，总领纪纲，无所不统。与司隶校尉、御史中丞朝会皆专席而坐，京师号曰"三独坐"。故公为令、仆射者，朝会不陛奏事。天子封禅，则尚书令奉玉牒检兼藏封之礼。④

《唐六典》卷一《尚书省》记载：

> 秦变周法，天下之事皆决丞相府。置尚书于禁中，有令、丞，掌通章奏而已，汉初因之。武、宣之后，稍以委任。及光武亲总吏职，天下事皆上尚书，与人主参决，乃下三府⑤。尚书令为端揆之官，魏晋以来其任尤重。⑥

---

① ③ （唐）杜佑：《通典》，中华书局，1984 年，第 129 页。
② ⑥ （唐）李林甫等：《唐六典》，陈仲夫点校，中华书局，1992 年，第 6 页。
④ （唐）杜佑：《通典》，中华书局，1984 年，第 130 页。
⑤ 三府指三公（太尉、司徒、司空）之府，也简称"三公"。

概而言之,两汉,尤其是东汉的尚书台,权力可以说是无所不包,总揽一切,侵蚀了原有的丞相、九卿之权。

《汉书·王尊传》:

> 初,中书谒者令石显贵幸,专权为奸邪。丞相匡衡、御史大夫张谭皆阿附畏事显,不敢言。①

至于东汉,其权势更是凌驾于三公之上,《后汉书·陈忠传》:

> 今之三公,虽当其名而无其实。选举诛宜,一由尚书,尚书见任,重于三公。②

至此,尚书台开始登上历史舞台,这是中国古代宰相制度的一次变革。变革的内在根源则在于君权和相权的内在矛盾。正如安作璋、熊铁基所认为的:"秦汉的统治者设立丞相制度,本来的目的是加强中央集权,提高皇权;但是由于丞相地位的崇高和权力的增大,必然要和君权发生冲突,而专制皇帝为要加强自己的权力,也必然想方设法削减丞相的权力。汉初的几任丞相都是功高望重,而且多能深自贬抑,故君臣之间的矛盾还比较缓和,然而这并不是从根本上解决矛盾的办法。真正从制度上削弱相权,则始于武帝,中经成帝的改制,最后完成于东汉光武帝。"③

尚书台的组织机构为尚书令—尚书仆射—尚书丞—曹。

尚书令。尚书令是尚书台的最高长官,1 人。秦朝时属少府之官,秩仅六百石,后随权力的扩张和地位的上升而逐步升至两千石高官。其职责是"总典纲纪,无所不统","掌凡选署及奏下尚书曹文书众事"。④ 汉武帝时用宦者,称之为中书谒者令,简称中书令,司马迁曾担任此职位。汉武帝后,或用士人,即名尚书令;或用宦者,即名中书令;或两者并用,中书与尚书并置。⑤"成帝时,专用士人,尚书令之名始定。自此迄于东汉之末,皆用士人,

---

① （东汉）班固:《汉书》,中州古籍出版社,1996 年,第 946 页。
② （南朝宋）范晔:《后汉书》,中州古籍出版社,1996 年,第 484 页。
③ 安作璋、熊铁基:《汉官制史稿》(上册),齐鲁书社,1984 年,第 45 页。
④ 《后汉书·百官三》。
⑤ 参见安作璋、熊铁基:《汉官制史稿》(上册),齐鲁书社,1984 年,第 267 页。

故均称尚书令。"①

《三国志·职官表》记载：

> 尚书令总典纲纪，无所不统，所居曰尚书台，出征则以行台从，汉犹隶少府，魏时政归台阁，则不复隶矣。②

《汉书·京房传》记载：

> 是时，中书令石显颛权，显友人五鹿充宗为尚书令，与房同经，论议相非。二人用事，房尝宴见，问上曰："幽、厉之君何以危？所任者何人也？"上曰："君不明，而所任者巧佞。"……房曰："中书令石显、尚书令五鹿君相与合同，巧佞之人也……"③

尚书仆射。"秦、西汉为尚书令副贰，秩六百石。东汉为尚书台次官，职权益重，若公为之，增秩至两千石。职掌拆阅封缄章奏，参议政事，谏诤驳仪，监察百官。令不在，则代理其职。"④

《汉官仪》记载：

> 仆射秩六百石，公为之，加至二千石。⑤

《后汉书·虞傅盖臧列传》记载：

> 先是，宁阳主簿诣阙，诉其县令之枉，积六七岁不省。主簿乃上书曰："臣为陛下子，陛下为臣父。臣章百上，终不见省，臣岂可北诣单于以告怨乎？"帝大怒，持章示尚书，尚书遂劾以大逆。诩驳之曰："主簿所讼，乃君父之怨；百上不达，是有司之过。愚蠢之人，不足多诛。"帝纳诩言，答之而已。诩因谓诸尚书曰："小人有怨，不远千里，断发刻肌，诣阙告诉，而不为理，岂臣下之义？君与浊长吏何亲，而与怨人何仇乎？"闻

---

① 安作璋、熊铁基：《汉官制史稿》（上册），齐鲁书社，1984 年，第 268 页。
② （晋）陈寿：《三国志》，凤凰出版社，2010 年。
③ （东汉）班固：《汉书》，中州古籍出版社，1996 年，第 929～930 页。
④ 吕宗力：《中国历代官制大辞典》（修订版），商务印书馆，2015 年，第 520 页。
⑤ （汉）应劭：《汉官仪》（上卷）。

者皆惭。诩又上言："台郎显职,仕之通阶。今或一郡七八,或一州无人。宜令均平,以厌天下之望。"及诸奏议,多见从用。①

可以看出,作为尚书仆射的虞诩能够讨论尚书的是非,陈述自己的不同意见,并教训诸尚书。不仅如此,即使是尚书令的奏陈,尚书仆射也能够反驳。

《后汉书·邓张徐张胡列传》记载:

> 时,尚书令左雄议改察举之制,限年四十以上,儒者试经学,文吏试章奏。广复与敞、虞止书驳之。②

尚书丞。秦朝和西汉时期为尚书令佐贰官,位次仆射。初置一员,成帝建始四年(前29)置四员,秩四百石。东汉改置左、右丞各一员,历代沿置。
应劭《汉官仪》(上卷)记载:

> 尚书左丞、右丞,秩各四百石,迁刺史。太平御览职官部。
> 尚书令、左丞,总领纲纪,无所不统。仆射、右丞,掌廪假钱谷。③

诸曹尚书。丞之下分曹办事,每曹各置尚书一人。诸曹经过了一定的发展过程。曹名、曹数和职责权限也随之发生了变化。自汉武帝以后至成帝之前,设置四曹。成帝设置五曹。东汉光武帝设置六曹,各曹设尚书1人。
《后汉书·百官三》记载:

> 尚书六人,六百石。本注曰:成帝初署尚书四人,分为四曹:常侍曹尚书主公卿事,二千石曹尚书主郡国二千石事,民曹尚书主凡吏上书事,客曹尚书主外国夷狄事。世祖承遵,后分二千石曹,又分客曹为南主客曹、北主客曹,凡六曹。左右丞各一人,四百石。本注曰:掌录文书期会。左丞主吏民章报及驺伯史。右丞假署印绶及纸笔墨诸财用库藏。侍郎三十六人,四百石。本注曰:一曹有六人,主作文书起草。令

---

① (南朝宋)范晔:《后汉书》,中州古籍出版社,1996年,第565页。
② 同上,第469页。
③ (汉)应劭:《汉官仪》(上卷)。

史十八人,二百石。本注曰:曹有三,主书。后增剧曹三人,合二十一人。①

应劭《汉官仪》(上卷)记载:

尚书四员,武帝置,成帝加一为五。有〔常〕侍曹尚书,〔一二二〕主丞相御史事;二千石尚书,主刺史、二千石事;户曹尚书,主人庶上书事;主客尚书,主外国四夷事;成帝加三公尚书,主断狱事。后汉书光武纪注②

尚书郎四人:一人主匈奴单于营部,一人主羌夷吏民,一人主案:"吏民"二字当在此下,见通典。天下户口土田垦作,一人主钱帛贡献委输。③

《通典卷第二十二·职官四》记载:

秦尚书四人。不分曹名。汉成帝初置尚书五人,其一人为仆射,四人分为四曹:尚书曹名,自此而有。常侍曹,主公卿。二千石曹,主郡国二千石。民曹,主凡吏民上书。以人字改焉。自后历代曹部皆同。客曹。主外国夷狄。后又置三公曹,主断狱。是为五曹。后汉尚书五曹,六人,其三公曹尚书二人。掌天下岁尽集课州郡。吏曹、掌选举、齐祠。《后汉志》谓之常侍曹,亦谓之选部。二千石曹、掌中都官、水火、盗贼、辞讼、罪法,亦谓之贼曹。民曹、掌缮理、功作、盐池、苑囿。客曹,掌羌胡朝贺。法驾出,则护驾。后汉光武分二千石曹及客曹为南主客、北主客二曹。④

《晋书·卷二十四志第十四·职官》记载:

列曹尚书,案尚书本汉承秦置,及武帝游宴后庭,始用宦者主中书,以司马迁为之,中间遂罢其官,以为中书之职。至成帝建始四年,罢中书宦者,又置尚书五人,一人为仆射,而四人分为四曹,通掌图书秘记章

---

① (南朝宋)范晔:《后汉书》,中州古籍出版社,1996年,第197~198页。
②③ (汉)应劭:《汉官仪》(上卷)。
④ (唐)杜佑:《通典》(上),岳麓书社,1995年,第315页。

奏之事,各有其任。其一曰常侍曹,主丞相御史公卿事。其二曰二千石曹,主刺史郡国事。其三曰民曹,主吏民上书事。其四曰主客曹,主外国夷狄事。后成帝又置三公曹,主断狱,是为五曹。后汉光武以三公曹主岁尽考课诸州郡事,改常侍曹为吏部曹,主选举祠祀事,民曹主缮修功作盐池园苑事,客曹主护驾羌胡朝贺事,二千石曹主辞讼事,中都官曹主水火盗贼事,合为六曹。并令仆二人,谓之八座。尚书虽有曹名,不以为号。灵帝以侍中梁鹄为选部尚书,于此始见曹名。及魏改选部为吏部,主选部事,又有左民、客曹、五兵、度支、凡五曹尚书、二仆射、一令为八座。及晋置吏部、三公、客曹、驾部、屯田、度支六曹、而无五兵。咸宁二年,省驾部尚书。四年,省一仆射,又置驾部尚书。太康中,有吏部、殿中及五兵、田曹、度支、左民为六曹尚书,又无驾部、三公、客曹。惠帝世又有右民尚书,止于六曹,不知此时省何曹也。及渡江,有吏部、祠部、五兵、左民、度支五尚书。祠部尚书常与右仆射通职,不恒置,以右仆射摄之,若右仆射阙,则以祠部尚书摄知右事。①

从上述史料中可以看出,从六曹的职权范围来看,基本上涵盖了从国内到国外、从中央到地方,从朝堂到乡野之内的所有事情。

东汉之后,中国历史进入魏晋南北朝时期。魏晋南北朝是个制度紊乱的年代,但又是各种创新初现的时代。在隋唐时期定型的三省六部制,实际上在魏晋已经出现雏形。尚书省是在尚书台的基础上发展而来的,在魏晋南北朝时期开始崛起。

"省原本指皇宫禁地。《汉书·昭帝纪》:'帝姊鄂邑公主益汤沐邑,为长公主,共养省中'。省中本称禁中,门阁有禁,非侍御之臣不得妄入,后因孝元皇后父名禁,故改称以避之。后世因之。"②从此,禁、省通用,或称禁,或称省,或称禁中,或称省中。

曹魏起,隶属于少府的尚书台正式成为国家行政管理机构,其行政长官被称为"宰相"。《通典卷第二十二·职官四》:"总谓之尚书台,亦谓之中台。"③也就是说,尚书被统称为台官,因为尚书台在禁中,所以又被称之为中台。尚书台与被称为外台的谒者、宪台的御史,总称为三台。《后汉书·袁绍传》：坐召三台，专制朝政。"①注云："《晋书》曰：'汉官，尚书为中台，御史为宪台，谒者为外台，是谓三台。'"②"建安十三年，罢汉台司，更置丞相，而以曹公居之，用兼端揆。"③

《资治通鉴卷第六十五》记载：

> 夏，六月，罢三公官，复置丞相、御史大夫。〔汉初，以丞相、御史大夫、太尉为三公，哀帝二寿二年，以大司马、大司徒、大司空为三公，中兴以来，以太尉、司徒、司空为三公。今虽复置丞相、御史，而操自为丞相，事权出于一矣。〕癸巳，以曹操为丞相。操以冀州别驾从事崔琰为丞相西曹掾，司空东曹掾陈留毛玠为丞相东曹掾，元城令河内司马朗为主簿，弟懿为文学掾，冀州主簿卢毓为法曹议令史。〔别驾从事，州牧行部，则奉引，录众事。汉制，公府西曹掾主府史署用，东曹掾主二千石、长吏迁除及军吏，黄阁主簿录省众事。文学掾，汉郡曹有之，操于公府创置也。法曹主邮驿科程事。时公府诸曹，皆置议令史。元城县，属魏郡〕毓，植之子也。④

概而言之，尚书省及其长官的职权日趋加重。《唐六典》卷一《尚书省》记载：

> 秦变周法，天下之事皆决丞相府。置尚书于禁中，有令、丞，掌通章奏而已，汉初因之。武、宣之后，稍以委任。及光武亲总吏职，天下事皆上尚书，与人主参决，乃下三府。尚书令为端揆之官，魏晋以来其任尤重。

2. 中书省的崛起

从文武二分到行政权、军事权和监察权三分再到尚书省的崛起，通过相权各个组成部分彼此间的分权与制衡是君主控制相权的主线索。尚书省的崛起，实现了国家行政权力从相权向君权的转移，实现了削弱相权和加强君权的双重目的。但是当尚书台权力扩大到君主难以容忍，甚至可以威胁君权

---

① （南朝宋）范晔：《后汉书》，中州古籍出版社，1996年，第692页。
② （唐）房玄龄等：《晋书》，中华书局，1997年。
③ （唐）房玄龄等：《晋书·卷二十四·志第十四》。
④ （宋）司马光：《资治通鉴》（第1册），岳麓书社，2011年，第916~917页。

之时,也往往意味着新的权力机构的出现,通过新的权力重组来实现削弱相权、维护君权、使相权为君权服务的目的。而这个新的权力机构即为中书省。

中书省萌芽于西汉时期的中书谒者令,崛起开端于汉武帝时期中朝的兴起,崛起缘由为制约以丞相为首的外朝权力。何为中朝?中朝又称为内朝,在西汉时期主要由大司马、大将军、侍中、常侍、散骑、诸吏、左右曹、给事中等官组成。汉武帝建元新政①失败后,为了加强皇权,重用宦者,在为官秩较低的侍中、常侍、给事中等加官职的同时,任用宦者掌尚书事,称之为中书谒者令,负责承传诏令奏章,侍奉皇帝左右以备顾问,由此组成了中朝,基本上垄断了国家政务的决策权力。以丞相为首的文武百官则被称之为外朝,实际上成了内朝政令决策的执行机关。可见,中朝的形成深刻改变了之前的中枢辅政体制。汉宣帝刘询为加强皇权,命令中书令越过尚书收取奏章,中书的地位得到了进一步提升,成了皇帝与行政系统的连接中枢。

《汉书·霍光传》记载:

> 后上书者益黠,尽奏封事,辄下中书令出取之,不关尚书,益不信人。②

曹魏时期,尚书台由内廷转为外朝后,魏文帝曹丕"分秘书置,为掌管机要、出纳政令章奏的宫廷政治机构,收纳群臣奏书,草拟皇帝诏令,兼领修史、记录起居,权任颇重。以中书监、令为长官,下设通事郎、著作郎等官"③。晋以后改监为省,中书监和中书令为长官。中书权责日重,地位日升。晋惠帝时期,中书执掌纳奏、拟诏、出令,诏令可以不经尚书省,直接下发地方政府。《通典》卷二十一职官三《中书令》详细记载了这一变迁过程:

> 盖今中书之任。其所置中书之名,因汉武帝游宴后庭,始以宦者典事尚书,谓之中书谒者,置令、仆射。不言谒者,省文也。元帝时,令弘恭,仆射石显,秉势用事,权倾内外。萧望之以为中书政本,宜以贤明之选,更置士人,自武帝故用宦者,掌出入奏事,非旧制也。成帝建始四年,改中书谒者令曰中谒者令,更以士人为之,皆属少府。……时有中官谒者令,非其职也。魏武帝为魏王,置秘书令,典尚书奏事,又其任

---

① 主要内容为:"改正朔,易服色,建官制,重礼乐,更秦法以立汉制。"
② (东汉)班固:《汉书》,中州古籍出版社,1996年,第877页。
③ 吕宗力:《中国历代官制大辞典》(修订版),商务印书馆,2015年,第148页。

也。文帝黄初初，改为中书令，又置监，以秘书左丞刘放为中书监，右丞孙资为中书令，并掌机密。中书监、令，始于此也。及明帝时，中书监、令，号为专任，其权重矣。晋因之，置监、令一人，始皆同车，后乃异焉。魏晋以来，中书监令掌赞诏命，记会时事，典作文书。以其地在枢近，多承宠任，是以人固其位，谓之凤凰池焉。①

《晋书·荀勖传》记载：

> 勖久在中书，专管机事。及失之，甚罔罔怅怅。或有贺之者，勖曰："夺我凤凰池，诸君贺我邪！"②

辅政的权力逐渐集中到中书省，与尚书诸曹相对应，承办各方面的诏令奏章。隋朝时期，将中书省改名为内史省、内书省。唐高祖武德三年，复旧，与门下省、尚书省成为全国政务中枢（三省六部制）。宋元时中书省设中书令和中书丞相，明清时期废置。

3. 门下省的崛起

与中书省的崛起是为了制衡尚书省权力一样，门下省的崛起也是为了制衡中书省的权力。与尚书省的崛起一样，门下省亦是由皇帝身边亲近侍从之人、地位较低之官职转变而来，且多由加官的临时形式转变为正式官职。例如，门下省的侍中，在秦之时为少府属下宫官群中直接供皇帝指派的散职。西汉时成为正规官职外的加官之一，文武大臣加上侍中之名号可入禁中受事。

《汉官仪》卷上记载：

> 侍中……分掌乘舆服物，下至亵器虎子之属。③

《汉书·百官公卿表》记载：

> 侍中、左右曹、诸吏、散骑、中常侍，皆加官，所加或列侯、将军、卿大夫、将、都尉、尚书、太医、太官令至郎中，亡员，多至数十人。侍中、中常

---

① （唐）杜佑：《通典》（上），岳麓书社，1995年，第298页。
② （唐）房玄龄等：《晋书》，中华书局，1997年。
③ （汉）应劭：《汉官仪》（上卷）。

侍得入禁中,诸曹受尚书事,诸吏得举法,散骑骑并乘舆车。给事中亦加官,所加或大夫、博士、议郎,掌顾问应对,位次中常侍。中黄门有给事黄门,位从将大夫。皆秦制。①

《汉官仪》记载:

> 侍中,周官也。案:太平御览引连下"金蝉"一段。侍中便蕃左右,与帝升降,卒思案:北堂书钞引作"切问"近对,拾遗补阙,百寮之中,莫密于兹。②

门下即黄门之下,其官署设于宫禁中,其官可以出入宫禁,是皇帝的亲近侍从官员。门下省源于秦朝的侍中。因其在宫禁之中侍奉君主,故曰侍中。由于与权力中心的距离较近而具有天然的崛起优势,而中国古代实行的君主专制制度则是其崛起的根本原因。

《通典·职官三》记载:

> 秦为侍中,本丞相史也。使五人往来殿内东厢奏事故曰之侍中。③

《史记·吕太后本纪》记载:

> 留侯子张辟强为侍中。集解应劭曰:"入侍天子,故曰侍中。"④

《后汉书·邳彤传》注:

> 有左右曹,入侍天子。故曰侍中。⑤

《晋书》曰:

---

① (东汉)班固:《汉书》,中州古籍出版社,1996年,第294页。
② (汉)应劭:《汉官仪》(上卷)。
③ (唐)杜佑:《通典》(上),岳麓书社,1995年,第286页。
④ (汉)司马迁:《史记》,岳麓书社,2002年,第86页。
⑤ (南朝宋)范晔:《后汉书》,中州古籍出版社,1996年,第289页。

给事黄门侍郎,与侍中俱管门下众事。①

东汉有门下三寺,称之为"禁中三寺"。分别为:以侍中、给事黄门侍郎为首的侍中寺/侍中省,管理宫门内外众多事务;以中常侍、小黄门为首的东寺,以及以中黄门冗从仆射率领部分宦者武装的西寺/西省。三寺之中,只有侍中寺由士人掌管。"三国魏、西晋门下设侍中省,置侍中、给事黄门侍郎各四员(加官无定员),常侍从皇帝左右,出行则护驾,掌顾问应对,拾遗补阙,谏诤纠察威仪,管理门下众事,侍奉皇帝生活起居,与散骑省共平尚书奏事,有异议得驳奏之。"②魏文帝黄初元年(公元220年),将秦制中的散骑、汉制中的中常侍合并为"散骑常侍",置"散骑省"于禁中。"散骑省,置散骑常侍、给事中、通直散骑常侍、员外散骑常侍、散骑侍郎等官,亦常侍从皇帝左右,顾问应对,谏诤得失,与侍中省共平尚书奏事,有异议得驳奏。宰相、尚书等高级官员加门下职衔,始能出入殿省,入宫议政。"③东晋哀帝司马丕(公元362—365年在位)时,侍中、散骑二省合并为门下省,设侍中、散骑常侍、给事黄门侍郎、给事中等官,职责在于:"掌侍从左右,摈相威仪④,尽规献纳,纠正违阙。监合尝御药,封玺书。"⑤

《出师表》:

> 侍中、侍郎郭攸之、费祎、董允等,此皆良实,志虑忠纯,是以先帝简拔以遗陛下。愚以为宫中之事,事无大小,悉以咨之,然后施行,必能裨补阙漏,有所广益。⑥

门下省的行政长官为侍中。魏晋以后,侍中往往成为事实上的宰相。唐宋时该职得以沿置以至元,元以后废止。

《新唐书·百官志一》记载:

> 唐因隋制,以三省之长中书令、侍中、尚书令共议国政,此宰相

---

① (唐)房玄龄等:《晋书》,中华书局,1997年。
②③ 吕宗力:《中国历代官制大辞典》(修订版),商务印书馆,2015年,第69页。
④ 威仪指威严的态度。谓起居动作皆有威德、有仪则。即习称之行、住、坐、卧四威仪。
⑤ (唐)魏征等:《隋书》,中华书局,1973年,第722页。
⑥ (晋)陈寿:《三国志》,凤凰出版社,2010年,第162~171页。

职也。①

清袁枚《随园随笔·古官尊卑不一》：

> 秦汉侍中本丞相史，不过掌虎子、捧唾壶等事。而晋以后之侍中，乃宰相也。②

隋朝初期，门下省职责为侍从、出纳、审议政令、谏议，与尚书省、中书/内史省同为中枢行政系统。隋炀帝大业三年(公元 607 年)并置尚书、门下、内史、秘书、殿内五省，以原隶门下省之城门、殿内、尚食、尚药、御府五局划归殿内省，门下省自是罢侍奉皇帝生活起居之职，专掌侍从谏诤、审议政令。③《隋书·百官志》记载：

> 炀帝即位，多所改革。三年定令，品自第一至于第九，唯置正从，而除上下阶。罢诸总管，废三师、特进官。分门下、太仆二司，取殿内监名，以为殿内省，并尚书、门下、内史、秘书，以为五省。增置谒者、司隶二台，并御史为三台。分太府寺为少府监。改内侍省为长秋监，国子学为国子监，将作寺为将作监，并都水监，总为五监，改左右卫为左右翊卫，左右备身为左右骑卫。左右武卫依旧名。改领军为左右屯卫，加置左右御。改左右武候为左右候卫。是为十二卫。又改领左右府为左右备身府，左右监门依旧名，凡十六府。其朝之班序，以品之高卑为列。品同则以省府为前后，省府同则以局署为前后焉。④

根据《中国历代官制大辞典》解释，唐高祖武德三年(公元 620 年)，定置为受命于皇帝的最高政令审议机构，与中书、尚书并号三省，共理军国政务，负责审议中书省草拟诏令，副署后付尚书省颁下执行，如有异议，可批改驳还；审阅各种上行文书，驳正违失，提出建议后交中书省进呈皇帝。设侍中二员为长官，与中书、尚书省长官在政事堂共议国政，同为宰相；门下侍郎二员为次官，参议朝政；给事中四员，分判省事，审议诏敕；录事、主事各四员，

---

① (宋)欧阳修、宋祁：《新唐书》，中华书局，1975 年，第 1182 页。
② (清)袁枚：《随园随笔·古官尊卑不一》。
③ 吕宗力：《中国历代官制大辞典》(修订版)，商务印书馆，2015 年，第 69～70 页。
④ (唐)魏征等：《隋书》，中华书局，1973 年，第 793 页。

及令史、书令史、甲库令史、传制、亭长、掌固、修补制敕匠等吏员。文属之官,有诸谏诤、文学侍从官员左散骑常侍、左谏议大夫、左补阙、左拾遗、起居郎、典仪、城门郎、符宝郎及弘文馆学士、校书郎等。玄宗以后侍中不常授,省务常由侍郎主持。高宗龙朔二年(公元662年)改名东台,咸亨元年(公元670年)复旧;武则天光宅元年(公元684年)改名鸾台,中宗神龙元年(公元705年)复旧;玄宗开元元年(公元713年)改名黄门省,五年复旧。唐初三省并重,自光宅以后,政事堂由门下移至中书,中书省遂居三省之首。玄宗以后,中书、门下二省孰重孰轻,因时而异。封驳诏奏之权,亦逐渐分散,至唐末五代,其制废而不行。①

　　至此,中枢辅政系统已经由秦汉之初的一人宰相制转变为了多人宰相制。首先,这是宰相制度在皇权专制制度约束下的不断完善,毕竟集体决策更为民主化,更有利于集思广益。例如,经过不断演变,唐朝形成了中书出令、门下封驳、尚书执行的三省制度。这种制度被学界公认为是比较完善的辅政制度,在典章制度规定及其运行方面达到了高峰,堪称历朝历代的典范。如果能够得到有效地贯彻施行,则必将提升皇权专制制度之下决策的民主化与科学化,匡正君主的意气用事,提升国家治理水平。但遗憾的是,皇权专制注定了这种决策制度只不过是一种门面而已,或者说是在不威胁皇权的前提下才可以较为平顺地运行,一旦超过必要的度,则面临被替代的命运。唐朝宰相制度的演变就是历史佐证。其次,这是削弱相权、加强皇权的需要,也标志着相权已经由其高峰逐步走向衰落。例如,隋朝时期,尚书、门下、内史三省长官同为宰相。具体说,尚书令1人、尚书左仆射1人、尚书右仆射1人、纳言2人、内史监1人、内史令1人同在宰相职位。但是在位次排列上有较大差别。尚书令1人为第一宰相职位,尚书左仆射1人为第二,尚书右仆射1人为第三,内史监1人为第四,纳言2人为第五和第六,内史令1人为第七。唐朝时期,高祖、太宗、高宗时期,宰相同时在位者,少则4人,多则10人。武后、中宗、睿宗时期,同时任相者常有10人左右。唐睿宗李旦元年任用宰相多达27人。玄宗以后诸帝任相少则两三人,多则七至八人。最后,宰相之权在不同行政部门之间的分配仍处于不断的变动之中。其根本原因在于,在君主专制制度之下,宰相制度只不过是辅政而已,其作用仅仅在于辅政,而非主政。因此,主政系统的变化直接决定了辅政系统的变化。例如,宰相制度的变化虽然可以是由皇权加强、相权削弱导致的,但也

────────────

① 吕宗力:《中国历代官制大辞典》(修订版),商务印书馆,2015年,第69～70页。

与行政体制及其运行机制、国家治理情势（形式和背景）有关。下文将以唐朝为例来进行具体说明。

隋朝初步确立了尚书省、中书省／内史省和门下省正副长官同为宰相的制度。《唐六典》记载：

> 三公，论道之官也。盖以佐天子，理阴阳，平邦国，无所不统，故不以一职名其官。然周、汉以来，代存其任、自隋文帝罢三公府僚，皇朝因之，其或亲王拜者，亦但存其名位耳。①

唐继隋制，唐初三省正副长官均为宰相，此为唐朝宰相演变的第一个阶段。因为李世民曾经做过尚书令，故唐太宗时期，为避讳且品位尊崇，不轻易授人，故尚书令处于空缺状态，尚书仆射成了尚书省事实上的长官，与侍中、中书令并为宰相。

《新唐书》记载：

> 初，唐因隋制，以三省之长中书令、侍中、尚书令共议国政，此宰相职也。②

《唐六典》记载：

> 皇朝武德中，太宗初为秦王，尝亲其职，自是阙不复置。

尚书省、中书省和门下省的职责分工为：中书出令，门下封驳，尚书执行。即"中书省负责定旨出命，长官中书令二人；门下省掌封驳审议，长官侍中二人；中书门下通过的诏牧，经皇帝裁定交尚书省执行，尚书省长官尚书令一人，副长官左右仆射各一人"③。

《朱子语类》卷一二八记载：

> 唐制：每事先经中书省，中书做定将上，得旨，再下中书，中书以付门下。或有未当，则门下缴驳，又还中书，中书又将上，得旨，再下中书，

---

① （唐）李林甫等：《唐六典》，陈仲夫点校，中华书局，1992 年。
② （宋）欧阳修、宋祁：《新唐书》，中华书局，1975 年，第 1182 页。
③ 章嵚：《中华通史》，东方出版社，2014 年。

中书又付门下。若可行,门下又下尚书省,尚书但主书撰奉行而已。

需要说明的是,唐初有三权分工,但是三权并非并重,尚书省地位高于中书省和门下省。这可以从"房谋杜断"典故中房玄龄和杜如晦的职位变迁得到证实。据《新唐书》记载:房玄龄先为中书令,后"进尚书左仆射,监修国史,更封魏"①;杜如晦由"检校侍中,摄吏部尚书,总监东宫兵,进位尚书右仆射"②。从行政部门设置来看,尚书省下辖工部、刑部、兵部、吏部、礼部、户部六部,远超中书省和门下省下辖部门。从三省分工来看,尚书省主执行之职并未从唐初就开始,而是之后不断发展演变的结果。例如,唐高祖李渊起兵时,裴寂为尚书右仆射,即尚书令李世民之副官,但却是李渊最亲信的人之一,权力远超内史令/中书令萧瑀。

尽管这种三省分工是在皇权授权之下,但是也形成了对皇权的限制。因此,有的学者认为,不管是从宰相之间的分工还是从对限制皇权的层次上来看,这种政治体制具有一定的民主性,尽管这种民主性仅仅体现在臣民社会背景中的政治权力制衡层面。因此,它与现代意义上的民主有着本质区别,因为现代民主主张公民权。既然对皇权形成了限制,则皇权必然会在体制内的运行程序之外寻找新的运行方式,于是便出现了"斜封墨敕"和"内命白麻"。此为后话。

尚书省地位高于中书省和门下省,权力之大让皇权感到不安,故削弱尚书省权力、降低尚书省地位成为一种必然,唐朝宰相制度进入了调整阶段。具体方法为提升中书省和门下省的权力和地位,削弱尚书省的权力和地位。其结果为侍中、中书令、同中书门下三品、同中书门下平章事为宰相,尚书省长官非加官不为宰相。

中书省和门下省之权力和地位的提升是通过政事堂来进行的。政事堂是国家军政事务的讨论商议之场所。因此,政事堂的变迁反映了中书省和门下省权力与地位的变化。唐初,政事堂设于门下省,后于公元684年移于中书省。也就是说,公元618年至683年,政事堂位于门下省,门下省权力与地位高于中书省;公元684年至723年,政事堂位于中书省,中书省地位高于门下省。唐玄宗开元十一年,即公元723年,改"政事堂"为"中书门下",下设吏、兵、户、刑、礼五房分理有关政务。中书门下成为最高决策机构,能够

① (宋)欧阳修、宋祁:《新唐书》,中华书局,1975年,第3864页。
② 同上,第3859页。

参加中书门下会议的即为宰相。

《全唐文·中书政事堂记》卷三百一十六记载：

> 政事堂者，自武德以来，常于门下省议事，即以议事之所，谓之政事堂。故长孙无忌起复授司空，房元龄起复授左仆射，魏徵授太子太师，皆知门下省事至高宗光宅元年，裴炎自侍中除中书令，执事宰相笔，乃迁政事堂于中书省。①

《旧唐书·职官志》记载：

> 开元十一年，中书令张说改政事堂为中书门下，其政事印，改为"中书门下之印"也。②

《新唐书》记载：

> 初，三省长官议事于门下省之政事堂，其后，裴炎自侍中迁中书令，乃徙政事堂于中书省。开元中，张说为相，又改政事堂号"中书门下"，列五房于其后：一曰吏房，二曰枢机房，三曰兵房，四曰户房，五曰刑礼房，分曹以主众务焉。③

尚书省长官采用虚设或非加官不为宰相，也是相权与皇权斗争的必然结果。如前所述，由于李世民曾为尚书令，故李世民登基以后，此职往往处于空缺状态。尚书省长官只有加官同中书门下三品、同中书门下平章事才能参加政事堂会议，才能成为宰相。

《通典·职官三》记载：

> 以他官参掌者，无定员，但加同中书门下三品及平章事、知政事、参知机务、参与政事，及平章军国重事之名者为宰相。④

---

① （清）董诰：《全唐文》，中华书局，1983 年。
② （后晋）刘昫等：《旧唐书》，中华书局，1975 年，第 1783～1928 页。
③ （宋）欧阳修、宋祁：《新唐书》，中华书局，1975 年，第 1183 页。
④ （唐）杜佑：《通典》（上），岳麓书社，1995 年，第 282 页。

"同中书门下三品",简称"同三品"。唐朝初年,以中书、门下两省的长官中书令、侍中共商政事,皆为宰相。而中书令和侍中皆为正三品。"同三品"即意味着享有同中书令、侍中一样的权力,可以出入政事堂共商政事。非"同三品"则不能出入政事堂议事。高宗龙朔二年,改为同东西台。"同中书门下平章事",简称"同平章事",意为和中书门下共同商量军国大事。"同三品"及"同平章事"都属差遣性质,本身并无品秩,任此职者必另兼职事官衔。

《新唐书》志第三十六 百官一记载:

> 　　自太宗时,杜淹以吏部尚书参议朝政,魏徵以秘书监参与朝政,其后或曰"参议得失"、"参知政事"之类,其名非一,皆宰相职也。贞观八年,仆射李靖以疾辞位,诏疾小瘳,三两日一至中书门下平章事,而"平章事"之名盖起于此。其后,李勣以太子詹事同中书门下三品,谓同侍中、中书令也,而"同三品"之名盖起于此。然二名不专用,而佗官居职者犹假佗名如故。自高宗已后,为宰相者必加"同中书门下三品",虽品高者亦然;惟三公、三师、中书令则否。其后改易官名,而张文瓘以东台侍郎同东西台三品,"同三品"入衔,自文瓘始。永淳元年,以黄门侍郎郭待举、兵部侍郎岑长倩等同中书门下平章事,"平章事"入衔,自待举等始。自是以后,终唐之世不能改。①

从上述史料中可以看出,同中书门下平章事之称,始于贞观八年(公元634年)李靖。同中书门下三品之称,始于贞观十七年(公元643年)李勣。李靖、李勣以同平章事、同三品行宰相之职,在当时仅是出任宰相的临时性称号,并非正式官衔。高宗总章二年(公元669年)2月"东台侍郎、同东西台(龙朔二年门下省改为东台,中书省改为西台)三品兼知左史事张文瓘署位,始入衔"。永淳(唐高宗李治的年号)元年(公元682年)四月,郭待举等以同中书门下平章事作为正式的官衔。侍郎,官名。汉代郎官的一种,本为宫廷的近侍。东汉以后,尚书的属官,初任称郎中,满一年称尚书郎,三年称侍郎。自唐以后,中书、门下二省及尚书省所属各部均以侍郎为长官之副,官位渐高,相当于现在的部长、副部长级别。这就开创了以小官任宰相的先河,是尚书省、中书省和门下省崛起历程与原理的重演。

---

① （宋）欧阳修、宋祁:《新唐书》,中华书局,1975年,第1182～1183页。

中唐以后,使相开始出现。"宰相常兼节度使,节度使亦常加宰相衔,皆称使相。"①

《新唐书》记载:

> 宰相事无不统,故不以一职名官,自开元以后,常以领他职,实欲重其事,而反轻宰相之体。故时方用兵,则为节度使;时崇儒学,则为大学士;时急财用,则为盐铁转运使,又其甚则为延资库使。至于国史、太清宫之类,其名颇多,皆不足取法,故不著其详。②

唐朝后期,内相开始出现。内相为唐、宋翰林学士别称。③翰林是翰林院、翰林学士院官员的别称。唐初设置于禁中,各设招待之所,安置文学、经术、卜、医、僧道、书画、弈棋人才,陪侍皇帝游宴娱乐,统称为翰林院。唐初的翰林院并非正式官署。之后逐步发展为"供奉敕旨""共掌诏敕""谋猷参决"。

《新唐书·卷一百五十七列传第八十二》记载:

> 始,赞入翰林,年尚少,以材幸,天子常以辈行呼而不名。在奉天,朝夕进见,然小心精洁,未尝有过,由是帝亲倚,至解衣衣之,同类莫敢望。虽外有宰相主大议,而赞常居中参裁可否,时号"内相"。④

《旧唐书·列传第八十九》记载:

> 赞初入翰林,特承德宗异顾,歌诗戏狎,朝夕陪游。及出居艰阻之中,虽有宰臣,而谋猷参决,多出于赞,故当时目为"内相"。⑤

《新唐书·百官志一》记载:

> 学士之职,本以文学言语被顾问,出入侍从,因得参谋议、纳谏诤,其礼尤宠;而翰林院者,待诏之所也。

---

① 吕宗力:《中国历代官制大辞典》(修订版),商务印书馆,2015 年,第 566 页。
② (宋)欧阳修、宋祁:《新唐书》,中华书局,1975 年,第 1183 页。
③ 吕宗力:《中国历代官制大辞典》(修订版),商务印书馆,2015 年,第 171 页。
④ (宋)欧阳修、宋祁:《新唐书》,中华书局,1975 年,第 4931 页。
⑤ (后晋)刘昫等:《旧唐书》,第 895 页。

　　唐制,乘舆所在,必有文辞、经学之士,下至卜、医、伎术之流,皆直于别院,以备宴见;而文书诏令,则中书舍人掌之。自太宗时,名儒学士时时召以草制,然犹未有名号;乾封以后,始号"北门学士"。玄宗初,置"翰林待诏",以张说、陆坚、张九龄等为之,堂四方表疏批答、应和文章;既而又以中书务剧,文书多壅滞,乃选文学之士,号"翰林供奉",与集贤院学士分掌制诏书敕。开元二十六年,又改翰林供奉为学士,别置学士院,专掌内命。凡拜免将相、号令征伐,皆用白麻。其后,选用益重,而礼遇益亲,至号为"内相",又以为天子私人。凡充其职者无定员,自诸曹尚书下至校书郎,皆得与选。入院一岁,则迁知制诰,未知制诰者不作文书,班次各以其官,内宴则居宰相之下,一品之上。宪宗时,又置"学士承旨"。唐之学士,弘文、集贤分隶中书、门下省,而翰林学士独无所属,故附列于此云。①

　　从上述史料可知,翰林始于唐初,初为陪侍皇帝游宴娱乐之非正式官职。因其距离权力中心较近,"为天子私人",故得以"掌内命"。开元二十六年(公元738年),改翰林供奉为学士,别置学士院,专掌内命。翰林学士的出现,分割了中书省制诏之权。据此,皇帝的命令被分为内制与外制。"内制",翰林学士所撰,直接从禁中发出,用白麻纸写;"外制",中书省中书舍人所撰,为外朝所拟,用黄麻纸写。内制主要是拜免将相,号令征伐,而外制则只是一般诏书。这与汉武帝时期的内外朝设置十分类似,表明"以小制大""以内之外"的规律再次在皇权与相权斗争中重现。

　　《野客丛书》卷八记载:

　　　　敕,旧用白纸,唐高宗上元间,以施行之制既为永式,白纸多蠹,遂改用黄。除拜将相制书用黄麻纸,其或学士制,不自中书出,故独用白麻纸,所以有黄麻、白麻之异也。②

　　宋承唐制。宋朝吸取了唐朝中后期行政管理体制对国家治理造成消极影响的教训,对行政体制改革矫枉过正,主要表现为专制主义中央集权进一步加强,在职官制度上具体体现为中央集权、君主集权、百官权力分散、重文

---

① (宋)欧阳修、宋祁:《新唐书》,中华书局,1975年,第4931页。
② (宋)王楙:《野客丛书》,王文锦点校,中华书局,1987年,第86~87页。

轻武和军事上内重外轻等特点。虽纠正了唐朝之失误，但也造成了消极后果。例如，分割宰相的军权、财政权等；为了避免节度使集军政大权于一身造成混乱，对节度使采用虚其位的做法。整体上，宋朝形成了二府三司制的行政体制。二府三司长官均为宰相，或地位或权力略同于宰相。宰相之权进一步被分割，皇权进一步集中。

《宋史·志第一百一十四职官一》记载：

> 宋承唐制，抑又甚焉。三师、三公不常置，宰相不专任三省长官，尚书、门下并列于外，又别置中书禁中，是为政事堂，与枢密对掌大政。天下财赋，内庭诸司，中外筦库，悉隶三司。①

《宋史·第一百一十九职官六》记载：

> 节度使宋初无所掌，其事务悉归本州知州、通判兼总之，亦无定员。恩数与执政同。初除，锁院降麻，其礼尤异，以待宗室近属、外戚、国婿年劳久次者。若外任，除殿帅始授此官，亦止于一员；或有功勋显著，任帅守于外，及前宰执拜者，尤不轻授。又遵唐制，以节度使兼中书令、或侍中、或中书门下平章事，皆谓之使相，以待勋贤故老及宰相久次罢政者；随其旧职或检校官加节度使出判大藩，通谓之使相。元丰以新制，始改为开府仪同三司。旧制，敕出中书门下，故事之大者使相系衔。至是，皆南省奉行，而开府不预。②

宋朝中枢辅政系统分为元丰改制前后两个阶段。北宋前期仍以中书门下为最高行政机构。与唐朝不同的是，尚书省和门下省形同虚设，只有中书省一家独大。中书门下行政长官为"同中书门下平章事"，正一品。设置"参知政事"，正二品，为副宰相，协助同中书门下平章事处理政务。宰相编制不定，一般情况下，同中书门下平章事和参知政事同时不超过五人，或三相一参，或三相而无一参。太宗以后，以三相二参或二相三参居多。

《宋史·职官一》记载描述了参知政事分割宰相行政权的过程：

---

① （元）脱脱等：《二十五史》（全本）（宋史1），新疆青少年出版社，1999年，第687页。
② 同上，第716页。

乾德二年（公元 964 年）置以枢密直学士薛居正、兵部侍郎吕馀庆并本官参知政事。……仍令不押班，不知印，不升政事堂，殿廷别设砖位，敕尾著衔，降宰相月俸杂给半之……开宝六年（公元 973 年）始诏居正、馀庆於都堂与宰相同议政事。至道元年（公元 995 年），诏宰相与参政轮班知印，同升政事堂，押敕齐衔，行则并马。①

设置枢密院，分割宰相军权。枢密院又叫枢府或西府，长官为枢密使，副长官为枢密副使。枢密使正二品，地位与参知政事相同，也叫枢相。政府和枢府合起来称之为二府。

《宋史·卷一百六十二志第一百一十五职官二》记载：

> 枢密院掌军国机务、兵防、边备、戎马之政令，出纳密命，以佐邦治。
> 宋初，循唐、五代之制，置枢密院，与中书对持文武二柄，号为"二府"。②

为分割宰相财政权，设置盐铁司、度支司和户部司，号称三司或计省。三司行政长官为盐铁使、度支使和户部使，合成三司使，副长官为盐铁副使、度支副使和户部副使，合成三副使。三司使的地位较参知政事和枢密使略低，但是权力很大，号称计相。

《宋史·卷一百六十二志第一百一十五职官二》记载：

> 国初沿五代之制，置使以总国计，应四方贡赋之入，朝廷之预，一归三司。通管盐铁、度支、户部，号曰计省，位亚执政，目为计相。其恩数廪禄，与参、枢同。③

二府三司各司其职，互不统属，集大权于皇帝一身。

《宋史·卷一百六十二志第一百一十五职官二》记载：

> 元丰五年，将改官制，议者欲废密院归兵部。帝曰："祖宗不以兵柄

---

① （元）脱脱等：《二十五史》（全本）（宋史 1），新疆青少年出版社，1999 年，第 688～689 页。
② 同上，第 692 页。
③ 同上，第 693 页。

归有司,故专命官以统之,互相维制,何可废也?"于是得不废。①

"互相维制"一语中的,说明了宋朝官职设置的基本原则,也道明了中国宰相制度演变的基本逻辑。学者钱穆在《国史大纲》中指出:"(宋太宗)命曹彬取幽州,众将皆知,而宰相李昉等不知。其伐辽,一日内六招枢密院计议而中书不预闻。"②

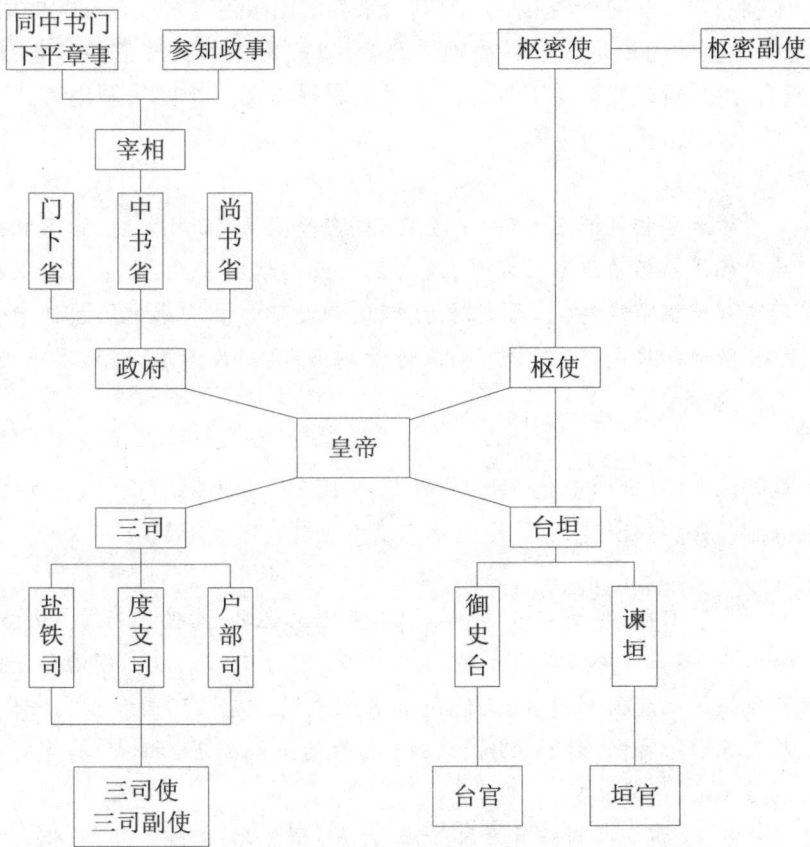

宋代组织中央架构③

注:图中横排为大类和具体官职名,竖排为执行机构名。

宋神宗元丰(1078—1085)改制,恢复唐朝三省制度,中书省掌承受,宣

---

① (元)脱脱等:《宋史》,中华书局,2000 年,第 2545 页。
② 钱穆:《国史大纲》,商务印书馆,2010 年。
③ 图片来源:易中天:《大宋革新》,浙江文艺出版社,2016 年,第 61 页。

布皇帝诏令,付门下省审覆、尚书省执行。长官为中书令,阙而不授,以尚书右仆射兼中书侍郎,代行其职,另置中书侍郎一员为次官,管理省务,参议朝政;中书舍人四员,主持中书后省,掌诏敕文书颁行收发事务等;起居舍人一员,为侍立修注官。设吏、户、兵礼、刑、工、主事、班簿、制敕库八房,分掌庶务。元祐(1086—1093),析兵、礼为二,增催驱房、点检房,后又改主事为开拆。右散骑常侍、右谏议大夫、右司谏、右正言等谏官,亦隶之。①

宋朝官职设置的"互相维制"原则给宋朝的国家治理造成了很大的消极影响,最典型的为积贫积弱局面难以改变;皇权集中但行政部门却各自为政、权力分散、行政效率低下等。例如,《文献通考卷二十四·国用考二》记载了宋仁宗时范镇上言内容:

> 古者宰相制国用,今中书主民,枢密院主兵,三司主财,各不相知,故财已匮而枢密院益兵不已,民已困而三司取财不已,中书视民之困,而不知使枢密减兵,三司宽财者,制国用之职不在中书也。愿使中书、枢密院通知兵民财利大计,与三司量其出入,制为国用,则天下民力庶几少宽。②

辽朝以太宗(耶律德光)朝为分界点,采用了"一朝两制"的办法,允许国制与汉制并存。《辽史·第四十五卷志第十五百官志一》记载:

> 契丹旧俗,事简职专,官制朴实,不以名乱之,其兴也勃焉。太祖神册六年,诏正班爵。至于太宗,兼制中国,官分南、北,以国制治契丹,以汉制待汉人。国制简朴,汉制则沿名之风固存也。辽国官制,分北、南院。北面治宫帐、部族、属国之政,南面治汉人州县、租赋、军马之事。因俗而治,得其宜矣。
>
> 初,太祖分迭剌夷离为北、南二大王,谓之北、南院。宰相、枢密、宣徽、林牙,下至郎君、护卫,皆分北、南,其实所治皆北面之事。语辽官制者不可不辨。
>
> 凡辽朝官,北枢密视兵部、南枢密视吏部,北、南二王视户部,夷离毕视刑部,宣徽视工部,敌烈麻都视礼部,北、南府宰相总之。惕隐治宗

---

① 吕宗力:《中国历代官制大辞典》(修订版),商务印书馆,2015年,第148~149页。
② (元)马端临:《文献通考》(上册),中华书局,1986年,第231~238页。

族,林牙修文告,于越坐而论议以象公师。朝廷之上,事简职专,此辽所以兴也。①

从史料记载中可以看出,南院和北院的组织机构相同。

元朝基本上沿袭了唐宋时期的中央行政制度并加以了改造。元朝采用一省制,以中书省作为最高中央行政机构,统领行政系统。中书省行政长官为中书令。但是为了防止擅权,中书令常常处于阙职状态,或者由皇太子兼领,成为虚衔。中书令以下设有右丞相1人、左丞相1人、平章政事4人、右丞1人、左丞1人和参知政事2人等中书省长官。因蒙古人尚右,故中书令、右丞相、左丞相、平章政事为正长官,右丞、左丞和参知政事是副长官。自中书令至参知政事,均为宰执。宰执也是沿袭宋朝惯例。宰执,即宰相与执政的简称。

元末明初人陶宗仪在《南村辍耕录》卷22中记载:

> 惟皇太子立,必兼中书令枢密使。②

明朝宋濂在《元史》志第三十五百官一中记载:

> 中书令一员,银印,典领百官,会决庶务。太宗以相臣为之,世祖以皇太子兼之。至元十年,立皇太子,行中书令。大德十一年,以皇太子领中书令。延祐三年,复以皇太子行中书令。置属,监印二人。
>
> 右丞相、左丞相各一员,正一品,银印,统六官,率百司,居令之次。令缺,则总省事,佐天子,理万机。国初,职名未创,太宗始置右丞相一员、左丞相一员。世祖中统元年,置丞相一员。二年,复置右丞相二员、左丞相二员。至元二年,增置丞相五员。七年,立尚书省,置丞相二员。八年,罢尚书省,乃置丞相二员。二十四年,复立尚书省,其中书省丞相二员如故。二十九年,以尚书再罢,专任一相。武宗至大二年,复置尚书省,丞相二员,中书丞相二员。四年,尚书省仍归中书,丞相凡二员,自后因之不易。文宗至顺元年,专任右相,其一或置或不置。
>
> 平章政事四员,从一品,掌机务,贰丞相,凡军国重事,无不由之。

---

① (元)脱脱等:《辽史 简体字本》,中华书局,2000年,第417页。
② (明)陶宗仪:《南村辍耕录》,中华书局,1959年,第269页。

世祖中统元年,置平章二员。二年,置平章四员。至元七年,置尚书省,设尚书平章二员。八年,尚书并入中书,平章复设三员。二十三年,诏清冗职,平章汰为二员。二十四年,复尚书省,中书、尚书两省平章各二员。二十九年,罢尚书省,增中书平章为五员,而一员为商议省事。三十年,又增平章为六员。成宗元贞元年,改商议省事为平章军国重事。武宗至大二年,再立尚书省,平章三员,中书五员。四年,罢尚书省归中书,平章仍五员。文宗至顺元年,定置四员,自后因之。

　　右丞一员,正二品,左丞一员,正二品,副宰相裁成庶务,号左右辖。世祖中统二年,置左、右丞各一员。三年,增为四员。至元七年,立尚书省,中书右丞、左丞仍四员。八年,尚书并入中书省,右、左丞各一员。二十三年,汰冗职,右、左丞如故。二十四年,复立尚书省,右、左丞各一,而中书省缺员。二十八年,复罢尚书省。三十年,设右丞二员,而一员为商议省事。成宗元贞元年,右丞商议省事者,又以昭文大学士与中书省事。武宗至大二年,复立尚书省,右、左丞二员,中书右、左丞五员。四年,罢尚书右、左丞,中书右、左丞止设四员。文宗至顺元年,定置右丞一员、左丞一员,而由是不复增损。

　　参政二员,从二品,副宰相以参大政,而其职亚于右、左丞。世祖中统元年,始置参政一员。二年,增为二员。至元七年,立尚书省,参政三员。八年,尚书并入中书,参政二员。二十三年,汰冗职,参政二员如故。二十四年,复立尚书省,参政二员,中书参政二员。二十八年,罢尚书省参政。武宗至大二年,复置尚书省,参政二员,中书参政二员。四年,并尚书省入中书,参政三员。文宗至顺元年,定参政为二员,自后因之。①

(四)宰相制度的衰落与终结

明清是宰相制度的终结时期。明朝朱元璋以胡惟庸案件为契机,废除了丞相制度,设置辅臣制度,但是辅臣制度并未得到彻底贯彻,内阁制度取而代之。内阁走上了历史舞台,这意味着皇权集权程度到达了巅峰。清朝在初期设置了议政王大臣制度,中后期则设立了军机处等由皇帝直接控制的办事机构。

明朝初期,承袭元朝中书省制度,由中书省总理全国政务。但明朝不设

---

① (明)宋濂等:《元史》,中华书局,1976年,第2120~2122页。

中书令。清朝张廷玉《明史》卷一〇九《宰辅年表一》记载:

> 明太祖初一海内,仍元制,设中书省,综理机务。其官有(左右)丞相(正一品)、平章(从一品)、左右丞(正二品)、参政(从二品)。[①]

《明神宗实录》卷五〇一万历四十年(1609)十一月乙未条记载:

> 大学士叶向高言:我朝阁臣,只备论思顾问之职,原非宰相。中有一二权势稍重者,皆上窃君上之威灵,下侵六曹之职掌,终以取祸。臣备员六年,凡百皆奉皇断,分毫不敢欺负;部务尽听主者,分毫不敢与闻。[②]

《明史·志第四十八·职官一》记载:

> 先是,太祖承前制,设中书省,置左、右丞相,正一品。甲辰正月,初置左、右相国,以李善长为右相国,徐达为左相国。吴元年命百官礼仪俱尚左,改右相国为左相国,左相国为右相国。洪武元年改为左、右丞相。平章政事,从一品左、右丞,正二品参知政事,从二品以统领众职。置属官,左、右司,郎中,正五品员外郎正六品都事、检校,正七品照磨、管勾,从七品参议府参议,正三品参军、断事官,从三品断事、经历,正七品知事,正八品都镇抚司都镇抚,正五品考功所,考功郎,正七品。甲辰十月以都镇抚司隶大都督府。吴元年革参议府。洪武元年革考功所。二年革照磨、检校所、断事官。七年设直省舍人十人,寻改中书舍人。[③]

洪武十三年,即公元1380年,胡惟庸案的爆发导致朱元璋废除了丞相制度,对政治制度的构成部分进行了重组。洪武十五年(公元1382年)效仿宋代之制,设置内阁大学士。

《明史·志第四十八·职官一》记载:

> 明官制,沿汉、唐之旧而损益之。自洪武十三年罢丞相不设,析中书省之政归六部,以尚书任天下事,侍郎贰之。而殿阁大学士只备顾

---

① (清)张廷玉等:《明史》,新疆青少年出版社,1999年,第846页。
② 台湾"中央"研究院历史语言研究所:《明神宗实录》,1966年,第9477~9510页。
③ (清)张廷玉等:《明史》,吉林人民出版社,2005年,第1108~1109页。

问,帝方自操威柄,学士鲜所参决。其纠劾则责之都察院,章奏则达之通政司,平反则参之大理寺,是亦汉九卿之遗意也。分大都督府为五,而征调隶于兵部。外设都、布、按三司,分隶兵刑钱谷,其考核则听于府部。是时吏、户、兵三部之权为重。①

《皇明祖训》记载:

> 我朝罢丞相,设五府、六部、都察院、通政司、大理寺等衙门,分理天下庶务,彼此颉颃,不敢相压,事皆朝廷总之,所以稳当。以后子孙做皇帝时,并不许立丞相,臣下有敢奏请立者,文武群臣即时劾奏,将犯人凌迟,全家处死。②

《明史·志第四十八·职官一》记载:

> 洪武九年汰平章政事、参知政事。十三年正月,诛丞相胡惟庸,遂罢中书省。其官属尽革,惟存中书舍人。九月,置四辅官,以儒士王本等为之。置四辅官,告太庙,以王本、杜佑、龚斅为春官,杜斅、赵民望、吴源为夏官,兼太子宾客。秋、冬官缺,以本等摄之。一月内分司上中下三旬。位列公、侯、都督之次。寻亦罢。十五年,仿宋制,置华盖殿、武英殿、文渊阁、东阁诸大学士,礼部尚书邵质为华盖,检讨吴伯宗为武英,翰林学士宋讷为文渊,典籍吴沉为东阁。又置文华殿大学士,征者儒鲍恂、余诠、张长年等为之,以辅导太子。秩皆正五品。二十八年敕谕群臣:"国家罢丞相,设府、部、院、寺以分理庶务,立法至为详善。以后嗣君,其毋得议置丞相。臣下有奏请设立者,论以极刑。"当是时,以翰林、春坊详看诸司奏启,兼司平驳。大学士特侍左右,备顾问而已。建文中,改大学士为学士。悉罢诸大学士,各设学士一人。又改谨身殿为正心殿,设正心殿学士。成祖即位,特简解缙、胡广、杨荣等直文渊阁,参预机务。阁臣之预务自此始。然其时,入内阁者皆编、检、讲读之官,不置官属,不得专制诸司。诸司奏事,亦不得相关白。③

---

① (清)张廷玉等:《明史》,吉林人民出版社,2005年,第1106页。
② 朱元璋主持编撰:《皇明祖训》,1374年。
③ (清)张廷玉等:《明史》,吉林人民出版社,2005年,第1109页。

朱元璋废除丞相制度以后,由皇帝直接面对六部,君权与相权合二为一,对皇帝的贤能程度形成了巨大的考验,也对国家治理形成了巨大挑战。例如,有资料显示:洪武十七年(公元 1384 年)9 月 14 日到 21 日的 8 天里,内外诸司奏章共 1660 份,奏事 3391 件①。

叶向高《纶扉奏稿》卷 10《乞休第十一疏》记载:

> 至嘉靖以后,等怙宠行私,上窃朝廷之权,下侵六曹之职,怨毒盈于天下,而祸败随之。盖阁臣之外重势而蒙恶声至此而极。②

《明太祖实录》卷一六五记载:

> 朕一人处此多务,岂能一一周遍,苟政事有失宜,岂惟一姓之害,将为天下之害。岂惟一身之忧,将为四海之忧。③

《明太祖实录》洪武十八年五月戊寅:

> 朕夙兴视朝,日高始退,至午复出,迨暮乃罢。日间所决事务,恒默坐审思,有未当者,虽中夜不寐,筹虑得当,然后就寝。④

《明太祖实录》洪武十八年五月戊寅:

> 吾岂好劳而恶安,向者天下未宁,吾饥不暇食,倦不暇寝,奖厉将帅,平定祸乱。今天下已安,四方无事,高居宴乐,亦岂不可?顾自古国家未有不以勤而兴,以怠而衰者。天命去留,人心向背,皆决于是,甚可畏也,安敢暇逸!⑤

洪武十三年九月,朱元璋置四辅官。《通纪》记载:

> 仿古四时命官之制,以(王)本及杜佑、袭敩为春官,杜敩、赵民望、

---

① 朱永嘉:《明代政治制度的源流与得失》,中国长安出版社,2014 年,第 26 页。
② 叶向高:《纶扉奏稿》。
③ 台湾"中央"研究院历史语言研究所:《明太祖实录》卷一四六至一八三,第 2541～2548 页。
④⑤ 《明太祖实录》洪武十八年五月戊寅。

吴源为夏官,秋、冬缺,以本等摄之,位列都督之次。敕以协赞政事,均
调四时。月分三旬,人各司之。①

但是四辅官体制难以真正有效运行。于是,洪武十五年七月,废除"四
辅官"制度。之后,洪武十五年十一月,即公元 1382 年,朱元璋又仿宋制,设
殿阁大学士备顾问。
《宋史》志卷一百一十五·职官二:

> 观文殿大学士学士之职,资望极峻,无吏守,无职掌,唯出入侍从备
> 顾问而已。观文殿即旧延恩殿,庆历七年更名。皇祐元年,诏:"置观文
> 殿大学士,宠待旧相,今后须曾任宰相,乃得除授。"时贾昌朝由使相右
> 仆射、观文殿大学士判尚书都省。观文殿置大学士,自昌朝始。三年,诏
> 班在观文殿学士之前六尚书之上。自是曾任宰相者,出必为大学士。②

《昭代典则》记载:

> (洪武)十五年十一月丙午,初置大学士,以礼部尚书刘仲质为华盖
> 殿大学士,检讨吴伯宗为武英殿大学士,翰林学士宋讷为文渊阁大学
> 士,典籍吴沈为东阁大学士,使侍左右备顾问。又置文华殿大学士,召
> 耆儒鲍恂、余诠、张长年等为之,以辅导太子。③

史书中记载了这一重要变革。例如:
《续通典·职官三》记载:

> 明太祖建官之始,皆承前制。设中书省,置左右相国,以李善长为右
> 相国,徐达为左相国。后命百官礼仪俱尚左,改右相国为左相国,左相国
> 为右相国。寻又改为左右丞相。置平章政事、左右丞、参知政事等官以
> 统领众职。洪武九年,汰平章政事、参知政事等官。十三年正月,革去
> 中书省,尽罢其官,置四辅官,位列公、侯、都督之次,寻即汰罢,分其权
> 于六部。十五年,仿宋置华盖殿、武英殿、文渊阁、东阁诸大学士,……

① (明)陈建:《皇明通纪》,中华书局,2008 年。
② (元)脱脱等:《宋史》,中华书局,2000 年,第 2555 页。
③ (明)黄光升:《昭代典则》,上海古籍出版社,2008 年。

又置文华殿大学士，……二十八年，敕谕群臣：国家罢丞相，设府部院寺以分理庶务，立法至为详善，以后嗣君其毋得议置丞相，臣下有奏请设立者，论以极刑。当是时，……大学士特侍左右，备顾问而已，帝方自操权柄，学士鲜所参决。①

《明史》卷一百零九表第十宰辅年表一记载：

明太祖初壹海内，仍元制，设中书省，综理机务。其官有丞相、平章、左右丞、参政，而吏、户、礼、兵、刑、工六尚书为曹官。行之一纪，革中书省，归其政于六部，遂设四辅官。又仿宋制，置殿阁大学士，而其官不备，其人亦无所表见。燮理无闻，何关政本，视前代宰执，迥乎异矣。成祖简翰林官直文渊阁，参预机务，有历升至大学士者。②

到明成祖朱棣时期，内阁制度基本上形成。
《明史·职官一》记载：

中极殿大学士，旧名华盖殿建极殿大学士，旧名谨身殿文华殿大学士，武英殿大学士，文渊阁大学士，东阁大学士，并正五品掌献替可否，奉陈规诲，点检题奏，票拟批答，以平允庶政。凡上之达下，曰诏，曰诰，曰制，曰册文，曰谕，曰书，曰符，曰令，曰檄，皆起草进画，以下之诸司。下之达上，曰题，曰奏，曰表，曰讲章，曰书状，曰文册，曰揭帖，曰制对，曰露布，曰译，皆审署申覆而修画焉，平允乃行之。凡车驾郊祀、巡幸则扈从。御经筵，则知经筵或同知经筵事。东宫出阁讲读，则领其事，叙其官，而授之职业。冠婚，则充宾赞及纳征等使。修实录、史志诸书，则充总裁官。春秋上丁释奠先师，则摄行祭事。会试充考试官，殿试充读卷官。进士题名，则大学士一人撰文，立石于太学。大典礼、大政事，九卿、科道官会议已定，则按典制，相机宜，裁量其可否，斟酌入告。颁诏则捧授礼部。会敕则稽其由状以请。宗室请名、请封，诸臣请谥，并拟上。以其授餐大内，常侍天子殿阁之下，避宰相之名，又名内阁。③

① （清）乾隆官修：《续通典》，浙江古籍出版社，2000 年。
② （清）张廷玉：《明史》，新疆青少年出版社，1999 年，第846 页。
③ （清）张廷玉等：《明史》，吉林人民出版社，2005 年，第1108 页。

《明史·解缙传》记载：

成祖入京师，擢侍读。命与黄淮、杨士奇、胡广、金幼孜、杨荣、胡俨并直文渊阁，预机务。内阁预机务自此始。①

《明史·职官二》记载：

其年九月，特简讲、读、编、检等官参预机务，简用无定员。谓之内阁。②

《明史·职官一》记载：

成祖即位，特简解缙、胡广、杨荣等直文渊阁，参预机务。阁臣之预务自此始。然其时，入内阁者皆编、检、讲读之官，不置官属，不得专制诸司。诸司奏事，亦不得相关白。③

从中可以看出，阁臣的权力仅限于"备天子顾问"，其官位低微。例如，解缙翰林院待诏是从九品，胡靖修撰是从六品，杨荣编修是正七品，黄淮侍书是正九品，金幼孜给事中是从七品，杨士奇吴府审理副是正七品，胡俨桐城知县是正七品，而六部尚书的品秩是正二品。但是阁臣的实际作用重大，影响深远，其职责是"预机务"，其设立也标志着内阁制度基本形成。

《明经世文编》卷十五记载：

臣士奇自布衣被召。太宗皇帝入继大统，首擢翰林编修。初建内阁于奉天门内，简任翰林之臣七人其中，所职代言，属时更新。凡制诏命令诚敕之文日夥，而礼典庶政之议及事之关机密者，咸属焉。车驾屡赐临幸。七人恒早朝，退即趋阁治职事，莫（暮）乃出。七人者，士奇与焉。④

《明史·杨荣传》：

---

① （清）张廷玉等：《明史》，中华书局，2000年，第2738页。
② 同上，第1192页。
③ （清）张廷玉等：《明史》，吉林人民出版社，2005年，第1109页。
④ （明）陈子龙等：《明经世文编》，中华书局，1962年，第106～118页。

第二篇

军务悉委荣,昼夜见无时。凡宣诏出令,及旗志符验,必得荣奏乃发。①

《明史·解缙传》:

代言之司,机密所系,俾益不在尚书下也。②

明仁宗朱高炽时期,阁权逐重,"渐有宰相之实"。《仁宗实录》记载:"荣、幼、孜、士奇、淮,俱掌内制。"明宣宗朱瞻基时期,内阁权更重。

《明史·职官一》记载:

宣宗内柄无大小,悉下大学士杨士奇等参可否。虽吏部蹇义、户部夏原吉时召见,得预各部事,然希阔不敌士奇等亲。自是内阁权日重,即有一二吏、兵之长与执持是非,辄以败。③

《明通鉴》记载:

仁宣之间,政在三杨。义虽掌铨衡,辄依违其间,无所匡拂,时亦以此少之。④

历史的规律又一次重演,以小制大、以内制外成为宰相制度演变的不二法则。这是人治时代的产物,也因此难以逃脱历史周期律的循环。

系统梳理一下,内阁权位的变化经历了如下过程:

第一个阶段,主要定位与参赞机务、以备顾问方面,位卑权轻是阁臣的真实写照,典型体现为洪武时期和永乐时期。

第二个阶段,明仁宗朱高炽、明宣宗朱瞻基时期阁权渐重,阁臣"票拟""批答",实质上是以大学士之名行宰相事。票拟,是指明清内阁代皇帝批答臣僚章奏,先将拟定之辞书写于票签,附本进呈皇帝裁决,或替皇帝草拟诏书。其流程图如下:

---

① （清）张廷玉:《古典名著普及文库·明史》,岳麓书社,1996年,第2219~2220页。
② （清）张廷玉等:《明史》,中华书局,2000年,第2738~2739页。
③ （清）张廷玉等撰:《明史》,吉林人民出版社,2005年,第1106页。
④ （清）夏燮:《明通鉴》,中华书局,1959年,第854~887页。

通政司	→	司礼监	→	皇帝	→	司礼监	→	内阁	皇帝理政时
上奏						票拟

（图示：通政司 上奏 → 司礼监 → 皇帝 → 司礼监 → 内阁 票拟 ↓ 司礼监 → 皇帝 批红 → 司礼监 → 内阁 执行　皇帝理政时）

（图示：通政司 上奏 → 司礼监 → 内阁 票拟 → 司礼监 批红 → 内阁 执行　皇帝不理政时）

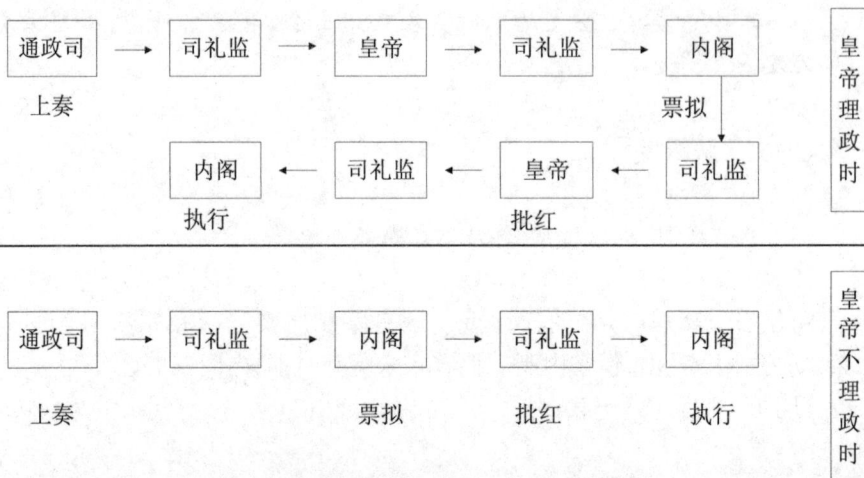

从上图中可以看出，内阁的票拟尚不具备正式的合法性，仍需要批红之后才能付有司执行。批红在其中扮演着至关重要的角色。

黄佐《翰林记》记载：

> 永乐、洪熙二朝，每召内阁造膝密议，人不得与闻……然批答出自御笔，未尝委之他人也。宣庙时，始令内阁杨士奇辈及尚书兼詹事寒义、夏原吉，于凡中外章奏，许用小票墨书贴各疏面以进，谓之条旨，中易红书批出，上或亲书，或否。及遇大事大疑，犹命大臣面议，议既定，即传旨处分，不待批答。……正统后，始专命内阁条旨。①

批红或由皇帝进行，或由司礼监进行。

司礼监，为禁中宦官组织之一。洪武三十一年，禁中宦官组织增至十二监、二司、七局，均为正四品衙门。司礼监，被称为首监，是内外廷的联系枢纽。设提督太监、掌印太监、秉笔太监、随堂太监等。其职掌如下：提督掌督理皇城内一应仪礼刑名事务，以及管束长随、当差、听事各役，关防门禁，催督光禄供应等事；掌印大监掌理内外章奏及御前勘合；秉笔、随堂掌章奏文书，照阁票批朱，印批红，其中有人提督东厂。其下属还有内书房，专掌通政司每日进封本章，并会集京官所上封本，实际上是一个机要机构。宣德时，始设内书堂，为小内使读书之所。

---

① 黄佐撰：《翰林记》，中华书局，1985 年，第 18 页。

《明宫史》司礼监条称：

> 最有宠者一人，以秉笔掌东厂，掌印秩尊，视元辅；掌东厂权重，视总宪兼次辅。其次秉笔，其次随堂，如众辅焉，皆穿贴里①。先斗牛，次升坐蟒；先内府骑马，次升橄机。②

因皇帝一人难以批阅所有奏章，故当皇帝理朝政与不理朝政时，司礼监对国家治理都至关重要。例如，《明宫史》③司礼监条称：

> 凡每日奏文书，自御笔亲批数本外，皆众太监分批。遵照阁中票来字样，用朱笔楷书批之。间有偏旁偶误者，亦不妨略为改正。

司礼监掌控批红之权，意味着相权掌控于寺人之手，这也成为宦官干政的起因，常常导致阉宦之祸。在《明史·列传第一百九十四阉党》中有详细记载，对国家治理造成了极大的消极影响。再比如，《明史·职官一》记载：

> 至世宗中叶，夏言、严嵩迭用事，遂赫然为真宰相，压制六卿矣。然内阁之拟票，不得不决于内监之批红，而相权转归之寺人。于是朝廷之纪纲，贤士大夫之进退，悉颠倒于其手。伴食者承意指之不暇，间有贤辅，卒蒿目而不能救。④

第三个阶段，首揆的出现。首揆又称为首辅或首辅大臣，"为真宰相"。嘉靖皇帝朱厚熜和万历皇帝朱翊钧在位时期出现了很多首辅大臣。首辅大臣，顾名思义，即在众多辅政大臣中的第一任，在明朝体现为中国内阁学士中的第一人。一般而言，内阁学士少则三四人，多则六七人，故在议政时，必有一人作为主持或处于主要地位。《明史·列传第一百九十四阉党》记载：

---

① 贴里，又名帖里，是明朝出现的一种用绸缎做的带褶的腋下系带的长袍，通常穿在圆领、褡护之下。

② 刘若愚：《明宫史金退食笔记》，北京古籍出版社，1980 年，第 25 页。

③ 同上，第 23～24 页。

④ （清）张廷玉等：《明史》，吉林人民出版社，1995 年，第 1106～1107 页。

内阁调旨，惟出首辅一人，余但参议论而已。①

可见，首辅虽无宰相之名，却有宰相之实。

《明史》卷一百零九《表第十宰辅年表一》详细记录了明朝中书辅政体制的变迁：

> 明太祖初壹海内，仍元制，设中书省，综理机务。其官有丞相、平章、左右丞、参政，而吏、户、礼、兵、刑、工六尚书为曹官。行之一纪，革中书省，归其政于六部，遂设四辅官。又仿宋制，置殿阁大学士，而其官不备，其人亦无所表见。燮理无闻，何关政本，视前代宰执，迥乎异矣。成祖简翰林官直文渊阁，参预机务，有历升至大学士者。其时章疏直达御前，多出宸断。儒臣入直，备顾问而已。至仁宗而后，诸大学士历晋尚书、保、傅，品位尊崇，地居近密，而纶言批答，裁决机宜，悉由票拟，阁权之重偃然汉、唐宰辅，特不居丞相名耳。诸辅之中，尤以首揆为重。夫治道得失，人才用舍，理乱兴衰，繫宰臣是系。其贤邪忠佞，清正贪鄙，判若白黑，百世不可掩也。行迹虽见纪传，而除免岁月，不能尽悉，故备列于表。传曰："欲知宰相贤否，视天下治乱。"览斯表者，可以证矣。②

概而言之，明朝朱元璋于洪武十三年废掉丞相，由皇帝直面六部，标志着中国古代宰相制度的终结，至少是形式上的终结，毕竟洪武十五年设置的内阁制度在后续的发展过程中渐成事实上的宰相，尽管此时以内阁学士为名的宰相较之前的宰相在权力方面不可同日而语。

清朝中枢辅政制度经历了入关前的议政王大臣会议、入关后的内阁制和军机处三个阶段。《檐曝杂记·军机处》记载：

> 军机处，本内阁之分局。国初承前明旧制，机务出纳悉关内阁，其军事付议政王大臣议奏。康熙中，谕旨或有令南书房翰林撰拟，是时南书房最为亲切地，如唐翰林学士掌内制也。雍正年间，用兵西北两路，以内阁在太和门外，僚直者多虑漏泄事机，始设军需房于隆宗门内，选内阁中书之谨密者入直缮写。后名"军机处"。地近宫庭，便于宣召。

---

① （清）张廷玉等：《明史》，内蒙古人民出版社，第 969 页。
② （清）张廷玉等：《明史》，新疆青少年出版社，1999 年，第 846 页。

为军机大臣者,皆亲臣重臣。于是承旨出政,皆在于此矣。直庐初仅板屋数间,今上特命改建瓦屋。然拟旨犹军机大臣之事。①

从上述史料中也可以看出,军机处是名副其实的行政机关了。入值军机处者,可谓宰相。《清史稿》记载:

> 世谓大学士非兼军机处,不得为真宰相。胜此任者,非以其慎密,则以其通敏。慎密则不泄,通敏则不滞,不滞不泄,枢机之责尽矣。世宗旧臣,统勋罢而复入,尤以决疑定计见契於高宗,许为有古大臣风,亮哉!②

军机处的设立既有中国古代君主加强中央集权的需求,也为当时势局所引发。

首先,不管宰相制度及其承载机构如何演变,它也仅仅是皇权制度的一个附庸,是依附于皇权的,是皇帝处理政务的一个机关。军机处也不例外,它也仅仅是一个作用极大而没有独立性的特殊的行政机构。

其次,军机处的设置大大加强了中央集权,既削弱了大臣权力,又架空了皇室贵胄之权。清朝初期,皇帝决策权力受到了议政王大臣会议的限制,中期经由康熙设置南书房而部分集权,军机处的设置则导致非皇帝近臣、忠臣不能入内,直接架空了皇室贵胄参政议政的权力,也限制了大臣的权力。"为军机大臣者,皆亲臣重臣。于是承旨出政,皆在于此矣"③,"承旨寄信有军机处,内阁宰辅,名存而已"。《枢垣记略》记载:

> 乾隆五十六年十月二十四日谕:"国初以来,设立议政王大臣。彼时因有议政处,是以特派王大臣承充办理。自雍正年间设立军机处之后,皆系军机大臣每日召对,承皆遵办,而满洲大学士、尚书向例俱兼虚衔,并无应办之事,殊属有名无实。朕向来办事祇(恭敬)崇实政,所有议政空衔,著不必兼充,嗣后该部亦毋庸奏请。④

最后,军机处的技术性优势成为当时势局所必需。例如,勤、快、密、专

---

① ③ (清)赵翼等:《檐曝杂记》,上海古籍出版社,2012年,第8页。
② 赵尔巽等:《清史稿》,吉林人民出版社,1995年,第8204页。
④ 梁章钜纂辑,朱智增补:《枢垣记略》。

的特点与君主专制有天然的契合性。这种特点也恰恰是军机处在议政王大臣会议和南书房体制中最终能够胜出的技术性优势。这种技术优势在史料中可以看出来。

《檐曝杂记·军机处》记载：

> 雍正以来,本章归内阁,机务及用兵皆军机大臣承旨。天子无日不与大臣相见,无论宦寺不得参,即承旨诸大臣,亦祗供传述缮撰,而不能稍有赞画于其间也。①

《啸亭杂录·军机大臣》记载：

> 国初设内三院外,其军国政事,皆交议政诸王大臣,然半皆贵胄世爵,不谙世务。宪皇(指雍正帝)设立军机大臣,择阁臣及六部卿贰熟谙政体者,兼摄其事。②

《檐曝杂记·廷寄》记载：

> 军机处有廷寄谕旨。凡机事虑漏泄不便发抄者,则军机大臣面承后撰拟进呈,发出即封入纸函,用办理军机处银印钤之,交兵部加封,发驿驰递。其迟速,皆由军机司员判明于函外。曰马上飞递者,不过日行三百里。有紧急则另判日行里数,或四、五百里,或六百里,并有六百里加快者。即此一事,已为前代所未有。③

《檐曝杂记·军机撰拟之速》记载：

> 军机撰述谕旨,向例撰定后于次日进呈。自西陲用兵,军报至辄递入,所述旨亦随撰随进。或巡幸在途,马上降旨,傅文忠面奉后,使军机司员歇马撰缮,驰至顿宿之行营进奏,原不为迟也。然此营至彼营七、八十里,必半日方到,而两营之闲尚有一尖营,以备圣驾中途小憩者,国语谓之乌墩。司员欲夸捷,遂仓猝缮就,急飞驰至乌墩进奏,名曰赶乌

---

① ③　(清)赵翼等:《檐曝杂记》,上海古籍出版社,2012 年,第 9 页。
②　(清)昭梿:《啸亭杂录 续录》,上海古籍出版社,2012 年,第 151 页。

墩。斯固敏速集事,然限于晷刻,究不能曲尽事理,每烦御笔改定云。①

《檐曝杂记·圣躬勤政》记载:

> 上每晨起必以卯刻,长夏时天已向明,至冬月缱五更尽也。时同直军机者十余人,每夕留一人宿直舍。又恐诘朝猝有事,非一人所了,则每日轮一人早入相助,谓之早班,率以五鼓入。平时不知圣躬起居,自十二月二十四日以后,上自寝宫出,每过一门必鸣爆竹一声。余辈在直舍,遥闻爆竹声自远渐近,则知圣驾已至乾清宫;计是时,尚须燃烛寸许始天明也。余辈十余人,阅五、六日轮一早班,已觉劳苦,孰知上日日如此,然此犹寻常无事时耳。当西陲用兵,有军报至,虽夜半亦必亲览,趣召军机大臣指示机宜,动千百言。余时撰拟,自起草至作楷进呈或需一、二时,上犹披衣待也。②

上述史料中,"议政诸王大臣,半皆贵胄世爵,不谙世务",恰恰说明了议政王大臣会议的劣势,"不谙世务"导致办事不专、效率低下。"即此一事,已为前代所未有"说明,公文传递速度已经远远超过前代,军机撰拟速度、勤政程度也远远超过前代。

三、中华民国时期

1911 年辛亥革命以后,中国政治制度进入资产阶级民主共和制度时期。中华民国的政权组织形式中央行政制度经历了总统制、责任内阁制、君主制(袁世凯复辟)、大元帅制、委员会制、五院制等。这些政体中,有的存在时间较短,有的披着民主共和外衣行专制独裁之实。

1912 年 1 月 1 日,南京临时政府成立,实行资产阶级民主共和制。孙中山为大总统,黎元洪为副总统。4 月 1 日,孙中山退职,宣告了南京临时政府的终结。1912 年 4 月至 1928 年 6 月,是北洋军阀政府时期。中国政体由资产阶级民主共和制进入了封建军阀时期。在这一时期,政体设置几经变革,但均服务于军阀独裁,因此不再论述。

---

① (清)赵翼等:《檐曝杂记》,上海古籍出版社,2012 年,第 11 页。
② 同上,第 11~12 页。

1925 年 7 月 1 日,广州国民政府成立,之后迁至武汉。这一时期实行委员会制。国民政府委员会是最高政权机关,在国民党的指导和监督下执掌全国政务。下面设有秘书处和行政部门(外交部、财政部、军事部、交通部、司法部等)。1927 年,蒋介石和汪精卫叛变革命,中国进入了新军阀独裁统治时期。

1928 年 10 月至 1948 年 5 月,进入训政时期。1928 年 10 月 8 日,颁布了《中华民国国民政府组织法》,规定"国民政府以行政院、立法院、司法院、考试院、监察院五院组织之";"国民政府设主席委员一人,委员十二人至十六人";"国民政府五院院长、副院长由国民政府委员任之"。1930 年 11 月12 日至 18 日,国民党第三届中央执行委员会第四次全体会议(国民党三届四中全会)在南京召开,蒋介石接替谭延闿兼任行政院院长,通过《中华民国国民政府组织法(修正案)》,扩大国民政府主席及行政院长的职权。

1931 年 6 月 13 日至 15 日,国民党三届五中全会在南京召开。会议通过了《中华民国国民政府组织法》,进一步扩大了国民政府主席权力。关于国民政府主席权力的规定如下:

第十二条　国民政府主席对内对外代表国民政府。

第十三条　国民政府主席兼中华民国陆、海、空军总司令。

第十四条　国民政府主席为国民政府会议之主席。

第十五条　国民政府主席因事故不能执行职务时,由五院院长依次代理之。

第十六条　国民政府五院院长、副院长、陆海空军副司令及直隶于国民政府之各院、部、会长,以国民政府之提请,由国民政府依法任免之。

第十七条　国民政府公布法律、发布命令,由国民政府主席依法署名行之。前项公布之法律、发布之命令,由关系院院长副署之。

1931 年 12 月 22 日至 29 日,国民党四届一中全会在南京召开,蒋介石在压力之下宣布辞去国民政府主席及行政院长职务,会议通过了《关于中央政制改革案》及《修正国民政府组织法案》,使国民政府主席成为虚职。规定国民政府主席为中华民国元首,对内对外代表国家,但不负实际政治责任,并不兼其他官职;行政院长负实际行政责任;行政、立法等 5 院,各自对中央执行委员会负其责任。会议选任林森为国民政府主席;蒋介石、汪精卫、胡汉民等 33 人为国民政府委员,孙科为行政院院长,张继为立法院院长,戴季陶为考试院院长,于右任为监察院院长,伍朝枢为司法院院长兼代特种外交委员会委员长。

1932年3月1日至6日,国民党四届二中全会在洛阳召开,蒋介石任军事委员会委员长,"蒋委员长"成为蒋介石的代名词,形成了蒋介石主军、汪精卫主政的政府结构。

1939年1月21日至30日,国民党五届五中全会在重庆召开,会议决定设立作为党、政、军最高权力机关的国防最高委员会,蒋介石任委员长,规定"国防最高委员会委员长,对于党政军一切事务,得不依平时程序,以命令为便宜之措施"。

1943年,蒋介石出任国民政府主席。同年9月,国民党第五届中央执行委员会第十一次会议通过了《修正国民政府组织法案》,规定国民政府主席由虚位变成实职元首,五院院长由国民政府主席提名并对其负责。

1947年1月1日,国民政府公布制宪国民大会通过的《中华民国宪法》。1948年3月29日召开行宪国民大会;5月,以蒋介石为总统、李宗仁为副总统的"行宪"政府成立,宣称开始宪政时期,国民政府随之撤销。"行宪"政府体制确定为总统制,并颁布《动员戡乱时期临时条款》,扩大总统权限,同时保留五院制,使蒋介石的独裁统治"合法"化。

四、小结

在中国古代中枢辅政制度抑或宰相制度的演变过程中,皇权集中、相权削弱是主线。围绕此主线,总结如下:

首先,大前提:政治权力天然具有扩张性,直到扩张到它不能再扩张为止,君权和相权也不例外,两者的区别在于所受限制不同。

不管是在古代社会还是在现代社会,政治权力均具有扩张性。古代社会解决权力扩张问题一是通过分工,二是通过皇帝集权来实现的。分工,即是不同大臣之间的分工,例如,宰相之间的分工、大臣之间的分工。这种分工主要体现为不同行政机构之间的设立和行政体制的日趋复杂化。由于立法权、司法权和行政权由皇帝掌控,行政机构和司法机构合二为一,且服务于皇帝一人之专制,故只能称之为分工而非分权。皇帝集权则主要体现为皇权对相权的侵蚀和吞并。

君权和相权扩张边界不同。相权扩展的边界必须能够为君主所容忍,即不能够威胁到君权。君权扩展则无实质性限制,除非发生农民起义等足以导致"改朝换代"的事件。现实中,宰相存在的功能是"佐天子",但其权力也存在扩张性,甚至可以威胁到君权,尤其是在君权较弱的时期。例如,宰相府人事方面,宰相府的用人分工基本上由宰相自行决定,君主很少干预。"今自有秩以上至诸大吏,下及王左右,无非相国之人者"(《史记·范雎列传》)[①]。再比如,《晋书·姚兴载记上》记载:"晋主虽有南面之尊,无总御之实,宰辅执政,政出多门,权去公家,遂成习俗。"[②]宰相执政而不辅政,已经威胁到皇权的存在,相权被君权削弱也就不可避免了。

其次,大基础:经济基础决定上层建筑,封建私有制决定了君权和相权的关系状态。"普天之下莫非王土,率土之滨莫非王土"的封建私有产权关系的存在,决定了君权在与相权的斗争中处于优势状态,决定了相权的衰落是必然趋势。相权所代表的是封建时代整个官僚体制,而官僚体制运作有其自身的独立性。较之独立性,封建时代官僚体制对君权/皇权的依附性更大。因为封建管理体制来源与存在的经济基础是由"普天之下莫非王土,率土之滨莫非王土"这一封建私有产权关系派生出来的。

再次,大趋势:中枢辅政系统的变革围绕君权和相权的争斗展开,整体的趋势是君权的不断扩张,相权的不断削弱,但君权始终不能吞并相权。"中国宰相制度,代不相同,然相因而变,有其趋势,亦有其法则。趋势维何?时代愈前,相权愈重;时代愈后,相权愈轻。法则维何:君主近臣,代起执政,品位既高,退居闲曹是也。"[③]

但也有特定的历史阶段是君弱臣强。例如,内阁地位的上升是洪武、永乐、洪熙、宣德这几十年在实际参与决策、发号施令的过程中形成的,开始是在朱元璋、朱棣的掌控之下,到了仁、宣及英宗初年,君王的作用逐渐减弱,这套机构按照既定的格局在自动运转,由君王的独断演化成垂拱而治。明朝英宗是九岁即皇帝位,政事听由身边的老人(永乐年间形成的内阁学士)摆布。

那么君权和相权两者之间可能达成平衡吗? 如何达成? 答案是只要封建经济基础和生产关系存在,君权和相权就不可能达成平衡。中国君主立宪政体改革之所以没有成功,其根源在于封建经济在当时的社会仍占据主导地位。英国君主立宪之所以能够成功,在于当时英国的经济基础发生了根本性变化。在封建经济基础之上,"相权并不是完全独立于君权或与之对

---

①　(汉)司马迁:《史记》,崇文书局,2010 年,第 468 页。

②　(唐)房玄龄等:《晋书》,中华书局,1974 年。

③　李俊:《中国宰相制度》,上海书店出版社,1947 年,第 239 页。

立的权力,其本质特征在于'辅佐',即协助皇帝支配和控制国家机器。故相权具有相对独立性。两千年中相权行使方式变化的显著趋势,便是这种相对独立性的不断减弱,亦即日益依附于君权,两者日益一体化。"①"随着君权不断加强的是全部政治秩序和氛围的日益集中化甚至僵化。"②

君权难以与相权达成平衡,君权不断增长,相权不断削弱,那么君权可以完全废除实质意义上的相权吗?答案是,不能。因为实质意义上的相权,代表整个官僚队伍,更是皇权进行统治的工具。也就是说,可以没有宰相之名,但是任何一个朝代都有行宰相之事的官僚或官僚群体。朱元璋废除宰相制度,但是离不开官僚群体。清朝以军机处集权于皇帝,但依赖于官僚群体。唐太宗:"天下英雄,入吾彀中矣!"③"太宗皇帝真长策,赚得英雄尽白头。""君权可以随时削弱(如汉武帝)以至废除(如明太祖)相权,但是它不可能毁灭整个官僚制度。官僚制度是治国所必需的一套机器,没有这套机器,君权本身无法发挥。所以明代可以废掉中书省(相权),但不能并六部而去之,而且在废相之后仍得代之以四辅官以至内阁。官僚制度最初虽然也是在君主授权之下建立起来的,但它既产生之后,本身即成一客观的存在,有它自己的发展和运行的轨道,不再完全随君主的主观愿望而转移了。"④在中国古代的具体实践中,典型体现为宰相职位的设置由实位转为虚位。根据职位,宰相可以分为两类:以法定的宰相职位为宰相的实位宰相、以朝廷官员加绶宰相任差为宰相的虚位宰相。君权一再打击相权,而终不能完全禁绝相权的潜滋暗长。明末清初的思想家黄宗羲认为:"或谓后之入阁办事,无宰相之名,有宰相之实也。曰:不然。入阁办事者,职在批答,尤开府之书记也。其事既轻,而批答之意,又必自内授之而后拟之,可谓有其实乎?吾以谓有宰相之识者,今之宫奴(宦官)也。"⑤

又次,小规律:以内制外、以小制大、以卑弱制强大、以近制远,是中国历史上历代王朝所采取的一贯手法。

历代政府中央决策机构的演化,不断地由内至外,当内廷外朝化后,又有新的内朝机构来制衡它。从决策的机制讲,最终决策的权力集中在皇帝一个人身上,而实际决策的过程,皇帝一个人是无法胜任的,所以不得不借助于身边的助手。由皇帝身边的助手组成的机构便逐渐成为正式实施决策

①② 徐连达、楼劲:《论中国封建专制君权的发展趋势》,《学术月刊》,1989年第2期。

③ (北宋)王定保:《唐摭言》,三秦出版社,2011年,第220页。

④ 余英时:《中国思想传统及其现代变迁》,广西师范大学出版社,2014年,第381~408页。

⑤ 黄宗羲:《明夷待访录》,中华书局,1985年,第6页。

过程的政府权力机构,这个机构势必凝固成为正式的政府机构,帝王为了控驭这样的机构,又不得不借助于身边更贴身的助手以内制外。汉代的中大夫、给事中,都属于内朝,以与外朝的宰相和御史大夫议论政事。尚书省在汉代本来是内朝,是汉武帝身边管理文书的班子,以后变成决策的参谋班子,以后又成为独立的机构取代了丞相,于是它由内朝变成外朝;宫廷内部的中书又慢慢崛起,尚书省成为行政机构,中书起草与门下封驳成为决策系统的权力结构。它们又逐步外朝化,掌封驳的门下地位下降,中书省的地位上升,成为中央决策的首脑;这个过程在中国历史上反反复复地出现过。在内廷产生宦官掌控的司礼监,通过批红来制衡内阁,外朝的力量不断地由内而外地进行演化。

最后,小细节:皇权与相权配合默契,或者说官僚制运转顺畅,皇帝可以垂拱而治,王朝统治能够延续;内外朝权力结构失衡,往往会导致王朝体制或官僚体制运转的(半)瘫痪,最终导致王朝走向崩溃。余英时认为:"中国传统的官僚制度虽与近代工业社会的官僚制度有别,但确已具有某种程度的自主性(autonomy)。韦伯认为它是使传统中国获致长期的政治稳定的重要因素。有些古代帝国便因为缺乏这种组织而很快就退出了历史的舞台。我绝不是无保留地颂扬中国官僚制度的传统,我只是想指出:传统制度里面确有一些理性的成分可以和我们所追求的'现代化'接榫。"[1]

第二节　中央政务体制

体制,即权力的具体运作方式。中央政务体制,是中央政务部门之间权力的具体运作方式。中央政务体制是中枢辅政系统的伴随物,即有什么样的中枢辅政系统,就有什么样的中央政务体制。权力的具体运作方式是以具体的组织机构及其之间的具体分工为载体的。因此,本部分以中央具体行政机构及其分工来说明中央政务体制。

一、秦汉时期

先秦时期也存在中央行政机构。例如,王廷制和将相制。但是这些中央行政机构多处于演化阶段,尚未成熟,且经过春秋战国时期的大变革,已

---

[1]　余英时:《中国思想传统及其现代变迁》,广西师范大学出版社,2014 年,第381~408 页。

经几乎面目全非。对中国古代几千年封建社会影响最深的莫过于秦朝,中央行政机构的官职设置也多始于秦朝。

《汉书·百官公卿表》记载:

> 自周衰,官失而百职乱,战国并争,各变异。秦兼天下,建皇帝之号,立百官之职。汉因循而不革,明简易,随时宜也。①

三公九卿制度形成于春秋战国变革时代,确立于秦朝时期,变革于汉朝。

三公主要包括丞相、太尉、御史大夫。其中,丞相是国家行政机构首脑,协助皇帝处理全国政务,"掌丞天子,助理万机"是其真实描述;太尉主要负责协助皇帝处理全国军政事务;御史大夫主要负责全国监察事务或协助丞相处理政务。西汉末期,分别改丞相、太尉、御史大夫为大司徒、大司马和大司空。东汉时期,以太尉、司徒、司空为三公。

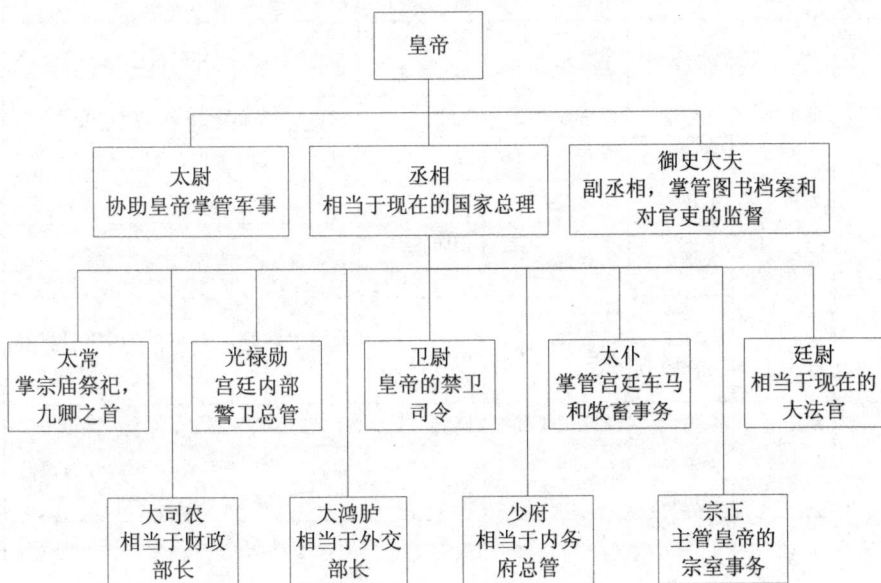

汉代三公九卿制简图

来源:易中天:《汉武的帝国》,浙江文艺出版社,2016 年,第 132 页。

---

① (东汉)班固:《汉书》,中州古籍出版社,1996 年,第 291 页。

　　九卿①主要包括：奉常，掌管宗庙礼仪，地位很高，属九卿之首；郎中令，掌管宫殿警卫；卫尉，掌管宫门警卫；太仆，掌管宫廷御马和国家马政；廷尉，掌管司法审判；典客，掌管外交和民族事务；宗正，掌管皇族、宗室事务；治粟内史，掌管租税钱谷和财政收支；少府，掌管专供皇室需用的山海池泽之税。

西汉中央主要职官职掌秩禄简表

部门	沿秦	汉改置	职掌	秩禄	备注
三太	太师 太傅 太保		辅佐皇帝 同上 同上	金印紫绶 同上 同上	位在三公之上，不常置 同上 同上
三公	丞相 （相国）	大司徒	总理庶政，辅佐皇帝	金印紫绶 万石	汉高祖时置一丞相，高祖十一年更名为"相国"，哀帝时改称为"大司徒"。
	太尉	大司马	掌全国军政	金印紫绶 万石	武帝建元二年，省去太尉，后又置大司马，冠以将军之号。
	御史大夫	大司空	掌论议及纠察诸事	银印青绶万石（上卿）	成帝时改称"大司空"，哀帝时又复置，后又改称"大司空"。
九卿	奉常	太常	掌祭祀礼仪	银印青绶 中二千石	秦之"奉常"，景帝时改称"太常"。
	郎中令	光禄勋	掌宫殿掖门	同上	秦之"郎中令"，武帝时改称"光禄勋"。
	卫尉	中大夫令	掌宫门卫屯兵	同上	景帝时改称"中大夫令"，后复之。
	太仆	太仆	掌舆马	同上	
	廷尉	大理	掌刑狱	银印青绶 中二千石	景帝时改称"大理"。
九卿	典客	大行令 大鸿胪	掌宾客朝觐及边地各民族之事务	同上	景帝时改称"大行令"，武帝时改称"大鸿胪"。
	宗正	宗伯	掌亲属诸事务	同上	平帝时改称"宗伯"。
	治粟内史	大农令 大司农	掌谷货	同上	景帝时改称"大农令"，武帝时改称"大司农"。
	少府		掌山泽租税	同上	成帝时置尚书五人，东汉时发展为尚书台。

---

　　① 也有不同学者对于九卿究竟包含多少个职能部门持有不同看法。例如，有的学者认为"九卿"不止是九个，而是泛指主要职能部门，可以称之为列卿或诸卿。

部门	沿秦	汉改置	职掌	秩禄	备注
列卿	中尉	执金吾	掌徼循京师	银印青绶中二千石	武帝时改称"执金吾"。
	典属国		掌蛮夷降者	二千石	成帝时并入"大鸿胪"。
	将作少匠	将作大匠	掌治宫室	二千石	
宫官	詹事		掌皇后太子家事	二千石	成帝鸿嘉三年省詹事官,并属大长秋。
		长信詹事长信少府长乐少府		二千石	长信詹事,景帝胂瘤年更名"长信少府",平帝元始四年更名"长乐少府"
	将行	大长秋	皇后卿	二千石	景帝中六年更名为"大长秋",或用中人,或用士人。
	太子太傅太子少傅		掌教太子	二千石	属官有太子门大夫、庶子、先马、舍人。
军官		大将军			武帝初为卫青而设。有时位在公之上
		骠骑将军	掌兵及征伐之事		不常设
		车骑将军	同上		同上
		卫将军	同上		同上
	前后左右军		同上		同上
		列将军	同上		同上

来源:易中天:《汉武的帝国》,浙江文艺出版社,2016 年,第 136～137 页。

　　汉朝建立后对秦朝的诸多官职进行了调整。例如,秦朝时期设置的奉常官职,到汉朝时期调整为太常。这种调整主要原因为,一是适应君主专制的发展,二是适应社会形势的发展。以少府为例,少府原为掌管皇室财政的职能部门,后逐渐成为皇帝加强中央集权、削弱相权的工具,尚书、中书谒者、侍中等官职逐步独立成为分割相权的行政机构。这种机构的变化,从表面上看,仅仅是名称和隶属关系等方面的变化,但实质上是行政管理体制的变化和君权、相权的对比态势的变化。行政管理体制的变化对国家治理产生了重要影响,对王朝兴衰产生了重要影响。例如,汉武帝重用外戚开启了外戚干政的先河,对汉朝兴衰产生了重要影响。再比如,宦官组织的崛起及其对朝政的干预也成了很多朝代难以摆脱的梦魇。

　　君权和相权对比态势的变化,在宏观方面导致了中央行政管理体制的变化,在微观方面导致了职无常守等现象的产生,与此相伴随的是封建官僚队伍的庞大,封建官僚机构编制定员设置的随意性开始显现,对封建王朝财政产生了重要影响。例如,禁中官职分割相权而逐步成为实际的行政管理机构,导致外朝的宰相等官职职责的缩减或成为虚职。

概而言之,封建君主专制时代是属于人治时代的,这从根本上决定了中央行政机构也好还是地方行政机构也好,都是为皇帝权力的行使服务的。正如马克斯·韦伯所认为的:"统治者是通过个人亲信、身边幕僚或朝廷臣仆来行使其最重要的统治手段的。这些臣仆所接受的委托和权力并没有明确的规定,并且在各种场合这些关系都只是暂时建立起来的。"即是如此,则这种官职所确定的隶属关系本质上仍为人身依附关系,由这种官职所形成的官僚制度本质上并非为现代意义上的以法理为基础的官僚制。因此,君权和相权对比关系的变化、官职名称的变化、隶属关系的变化等只不过是人治时代的副产品而已。

尽管如此,其中仍不乏值得现代官僚制学习的地方。例如,国家权力之间的分工与制衡等。

二、魏晋南北朝时期

魏晋南北朝是中国古代动乱时期。从行政管理体制上讲,中国古代社会动乱的根源也往往是中央政府或皇权的虚弱与地方政府或相权的扩张。例如,西周晚期至春秋战国时期的动乱是由周王室的虚弱与地方政府的做大导致的。魏晋南北朝时期的动乱也是由中央政府或皇权的虚弱与地方政府的扩张所导致的。动乱,一方面意味着国家治理质量的衰落和国家行政管理体制的混乱,另一方面则孕育着新的管理方式的产生,例如,隋朝中央政务体制的产生等。

魏晋南北朝时期的中央官制主要由相—公—省(监)—台—卿—卫等组成。具体而言,相主要是指丞相或相国,多由权臣或贵胄来担任。公主要是指太宰、太傅、太保、太尉、司徒、司空、大司马、大将军等官职。同样,这些官职要么是由权臣来担任,要么是荣誉性质的官衔,仅仅享受礼仪上的优待。除此之外,开府仪同三司也享受公的待遇,故称之为从公。主要包括骠骑、车骑、抚军、都护、镇军、中军、征东、征西、征南、征北、镇东、镇西、镇南、镇北、龙骧、典军、上军、辅国等大将军。这些都是加衔,并不真正领兵。省主要包括尚书省、中书省、门下(侍中)省等机构。台主要包括御史台、符节台、谒者台、都水台等机构。卿主要由太常、光禄勋、太仆、廷尉、大鸿胪、宗正、大司农、少府等诸卿组成。卫主要由武卫、羽林卫、骠骑卫等禁军统领组成，主要负责宫殿都城宿卫等事务。此外，还有东宫官等职位。

三、隋唐时期

隋朝确立新的中央政务体制——三省六部制。唐朝继承并发展了三省六部，宋元明清皆受其影响。

三省，是指尚书省、中书省和门下省。三省的职责分工：中书省负责草拟诏书，主要有中书令、侍郎等官职；门下省负责审议、驳正奏议表章，主要有侍中、黄门侍郎等官职；尚书省负责执行，主要有尚书令（不常设）、左右仆射等官职。尚书省下辖工、刑、兵、礼、户、吏六部，各自负责分工范围内的事务。六部各设尚书为正长官，侍郎为副长官。

六部的职责范围分工如下：工部主要负责土木建筑、水利工程等事务；刑部主要负责司法事务；兵部主要负责军事事务；礼部主要负责文教祭祀等事务；户部主要负责户口、田赋、财政等事务；吏部主要负责文官选任、考课等人事行政事务。

工、刑、兵、礼、户、吏各部各下辖四司，共二十四司。每部的第一司为本司。例如，户部的第一司为户部司，礼部的第一司为礼部司，吏部的第一司为吏部司。每司的具体分工如下表所示。

隋唐时的二十四司职掌[1]

吏部	吏部司	掌文官阶品，朝集、禄赐、给告身、假使等事
	司封司	掌封命、朝会、赐予、承袭等事
	司勋司	掌管官吏勋级
	考功司	掌管文武百官考课事务
户部	户部司	掌户口、田土、赋役、贡献、蠲免、优复、婚姻、继嗣等事
	度支司	掌租赋、物产、岁计及水路转运等事
	金部司	掌库藏出纳、度量衡、市易、给赐等事
	仓部司	掌仓廪、粮赐、平准物价等事

---

[1] 来源：柏桦：《中国政治制度史》，中国人民大学出版社，2011 年，第 176 页。

第二篇

吏部	吏部司	掌文官阶品,朝集、禄赐、给告身、假使等事
	司封司	掌封命、朝会、赐予、承袭等事
	司勋司	掌管官吏勋级
	考功司	掌管文武百官考课事务
礼部	礼部司	掌礼乐、学校、仪式、赠赙等事
	祠部司	掌祀祠、天文、卜筮、医药、僧尼等事
	膳部司	掌牲牢、酒醴、膳馐等事
	主客司	掌前代帝王后代及藩属外国朝贡等事
兵部	兵部司	掌兵卫、武选、车辇、甲械等事
	职方司	掌地图、城防、镇戍、道里等事
	驾部司	掌乘舆、车马、驿传、厩牧等事
	库部司	掌卤簿、仪仗、戎器、供张等事
刑部	刑部司	掌律法、按覆大理寺及州县奉谳之事
	都官司	掌流徒、俘虏配籍,给囚衣粮、医药及诉免等事
	比都司	掌勾稽中外账籍出纳之数,核其损耗债负逋欠等事
	司门司	掌门关、津梁、道路之禁令,核其出入及违禁之籍
工部	工部司	掌城池营缮、采伐材物、土木等工役程式
	屯田司	掌屯田、职田、公廨田、营田等事
	虞部司	掌山泽、苑囿、场治、狩猎等事
	水部司	掌舟津、渠堰、渔业、漕运、碾硙等事

　　除了三省六部二十四司之外,还设置有九寺五监。九寺分别为:太常寺(主要负责礼乐、祭礼等具体事务)、光禄寺(主要负责飨宴等具体事务)、鸿胪寺(主要负责朝会、宾客、吉凶仪礼等具体事务)、大理寺(主要负责刑狱等具体事务)、太府寺(主要负责贡献、市场等具体事务)、司农寺(主要负责粮食储积、仓廪管理、京朝官禄廪、朝会祭祀供御之供应等具体事务)、宗正寺(主要负责皇族事务)、太仆寺(主要负责宫廷车马、全国畜牧业等具体事务)、卫尉寺(主要负责宫殿、京城诸门禁卫,武器及宫廷仪仗等具体事务)。五监分别为:国子监(主要负责教育行政等具体事务)、军器监(主要负责兵器等具体事务)、少府监(主要负责皇帝服制、百官仪制等具体事务)、将作监(主要负责土木建筑、宫殿修建等具体事务)、都水监(主要负责河渠、津梁、堤堰等具体事务)。需要说明的是,九寺五监与六部的关系并非是行政上的隶属关系,而是命令承受关系;六部主要负责行政事务,九寺五监主要负责

具体事务。

六部体制从社会分工的角度来看,是社会分工在政治领域的进一步细化。从政治权力角度来看,六部体制是政治权力在文官队伍中的又一次重新分配,是权力制衡的进一步深化。因而,六部是一个比较严谨而精密的体制。这种体制从隋唐建立一直沿用到明清,具有超强的稳定性。自隋唐初始创建以后,六部名称在之后的朝代中基本没有发生变化,变化的只是地位(体现在官阶上)和权力。

三省六部制成为中央行政体制的核心之后,三师和三公基本上成了荣誉官衔,不承担实际的行政事务,不掌握实质性的行政权力。

四、宋朝时期

宋初在唐朝后期的政治制度的基础上进行了改革,形成了二府三司制。二府为政府和枢密院(又叫枢府、西府),分别掌管行政和军事权。三司为盐铁司、度支司和户部司,掌管财政权。也就是说,军事权和财政权从唐朝时期的六部中分离出来了。六部的名称虽未发生变动,但相关部门的职权在宋神宗元丰改制前后有不同的变化。例如,户部在宋神宗元丰改制之前,职权被三司所分担,成为虚职衙门,几无所掌;宋神宗元丰改制之后,撤销三司,户部重新掌握财政权。兵部在宋神宗元丰改制之前,职权被枢府所分担,只承担武举、义勇弓箭手等少许事务;宋神宗元丰改制之后,兵部职权有所扩大,但仍未实质性扩大。工部在宋神宗元丰改制之前,工部为虚职衙门;元丰改制之后,工部职能恢复。

六部职权的变动非宋朝官制乃至政治体制变革的重点。宋朝官制变革的重点在于官、职、差遣三者的分离。这虽然有利于宋朝君主专制集权程度的提高,但对宋朝治理产生了极为深远的负面影响,造成了"冗官、冗费、冗兵"的"三冗"现象,终宋一朝,"积贫积弱"局面始终难以发生改变。

《全唐书·上宰相书》记载:

> 兵部无戎帐,户部无版图,虞水不管山川,金仓不司钱谷,光禄不供酒,卫尉不供幕,秘书不校勘,著作不修撰:官曹虚设,禄俸枉请。[1]

---

[1]　周绍良:《全唐文新编》(第3部·第1册),吉林文史出版社,2000年,第5971~5972页。

　　《续资治通鉴长编》卷一百十记载：

> 甲戌，权度支判官、右正言陈执中罢度支判官，谏院供职。国朝承五代之弊，官失其守，故官、职、差遣，离而为三。今之官，裁用以定俸入尔，而不亲职事。谏议大夫、司谏、正言，皆须别降敕，许赴谏院供职者，乃曰谏官。[①]

　　从记载中可以看出，宋朝的官制分为三种或者说是三种身份：官、职、差遣。

　　"官""职"与寄禄官对应，"差遣"与职事官对应。何为寄禄官与职事官？《中国历代官制大辞典》将寄禄官解释为：用以确定官员俸禄、品秩的阶官。唐朝前期，官员皆依品领俸。代宗大历十二年（777），始改以官定俸，自三师、三公至参军、文学博士、录事，月给一百二十贯文至十贯文。中期以后，三省六部常以他官主判，其正官渐失本职。宋初，又以京朝官出领州、县，三省、六部、九寺、五监类以他官主判，其正官非有特旨不领本职。然犹袭唐制，以官定俸，如别无差遣及所任差遣未入《禄令》，即领本官俸，因此称其官为寄禄官。铨叙、升迁皆以此为资级，同时以此确定官品。[②]

　　将职事官解释为：隋、唐、宋指居曹而有执掌的官员。唐朝，三公及省、台、寺、监、卫府、东宫、王国、州县、镇戍等官为职事官。北宋前期，省、部、寺、监之官多为寄禄官，而以差遣为职事官。神宗元丰（1078—1085）改制后，始复行唐制。[③] 简单而言，在宋朝，至少是元丰改制之前，寄禄官表示的是官员的官衔高低，是俸禄、铨叙、升迁的标准，不代表具体实际职务。[④] 职

---

① （宋）李焘：《续资治通鉴长编》（第 12 册），中华书局，1985 年，第 2564 页。
② 吕宗力：《中国历代官制大辞典》（修订版），商务印书馆，2015 年，第 822 页。
③ 同上，第 781 页。
④ 严格意义上讲，与职事官相对应的是散官。《中国历代官制大辞典》（修订版）第 831 页对散官进行了解释：散官，官名。指有官名而无固定职事的官，与职事官相对而言。汉朝无此专名。东汉献帝建安年间（196—220），曹操置散官骑从。北魏道武帝天赐元年（404）置散官五等。隋朝定散官之制，居曹有职务者为执事者，无职务者为散官。散官仅加于文武官有德声者，并不理事。唐朝又分文散官、武散官。凡九品以上职事，皆带散位。散位按门荫结品，按劳考进叙，谓之叙阶。散官与职事官品级不一定一致，通常低级散官而任较高级职务者为"守某官"，高级散官而任低级职务者为"行某官"，待遇仍按其散官品级。亦称阶官。宋朝沿袭唐制，文散官仍为二十九阶，武散官减为三十一阶。元丰（1078—1084）改制废，另以节度副使、团练副使、长史、司马、别驾、司户、司士、文学、助教为九等散官，亦称为寄禄官。简单理解，宋朝将散官又称之为寄禄官，或者说寄禄官是宋朝对散官的称呼。

事官是指居曹而有执掌的官员。差遣是临时委任的职务。

北宋前期，官、职、差遣三合一，才有真正的实权。"官"通常指三省六部制中的"尚书""员外郎"等各种正官名称。"职"即职务名称，如殿学士、直学士、待制、直阁等之类的名称，通常为荣誉性称谓，主要用于提高资序、威望等。差遣职称前通常加有"判""知""勾当""管勾""权""直""提举""提点""提辖""签书""监"等限定词之类的字眼，如地方上的知州等。例如，尚书工部员外郎、直龙图阁、知襄州事王洙，表明了王洙是官、职和差遣三合一的。王洙的官衔中，"尚书工部员外郎"为"官"，或称"正官""本官"，无职事，用于确定王洙的官阶品位（从六品上）和俸禄（料钱三十贯，衣赐春、冬绢各十三匹、春罗一匹、冬绵三十两）。"直龙图阁"表明的是王洙的职名。"知襄州事"表明了王洙的"差遣"职务——王洙是襄州的长官。

《中国历代官制大辞典》①对"权"的解释为：指代理、兼摄官职，魏晋以来或用之。唐职事官非正除者或加"权"字，称权知、权判。北宋前期，寄禄官依散官品高下分权、行、守、试四等；凡除授差遣，其资序较浅者亦带"权"字，暂代某职则带"权发遣"。神宗元丰（1078—1085）改制，凡职事官并以寄禄官高下分权、行、守、试，侍郎、尚书始除必加"权"字，其后始改试、守、行。换句话说，"权、行、守、试"表明了寄禄官与差遣职务之间的关系，资序低而任重，低两等资序为权发遣，低一等者为权知。侍郎、尚书初次任职，必定担任"权"官，之后再正式冠以试或守、行字。例如，大宋龙图阁直学士权知开封府包拯，表明了包拯的职和差遣。"龙图阁直学士"表明了包拯的职，主要用于提升包拯的资序，"权知开封府"表明的是包拯的差遣职务。同时，包拯还担任过枢密副使，枢密副使是指包拯的"官"。"权知"表明了包拯寄禄官与差遣职务之间的关系。

对于宋朝官、职、差遣三者相分离的情况，马端临在《文献通考》中进行了分析：

> 宋朝设官之制，名号品秩一切袭用唐旧。然三师、三公不常置；宰相不专用三省长官；中书、门下〔省〕并列于外；又别置中书于禁中，是谓政事堂，与枢密院对掌大政；天下财赋，内庭、诸中外笺库②，悉隶三司；中书省但掌覆奏、考帐；门下省主乘舆八宝、朝会位版、流外较考、诸司

① 吕宗力：《中国历代官制大辞典》（修订版），商务印书馆，2015 年，第 362 页。
② 笺库：同"管库"，管理仓库之义。

附奏挟名而已；台、省、寺、监官无定员、无专职，悉皆出入分莅庶务，故三省六曹二十四司互以他官典领，虽有正官，非别敕不治本司事。事之所寄，十亡二三。故中书令、侍中、尚书令不与朝政，侍郎、给事不领省职，左、右谏议无言责，而起居郎、起居舍人不执记事之笔，中书常阙舍人，门下罕除常侍，补阙①、拾遗②改为司谏、正言而非特旨供职亦不任谏诤。至于仆射、尚书、丞郎、郎中、员外，居其官不知其职者，十常七八；秘书、殿中二省，名存实废；惟内侍所掌，犹仿佛故事；九寺五监，尤为空官。六统军、十六卫，每遇大礼、朝会，但遣官摄事，以备仪范；天圣中，始以环卫官补宗室子。东宫官不常置。公主无邑司。节度使不食本镇租赋。藩府除授虽带都督之名，而实不行都督之事。京府以及四方大镇，皆有牧尹，而类非亲王不除。诸路无观察、采访，而观察、防御、团练、刺史，特以为右列叙迁之宠；虽有正任、遥领，大率不亲本州之务。诸司使副，有东班③、西班④，又有横班⑤；横班之有职事者，独阁门、客省、四方馆，略有典掌，其他悉无所领。此其大概也。至于官人授受之别，则有官、有职、有差遣。官以寓禄秩、叙位著，职以待文学之选，而差遣以治内外之事。⑥

宋朝官、职、差遣三者分离，造成了冗官现象。

---

①　补阙：官名。唐武后垂拱元年始置，有左右之分。左补阙属门下省，右补阙属中书省，掌供奉讽谏。北宋时改为司谏。南宋及元明重又设置，均随设随罢。

②　拾遗：武则天垂拱元年（685）置，置左右拾遗分属门下、中书两省，职掌与左右补阙相同，同掌供奉讽谏、荐举人才，位从八品上，稍低于补阙。分左右，左拾遗属门下省，右拾遗属中书省。北宋改为左右正言。

③　东班：宋武臣官阶。朝参皇帝时东侧排列，共二十使。即皇城使、翰林使、尚食使、御厨使、军器库使、仪鸾使、弓箭库使、衣库存使、东绫绵院使、西绫锦院使、东八作使、西八作使、牛羊使、香药使、榷易使、毡毯使、鞍辔库使、酒教育局使、法酒库使、翰林医官使。宋初尚有职掌，后仅为叙迁之阶。

④　西班：宋武臣阶官。朝参皇帝时西侧排列，共二十使。即宫区使、左骐骥使、右骐骥使、内藏库使、左藏库使、东作坊使、西作坊使、庄宅使、六宅使、文思使、内园使、洛苑使、如京使、崇仪使、西京左藏库使、西京作坊使、东染院使、西染院使、礼宾使、供备库使。宋初尚有职掌，后仅为叙迁之阶。

⑤　横班，宋武臣阶官。朝参皇帝时列成横行，有内客省使、客省使、引进使、四方馆使、东上阁门使、西上阁门使、客省副使、引进副使、东上阁门副使、西上阁门副使。徽宗政和二年（1112），改正使为大夫、副使为郎，并增置宣正、履正、协忠、翊卫、亲卫大夫与郎，横班遂有通侍大夫、正侍大夫、宣正大夫、履正大夫、协忠大夫、中侍大夫、中亮大夫、中卫大夫、翊卫大夫、亲卫大夫、拱卫大夫、左武大夫、右武大夫为横行正使，正侍郎、宣正郎、履正郎、协忠郎、中侍郎、中亮郎、中卫郎、翊卫郎、亲卫郎、拱卫郎、左武郎、右武郎为横行副使。总数不超过三十人。

⑥　（元）马端临：《文献通考》（上册），中华书局，1986年。

司马光在《百官表总序》中认为：

> 今之所谓官，古之爵也；所谓差遣者，古之官也。官所以任能，爵所以酬功。今官爵浑淆，品秩紊乱，名实不副，员数滥溢，是以官吏愈多，而万事益废。[①]

清钱大昕在《答袁简斋书》中认为：

> 差遣之名，惟宋时有之。宋时百官除授，有官、有职、有差遣。如东坡以学士知定州，知州事，差遣也；端明殿学士，职也；朝奉郎，则官也。差遣罢而官职尚存，职落而官如故。[②]

从宋神宗元丰三年(1080年)开始，至元丰五年进行了官职改革。改革中，制定寄禄新官，以原散官开府仪同三司等位新寄禄官。元丰五年，废三司，依《唐六典》设三省、六部、二十四司及诸寺监，皆置正官为职事官，枢密院依旧。文、武散官皆罢，唯蕃兵、蕃官仍授。

五、元朝时期

元朝采用一省制，以中书省作为最高中央行政机构，统领行政系统，下辖六部。与中书省相并列的是枢密院、御史台和宣政院。"中书省、枢密院、御史台、宣政院，得自选官"(《元史·成宗纪三》)。枢密院是军事机构；御史台是全国检察机构，主管中央和地方检察事务；御史台下属机构主要有殿中司(主要负责执掌朝仪的监督与检察)、察院(司耳目之寄，任刺举之事)和八道肃政廉访司(主要负责对地方的监察)；宣政院是国家最高宗教和民族事务机构。

---

① 龚延明：《中国古代制度史研究》，浙江大学出版社，2013年，第125页。
② (清)钱大昕：《嘉定钱大昕全集·潜研堂文集》，江苏古籍出版社，1997年，第582页。

第二篇

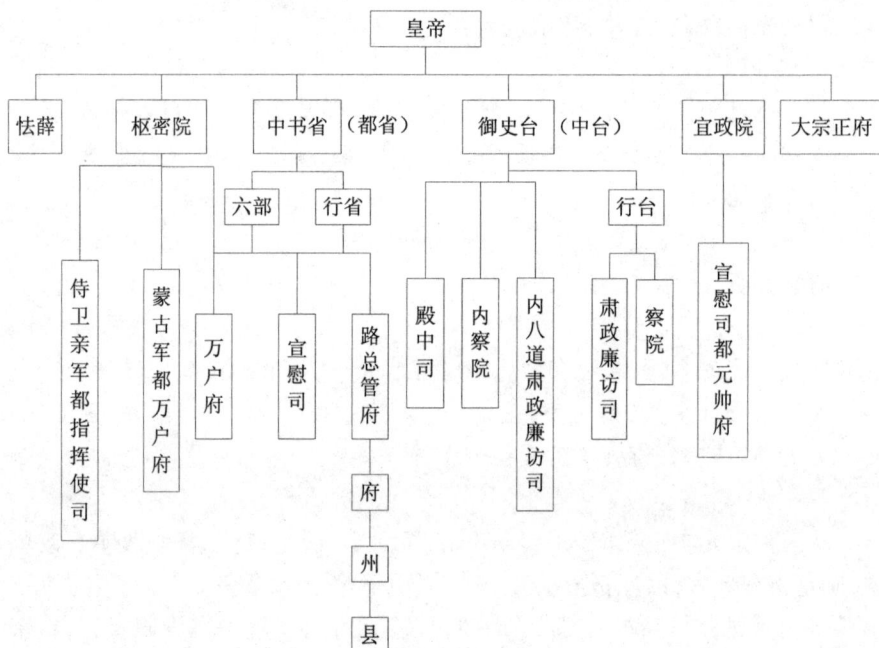

元朝统治机构示意图：

- 皇帝
  - 怯薛
    - 侍卫亲军都指挥使司
  - 枢密院
    - 蒙古军都万户府
    - 万户府
  - 中书省（都省）
    - 六部
    - 行省
      - 宣慰司
      - 路总管府
        - 府
        - 州
        - 县
  - 御史台（中台）
    - 殿中司
    - 内察院
    - 内八道肃政廉访司
    - 行台
      - 肃政廉访司
      - 察院
  - 宣政院
    - 宣慰司都元帅府
  - 大宗正府

元朝统治机构示意图

六、明清时期

明朝朱元璋废除丞相制度,以六部直接对皇帝负责。尽管之后内阁逐渐成为中央辅政部门,但是六部作为中央政务体制重要组成部分的地位一直没有被撼动。清朝在沿袭明朝中央行政制度的基础上,又进行了适当的修改以便于君主更加集权——设立军机处。六部实际上成了军机处的执行机构,尽管两者之间不存在隶属关系。

尽管仍旧是六部,但是六部的管理体制发生了变化,即"明代六部的建制和职任划分打破了唐代以来的六部二十四司的传统框架,将主管税收的户部和主管司法的刑部各司改为按省区设置,对口管辖,使有关管理工作更加深入。清代基本承袭明制,但也略有改变"①。

吏部:主管人事行政管理事务,具体而言,包括品秩的确定、铨选、考课、罢免等事务。下设文选清吏司、验封司、稽勋司和考功司。

① 柏桦:《中国政治制度史》(第三版),中国人民大学出版社,2011 年,第 183 页。

户部:执掌全国财政事务。主要包括田地、户籍、赋税、俸饷等财政事宜。按照地区来设置相应的管理机构。明朝时分为十三司,具体为:河南、山东、山西、陕西、浙江、江西、湖广、广东、广西、四川、福建、云南、贵州。清朝增加了江南司,一共为十四司。

礼部:主要掌管典礼事务与教育行政事务。礼部下设四司,明清皆为:仪制清吏司,掌嘉礼、军礼及管理学务、科举考试事;祠祭清吏司,掌吉礼、凶礼事务;主客清吏司,掌宾礼及接待外宾事务;精膳清吏司,掌筵飨廪饩牲牢事务。四司之外,清设有铸印局,掌铸造皇帝宝印及内外官员印信。会同四译馆,掌接待各藩属、外国贡使及翻译等事。

兵部:主要掌管全国军事事务。兵部下设四司:武选清吏司,考核武职官员的品级与选补、升调、承袭、封赠诸事,并管理土司;车驾清吏司,掌全国马政及驿传等事;职方清吏司,掌武职官员的叙功、核过、抚恤、军旅之简阅、考察、巡防等事,并管理关禁与海禁;武库清吏司,掌全国之兵籍、军器并武科考试之事。此外,清设稽俸厅,掌稽察武职官俸;会同馆,管理京师驿传事务;捷报处,掌递送文书。

刑部:主要执掌全国司法事务。遇到重大案件时,与督察员、大理寺共同审理和复核。明朝时期,按照省区设置了十三司,清朝时增加了直隶、奉天、江苏、安徽四司,一共为十七司。

工部:职掌土木兴建之制,器物利用之式,渠堰疏降之法,陵寝供亿之典。明清工部下设四司:营缮清吏司,掌宫室官衙营造修缮;虞衡清吏司,掌制造、收发各种官用器物,主管度量衡及铸钱;都水清吏司,掌估销工程费用,主管制造诏册、官书等事;屯田清吏司,掌陵寝修缮及核销费用,支领物料及部分税收。除四司外,清还设有制造库,掌制造皇帝车驾、册箱、宝箱、仪仗、祭器等;节慎库,掌收发经费款项;料估所,掌估工料之数及稽核、供销京城各坛庙、宫殿、城垣、各部院衙署等工程。

晚清时期,1961年设立了总理各国事务衙门,1901年改为外务部,职责基本上没变。之后,辛亥革命时期、北洋军政府时期和南京国民政府时期则不再论述。

七、中华民国时期

中华民国时期的中央行政系统包括了南京临时政府、北洋军阀统治和中国国民党统治三个时期。这三个时期基本上都实行以部委为主的行政体制。南京临时政府时期,设置有陆军部、海军部、外交部、司法部、财政部、内务部、教育部、实业部、交通部等。南京国民政府时期,1928 年 2 月 13 日颁布的《修正中华民国国民政府组织法》规定,"国民政府设内政、外交、财政、交通、司法、农、矿、工、商、等部,并设最高法院、监察院、考试院、大学院、审计院、法制院、建设委员会、军事委员会、蒙藏会员会、侨务委员会"。)

1931 年 6 月 15 日颁布的《中华民国国民政府组织法》规定,"国民政府设行政院、立法院、司法院、考试院、监察院及各部、会。各院、部、会得依法发布命令"。

八、小结

1. 集权与分权是永恒主题,是一个往复循环的动态过程。宏观上,中央集权于皇帝,部门分权是永恒趋势,这一过程贯穿于封建君主专制走向巅峰的整个过程。在君主专制集权制度下,一切设官任职以及机构的调整,无不先从君主的统治利益出发,如故意采取政务系统的多轨多元化,故意造成他们之间的相互牵制和监督,再以内侍、宫官代替外朝职官,虚职实官,虚官实职,有意使职、权相脱节等,其主要根源都来自于专制君主的控制。离开君主专制这一特点,就无法理解中国古代中央政务管理体制及其演变。

2. 中央政务体制设置的合理与否直接关系着国家治理能力的强弱。过度分权制衡可能会导致行政能力和效力下降,造成积贫积弱。

3. 政治体系分工不断细化。虽然中国古代社会一直处于农业社会,但是内部分工也在不断地慢慢细化。这种社会分工的细化反映到政治制度方面则是政治体系分工的不断精细化。从文武合一到文武分开,再到文官队伍内部的分权制衡,逐步实现了由简到繁的发展过程,中国古代中央政务体制在配合君主集权的前提下实现了发展。

第三篇

第三章 地方行政制度

中央行政制度和地方行政制度是古代中国君主专制集权制度的一体两翼,即君主专制是主体,中央行政制度和地方行政制度是君主专制制度的工具。更进一步地说,在中央层面,权力不仅要集中于皇帝;在地方层面,权力也要通过中央行政制度集权于皇帝。从古代国家治理兴衰周期律来看,较之于中央行政制度,地方行政制度对国家治理效果的影响更为深刻,中国古代的动乱往往由地方行政势力强于中央政府行政势力而引起。例如,周末的春秋战国动乱是由周王朝势力衰微、地方诸侯崛起导致;唐朝的安史之乱是由中央政府空虚而地方处于藩镇割据状态导致;三国时期的动乱等也往往逃不出中央势力与地方势力对比失衡的魔咒。因此,仔细分析地方行政制度对了解中国古代地方治理及其对国家治理的影响有深刻意义。

第一节 分封制的巩固

西周是中国典型的封建社会①,采用分封制。

《通典》卷第三十三职官十五记载:

> 周官有县正,四百里为县。各掌其县之政令而赏罚之。春秋时,列国相灭,多以其地为县,则县大而郡小。故传云:"上大夫受县,下大夫受郡。"周书作雒篇曰:"千里百县,县有四郡。"县邑之长曰宰,曰尹,曰公,曰大夫,晋谓之大夫,鲁、卫谓之宰,楚谓之公、尹。其职一也。孔子为中都宰一年,四方皆则之,由中都宰为司空。又齐威王即位,召即墨大夫语之曰:"子居即墨,毁日至,然吾使人视即墨,田野辟,民人给,官

---

① 这里的封建社会指的是狭义的封建社会,即封土建国。与马克思主义学说中的封建社会相区别。

无留事,东方以宁,是子不事吾左右以求名也。"封之万家。召阿大夫语
曰:"自子之守阿,名日闻,然使视阿,田野不辟,民人贫苦,是子以币厚
吾左右以求名也。"乃烹阿大夫,左右常称者皆并烹之。遂起兵击诸侯,
诸侯震惧。人人不敢饰非,务尽其诚,齐国大治。又子产理郑,人不能
欺。宓子贱理单父,人不忍欺。西门豹理邺,人不敢欺。至于战国,则
郡大而县小矣。故甘茂谓秦武王曰:"宜阳大县,名日县,其实郡也。"①

《文献通考》卷六十三职官考十七记载:

> 周官有县正(四百里为县),各掌其县之政令而赏罚之。春秋时,列
> 国相灭,多以其地为县,则县大而郡小,故《传》云上大夫受县,下大夫受
> 郡(《周书·作雒篇》曰:"千百里县,县有四郡。")。县邑之长曰宰,曰
> 尹,曰公,曰大夫(晋谓大夫,鲁、卫谓之宰,楚谓之公、尹),其职一也(孔
> 子为中都宰一年,四方皆则之,由中都宰为司空)。至於战国,则郡大而
> 县小矣。故甘戊谓秦武王曰:"宜阳,大县。名曰县,其实郡也。"②

第二节　郡县制的确立

秦朝统一六国后,废除分封制,实行与中央集权和君主专制制度相辅相
成的郡县制。"百代皆行秦政",秦朝确立的郡县制为后世历代王朝所沿用,
是中国古代地方行政制度的一次重大改革,具有革命性意义。这一重大改
革或革命性意义主要体现在其所确立的地方政府或下级政府的权力来源问
题上。较之分封制,郡县制确立了地方政府或下级政府的权力来源于上级
政府或中央政府的基本原则。秦汉之后,尽管地方行政单位的名称有变化
(如州县称谓、行省称谓等),但是这一权力来源的基本原则未发生任何实质
性改变,贯穿于中国社会发展历程中。这一权力来源原则与当今的单一制
体制在本质上是一样的。

马克思主义认为,新事物符合事物发展的必然趋势,因而具有强大的生
命力和远大的发展前途;旧事物丧失了存在的必然性,因而失去了生命力和

---

① (唐)杜佑:《通典》(上),岳麓书社,1995年,第486页。
② (元)马端临:《文献通考》(上册),中华书局,1986年,第567~574页。

发展前途,必然被新事物所代替;新事物战胜旧事物的过程是前进性和曲折性的统一。郡县制作为新事物,其建立并不是一帆风顺的,它是在与分封制的思潮和社会环境的斗争中逐步建立起来的。分封制与井田制相适应,代表了一种落后的生产方式和生产关系。而春秋时期兴起的铁农具和牛耕推动了社会生产关系和生产力的巨大进步,极大地提高了社会生产力,促进了社会经济的发展,因此出现了新型的社会阶级——地主阶级,这也预示着新的社会经济基础的形成。生产力决定生产关系,经济基础决定上层建筑,因而上层建筑的变革在所难免,是一种历史趋势。因此,在一定程度上讲,郡县制和分封制两种社会思潮的斗争,实际上是两种不同的社会生产关系和经济基础的斗争。而之所以会发生斗争,是因为这种生产关系尚处于新事物新生、旧事物消亡的对抗阶段,两者势均力敌,尚未具有一种生产关系和经济基础在整个社会范围内对另一种生产关系和经济基础的压倒性优势。这两种社会思潮的斗争在君主专制的条件作用下,直接或间接导致了之后发生的"焚书坑儒"惨剧。

《史记·秦始皇本纪》①记载:

> 丞相绾等言:"诸侯初破,燕、齐、荆地远,不为置王,毋以填之。请立诸子,唯上幸许。"始皇下其议於群臣,群臣皆以为便。廷尉李斯议曰:"周文武所封子弟同姓甚众,然後属疏远,相攻击如仇雠,诸侯更相诛伐,周天子弗能禁止。今海内赖陛下神灵一统,皆为郡县,诸子功臣以公赋税重赏赐之,甚足易制。天下无异意,则安宁之术也。置诸侯不便。"始皇曰:"天下共苦战斗不休,以有侯王。赖宗庙,天下初定,又复立国,是树兵也,而求其宁息,岂不难哉!廷尉议是。"
>
> 分天下以为三十六郡,郡置守、尉、监。更名民曰"黔首"。大酺[pú]。收天下兵,聚之咸阳,销以为锺鐻,金人十二,重各千石,置廷宫中。一法度衡石丈尺。车同轨。书同文字。地东至海暨朝鲜,西至临洮、羌中,南至北乡户,北据河为塞,并阴山至辽东。

可以看出,第一段话描述了当时中央决策高层的决策过程,反映了分封制和郡县制两种社会思潮的争论,更直观地反映了当时的秦王朝中央决策者为什么采用郡县制而不是分封制的缘由,即分封制导致了"相攻击如仇

---

① (汉)司马迁:《史记》,岳麓书社,2002 年,第 44 页。

雠,诸侯更相诛伐",而郡县制则能够避免。第二段话则描述了刚建立的新王朝——秦朝所采取的中央集权措施。

《史记·秦始皇本纪》记载:

始皇置酒咸阳宫,博士七十人前为寿。仆射①周青臣进颂曰:"他时秦地不过千里,赖陛下神灵明圣,平定海内,放逐蛮夷,日月所照,莫不宾服。以诸侯为郡县,人人自安乐,无战争之患,传之万世。自上古不及陛下威德。"始皇悦。

博士②齐人淳于越进曰:"臣闻殷周之王千馀岁,封子弟功臣,自为枝辅。今陛下有海内,而子弟为匹夫,卒有田常、六卿之臣,无辅拂,何以相救哉?事不师古而能长久者,非所闻也。今青臣又面谀以重陛下之过,非忠臣。"始皇下其议。

丞相李斯曰:"五帝不相复,三代不相袭,各以治,非其相反,时变异也。今陛下创大业,建万世之功,固非愚儒所知。且越言乃三代之事,何足法也?异时诸侯并争,厚招游学。今天下已定,法令出一,百姓当家则力农工,士则学习法令辟禁。今诸生不师今而学古,以非当世,惑乱黔首。丞相臣斯昧死言:古者天下散乱,莫之能一,是以诸侯并作,语皆道古以害今,饰虚言以乱实,人善其所私学,以非上之所建立。今皇帝并有天下,别黑白而定一尊。私学而相与非法教,人闻令下,则各以其学议之,入则心非,出则巷议,夸主以为名,异取以为高,率群下以造谤。如此弗禁,则主势降乎上,党与成乎下。禁之便。

臣请史官非秦记皆烧之。非博士官所职,天下敢有藏诗、书、百家语者,悉诣守、尉杂烧之。有敢偶语诗书者弃市。以古非今者族。吏见知不举者与同罪。令下三十日不烧,黥为城旦。所不去者,医药卜筮种树之书。若欲有学法令,以吏为师。"制曰:"可。"③

这几段从《史记》中摘录出来的文字,再一次详细介绍了分封制与郡县制思潮的争锋以及由此导致的焚书坑儒惨剧。也可以说,焚书坑儒事件的

---

① "仆射,秦官。古者重武,官有主射以督课之。"应劭曰:"仆,主也。"后文会详细介绍。

② 博士,官名。春秋战国已有其称,初泛指学者,战国末年齐、魏、秦等国置为职官。秦、西汉初充当皇帝顾问,参与议政、制礼,典守书籍,秩四百石,秩虽卑而职位尊显。设仆射为之长,名义上隶太常。武帝改置五经博士,兼具学官职能,掌教授经学、考核人才、奉命出使等事。

③ (汉)司马迁:《史记》,岳麓书社,2002 年,第 48 页。

直接导火索是,分封制思潮在社会民间的盛行,导致中央集权者皇帝必须通过非常规手段来为郡县制造势。背后的深层原因则是代表分封制的旧的社会关系尚不愿退出历史舞台。手段/政策虽一时之计,但其影响却非常深远,"以吏为师"的中国古代学问格局自此形成。当然,这属于文化层面的影响了。

需要说明的是,分封制与郡县制社会思潮的争论并不仅仅是刚刚脱离井田制生产关系的秦朝的专利,即使是在唐朝,也产生过分封制与郡县制的争论。而唐朝,属于封建生产力和生产关系的鼎盛年代,这足以说明秦朝之时,分封制与郡县制社会思潮的争论有多么的严重以至于秦始皇必须采取焚书坑儒的政策措施。当然,这并不是在为秦始皇辩论,仅仅是客观的看待这一事件的前前后后,客观的分析郡县制的产生并不是一帆风顺的。

柳宗元在《封建论》一文中,比较郡县制和分封制的利弊得失。他在这篇文章中写道:

> 秦:……时则有叛人而无叛吏,人怨于下而吏畏于上,天下相合,杀守劫令而并起。咎在人怨,非郡邑之制失也。
>
> 汉有天下,矫秦之枉,徇周之制,剖海内而立宗子,封功臣。……然而封建之始,郡国居半,时则有叛国而无叛郡,秦制之得亦以明矣。继汉而帝者,虽百代可知也。
>
> 唐兴,制州邑,立守宰……虐害方域者,失不在于州而在于兵,时则有叛将而无叛州。州县之设,固不可革也。
>
> 周之事迹……失在于制,不在于政,周事然也。
>
> 秦之事迹……失在于政,不在于制,秦事然也。[①]

经过焚书坑儒事件之后,"封建制"正式退出历史舞台,"郡县制"稳固地登上了历史舞台。影响了整个中国历史,乃至当今的行政区划划分。这是秦始皇的历史贡献,也是中国古代历史的贡献。"百代都行秦政"成为经典描述,"天下一统,四海一家,中央集权,分级管理"成为形象描述。

郡县制,顾名思义,即是以郡和县为核心的制度。也就是说,秦朝地方行政制度主要是由郡和县两个行政层级组成。再加上中央行政系统,行政

---

① 上海辞书出版社文学鉴赏辞典编纂中心:《柳宗元诗文鉴赏辞典》,上海辞书出版社,2014年,第19页。

层级一共三级。此为行政层级。从行政区域划分或郡县数量来看,《史记·秦始皇本纪》记载:"分天下以为三十六郡,郡置守、尉、监。"之后调整演变为四十八郡。从行政岗位设置来看,均设置郡守、郡尉和郡监。三者之间的职能划分为:郡守,主要负责行政事务,为郡的最高长官;郡尉,"协助郡守典武职甲卒"[①];郡监,"监察一郡政务"[②]。从郡的行政地位来看,郡是地方最高一级政权,承上连接中央政府,启下连接地方政府,若郡建制不全,则直接影响中央政令的上传下达。从行政任命角度看,郡和县长官及其附属官员均由中央直接任命。

郡之下是县级行政建制。县依据人口多少分为大县和小县。人口为万户以上的县,其长官为县令,秩比六百石到一千石。人口为万户以下的县,其长官为县长,秩比为三百石到五百石。县长和县令执掌一县之政事,范围涵盖了治民、赋役、诉讼等事务,无所不包。县长或县令下面设置县丞和县尉。县丞职责在于协助县长或县令,兼管司法。县尉职责在于征召和训练军队。县丞和县尉均由中央任命。除此之外,还有县令或县长自行辟除的官员,或者更确切地说是吏。例如,主管文书的令史、主管监狱事务的狱掾、主管仓储的仓吏等一众吏员。

县级建制之下还设有乡、亭、里、什、伍等组织。乡级建制设有啬夫、三老、游徼等官吏。啬夫主要负责诉讼、赋税等事务。三老主要负责教化等事务。游徼主要负责治安等事务。亭设置亭长,里设置里正(又称之为里魁),什设置什长,伍设置伍长。《管子·立政》记载:"十家为什,五家为伍,什伍皆有长焉。"[③]

《史记·商君列传》记载:

令民为什伍(五家为保,十家相连),而相收司连坐(收司谓相纠发也)。不告奸者腰斩;告奸者与斩敌首同赏;匿奸者与降敌同罚。民有二男以上不分异者倍其赋。有军功者,各以率受上爵;为私斗者,各以轻重被刑大小。勠力本业,耕织,致粟帛多者复其身;事末利及怠而贫者,举以为收孥。宗室非有军功论,不得为属籍。明尊卑爵秩等级,各以差次名田宅,臣妾衣服以家次。有功者显荣,无功者虽富无所芬华。……行之十年,秦民大说,道不拾遗,山无盗贼;家给人足;民善于公战,怯于

①② 吕宗力:《中国历代官制大辞典》(修订版),商务印书馆,2015 年,第 705 页。
③ (春秋)管仲:《管子》,时代文艺出版社,2008 年,第 17 页。

第三篇　政治体系　197

私斗；乡邑大治。①

　　简而言之，秦朝从中央到地方的行政建制可以用下图来表示：

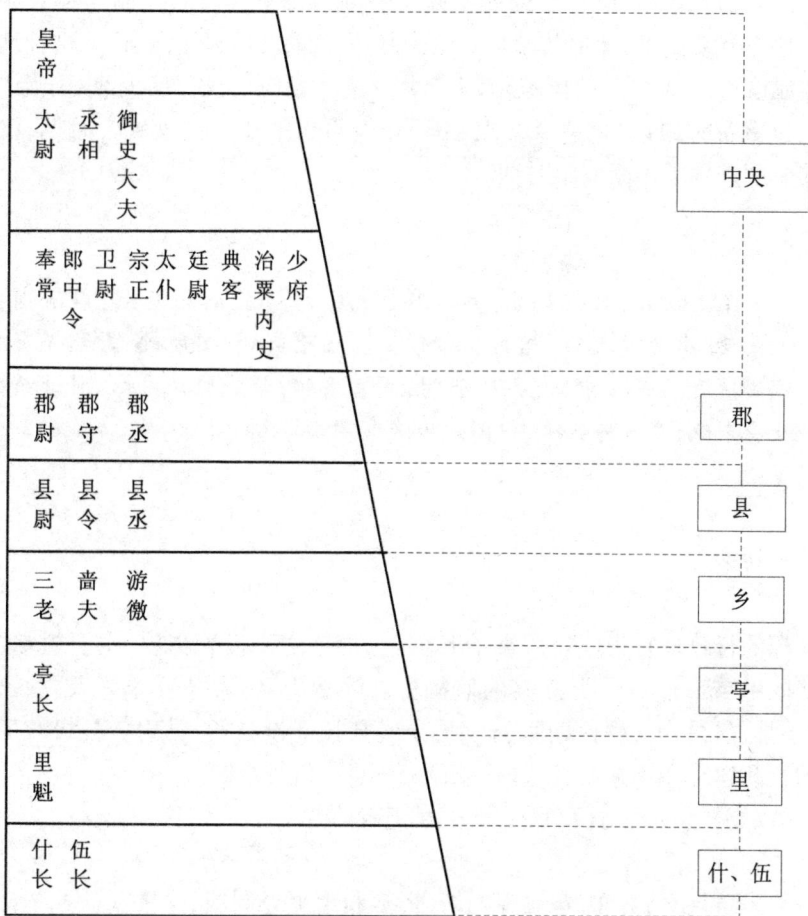

皇帝

太尉　丞相　御史大夫

奉常　郎中令　卫尉　宗正　太仆　廷尉　典客　治粟内史　少府

中央

郡尉　郡守　郡丞　　郡

县尉　县令　县丞　　县

三老　啬夫　游徼　　乡

亭长　　亭

里魁　　里

什长　伍长　　什、伍

郡县制下的垂直系统简图

来源：易中天：《秦并天下》，浙江文艺出版社，2016年，第47页。

　　秦帝国严密的垂直管理系统使统一国家进入前所未有的严密管控时代，在多级管理重压之下的是处于帝国最底层的广大小民。

---

① （汉）司马迁：《史记》，岳麓书社，2002年，第413页。

第三节　封国制与郡县制结合

汉虽初承秦制,但在沿袭秦朝郡县制的基础上实行封国制与郡县制并重的地方行政制度,即郡县制与封国制并行,简称"郡国并行制"。这种地方行政制度对汉朝初期的国家治理产生了重大影响。汉景帝时期,开始"削藩",汉武帝时颁布"推恩令","封国"影响再次缩小。到汉武帝时期,汉朝行政制度进入了不断调整时期。

《后汉书·百官一》记载:

> 汉之初兴,承继大乱,兵不及戢,法度草创,略依秦制,后嗣因循。至景帝,感吴楚之难,始抑损诸侯王。及至武帝,多所改作,然而奢广,民用匮乏。世祖中兴,务从节约,并官省职,费减亿计,所以补复残缺,及身未改,而四海从风,中国安乐者也。①

一、汉初的郡

郡的行政长官为郡守,"掌治其郡"。郡守之下设置郡尉,主要执掌"守典武职甲卒",还有负责监察的监御史。郡下为县,大县置令一人,秩比千石;小县置长一人,秩比四百石。县令或县长下设县丞、县尉。县级政府以下的行政建制亦承秦制,设置有乡、亭、里、什、伍等组织。

《汉书》卷一九上《百官公卿表》②记载:

> 监御史,秦官,掌监郡。汉省,丞相遣史分刺州,不常置。武帝元封五年(公元前96)初置部刺史③,掌奉诏条④察州,秩六百石,员十三人。成帝绥和元年(公元前8)更名牧,秩二千石 哀帝建平二年(公元前5)复为刺史,元寿二年(公元前1)复为牧。
>
> 郡守,秦官,掌治其郡,秩二千石。……景帝中二年(公元前148)更

---

① (南朝宋)范晔:《后汉书》,中州古籍出版社,1996年,第191页。
② (东汉)班固:《汉书》,中州古籍出版社,1996年,第295页。
③ 部刺史:指州刺史。
④ 诏条:此处特指有关部刺史职责的六条诏令。

名太守。郡尉,秦官,掌佐守①典武职甲卒,秩比二千石。

　　县令、长,皆秦官,掌治其县。万户以上为令,秩千石至六百石。减万户②为长,秩五百石至三百石。……乡有三老、有秩、啬夫、游徼。三老掌教化。啬夫职听讼,收赋税。游徼徇禁贼盗。列侯所食县曰国,皇太后、皇后、公主所食曰邑,有蛮夷③曰道。凡县、道、国④、邑千五百八十七,乡六千六百二十二,亭二万九千六百三十五。

东汉末年天下分为十三州,州成了最高一级地方政府。州的行政建制是由监察建制逐步演变而来的。也就是说,西汉时期,州仅仅是一个监察区域划分,到东汉末年,州才逐步由监察区演变为行政区,成为郡以上的一级行政区划,从而形成了州—郡—县的三级体制。

汉朝初期,为了加强对地方的监察,汉文帝常常命丞相派员到全国各地监察。这个时期,由中央政府派员到地方监察尚未制度化,仅仅属于临时设置。汉武帝元封五年(公元前106年),为了加强中央集权,加强中央对地方的监察,分全国为十三州,各州派刺史一人。刺史的主要职责在于"察举天下非法,通籍殿中"。这些刺史无治所,奉诏巡行诸郡,以六条问事,"权不牧人"。刺史秩比六百石,郡守秩比二千石,这是以小制大。

唐人戴叔伦《抚州刺史庭壁记》记载:

　　汉置十三部刺史,以察举天下非法,通籍殿中,乘传奏事,居靡定处,权不牧人。⑤

刺史以六条问事,《汉书·百官公卿表》注引《汉宫典职仪》记载:

　　以六条问事,非条所问,即不省。一条,强宗豪右田宅逾制,以强凌弱,以众暴寡。二条,二千石不奉诏书遵承典制,倍公向私,旁诏守利,侵渔百姓,聚敛为奸。三条,二千石不恤疑狱,风厉杀人,怒则任刑,喜则淫赏,烦扰苛暴,剥戮黎元,为百姓所疾,山崩石裂,妖祥讹言。四条,

---

① 守:此处指郡守。
② 减万户:即不满万户。
③ 蛮夷:此处指少数民族。
④ 国:此处特指侯国,与诸侯王的"国"不同。诸侯国之"国",时称王国,与郡同级。
⑤ (唐)戴叔伦:《抚州刺史庭壁记》。

二千石选署不平，苟阿所爱，蔽贤宠顽。五条，二千石子弟恃怙荣势，请托所监。六条，二千石违公下比，阿附豪强，通行货赂，割损政令也。①

《汉书·朱博传》记载：

> 迁冀州刺史。博本武吏，不更文法，及为刺史行部，吏民数百人遮道自言，官寺尽满。从事白请且留此县录见诸自言者，事毕乃发，欲以观试博。博心知之，告外趣驾。既白驾办，博出就车见自言者，使从事明敕告吏民："欲言县丞尉者，刺史不察黄绶，各自诣郡。欲言二千石墨绶长吏者，使者行部还，诣治所。其民为吏所冤，及言盗贼辞讼事，各使属其部从事。"博驻车决遣，四五百人皆罢去，如神。吏民大惊。后博徐问，果老从事教民聚会。博杀此吏，州郡畏博威严。②

东汉末年，刺史由临时的监察制度逐步制度化，并逐步演变为地方上最高一级的行政长官，其权限也由之前的监察权力逐步扩大到了行政权力并进而扩展到了军事权力。自此，地方行政体制由郡县二级变成了州郡县三级。

从历史效果来看，刺史制度的设置对维护中央集权、加强中央对地方的监察、澄清吏治起到了积极作用，在昭宣中兴的形成过程中扮演了重要角色。但是中国古代任何一种制度的有效施行皆依赖于皇权的强弱和中央政府与地方政府势力的对比。初期，刺史奉诏巡行，位低权轻，也对加强皇权的积极作用大于消极作用。后期，刺史变成州牧，职权涵盖了地方军权、政权、财权、民事裁判权，俨然变成了一方诸侯，对维护皇权的积极作用小于消极作用。当皇权处于弱势时，往往引起社会的动乱。从组织理论来看，初期，刺史是临时委派的，无固定治所，属于临时组织；后期，刺史成为州牧，有固定治所，则属于正式组织了。以临时组织来制约正式组织，并最终使临时组织演变为正式组织也是中国古代维护并加强皇权的重要规律。而组织一旦建立起来，则具有维护以自身存在、发展并壮大为核心的自身利益的动力，再加上组织演变的惯性与惰性，让撤销组织变得异常艰难。刘昭注《后汉书·百官志》记载：

---

① （汉）蔡质：《汉官典职仪》。
② （东汉）班固：《汉书》，中州古籍出版社，1996年，第990页。

　　　　焉牧益土,造帝服于岷、峨;袁绍取冀,下制书于燕、朔;刘表荆南,
　　郊天祀地;魏祖据兖,遂构皇业:汉之殄灭,祸源乎此。

　　历史事实也证明了,董卓之乱之后,中央政府已经难以有效约束各地方
州牧,国家陷入了动乱状态。
　　从人员及岗位设置情况看,人员与司隶校尉属官略同。以司隶校尉为
例来进行说明。司隶校尉附属吏有从事史12人。
　　《后汉书·百官四》记载:

　　　　司隶校尉一人,比二千石。本注曰:孝武帝初置,持节,掌察举百官
　　以下,及京师近郡犯法者。元帝去节,成帝省,建武中复置,并领一州。
　　从事史十二人。本注曰:都官从事,主察举百官犯法者。功曹从事,主
　　州选署及众事。别驾从事,校尉行部则奉引,录众事。簿曹从事,主财
　　谷簿书。其有军事,则置兵曹从事,主兵事。其余部郡国从事,每郡国
　　各一人,主督促文书,察举非法,皆州自辟除,故通为百石云。假佐二十
　　五人。本注曰:主簿录阁下事,省文书。门亭长主州正。门功曹书佐主
　　选用。《孝经》师主监试经。《月令》师主时节祠祀。律令师主平法律。
　　簿曹书佐主簿书。其余都官书佐及每郡国,各有典郡书佐一人,各主一
　　郡文书,以郡吏补,岁满一更。司隶所部郡七。

二、汉初的封国

　　汉初实行郡国并行制,封国也是汉初地方行政制度的重要组成部分。
所谓封国,简单而言,即是周朝分封制在汉朝的一种变异,源于汉初刘邦大
封同姓王(9个)和异姓王(7个)。这些同姓王或异姓王辖地远远超过郡级
行政区划,且具有比较大的独立性,拥有自己辖地内的政权、财政权、司法权
和部分军事权,对汉朝前期的国家治理造成了消极影响。例如,汉初七国之
乱中的吴王统兵20万。
　　《汉书》卷一九《百官公卿表》[①]记载:

──────────
　　① （东汉）班固:《汉书》,中州古籍出版社,1996年,第295页。

　　诸侯王,高帝初置,金玺绶①,掌治其国。有太傅辅王,内史治国民,中尉掌武职,丞相统众官,群卿大夫都官如汉朝。景帝中五年(公元前145年)令诸侯王不得复治国,天子为置吏,改丞相曰相,省御史大夫、廷尉、少府、宗正、博士官,大夫、谒者、郎诸官长丞皆损其员。武帝改汉内史为京兆尹,中尉为执金吾,郎中令为光禄勋,故王国如故。损其郎中令,秩千石。改太仆曰仆,秩亦千石。成帝绥和元年(公元前8年)省内史,更令相治民,如郡太守,中尉如郡都尉。

《汉书·高帝纪》记载:

　　高祖置酒雒阳南宫。高祖曰:"吾所以有天下者何? 项氏之所以失天下者何?"高起与王陵起身回答说:"陛下嫚而侮人,项羽仁而敬人,然陛下使人攻城略地,所降下者,因以与之,与天下同利也。项羽妒贤嫉能,有功者害之,贤者疑之,战胜而不与人功,得地而不与人利,此其所以失天下也。"高祖曰:"公知其一,未知其二。夫运筹策帷帐之中,决胜于千里之外,吾不如子房。镇国家,抚百姓,给馈饷,不绝粮道,吾不如萧何。连百万之军,战必胜,攻必取,吾不如韩信。此三者,皆人杰也,吾能用之,此吾所以取天下也。项羽有一范增而不能用,此其所以为我擒也。"②

　　这段文字中,"陛下使人攻城略地,所降下者,因以与之,与天下同利也",说的就是汉初刘邦所分封的异姓王,即长沙王吴芮、楚王韩信、梁王彭越、淮南王英布、赵王张耳、燕王臧荼(后燕王卢绾)、韩王韩信(为与楚王韩信相区别,故习惯称之为韩王信)。而在称帝后,却陆续消灭了除长沙王吴芮和赵王张耳(因病而亡)之外的其他诸侯王。这也从侧面反映了封国制对国家治理尤其是中央集权的威胁。贾谊也注意到了这种危害,他在上汉文帝的《治安策》中写到:

　　(高皇帝)即天子位,割膏腴之地以王诸公,多者百余城,少者乃三四十县,惠至渥也,然其后十年之间,反者九起。③

①　璏(lì)绶:即紫绶。璏:可以染绿的草,此处指紫色。
②　(东汉)班固:《汉书》,中州古籍出版社,1996年,第10页。
③　贾谊:《治安策》,中华书局,1975年。

在消灭异姓王的同时,刘邦又大封同姓王9人,分别为楚王、荆王、代王、齐王、赵王、梁王、淮阳王、淮南王、燕王。至公元前195年,同姓王完全取代了原来的异姓王。这些同姓王的辖地也非常广阔。《汉书·高帝纪》记载:"以故东阳郡、鄣郡、吴郡五十三县立刘贾为荆王;以砀郡、薛郡、郯郡三十六县立弟文信君交为楚王。……以云中、雁门、代郡五十三县立兄宜信侯喜为代王;以胶东、胶西、临淄、济北、博阳、城阳郡七十三县立子肥为齐王。"

《汉书·诸侯王表》记载:

> 汉兴之初,海内新定,同姓寡少,惩戒亡秦孤立之败,于是剖裂疆土,立二等之爵,功臣侯者百有余邑,尊王子弟,大启九国。①

《史记·吴王濞列传》详细记录了这一过程,其中关于刘邦在封刘濞为吴王时的心里活动描述得尤为生动。

> 吴王濞者,高帝兄刘仲之子也,高帝已定天下七年,立刘仲为代王。而匈奴攻代,刘仲不能坚守,弃国亡,闲行走洛阳,自归天子。天子为骨肉故,不忍致法,废以为郃阳侯。高帝十一年秋,淮南王英布反,东并荆地,劫其国兵,西度淮,击楚,高帝自将往诛之。刘仲子沛侯濞年二十,有气力,以骑将从破布军蕲西会甀,布走。荆王刘贾为布所杀,无后。上患吴、会稽轻悍,无壮王以填之,诸子少,乃立濞于沛为吴王,王三郡五十三城。已拜受印,高帝召濞相之,谓曰:"若状有反相。"心独悔,业已拜,因拊其背,告曰:"汉后五十年东南有乱者,岂若邪? 然天下同姓为一家也,慎无反!"濞顿首曰:"不敢。"
>
> 会孝惠、高后时,天下初定,郡国诸侯各务自拊循其民。吴有豫章郡铜山,濞则招致天下亡命者(益)[盗]铸钱,煮海水为盐,以故无赋,国用富饶。
>
> 晁错为太子家令,得幸太子,数从容言吴过可削。数上书说孝文帝,文帝宽,不忍罚,以此吴日益横。及孝景帝即位,错为御史大夫,说上曰:"昔高帝初定天下,昆弟少,诸子弱,大封同姓,故王孽子悼惠王王齐七十余城,庶弟元王王楚四十余城,兄子濞王吴五十余城:封三庶孽,分天下半。今吴王前有太子之郤,诈称病不朝,于古法当诛,文帝弗忍,

---

① （东汉)班固:《汉书》,中州古籍出版社,1996年,第77页。

因赐几杖。德至厚,当改过自新。乃益骄溢,即山铸钱,煮海水为盐,诱天下亡人,谋作乱。今削之亦反,不削之亦反。削之,其反亟,祸小;不削,反迟,祸大。"①

汉景帝时,七国之乱爆发,百姓生灵涂炭。七国之乱平定之后,中央对各个诸侯王实行了"圈养"措施。《汉书·高五王传》记载:

> (高祖)以海内初定,子弟少,激秦孤立亡藩辅,故大封同姓,以填天下。时诸侯得自除御史大夫群卿以下众官,如汉朝,汉独为置丞相。自吴、楚诛后,稍夺诸侯权,左官、附益、阿党之法设,其后诸侯唯得衣食租税,贫者或乘牛车。②

三、汉朝的县级政府

汉朝县级政府基本上延续了秦朝时期的机构设置,实行县—乡—亭—里—制度。

《后汉书·百官五》记载:

> 属官,每县、邑、道,大者置令一人,千石:其次置长,四百石;小者置长,三百石;侯国之相,秩次亦如之。本注曰:皆掌治民,显善劝义,禁奸罚恶,理讼平贼,恤民时务,秋冬集课,上计于所属郡国。
>
> 凡县主蛮夷曰道。公主所食汤沐曰邑。县万户以上为令,不满为长。侯国为相。皆秦制也。丞各一人。尉大县二人,小县一人。本注曰:丞署文书。典知仓狱。尉主盗贼。凡有贼发,主名不立,则推索行寻,案察奸宄,以起端绪。各署诸曹掾史。本注曰:诸曹略如郡员,五官为廷掾,监乡五部,春夏为劝农掾,秋冬为制度掾。
>
> 乡置有秩、三老、游徼。本注曰:有秩,郡所署,秩百石,掌一乡人;其乡小者,县置啬夫一人。皆主知民善恶,为役先后,知民贫富,为赋多少,平其差品。三老掌教化。凡有孝子顺孙,贞女义妇,让财救患,及学

---

① (汉)司马迁:《史记》,岳麓书社,2002 年,第 601~602 页。
② (东汉)班固:《汉书》,中州古籍出版社,1996 年,第 6 页。

士为民法式者,皆扁表其门,以兴善行。游徼掌徼循,禁司奸盗。又有乡佐,属乡,主民收赋税。

亭有亭长,以禁盗贼。本注曰:亭长,主求捕盗贼,承望都尉。

里有里魁,民有什伍,善恶以告。本注曰:里魁掌一里百家。什主十家,伍主五家,以相检察。民有善事恶事,以告监官。[①]

《汉书·百官公卿表》记载:

> 县令、长,皆秦官,掌治其县。万户以上为令,秩千石至六百石。减万户为长,秩五百石至三百石。皆有丞、尉,秩四百石至二百石,是为长吏。百石以下有斗食、佐史之秩,是为少吏。大率十里一亭,亭有长;十亭一乡,乡有三老、有秩、啬夫、游徼。三老掌教化;啬夫职听讼,收赋税;游徼徼循禁贼盗。县大率方百里,其民稠则减,稀则旷,乡、亭亦如之。皆秦制也。列侯所食县曰国,皇太后、皇后、公主所食曰邑,有蛮夷曰道。凡县、道、国、邑千五百八十七,乡六千六百二十二,亭二万九千六百三十五。[②]

四、汉末的州郡县三级制

如前所述,秦汉时期,整体上是郡县两级制。东汉末年,作为监察区的州逐步演变为一级行政建制,成为地方机构最高一级,刺史改名为州牧,如豫州牧刘备、荆州牧刘表、冀州牧袁绍。自此,州郡县三级地方行政体制开始形成。这种三级体制从东汉末年延伸至隋初。魏蜀吴三国大体上均采用了州郡县的三级地方行政体制。州郡县的行政建制设置与前述相似,州设置州牧或刺史,负责州的行政事务。郡设置太守,附属有郡丞、郡尉等职位。县则设置县长(小县)或县令(大县)。县之下则设置乡、亭等组织。所不同的是,魏晋南北朝实行九品中正制的人才选拔制度,在州层级设置了大中正职位,在郡县层级设置了小中正职位。

---

① (南朝宋)范晔:《后汉书》,中州古籍出版社,1996年,第202~203页。

② (东汉)班固:《汉书》,中州古籍出版社,1996年,第295页。

第四节　从州县二级到道州县三级地方行政体制

隋唐主要是州县二级地方体制。当然,隋朝初期沿用了之前历史遗留下来的州、郡、县三级地方行政体制。

一、隋朝

隋初,地方政府建制依旧实行魏晋南北朝以来的州、郡、县三级制。相关史料记载,北周大象二年,有 211 个州、508 个郡、1124 个县。隋朝大业五年,有 190 个郡、1255 个县。此时的州郡县分别分为上上、上中、上下、中上、中中、中下、下上、下中和下下九个等级。

《隋书·卷二十九志二十四地理上》记载:

> 大象二年,通计州二百一十一,郡五百八,县一千一百二十四。
>
> 五年,平定吐谷浑,更置四郡。大凡郡一百九十,县一千二百五十五,户八百九十万七千五百四十六,口四千六百一万九千九百五十六。①

《隋书·卷二十八志第二十三百官下》记载:

> 上上州,置刺史,长史,司马,录事参军事,功曹,户、兵等曹参军事,法、士曹等行参军,行参军,典签,州都光初主簿,郡正,主簿,西曹书佐,祭酒从事,部郡从事,仓督,市令、丞等员。并佐史,合三百二十三人。上中州,减上州吏属十二人。上下州,减上中州十六人。中上州,减上下州二十九人。中中州,减中上州二十人。中下州,减中中州二十人。下上州,减中下州三十二人。下中州,减下上州十五人。下下州,减下中州十二人。
>
> 郡,置太守,丞,尉,正,光初功曹,光初主簿,县正,功曹,主簿,西曹,金、户、兵、法、士等曹,市令等员。并佐史,合一百四十六人。上中郡,减上上郡吏属五人。上下郡,减上中郡四人。中上郡,减上下郡十九人。中中郡,减中上郡六人。中下郡,减中中郡五人。下上郡,减中

---

① (唐)魏征等:《隋书》,中华书局,1973 年,第 807～808 页。

下郡十九人。下中郡,减下上郡五人。下下郡,减下中郡六人。

县,置令,丞,尉,正,光初功曹,光初主簿,功曹,主簿,西曹,金、户、兵、法、士等曹佐,及市令等员。合九十九人。上中县,减上上县吏属四人。上下县,减上中县五人。中上县,减上下县十人。中中县,减中上县五人。中下县,减中中县五人。下上县,减中下县十二人。下中县,减下上县六人。下下县,减下中县五人。①

从这些数字中可以粗略地计算出官民比。经过魏晋南北朝的动乱时期,人口大幅度减少,但是州郡县的数量并未相应地减少。这样容易造成"民少官多、十羊九牧"问题的发生。

为了克服官多民少的情况,隋文帝于583年"罢郡,以州统县"②,自此,州郡县三级演变为州县二级。州设刺史,县设县令,县以下五家为保,五保为闾,四闾为族,分置保长、闾正、族正。

《隋书·列传第十一》记载:

> 高祖受禅,拜度支尚书,进爵为公。岁馀,出为河南道行台兵部尚书,加银青光禄大夫。尚希时见天下州郡过多,上表曰:"自秦并天下,罢侯置守,汉、魏及晋,邦邑屡改。窃见当今郡县,倍多于古,或地无百里,数县并置,或户不满千,二郡分领。具僚以众,资费日多;吏卒人倍,租调岁减。清干良才,百分无一,动须数万,如何可觅?所谓民少官多,十羊九牧。琴有更张之义,瑟无胶柱之理。今存要去闲,并小为大,国家则不亏粟帛,选举则易得贤才,敢陈管见,伏听裁处。"帝览而嘉之,于是遂罢天下诸郡。③

《隋书·百官志》记载:

> 罢州置郡,郡置太守。上郡从三品,中郡正四品,下郡从四品。京兆、河南则俱为尹,并正三品。罢长史、司马,置赞务一人以贰之。(京兆、河南从四品,上郡正五品,中郡从五品,下郡正六品。)次置东西曹掾,(京兆、河南从五品,上郡正六品,中郡从六品,下郡正七品。)主簿,

---

① (唐)魏征等:《隋书》,中华书局,1973年,第783~784页。
② 同上,第792页。
③ 同上,第1252~1253页。

司功、仓、户、兵、法、士曹等书佐,各因郡之大小而为增减。改行参军为行书佐。旧有兵处,则刺史带诸军事以统之,至是别置都尉,副都尉。都尉正四品,领兵,与郡不相知。副都尉正五品。又置京辅都尉,从三品,立府于潼关,主兵领遏。并置副都尉,从四品。又置诸防主、副官,掌同诸镇。大兴、长安、河南、洛阳四县令,并增为正五品。诸县皆以所管闲剧及冲要以为等级。丞、主簿如故。其后诸郡各加置通守一人,位次太守,京兆、河南,则谓之内史。又改郡赞务为丞,位在通守下,县尉为县正,寻改正为户曹、法曹,分司以承郡之六司。河南、洛阳、长安、大兴,则加置功曹,而为三司,司各二人。郡县佛寺,改为道场,道观改为玄坛,各置监、丞。京都诸坊改为里,皆省除里司,官以主其事。①

从上述史料中可以看出,隋炀帝于大业三年,即公元 607 年,"罢州置郡,郡置太守。上郡从三品,中郡正四品,下郡从四品。京兆、河南则俱为尹,并正三品"。

二、唐朝

唐朝的地方行政体制独具特色,在唐朝的前期、中期和晚期形成了不同的行政体制,对唐朝地方治理产生了重要影响。

唐朝初期的地方行政制度承袭隋朝,采用州、县二级制。唐初,唐高祖李渊改郡为州,改太守为刺史,二级行政体制没有发生实质性改变。

《通典》卷三十三记载:

> 大唐武德元年,改郡为州,改太守为刺史,加号持节。②

中唐时期,唐朝地方行政制度逐步演变为道、州、县三级制。

同时,出现了新的二级行政区——府。在唐朝的地方行政体制中,府是与州大致相当的行政建制,属于同一级地方政府。但是两者编制不同、称谓各异。这构成了唐朝地方行政制度的一大特色。

---

① (唐)魏征等:《隋书》,中华书局,1973 年,第 773～803 页。
② (唐)杜佑:《通典》,浙江古籍出版社,2007 年,第 934 页。

（一）州府级行政建制

唐玄宗开元元年（公元 713 年），改雍州为京兆府，改洛州为河南府，改并州为太原府。之后又不断增设了凤翔府（原歧州）、成都府（原益州）、河中府（原蒲州）、江陵府、兴元府（原梁州）、兴德府（原华州）。其中，京兆府、河南府和太原府又被称为三都府。根据《唐六典》记载，京兆府、河南府、太原府各置牧各一人，从二品，地位高于上州（从三品）、中州（正四品上）、下州（正四品下）。这三都府或因为政治因素，如太原府为李氏王朝起家的地方，为"龙兴之地"；或因为经济因素和军事因素，如河南府为中原地带，是历代王朝兵家必争之地，交通四通八达；或因为政治因素和经济因素，如京兆府是中央政府所在地，是唐朝的政治经济文化中心，也是李氏王朝赖以起家的关陇集团所在地。

《唐六典》卷三十三府督护州县官吏记载：

> 京兆、河南、太原府：牧各一人，从二品；（昔舜分九州为十二州，始置十二牧。大禹铸鼎，贡金九牧。《周礼》八命作牧。秦分天下为三十六郡，京为内史，汉武帝改为京兆尹，秩二千石。后汉都洛阳，为河南尹，魏、晋因之。历代所都皆为尹：江左为丹阳尹，北齐为清都尹，后周及隋复为京兆尹。始秦分天下，令御史监郡，汉省之，丞相遣史分刺诸州。武帝初置部刺史十三人，掌奉诏条察州，秩六百石，类今之十道使也；又置司隶校尉，部三辅、三河、弘农，类今之京畿按察使也。成帝更名刺史为牧，秩二千石。后汉复为刺史，后复为牧。魏、晋已下皆为刺史。晋武帝罢司隶校尉，置司州牧。江左为扬州刺史，后魏、北齐皆为司州牧。后周置雍州牧，隋因之。大业三年，罢州置郡，京兆、河南皆为尹，则兼牧之任矣。皇朝又置雍州牧。洛州初为都督府，及置都，亦为牧。开元初，复为京兆、河南尹。）尹一人，从三品；（汉京兆尹有都尉、丞，皆诏除。都尉比二千石，典武职；丞秩六百石。后汉省都尉，州又置别驾、治中，皆刺史自辟除。魏、晋已下皆因之。隋文帝罢郡，以州统县，改别驾、治中为长史、司马。炀帝罢州置郡，罢长史、司马，置赞治，后改为丞；又置通守以贰太守，京兆、河南等为内史。皇朝置雍州别驾，永徽中，改为长史，正四品下。开元初，改长史为尹，从三品。然亲王为牧，皆不知事，职务总归于尹，亦汉氏京尹之任也。）少尹二人，从四品下。（魏、晋已下有治中，隋文帝改为司马，炀帝改为赞治，后改为丞。皇朝复曰治中，后避高宗讳，改曰司马。开元初，改为少尹，置二员。）司

第三篇

录参军事二人,正七品上;(汉、魏已来及江左,郡有督邮、主簿,盖录事参军之任也,皆太守自辟除。后魏、北齐、后周、隋氏,州皆有录事参军。及罢郡,以州统县,皆吏部选除。炀帝罢州置郡,有东、西曹掾及主簿。皇朝省掾、主簿,置录事参军。开元初,改为司录参军。)录事四人,从九品上;(隋置京兆录事四人,皇朝因之。)府、史各二人。功曹参军事二人,正七品下,(汉、魏已下,司隶校尉及州、郡皆有功曹、户曹、贼曹、兵曹等员。北齐诸州有功曹、仓曹、中兵、外兵、甲曹、法曹、士曹、左户等参军事。隋诸州有功曹、户曹、兵曹等参军事,法曹、士曹行参军;郡有西曹、金曹、户曹、兵曹、法曹、士曹等。及罢郡置州,以曹为名者,改曰司。炀帝罢州置郡,改司功、司仓、司户、司兵、司法、司士等为书佐。皇朝因其六司,而改书佐为参军事。开元初,为功曹参军。)府六人,史十二人。仓曹参军事二人,正七品下;(北齐诸州有仓曹参军事,隋文帝改为司仓参军,炀帝改为司仓书佐,皇朝复为仓曹参军。)府八人;史十六人。户曹参军事二人,正七品下;(汉、魏已来,州、郡皆有户曹掾,或为左户。隋有户曹参军,文帝改为司户参军,炀帝为司户书佐,皇朝因为司户参军。开元初,为户曹参军。)府十一人;史二十二人;帐史一人。(景云初置。)兵曹参军事二人,正七品下;(汉、魏已下,诸州皆有兵曹,或为中兵、外兵、骑兵。北齐已下,改复并与功曹同。)府九人;史十八人。法曹参军事二人,正七品下;(汉、魏已下,州、郡有贼曹、决曹掾,或法曹,或墨曹。自隋已下,改复并与上同。)府九人;史十八人。士曹参军事二人,正七品下;(北齐诸州有士曹行参军。已下改复,并与上同。)府七人;史十四人。参军事六人,正八品下。(注见王府参军文下。)执刀十五人。典狱十八人。问事十二人。白直二十四人。经学博士一人,从八品上;助教二人;(魏、晋已下,郡、国并有文学,即博士、助教之任。并皇朝置。)学生八十人。(皇朝置。)医学博士一人;助教一人;(开元初置。)医学生二十人。(贞观初置。)

根据内陆与边疆的地理标准,府又可以划分为内陆府与边疆府。边疆府主要负责管理少数民族事务。"自唐太宗到武则天,先后设立了安西、北庭、蒙池、昆陵、单于、安北、安东、安南八个都护府,有效实行了对少数民族地区的管理。到了玄宗开元、天宝年间,剩下 6 个。"[①]其中,单于、安西、安北

---

① 周宝砚:《唐王朝地方行政编制的成功经验及启示》,《社会科学》,1999 年第 6 期。

为大都护府,安南、安东、北庭为上都护府。大都护府的行政长官为从二品,与京兆府、河南府和太原府的行政长官同级。上都护府的行政长官为正三品,略高于上州的行政长官(从三品)。

《通典》卷三十二职官十四记载:

> 大唐永徽中,始于边方置安东、安西、安南、安北四大都护府,后又加单于北庭都护府。麟德元年,改云中都护为单于都护。府置都护一人,掌所统诸蕃慰抚、征讨、斥堠,安东、安西、安南、安北四大都护府,后又加单于北庭都护府。麟德元年,改云中都护为单于都护。府置都护一人,掌所统诸蕃慰抚、征讨、斥堠,安辑蕃人及诸赏罚,叙录勋功,总判府事。副都护二人,掌贰都护事。其安北单于则置一人。长史、司马各一人。录事、功曹、仓曹、户曹、兵曹、法曹参军各一人,参军事三人。其安北单于唯有司马、仓曹、兵曹各一人,余并不置。

《通典》卷三十记载:

> 大都护府,大都护一人,从二品;副大都护一人,从三品;副都护二人,正四品上。(汉武帝开西域,安其种落三十六国,置使者、校尉以领护之。宣帝时,郑吉为西域都护,始立幕府;都护之名,自吉始也。至章帝时,废西域都护,令戊己校尉领之。魏、晋之间,有都护左右军、都护将军之号,遂废都护之名。皇朝永徽中,始置安南、安西大都护。景云二年,又置单于都护。开元初,置北庭都护。今有单于副都护。)长史一人,正五品上;(汉宣帝置西域都护长史一人,自后不绝,今单于则不置。)司马一人,正五品下。(汉武帝置护乌桓校尉、护羌校尉,各司马二人;元帝置戊己校尉,亦置司马一人,皆都护司马之任也。)录事参军事一人,正七品上;录事二人,从九品上;史二人。功曹参军事一人,正七品下;府二人;史二人。仓曹参军事一人,正七品下;府二人;史二人。户曹参军事一人,正七品下;府三人;史三人;帐史一人。兵曹参军事一人,正七品下;府三人;史四人。法曹参军事一人,正七品下;府三人;史四人。参军事三人,正八品下。(单于唯有兵曹、苍曹两员。)
> 上都护府,都护一人,正三品;副都护二人,从四品上。长史一人,正五品上;司马一人,正五品下。录事参军事一人,正七品下;录事二人;史三人。功曹参军事一人,从七品上;府二人;史二人。仓曹参军事

一人,从七品上;府二人;史二人。户曹参军事一人,从七品上;府三人;史三人;帐史一人。兵曹参军事一人,从七品上;府三人;史四人。参军事人,从八品上。

都护、副都护之职,掌抚慰诸蕃,辑宁外寇,觇候奸诱,征讨携离;长史、司马贰焉。诸曹如州、府之职。①

从上述史料中可以看出,大都护府和上都护府的不同有二。一是最高行政长官级别有高低之分,大都护府的都护为从二品,而上都护府的都护为正三品。二是编制不同。大都府的行政编制为 48 人,而上都护府的行政编制为 40 人。

普通州依据户口划分为上州、中州、下州。《通典》卷三十三记载:

开元中,定天下州府,自京都及都督、都护府之外,以近畿之州为四辅。同、华、岐、蒲四州谓之四辅。八年,都督刺史品卑者,借绯鱼袋。按武德令,三万户以上为上州。永徽令,二万户以上为上州。显庆元年九月敕,户满三万以上为上州,二万以上为中州。先以上州、中州者,仍旧。至开元十八年三月敕,太平时久,户口日殷,宜以四万户以上为上州,二万五千户为中州,不汉二万户为下州。六千户以上为上县,三千户以上为中县,不满二千户为下县。其余为六雄、郑、陕、汴、绛、怀、魏六州为六雄。十望、宋、亳、滑、许、汝、晋、洺、虢、卫、相十州为十望。十紧、初有十紧州,后入紧者甚多,不复具列。及上中下之差。凡户四万以上为上州,二万五千以上为中州,不满二万为下州。亦有不约户口以别敕为上州者。又谓近畿者为畿内州,户虽不满四万,亦为上州。其亲王任中、下州刺史者,亦为上州。王去任后,即依旧式。天宝中,通计天下凡上州一百九,中州二十九,下州一百八十九,总三百二十七州也。时南海太守刘巨麟,以赃罪,诏杖杀之。自至德之后,州县凋弊,刺史之任,大为精选。诸州始各有兵镇,刺史皆加团练使,故其任重矣。②

《文献通考·职官考十七》记载:

---

① (唐)杜佑:《通典》,中华书局,1984 年,第 171~176 页。
② (唐)杜佑:《通典》(上),岳麓书社,1995 年,第 480 页。

开元中,定天下州府,自京都及都督、都护府之外,以近畿之州为四辅(同、华、岐、蒲四州谓之四辅。八年,都督、刺史品卑者借绯鱼袋。按《武德令》,三万户以上为上州。《永徽令》,二万户以上为上州。显庆元年九月敕,户满三万以上为上州,二万以上为中州,先以为上州、中州者仍旧。至开元十八年三月敕:"太平时久,户口日殷,宜以四万户以上为上州,二万五千户为中州,不满二万户为下州;六千户以上为上县,三千户以上为中县,不满三千户为下县。"),其馀为六雄(郑、陕、汴、绛、怀、魏六州为六雄)、十望(宋、亳、滑、许、汝、晋、洺、虢、卫、相十州为十望)、十紧(初有十紧州,后入紧者甚多,不复具列)、及上、中、下之差(凡户四万以上为上州,二万五千以上为中州,不满二万为下州。亦有不约户口以别敕为上州者。又谓近畿者为畿内州,户虽不满四万,亦为上州。其亲王任中、下州刺史者亦为上州。王去任后即依旧式。天宝中,通计天下上州一百九,中州二十九,下州一百八十九,总三百二十七州也。时南海太守刘巨鳞以赃罪,诏杖杀之。自至德后,州县凋弊,刺史之任大为精选,诸州始有兵镇,刺史皆加团练使,故其任重矣)。五代时,仍刺史之号。后唐时,以二十五月为限。①

从上述史料可以看出,根据户口多少,普通州可以划分为上州、中州、下州;根据距京地理位置、地势等条件,普通州分为四辅、六雄、十望、十紧诸州。"已称辅、雄、望、紧的州,不再以户口多寡称为上中下州。"②

《唐六典》卷三十三中详细记载了上中下州的行政建制状况:

上州,(凡户满四万已上为上州。)刺史一人,从三品。(秦置御史监郡,汉初省之,丞相遣史分刺诸州,亦不常置。至武帝元封五年,初置部刺史十三人,掌奉诏条察诸州,秋、冬入奏,居无常所。后汉则皆有定所。属官有别驾·治中·主簿·功曹从事、诸曹掾等员,皆自辟除;以刺众官及万人非违,故谓之刺史。自汉、魏已来,或为牧,或为刺史,皆管郡。隋初,上州有刺史、长史、司马、录事参军、功曹·户曹·兵曹等参军事、法曹·士曹等行参军、典签、州都、光初主簿、郡正主簿、西曹书佐、祭酒从事、部郡从事、仓督、市令、丞等员并佐史等;郡置太守、丞、

<hr>

① (元)马端临:《文献通考》(上册),中华书局,1986年,第567~574页。
② 周宝砚:《唐王朝地方行政编制的成功经验及启示》,《社会科学》,1999年第6期。

尉、正、光初功曹、光初主簿、县正功曹、主簿、西曹、金、户、兵、法、士等曹、市令等并佐史员；州、郡皆为九等。三年，罢郡，以州统县，改别驾、赞治为长史、司马。旧周、齐州郡县职，自州都，县正已下皆自调用以理事，至是不知事，直谓之乡官，别置品官，皆吏部选除；佐官以曹为名者，皆改为司。十四年，改九等州、县为四等。十五年，罢乡官。炀帝三年，罢州置郡，置太守，罢长史、司马，置赞治以贰之。后又置通守，改赞治为丞。录事已下，并见于上。）别驾一人；从四品下；长史一人，从五品上；司马一人，从五品下。录事参军事一人，从七品上；录事二人，从九品上，史三人。司功参军事一人，从七品下；佐三人；史六人。司仓参军事一人，从七品下；佐三人；史六人。司户参军事二人，从七品下；佐三人；史七人；帐史一人。司兵参军事一人；从七品下；佐三人；史六人。司法参军事二人，从七品下；佐四人；史八人。司士参军事一人，从七品下；佐三人；史六人。参军事四人。执刀十五人。典狱十四人。问事八人。白直二十人。市令一人，从九品上；丞一人；佐一人；史二人；帅三人；仓督二人，史四人。经学博士一人，从八品下；助教二人；学生六十人。医学博士一人，正九品下；助教一人；学生十五人。

中州，（户二万已上。）刺史一人，正四品上。别驾一人正五品下；长史一人，正六品上；司马一人，正六品下。录事参军事一人，正八品上；录事一人，从九品下；史二人。司功参军事一人，正八品下；佐二人；史四人。司仓参军事一人，正八品下；佐二人；史四人。司户参军事一人，正八品下；佐三人；史五人；帐史一人。司兵参军事一人，正八品下；佐三人；史四人。司法参军事一人，正八品下；（兼掌司士事。）佐三人；史六人。参军事三人，正九品下。执刀十人。典狱十二人。问事六人。白直十六人。市令一人；丞一人；佐一人；史二人；帅二人；仓督二人；史三人。经学博士一人，正九品上；助教一人；学生五十人。医学博士一人，从九品下；助教一人；学生十二人。

下州，（户不满二万者为下州。）刺史一人，正四品下。别驾一人，从五品上；司马一人，从六品上。录事参军事一人，从八品上；录事一人，从九品下；史二人。司仓参军事一人，从八品下；（兼掌司功事。）佐二人；史四人。司户参军事一人，从八品下；（兼掌司兵事。）佐三人；史五人；帐史一人。司法参军事一人，从八品下；（兼掌司士事。）佐二人；史四人。参军事二人，从九品下。执刀十人。典狱八人。问事四人。白直十六人。市令一人；佐一人；史一人；帅二人；仓督一人，史二人。经学博士一人,正九品下;助教一人;学生四十人。医学博士一人,从九品下;学生一十人。

对于府督护州县官吏的职责,《唐六典》卷三十三中也有详细的记载:

> 京兆、河南、太原牧及都督、刺史掌清肃邦畿,考核官吏,宣布德化,抚和齐人,劝课农桑,敦谕五教。每岁一巡属县,观风俗,问百姓,录囚徒,恤鳏寡,阅丁口,务知百姓之疾苦。部内有笃学异能闻于乡闾者。举而进之;有不孝悌,悖礼乱常,不率法令者,纠而绳之。其吏在官公廉正己清直守节者,必察之;其贪秽谄谀求名徇私者,亦谨而察之,皆附于考课,以为褒贬。若善恶殊尤者,随即奏闻。若狱讼之枉疑,兵甲之徵遣,兴造之便宜,符瑞之尤异,亦以上闻。其常则申于尚书省而已。若孝子顺孙,义夫节妇,志行闻于乡闾者,亦随实申奏,表其门闾;若精诚感通,则加优赏。其孝悌力田者,考使集日,具以名闻。其所部有须改更,得以便宜从事。若亲王典州及边州都督、刺史不可离州局者,应巡属县,皆委上佐行焉。

与行政建制相对的,则是军事建制,即都督府。
《通典》卷第三十二职官十四记载:

> 太极初,以并、益、荆、扬为四大都督府。开元十七年,加潞州为五焉。其余都督定为上中下等。上都督府五,中都督府十三,下都督府十六。前后制置,改易不恒,难可备叙。凡大都督府,置大都督一人,掌所管都督诸州城隍、兵马、甲仗、食粮、镇戍等。亲王为之,多遥领。其任亦多为赠官。长史居府以总其事。各有长史、司马、录事、功曹以下官属,但员数多少与诸州府有差,其职事不异,具郡佐篇。

《唐六典》卷三十记载:

> 大都督府:都督一人,从二品。(魏黄初二年,始置都督诸州军事,或领镇戍、总夷校尉;三年,上军大将军曹真都督中外诸军事。司马宣王征蜀,加号大都督。自此之后,历代皆有。至隋,改为总管府。皇朝武德四年,又改为都督府。贞观中,始改为上、中、下都督府。)长史一

人,从三品;(秦、汉边郡有长史。魏、晋已来,诸州皆有别驾、治中。至北齐,八命、七命、六命州刺史各有长史,隋九等州亦有长史。开皇三年,改雍州别驾为长史;炀帝罢州置郡,又改为别驾,唯都督府则置长史。永徽中,始改别驾为长史,大都督府长史仍旧正四品下,开元初始增其秩。)司马二人,从四品下。(北齐及隋九等州各有司马。开皇三年,改雍州赞治为司马。皇朝改郡为州,各置治中一人,其都督府则置司马。永徽中,改治中为司马。)录事参军事二人,正七品上;录事二人,从九品上;史四人。功曹参军事一人,正七品下;府四人;史六人。仓曹参军事二人,正七品下;府四人;史八人。户曹参军事二人,正七品下;府五人;史十人;帐史一人。兵曹参军事二人,正七品下;府四人;史八人。法曹参军事二人,正七品下;府四人;史八人。士曹参军事一人,正七品下;府四人;史八人。参军事五人,正八品下。执刀十五人。典狱十六人。问事十人。白直二十二人。市令一人,从九品上;(汉代诸郡、国皆有市长,晋、宋已后皆因之。隋氏始有市令。皇朝初,又加市丞。户四万已上者,省补市令。)丞一人;佐一人;史二人;帅三人;仓督二人,史四人。(北齐九等州、县各有仓督员,隋因之。)经学博士一人,从八品上;助教二人;学生六十人。医学博士一人,从八品下;助教一人;学生十五人。(若中、下都督府户满四万已上者,官员同此,唯减司马一人。)

中都督府:都督一人,正三品。别驾一人,正四品下;(汉司隶校尉有别驾从事,校尉一人行部则奉引,主录众事。旧解以为别乘传车,故曰别驾。诸州刺史亦有之。元帝时,条州大小,为设吏员,别驾、治中、诸部从事秩皆百石。后汉改曰别驾从事史,三国因之。晋代诸州各置别驾、治中从事史一人,宋、齐、梁、陈、后魏、周、隋因而不改,皇朝因之。永徽中,改别驾为长史。垂拱初,又置别驾员,多以皇家宗枝为之。神龙初罢,开元初复置,始通用庶姓焉。)长史一人,正五品上;司马一人,正五品下。录事参军事一人,正七品下;录事二人,从九品上;史四人。功曹参军事一人,从七品上;府三人;史六人。仓曹参军事一人,从七品上;(凉州加一人,仍加府一人、史二人。)府三人;史六人。户曹参军事一人,从七品上;府四人;史七人;帐史一人。兵曹参军事二人,从七品上;府四人;史八人。(若管内无军团,虽有军团唯管三州已下者,省兵曹一人。)法曹参军事一人,从七品上;府四人;史八人。士曹参军事一人,从七品上;府三人;史六人。参军事四人,从八品上。执刀十五人。典狱十四人。问事八人。白直二十人。市令一人,从九品上;丞一人;

佐一人;史二人;帅三人;仓督二人,史四人。经学博士一人,从八品下;
助教二人;学生六十人。医学博士一人,正九品下;助教一人;学生十五
人。(下都督府户满二万已上者,官员亦准此。)

下都督府:都督一人,从三品。(户不满二万为下都督。)别驾一人,
从四品下;长史一人,从五品上;司马一人,从五品下。录事参军事一
人,从七品上;录事二人,从九品上;史三人。功曹参军事一人,从七品
下;府二人;史二人。(州管户不满一万者,不置功曹,其事隶入仓曹。)
仓曹参军事一人,从七品下,府三人;史六人。户曹参军事一人,从七品
下;府四人,史七人;帐史一人。兵曹参军事一人,从七品下;府三人,史
六人。法曹参军事一人,从七品下;(兼掌士曹事。)府三人,史六人。参
军事三人,从八品下。(管户不满一万者,省一人。)执刀十五人。典狱
十二人。问事六人。白直十六人。市令一人,从九品上;丞一人;佐一
人;史二人;帅二人;仓督二人,史三人。经学博士一人,从八品下;助教
一人;学生五十人。(若边远僻小州不满五千户者,四分减一。)医学博
士一人;助教一人;学生十二人。

(二)县级行政建制

县是唐朝地方行政建制的第二级。与州府级别的行政建制划分类似,
县级行政建制亦有等级之分。

《文献通考》卷六十三职官考十七记载:

> 唐县有赤(三府共有六县)、畿(八十二)、望(七十八)、紧(百一十
> 一)、上(四百四十六)、中(二百九十六)、下(五百五十四)七等之差(京
> 都所治为赤县,京之旁邑为畿县。其馀则以户口多少、资地美恶为差)。
> 凡一千五百七十三县,令各一人。五代任官,凡龌龊无能者始注为县令
> (故天下之邑,率皆不治,甚者诛求刻剥,猥琐万状)。[1]

《通典》卷第三十三职官十五记载:

> 大唐县有赤、三府共有六县。畿、八十二。望、七十八。紧、百一十
> 一。上、四百四十六。中、二百九十六。下五百五十四。七等之差。京

---

[1]　(元)马端临:《文献通考》(上册),中华书局,1986 年,第 567~574 页。

都所治为赤县,京之旁邑为畿县。其余则以户口多少、资地美恶为差。
凡一千五百七十三县,令各一人。天宝四载,柳升为长安令,有赃罪,朝
堂杖杀之。①

《通典》记载:

> 六千户以上为上县,三千户以上为中县,不满二千户为下县。②

从上述史料中可以看出,唐朝的县级建制可以划分为赤县、畿县、望县、
紧县、上县、中县、下县七个等级。从这些史料中还可以看出,唐朝州县等行
政建制的等级划分,不仅考虑了人口户数,也考虑了政治地位、经济地位、地
理位置、军事因素等条件。至于州县级别行政建制中,上中下三个等级的人
口户数,不同的时期,则有不同的规定。一般情况为,新王朝建立初期比较
少,而后随着社会经济的不断繁荣,人口不断增加。例如,唐高祖武德初期,
三万户已上为上州;唐高宗李治时期,户满三万已上为上州;唐朝皇帝唐玄
宗李隆基时期,四万户已上为上州。相关文献详细记载了这一变化。

《唐会要》卷七十量户口定州县等第例记载:

> 武德令。三万户已上为上州。永徽令。二万户已上为上州。至显
> 庆元年九月十二日敕。户满三万已上为上州。二万已上为中州。先已
> 定为上州中州者。仍旧。至开元十八年三月十七日敕。太平时久。户
> 口日殷。宜以四万户已上为上州。二万五千户为中州。不满二万户为
> 下州。其六雄十望州三辅等。及别敕同上州都督。及畿内州并同上
> 州。缘边州三万户已上为上州。二万户已上为中州。其亲王任中州下
> 州刺史者。亦为上州。王去任后。仍旧。武德令。户五千已上为上
> 县。二千户已上为中县。一千户已上为中下县。至开元十八年三月七
> 日。以六千户已上为上县。三千户已上为中县。不满三千户为中下
> 县。其赤畿望紧等县。不限户数。并为上县。去京五百里内。并缘边
> 州县。户五千已上亦为上县。二千已上为中县。一千已上为中下县。③

---

① (唐)杜佑:《通典》(上),岳麓书社,1995 年,第 488 页。
② 同上,第 480 页。
③ (宋)王溥:《唐会要》,中华书局,1955 年,第 1231 页。

《文献通考·职官考十七》记载：

> 显庆元年九月敕，户满三万以上为上州，二万以上为中州，先以为上州、中州者仍旧。至开元十八年三月敕："太平时久，户口日殷，宜以四万户以上为上州，二万五千户为中州，不满二万户为下州；六千户以上为上县，三千户以上为中县，不满三千户为下县。"[①]

(三)道级行政建制的设置

与州由监察区逐步演变为一级行政建制相类似，道级行政建制在唐朝前期主要是作为监察区而设置的。安史之乱之后，道这一级建制逐步演变为州县之上的一级地方行政组织，唐朝的地方行政制度也由州县二级制演变为道州县三级制。

《唐会要》卷七十记载：

> 贞观元年三月十日。并省州县。始因关河近便。分为十道。一曰关内道。(古雍州之地。)二曰河南道。(古兖豫青徐四州之地。)三曰河东道。(古冀州之地。)四曰河北道。(古幽冀二州之地。)五曰山南道。(古荆梁二州之地。)六曰陇右道。(古雍梁二州之地。)七曰淮南道。(古扬州之地。)八曰江南道。(古扬州之地。)九曰剑南道。(古梁州之地。)十曰岭南道。(古荆州之地。)凡天下三百六十州。自后并省。迄于天宝。凡三百三十一州存焉。而羁縻之州八百。京兆府尹有三。(京兆。河南。太原。)大都督有五。(潞。扬。益。荆。幽。)都护府有六。(单于。安西。安北。安南。安东。北庭。为大都护。)又有上中下都督府。凡天下军有四十。府有六百三十四。镇有四百五十。戍五百九十。守捉有三十五。[②]

从这段史料中可以看出，道是在"并省州县"的基础上，依据"关河近便"来设置的，并非一级行政建制。不同时代，道的数量有所增减。唐玄宗时期，在关内道长安附近增置京畿道，河南道洛阳附近增置都畿道，山南道被分为山南东道和山南西道，江南分置江南东道、江南西道和黔中道。十道逐

---

① （元）马端临：《文献通考》（上册），中华书局，1986 年，第 567~574 页。
② 王溥：《唐会要》，中华书局，1985 年，第 1231~1233 页。

步演化为十五道，诸道的范围渐成定制。每道置采访使（后有时称为观察处置使，简称观察使；有时称之为按察使、采访处置使、巡按使等）一人，作为监察官。

《旧唐书·地理志》记载：

开元二十一年，分天下为十五道，每道置采访使，检察非法，如汉刺史之职：京畿采访使、理京师城内都畿、河东理蒲卅理东都城内关内、以京官遥领河南、理汴州河北、理魏州陇右、理鄯州山南东道、理襄州山南西道、理梁州剑南、理益州淮南、理扬州江南东道、理苏州江南西道、理洪州黔中、理黔州岭南理广州。又于边境置节度、经略使，式遏四夷。凡节度使十，经略守捉使三。①

从上述史料中可以看出，开元二十一年（公元 733 年），全国一共十五道。每道设置采访使，主要职责为检察非法，与汉朝的刺史职能相类似。

《唐会要》卷七十七《巡察按察巡抚使》条记载：

贞观十八年。遣十七道巡察。谏议大夫褚遂良谏曰。臣以为自去年九月不雨。经冬无雪。至今年二月下泽。麦苗如是小可。使人今出。正是农时。普天之下。不能无事。东州追掩。西郡呼集。兼复送迎使人。供拟饮食。道路遑遑。废于田种。使人今犹未发。时节如是小迟。望更过今夏。至来年正月初发遣。书曰。万方有罪。在予一人。国家但得四方整肃。何必要须罪罚。

二十年正月。遣大理卿孙伏伽等二十二人。以六条巡察四方。多所贬黜举奏。太宗命褚遂良一其类。具状以闻。及是。亲自临决。牧宰以下。以能官进擢者二十人。罪死者七人。流罪以下及免黜者数百人。

……

景龙三年。置十道按察使。分察天下。至开元八年五月。复置十道按察使。以陆象先。王皎等为之。

开元元年二月。礼部侍郎张庭珪上疏曰。天下至大。郡邑至多。贤牧良宰。诚难尽得。兼下僚贪暴。小吏侵渔。黎庶不安。穷困众矣。纵其发使廉问。暂往速还。假申今冤。却招后患。各思钳口。无

---

① （后晋）刘昫等：《旧唐书》，中华书局，1975 年，第 1383～1782 页。

敢率心。臣窃见国家比置十道按察使。不限年月。惩恶劝善。激浊扬清。孤穷获安。风俗一变。伏望复下明制。重选使臣。秋冬之后。令出巡察。自然贪吏望风惩革。陛下视听。恒遍于海内矣。

三年三月敕。巡察使出。宜察官人善恶。其有户口流散。籍帐隐没。赋役不均者。不务农桑。仓库减耗者。妖讹宿宵。奸猾盗贼。不事生业。为公私蠹害者。德行孝弟。茂才异等。藏器晦迹。堪应时用者。并访察闻奏。

兴元元年正月诏。令门下平章事萧复。充山南东西。荆南。湖南。淮南。江西。鄂岳。浙江东西。福建。岭南等道宣慰安抚使。呜呼。往率乃职。敬敷朕命。慰勉征戍。劳来困穷。访其所安。察其所弊。滞淹必达。冤滥必申。无惮幽远而不被。无忽细微而不恤。①

上述史料记载了景龙三年、开元元年、开元三年、兴元元年的巡察按察情况。从这些史料中还可以看出，按察使巡视地方的职责范围有明确规定，对结果的处理权限有限，尚不能直接处置，只能"察其所弊""访察闻奏"，目的可能在于限制按察使的权力，防止以监察为目的的诸道演变成地方行政机构，形成尾大不掉的局面，最终可能对中央政府形成威胁。

历史总是惊人的相似，总是在不断重复着之前的故事。"道"作为监察区的设置及相应岗位的设置，标志着中国历史上的行政建制又兜了一个大圈子，又回到汉武帝当年设置十三部刺史以六条问事的格局了。也因此，有学者认为中国无历史，仅仅从形式层面上看，也是不无道理的。毕竟汉朝的官制在唐朝又进行了一次"复制粘贴"。唯一的区别在于，道之于唐朝，始终停留在监察区的设置这一性质内，并未成为一级行政机构。那么问题来了，唐朝末年的藩镇割据如何出现？与地方行政管理体制有关系吗？答案是唐朝地方行政管理体制由二级行政机构转化为三级制，问题不出在派出的监察使节上，而是出在军政合一的节度使上。

《新唐书·兵志》记载：

初，府兵之置，居无事时耕于野，其番上者，宿卫京师而已。若四方有事，则命将以出，事解辄罢，兵散于府，将归于朝。故士不失业，而将帅无握兵之重，所以防微渐、绝祸乱之萌也。及府兵法坏而方镇盛，武

---

① （宋）王溥：《唐会要》，中华书局，1955 年，第 1412~1416 页。

夫悍将虽无事时，据要险，专方面，既有其土地，又有其人民，又有其甲兵，又有其财赋，以布列天下。然则方镇不得不强，京师不得不弱，故曰措置之势使然者，以此也。

夫所谓方镇者，节度使之兵也。原其始，起于边将之屯防者。唐初，兵之戍边者，大曰军，小曰守捉，曰城，曰镇，而总之者曰道：若卢龙军一，东军等守捉十一，曰平卢道；横海、北平、高阳、经略、安塞、纳降、唐兴、渤海、怀柔、威武、镇远、静塞、雄武、镇安、怀远、保定军十六，曰范阳道；天兵、大同、天安、横野军四，岢岚等守捉五，曰河东道；朔方经略、丰安、定远、新昌、天柱、宥州经略、横塞、天德、天安军九，三受降、丰宁、保宁、乌延等六城，新泉守捉一，曰关内道；赤水、大斗、白亭、豆卢、墨离、建康、宁寇、玉门、伊吾、天山军十，乌城等守捉十四，曰河西道；瀚海、清海、静塞军三，沙钵等守捉十，曰北庭道；保大军一，鹰娑都督一，兰城等守捉八，曰安西道；镇西、天成、振威、安人、绥戎、河源、白水、天威、榆林、临洮、莫门、神策、宁边、威胜、金天、武宁、曜武、积石军十八，平夷、绥和、合川守捉三，曰陇右道；威戎、安夷、昆明、宁远、洪源、通化、松当、平戎、天保、威远军十，羊灌田等守捉十五，新安等城三十二，犍为等镇三十八，曰剑南道；岭南、安南、桂管、邕管、容管经略、清海军六，曰岭南道；福州经略军一，曰江南道；平海军一，东牟、东莱守捉二，蓬莱镇一，曰河南道。此自武德至天宝以前边防之制。其军、城、镇、守捉皆有使，而道有大将一人，曰大总管，已而更曰大都督。至太宗时，行军征讨曰大总管，在其本道曰大都督。自高宗永徽以后，都督带使持节者，始谓之节度使，犹犹未以名官。景云二年，以贺拔延嗣为凉州都督、河西节度使。自此而后，接乎开元，朔方、陇右、河东、河西诸镇，皆置节度使。

及范阳节度使安禄山反，犯京师，天子之兵弱，不能抗，遂陷两京。肃宗起灵武，而诸镇之兵共起诛贼。其后禄山子庆绪及史思明父子继起，中国大乱，肃宗命李光弼等讨之，号"九节度之师"。久之，大盗既灭，而武夫战卒以功起行阵，列为侯王者，皆除节度使。由是方镇相望于内地，大者连州十余，小者犹兼三四。故兵骄则逐帅，帅强则叛上。或父死子握其兵而不肯代；或取舍由于士卒，往往自择将吏，号为"留后"，以邀命于朝。天子顾力不能制，则忍耻含垢，因而抚之，谓之姑息之政。盖姑息起于兵骄，兵骄由由方镇，姑息愈甚，而兵将愈俱骄。由是号令自出，以相侵击，虏其将帅，并其土地，天子熟视不知所为，反为和解之,莫肯听命。①

《唐会要》卷七十八记载:

武德元年。因隋旧制。呼为大总管。其年六月七日。诸州总管。加号使持节。至七年二月十八日。改大总管为大都督。

贞观三年八月。李靖除定襄道行军大总管。贞观三年已后。行军即称总管。本道即称都督。永徽已后。除都督带使持节。即是节度使。不带节者。不是节度使。景云二年四月。贺拔延嗣除凉州都督。充河西节度使。此始有节度之号。遂至于今不改焉。

朔方节度使。开元元年十月六日敕。朔方行军大总管。宜准诸道例。改为朔方节度使。其经略。定远。丰安军。西中受降城。单于。丰。胜。灵。夏。盐。银。匦。长安。乐等州。并受节度。至十四年七月。除王晙带关内支度屯田等使。十五年五月。除萧皓。又加盐池使。二十年四月。除牛仙客。又加押诸蕃部落使。二十九年。除王忠嗣。又加水运使。天宝五载十二月。除张齐丘。又加管内诸军采访使。已后遂为定额。②

《通典》卷第三十二职官十四记载:

大唐诸州复有总管,亦加号使持节。刺史加号持节。武德元年,诸州总管亦加号使持节。五年,以洺、荆、并、幽、交五州为大总管府。七年,改大总管府为大都督府,总管府为都督府。旧洺州已置都督府,武德四年废府,置大行台。复有行军大总管者,盖有征伐则置于所征之道,以督军事。自武德以来,亦有元帅之号。太宗为秦王,加西讨元帅。中宗为周王,为洮河道元帅。睿宗为相王,为并州道行军元帅。安禄山反后,天宝十五载,哥舒翰为诸道兵马元帅。其后李光弼、郭子仪复为副元帅。李峘、李若幽、李勉又为兵马都统。盖从其宜也。太极初,以并、益、荆、扬为四大都督府。开元十七年,加潞州为五焉。其余都督定为上中下等。上都督府五,中都督府十三,下都督府十六。前后制置,

---

① (宋)欧阳修、宋祁:《新唐书》,中华书局,1975年,第1328~1330页。
② (宋)王溥:《唐会要》,中华书局,1955年,第1425页。

改易不恒，难可备叙。凡大都督府，置大都督一人，掌所管都督诸州城隍、兵马、甲仗、食粮、镇戍等。亲王为之，多遥领。其任亦多为赠官。长史居府以总其事。各有长史、司马、录事、功曹以下官属，但员数多少与诸州府有差，其职事不异，具郡佐篇。分天下州县制为诸道，每道置使，治于所部。即采访、防御等使也。其边方有寇戎之地，则加以旌节，谓之节度使。自景云二年四月，始以贺拔（廷）[延]嗣为凉州都督，充河西节度使。其后诸道因同此号，得以军事专杀。行则建节，府树六纛，外任之重莫比焉。本皆兼支度、营田使，开元九年十一月敕，其河东、河北不须别置，并令节度使兼充。有副使一人，副贰使。行军司马一人，申习法令，自汉魏至隋，总戎出征，则刺史、都督、将军等官置长史、司马、诸曹参军，为之寮佐，按官置司。大唐本制，大总管乃前代专征之任，其寮佐亦多同之。自后改为节度大使，置副使、判官以为寮佐，如前代长史以下之任。然长史、司马及诸曹是曰官名，副大使、副使、判官乃为使职。有所改易，合随府主。置大使则有副使以下，今若改名，使府不合设官充其寮吏。盖因授任者莫详其源，既有副使，又置司马，参杂重设，遂为其例。况不标于《甲令》，固须区别着定恒规也。判官二人，分判仓、兵、骑、胄四曹事，副使及行军司马通署。掌书记一人，掌表奏书檄。《齐书》曰："宋江夏王义恭取丘巨源为掌书记。"参谋无员，或一人，或二人，参议谋画。随军四人。分使出入。开元中，凡八节度使，碛西、河西、陇右、朔方、河东、幽州、剑南、岭南，此八节度也。后更增加，兼改名号。盖古之持节都督江左四中郎将，近代行军总管之任。凡将帅出行，兵满万人以上，则置长史，司马，仓、兵等曹参军。若万人以下，员数递减。自至德①以来，天下多难，诸道皆聚兵，增节度使为二十余道。其非节度使者，谓之防御使，以采访使并领之。采访理州县，防御理军事。初节度与采访各置一人，天宝中始一人兼领之。代宗为广平王时，充天下兵马元帅，亲总师旅，克定祸乱。以大臣宿将郭子仪、李光弼等随其方面以为副，谓之副元帅，以督诸道事。及皇帝践祚，以雍王为之。王升储宫而元帅阙。干元中，又置都统使，监总管诸道，或领三道，或领五道，皆古方岳牧伯之任也。上元末，省都统，后又改防御使为都团练守捉使，皆主兵事，而无旌节，寮属亦减。有副使一人掌贰使事，判官二人分判军事。自永泰以来，都团练使稍有加置参谋者。若朝觐

---

① 至德（756年7月—758年2月）是唐肃宗的年号，共计3年。

则置留后,择其人而任之。宋武帝起义讨桓(元)[玄],既平京口,向建业,以孟昶为长史,总摄后事。及讨司马休之,伐荆州,以中军将军刘道邻监留府事,皆留后之任也。自后无代无之,不复遍举。①

从上述史料中可以看出,道在前期为单纯的监察区,之后经过唐睿宗李旦、武则天、唐玄宗李隆基、唐肃宗李亨等君主的改革逐步由军政分离过渡为军政合一,为唐朝安史之乱埋下了伏笔。方镇,或称之为藩镇,是唐朝设立的戍边军镇。正如《新唐书·兵志》所记载的:"唐初,兵之戍边者,大曰军,小曰守捉,曰城,曰镇,而总之者曰道。""其军、城、镇、守捉皆有使,而道有大将一人,曰大总管,已而更曰大都督。至太宗时,行军征讨曰大总管,在其本道曰大都督。自高宗永徽以后,都督带使持节者,始谓之节度使,犹犹未以名官。景云二年,以贺拔延嗣为凉州都督、河西节度使。自此而后,接乎开元,朔方、陇右、河东、河西诸镇,皆置节度使。"②唐肃宗以后,方镇成为名副其实的军政合一建制,正如《通典》卷第三十二职官十四记载:"自至德以来,天下多难,诸道皆聚兵,增节度使为二十余道。其非节度使者,谓之防御使,以采访使并领之。采访理州县,防御理军事。初节度与采访各置一人,天宝中始一人兼领之。"③方镇"有其土地,又有其人民,又有其甲兵,又有其财赋,以布列天下"。其结果为"天子顾力不能制,则忍耻含垢,因而抚之,谓之姑息之政。盖姑息起于兵骄,兵骄由由方镇,姑息愈甚,而兵将愈俱骄。由是号令自出,以相侵击,虏其将帅,并其土地,天子熟视不知所为,反为和解之,莫肯听命"④。"安史之乱"以后,节度使由边疆蔓延到内地。节度使就由过去的军事长官变为兼管政务的军政长官,从而在节度使辖区以内,形成了节度使统州、州统县的三级地方行政制度。

《新唐书》完整地记录了方镇的崛起过程。《新唐书》⑤记载:

及府兵法坏而方镇盛,武夫悍将虽无事时,据要险,专方面,既有其土地,又有其人民,又有其甲兵,又有其财赋,以布列天下。然则方镇不得不强,京师不得不弱,故曰措置之势使然者,以此也。

---

① (唐)杜佑:《通典》(上),岳麓书社,1995 年,第 471 ~ 473 页。
② (宋)欧阳修、宋祁:《新唐书》,中华书局,1975 年,第 1328 ~ 1329 页。
③ (唐)杜佑:《通典》(上),岳麓书社,1995 年,第 472 页。
④ (宋)欧阳修、宋祁:《新唐书》,中华书局,1975 年,第 1328 ~ 1330 页。
⑤ 同上,第 1328 ~ 1329 页。

　　夫所谓方镇者，节度使之兵也。原其始，起于边将之屯防者。唐初，兵之戍边者，大曰军，小曰守捉，曰城，曰镇，而总之者曰道。……

　　其军、城、镇、守捉皆有使，而道有大将一人，曰大总管，已而更曰大都督。至太宗时，行军征讨曰大总管，在其本道曰大都督。自高宗永徽以后，都督带使持节者，始谓之节度使。……

　　及范阳节度使安禄山反，犯京师，天子之兵弱不能抗，遂陷两京。……久之，大盗既灭，而武夫战卒以功起行阵，列为侯王者，皆除节度使。由是方镇相望于内地，大者连州十余，小者犹兼三四。

《旧唐书》志第十八地理一记载：

　　又于边境置节度、经略使，式遏四夷。凡节度使十，经略守捉使三。大凡镇兵四十九万人，戎马八万余匹。每岁经费：衣赐则千二十万匹段，军食则百九十万石，大凡千二百一十万。开元已前，每年边用不过二百万，天宝中至于是数。

　　安西节度使，抚宁西域，统龟兹、焉耆、于阗、疏勒四国。安西都护府治所，在龟兹国城内，管戍兵二万四千人，马二千七百匹，衣赐六十二万匹段。焉耆治所，在安西府东八百里。于阗，在安西府南二千里。疏勒，在安西府西二千余里。

　　北庭节度使，防制突骑施、坚昆、斩啜，管瀚海、天山、伊吾三军。北庭节度使所治，在北庭都护府，管兵二万人，马五千匹，衣赐四十八万匹段。突骑施牙帐，在北庭府西北三千余里。坚昆，在北庭府北七千里。东北去斩啜千七百里。瀚海军，在北庭府城内，管兵万二千人，马四千二百匹。天山军，在西州城内，管兵五千人，马五百匹。伊吾军，在伊州西北三百里甘露川，管兵三千人，马三百匹。

　　河西节度使，断隔羌胡。统赤水、大斗、建康、宁寇、玉门、墨离、豆卢、新泉等八军，张掖、交城、白亭三守捉。河西节度使治，在凉州，管兵七万三千人，马万九千四百匹，衣赐岁百八十万匹段。赤水军，在凉州城内，管兵三万三千人，马万三千匹。大斗军，在凉州西二百余里，管兵七千五百人，马二千四百匹。建康军，在甘州西二百里，管兵五千三百人，马五百匹。宁寇军，在凉州东北千里。玉门军，在肃州西二百里，管兵五千二百人，马六百匹。墨离军，在瓜州西北千里，管兵五千人，马四百匹。豆卢军，在沙州城内，管兵四千三百人，马四百匹。新泉军，在会州西北二百余里，管兵千人。张掖守捉，在凉州南二里，管兵五百人。交城守捉，在凉州西二百里，管兵千人。白亭守捉，在凉州西北五百里，管兵千七百人。

朔方节度使，捍御北狄，统经略、丰安、定远、西受降城、东受降城、安北都护、振武等七军府。朔方节度使，治灵州，管兵六万四千七百人，马四千三百疋，衣赐二百万疋段。经略军，理灵州城内，管兵二万七百人，马三千疋。丰安军，在灵州西黄河外百八十里，管兵八千人，马千三百疋。安远城，在灵州东北二百里黄河外，管兵七千人，马三千疋。西受降城，在丰州北黄河外八十里，管兵七千人，马千七百疋。安北都护府治，在中受降城黄河北岸，管兵六千人，马二千疋。东受降城，在胜州东北二百里，管兵七千人，马千七百疋。振武军，在单于东都护府城内，管兵九千人，马千六百疋。

河东节度使，掎角朔方，以御北狄，统天兵、大同、横野、岢岚等四军，忻、代、岚三州，云中守捉。河东节度使，治太原府，管兵五万五千人，马万四千疋，衣赐岁百二十六万疋段，军粮五十万石。天兵军，理太原府城内，管兵三万人，马五千五百疋。云中守捉，在单于府西北二百七十里，管兵七千七百人，马二千疋。大同军，在代州北三百里，管兵九千五百人，马五千五百疋。横野军，在蔚州东北一百四十里，管兵三千人，马千八百疋。忻州，在太原府北百八十里，管兵七千八百人。代州，至太原府五百里，管兵四千人。岚州，在太原府西北二百五十里，管兵三千人。岢岚军，在岚州北百里，管兵一千人。

范阳节度使，临制奚、契丹，统经略、威武、清夷、静塞、恒阳、北平、高阳、唐兴、横海等九军。范阳节度使，理幽州，管兵九万一千四百人，马六千五百疋，衣赐八十万疋段，军粮五十万石。经略军，在幽州城内，管军三万人，马五千四百疋。威武军，在檀州城内，管兵万人，马三百疋。清夷军，在妫州城内，管兵万人，马三百疋。静塞军，在蓟州城内，管兵万六千人，马五百疋。恒阳军，在恒州城东，管兵三千五百人。北平军，在定州城西，管兵六千人。高阳军，在易州城内，管兵六千人。唐兴军，在莫州城内，管兵六千人。横海军，在沧州城内，管兵六千人。

平卢军节度使，镇抚室韦、靺鞨，统平卢、卢龙二军，榆关守捉，安东都护府。平卢军节度使治，在营州，管兵万七千五百人，马五千五百疋。平卢军，在营州城内，管兵万六千人，马四千二百疋。卢龙军，在平州城内，管兵万人，马三百疋。榆关守捉，在营州城西四百八十里，管兵三百人，马百疋。安东都护府，在营州东二百七十里，管兵八千五百人，马七百疋。

陇右节度使，以备羌戎，统临洮、河源、白水、安人、振威、威戎、莫门、宁塞、积石、镇西等十军，绥和、合川、平夷三守捉。陇右节度使，在鄯州，管兵七万人，马六百疋，衣赐二百五十万疋段。临洮军，在鄯州城内，管兵万五千人，马八千疋。河源军，在鄯州西百二十里，管兵四千人，马六百五十疋。白水军，在鄯州西北二百三十里，管兵四千人，马五百疋。安人军，在鄯州界星宿川西，兵万人，马三百五十疋。振威军，在鄯州西三百里，管兵千人，马五百疋。威戎军，在鄯州西北三百五十里，管兵千人，马五十疋。绥和守捉，在鄯州西南二百五十里，管兵千人。合川守捉，在鄯州南百八十里，管兵千人。莫门军，在洮州城内，管兵五千五百人，马二百疋。宁塞军，在廓州城内，管兵五百人，马五十疋。积石军，在廓州西百八十里，管兵七千人，马三百疋。镇西军，在河州城内，管兵万一千人，马三百疋。平夷守捉，在河州西南四十里，管兵三千人。

剑南节度使，西抗吐蕃，南抚蛮獠，统团结营及松、维、蓬、恭、雅、黎、姚、悉等八州兵马，天宝、平戎、昆明、宁远、澄川、南江等六军镇。剑南节度使治，在成都府，管兵三万九百人，马二千疋，衣赐八十万疋段，军粮七十万石。团结营，在成都府城内，管兵万四千人，马千八百疋。翼州，管兵五百人。茂州，管兵三百人。维州，管兵五百人。天宝军，在恭州东南九十里，管兵千人。柘州，管兵五百人。松州，管兵二千八百人。平戎城，在恭州南八十里，管兵千人。雅州，管兵四百人。当州，管兵五百人。黎州，管兵千人。昆明军，在嶲州南，管兵五千一百人，马二百疋。宁远城，在管兵二千人。悉州，管兵五千人。南江郡，管兵三百人。

岭南五府经略使，绥静夷獠，统经略、清海二军，桂管、容管、安南、邕管四经略使。五府经略使治，在广州，管兵万五千四百人，轻税本镇以自给。经略军，在广州城内，管兵五千四百人。清海军，在恩州城内，管兵二千人。桂管经略使，治桂州，管兵千人。容管经略使，治容州，管兵千一百人。安南经略使，治安南都护府，即交州，管兵四千二百人。邕管经略使，管兵七百人。①

---

①　（后晋）刘昫等：《旧唐书》，中华书局，1975 年，第 1383～1782 页。

这些史料详细地描述了节度使足以与中央相抗衡的实力。可以看出，导致唐王朝灭亡的是军政合一体制，军阀全面掌握了地方行政权、军事权、财政权和人事权。再加上虚弱的中央政府，中央直接丧失了对地方的控制力。正如《新唐书·兵志》对唐亡的总结：

> 故兵之始重于外也，土地、民赋非天子有。既其盛也，号令、征伐非其有。又其甚也，至无尺土，而不能庇其妻子宗族，遂以亡灭。[1]

第五节　路州县三级地方行政体制

宋朝吸取了唐朝灭亡的教训，对中央行政体制和地方行政体制进行了调整。分散权力、相互制衡是宋朝进行政府体制改革的主线。由于分权过度，宋朝政府难以有效整合社会，难以有效动员国家资源抗衡周边王朝的侵犯，形成了经济上极度繁荣而国家却积贫积弱的困局。具体到宋朝的地方行政体制，过度分权也是其主线。具体而言，地方没有形成一个统一的地方最高政府，权力分别属于四个互相制衡的行政机关；州县长官直接对中央政权负责。具体而言，宋初为州、县两级制，后改为路、州、县三级制。

宋朝地方最高行政机构为路，机构主要有安抚使司（帅司）、转运使司（漕司）、提点刑狱司（宪司）、提举常平司（仓司）。安抚使司长官为安抚使，主管军事和民政。转运使司长官为转运使，主管财赋及谷物转运等事务。提点刑狱司长官为提点刑狱公事，主管司法、刑狱、监察等事务。提举常平司长官为提举常平使，主管一路的粮食储备、物价平抑、免役、市易、坊场、河渡、农田水利等事，推行新法，并荐举官员等事务。这四个行政机构各掌一路军、政、财、司大权，互不隶属，权力分散，杜绝了地方割据势力的产生。另外，需要说明的是，转运使司（漕司）、提点刑狱司（宪司）、提举常平司（仓司）兼领监察职责。

路级行政建制之下设置州。长官为知州，全称为"权知某军州事"。"权知"表明洲际行政长官由朝廷直接委派，因而需要直接向中央负责。知州以外，还设置有"通判州军事"（简称"通判"），与知州同领州事，两者相互制衡。

---

[1] （宋）欧阳修、宋祁：《新唐书》，中华书局，1975 年，第1330 页。

概而言之,宋朝的地方行政体制形成了相互制衡的体系,导致地方权力分散。与之相对应的则是中央权力的高度集中。因此,地方难以形成与中央相抗衡的力量,避免了唐朝藩镇割据现象的出现。但这种体制也导致地方难以集中力量抵御外敌入侵和突发事件(如农民起义),造成了宋朝积弱的局面。

《宋史·文天祥传》记载:

> 宋惩五季之乱,削藩镇,建郡邑,一时虽足以矫尾大不掉之弊,然国亦以寝弱,故敌至一州则破一州,至一县则残一县。①

顾炎武《郡县论》四:

> 今之州县,官无定守,民无定奉,是以常有盗贼戎翟之祸,至一州则一州破,至一县则一县残,不此之图,而虑令长之擅,此之谓不知类也。②

与州同级的地方行政建制还有府、军、监等,均直接隶属于中央,长官分别为知府、知军和知监。府设置于大城市,军设置于军事重地,监设置于铸钱、牧马、产盐、采矿等区域。府、军、监之下一般不设置县级建制。

州下设县级建制。长官为知县。县衙门里有录事、押司、手分、贴司等吏员。具体如下:

贴司:宋时掌管文贴的行政组织。宋朝赵彦卫《云麓漫钞》卷十二:"贴司,建隆初,诸州惟有私名书手,在京及监司,即置贴司……绍兴五年,州县贴司,每案不得过五人。二十七年,言者请以吏额之半置贴司。"

录事:职官名。晋代骠骑将军及诸大将军不开府办事,属官有录事,掌总录文簿。后代刺史领军而开府者亦置之,职任甚为重要。省称"录事"。隋初以为郡官,相当于汉时州郡主簿。唐宋因之,京府中则改称司录参军。元废。清初各部又设录事;清末新官制。

押司:宋官署名吏员职称。经办案牍等事。《宋史·职官志》所载群牧司与临安府吏员皆有押司官,其名为官而实为吏。当地百姓都称呼宋江为"宋押司",因为宋江在郓城县县衙任文书一职。

---

① (元)脱脱等:《宋史》,内蒙古人民出版社,第1044页。
② 唐敬杲:《顾炎武文》,崇文书局,2014年,第6页。

手分：宋时州县雇募的一种差役。宋朝苏辙《论衙前后诸役人不便札子》："吴蜀等处，家习书算，故小民愿充州县手分，不待招募，人争为之。"分前行、后行，分掌京城、州县衙门及内外仓库场务的各种事务，位在押司下、贴司上。

县级建制以下为乡、里等组织。乡有乡长，里有里正。

《宋史》卷一六七《职官志》[①]记载：

> 制置使不常置，掌经画边鄙军旅之事。……
>
> 宣谕使掌宣谕德意，不预他事，归即结罢。……
>
> 宣抚使不常置，掌宣布威灵、抚绥边境及统护将帅、督视军旅之事，以二府大臣充。……
>
> 经略安抚司经略安抚使一人，以直秘阁以上充，掌一路兵民之事。皆帅其属而听其狱讼，颁其禁令，定其赏罚，稽其钱谷、甲械出纳之名籍而行以法。……
>
> 都转运使转运使副使判官掌经度一路财赋，而察其登耗有无，以足上供及郡县之费。岁行所部，检察储积，稽考帐籍，凡吏蠹民瘼，悉条以上达，及专举刺官吏之事。……
>
> 提点刑狱公事掌察所部之狱讼而平其曲直，所至审问囚徒，详覆案牍，凡禁系淹延而不决，盗窃逋窜而不获，皆劾以闻，及举刺官吏之事。
>
> 提举常平司掌常平、义仓、免役、市易、坊场、河渡、水利之法，视岁之丰歉而为之敛散，以惠农民。凡役钱，产有厚薄则输有多寡。及给吏禄，亦视其执役之重轻难易以为之等。商有滞货，则官为敛之，复售于民，以平物价。皆总其政令，仍专举刺官吏之事。……
>
> ……诸府置知府事一人，州、军、监亦如之。掌总理郡政，宣布条教，导民以善而纠其奸慝。岁时劝课农桑，旌别孝悌。其赋役、钱谷、狱讼之事，兵民之政皆总焉。
>
> 通判……建隆四年（963），诏知府公事并须长吏、通判签议连书，方许行下。……职掌贰郡政[②]，凡兵民、钱谷、户口、赋役、狱讼听断之事，可否裁决，与守臣通签书施行。
>
> 县令……掌总治民政、劝课农桑、平决狱讼。有德泽禁令，则宣布于

---

① （元）脱脱：《宋史》，新疆青少年出版社，1999 年，第 717 页。
② 倅贰郡政：为郡守的副职。

治境。凡户口、赋役、钱谷、振济、给纳之事皆掌之,以时造户版及催理二税。有水旱则有灾伤之诉,以分数蠲免。民以水旱流亡,则抚存安集之,无使失业。有孝悌行义闻于乡闾者,具事实上于州,激劝以励风俗。

第六节　行省制度

一、元朝

元朝的地方行政建制分为两类:第一类是由中书省直接管辖的行政区划,称之为"腹里";第二类是我们通常所称的"行省"。这两种不同的管理体制决定了元朝地方行政二级建制的不同。它们共同构成了元朝富有特色,同时也比较复杂的地方行政制度。

"腹里"是与行省同一个层级的地方行政建制,其地理位置大致相当于今天的河北、山西和河南、山东以及内蒙古的一部分。"腹里"的行政层级为路—府—州—县四级制。

"行省"为"行中书省"或"行尚书省"的简称,为中书省管理地方的派出机构,"某处行中书省"。起初为临时设置,"未有定制","因事设官,官不必备,皆以省官出领其事",主要负责处理"征伐之役""军民之事"。之后逐渐演变为常设机构,职责为"掌国庶务,统郡县,镇边鄙","凡钱粮、兵甲、屯种、漕运、军国重事,无不领之"。全国共设置了 11 个行中书省机构,分别为岭北、辽阳、河南、陕西、四川、甘肃、云南、江浙、江西、湖广、征东。《元史》志第四十一上百官七记载:

　　行中书省,凡十一,秩从一品,掌国庶务,统郡县,镇边鄙,与都省为表里。国初,有征伐之役,分任军民之事,皆称行省,未有定制。中统、至元间,始分立行中书省,因事设官,官不必备,皆以省官出领其事。其丞相,皆以宰执行某处省事系衔。其后嫌于外重,改为某处行中书省。凡钱粮、兵甲、屯种、漕运、军国重事,无不领之。至元二十四年,改行尚书省,寻复如旧。至大二年,又改行尚书省,二年复如旧。每省丞相一员,从一品;平章二员,从一品;右丞一员,左丞一员,正二品;参知政事二员,从二品,甘肃、岭北二省各减一员;郎中二员,从五品;员外郎二员,从六品;都事二员,从七品;掾史、蒙古必阇赤、回回令史、通事、知印、宣使,各省设员有差。旧制参政之下,有佥省、有同佥之属,后罢不置。丞相或置或不置,尤慎于择人,故往往缺焉。①

这些设置设行中书省的地方行政区划,实行行省—路(州、府)—属州(属府)—属县四级制或行省—州(路、府)—县三级制。

元朝的地方行政制度之所以比较复杂,一是因为"腹里"与行中书省的双轨体制,二是因为属州、属府、属县等行政建制的出现。具体而言,单称"州""府"的,即直属于中书省或行中书省,亦即与路平行。称"属州"的就是隶属于"路""府"的州(即"路""府"下属的州),称"属府"的就是隶属于"路""州"的府(即"路""州"下属的府)。"元朝的府分'府'和'属府'两种体制。所谓'府',直隶于行省,与'路'处于同一层级。'属府'则隶属于'路',系属路之府。元代的州也有'州'和'属州'的区别,'州'指直隶于省部或行省的州,'属州'则指隶属于'路'或'府'和'属府'的州。因此,元代地方行政领属关系较为复杂。元朝在省部和行省之下的建置主要是'路'。"②

行中书省的行政建制,主要如下:"每省丞相一员,从一品;平章二员,从一品;右丞一员,左丞一员,正二品;参知政事二员,从二品,甘肃、岭北二省各减一员;郎中二员,从五品;员外郎二员,从六品;都事二员,从七品;掾史、蒙古必阇赤、回回令史、通事、知印、宣使,各省设员有差。"③

在中央层级,中书省是行政机构,枢密院是军事机构,执掌军事兵柄,御史台是检查机构,执掌司黜陟者。在行省层级,设置了行省、行台、宣慰司、廉访司等机构。

《元史》卷五八、五九、六十、六一、六二、六三《地理志》④记载:

自封建变为郡县,有天下者,汉、隋、唐、宋为盛,然幅员之广,咸不逮元。汉梗于北狄,隋不能服东夷,唐患在西戎,宋患常在西北。若元,则起朔漠,并西域,平西夏,灭女真,臣高丽,定南诏,遂下江南,而天下为一,故其地北逾阴山,西极流沙,东尽辽左,南越海表。盖汉东西九千三百二里,南北一万三千三百六十八里,唐东西九千五百一十一里,南北一万六千九百一十八里,元东南所至不下汉、唐,而西北则过之,有难

----

① (明)宋濂等:《元史》,中华书局,1976年,第2105~2306页。
② 明朝"州"的建设与特点。
③ (明)宋濂等:《元史》,中华书局,1976年,第2305页。
④ 同上,第1345~1585页。

以里数限者矣。

初,太宗六年甲午,灭金,得中原州郡。七年乙未,下诏籍民,自燕京、顺天等三十六路,户八十七万三千七百八十一,口四百七十五万四千九百七十五。宪宗二年壬子,又籍之,增户二十余万。世祖至元七年,又籍之,又增三十余万。十三年,平宋,全有版圆。二十七年,又籍之,得户一千一百八十四万八百有奇。于是南北之户总书于策者,一千三百一十九万六千二百有六,口五千八百八十三万四千七百一十有一,而山泽溪洞之民不与焉。立中书省一,行中书省十有一:曰岭北,曰辽阳,曰河南,曰陕西,曰四川,曰甘肃,曰云南,曰江浙,曰江西,曰湖广,曰征东,分镇藩服,路一百八十五,府三十三,州三百五十九,军四,安抚司十五,县一千一百二十七。文宗至顺元年,户部钱粮户数一千三百四十万六百九十九,视前又增二十万有奇,汉、唐极盛之际,有不及焉。盖岭北、辽阳与甘肃、四川、云南、湖广之边,唐所谓羁縻之州,往往在是,今皆赋役之,比于内地;而高丽守东藩,执臣礼惟谨,亦古所未见。地大民众,后世狃于治安,而不知诘戎兵、慎封守,积习委靡,一旦有变,而天下遂至于不可为。呜呼!盛极而衰,固其理也。

唐以前以郡领县而已,元则有路、府、州、县四等。大率以路领州、领县,而腹里或有以路领府、府领州、州领县者,其府与州又有不隶路而直隶省者,具载于篇,而其沿革则溯唐而止焉。作《地理志》。(凡路,低于省一字。府与州直隶省者,亦低于省一字。其有宣慰司、廉访司,亦止低于省一字。各路录事司与路所亲领之县与府、州之隶路者,低于路一字。府与州所领之县,低于府与州一字。府领州、州又领县者,又低于县一字。路所亲领之县若府若州,曰领县若干、府若干、州若干;府与州所领之县,则曰若干县,所以别之也。)

中书省统山东西、河北之地,谓之腹里,为路二十九,州八,属府三,属州①九十一,属县三百四十六。(各路立站,总计一百九十八处。)

……

岭北等处行中书省统和宁路总管府

和宁路,(上。)始名和林,以西有哈剌和林河,因以名城。太祖十五年,定河北诸郡,建都于此。初立元昌路,后改转运和林使司,前后五朝

---

① 单称"州""府"的,即直属于中书省或行中书省,亦即与路平行。称"属州"的就是隶属于"路""府"的州(即"路""府"下属的州),称"属府"的就是隶属于"路""州"的府(即"路""州"下属的府)。

都焉。（太宗乙未年，城和林，作万安宫。丁酉，治迦坚茶寒殿，在和林北七十余里。戊戌，营图苏胡迎驾殿，去和林城三十余里。）世祖中统元年，迁都大兴，和林置宣慰司都元帅府。后分都元帅府于金山之南，和林止设宣慰司。至元二十六年，诸王叛兵侵轶和林，宣慰使怯伯等乘隙叛去。二十七年，立和林等处都元帅府。大德十一年，立和林等处行中书省，以淇阳王月赤察儿为右丞相，太傅答剌罕为左丞相，罢和林宣慰司都元帅府，置和林总管府。至大二年，改行中书省为行尚书省。四年，罢尚书省，复为行中书省。皇庆元年，改岭北等处行中书省，改和林路总管府为和宁路总管府。（至元二十年，令西京宣慰司送牛一千，赴和林屯田。二十二年，并和林屯田入五条河。三十年，命戍和林汉军四百，留百人，余令耕屯杭海。元贞元年，于六卫汉军内拨一千人赴青海屯田。北方立站帖里干、木怜、纳怜等一百一十九处。）

辽阳等处行中书省，为路七、府一，属州十二，属县十。徒存其名而无城邑者，不在此数。（本省计站一百二十处。）

辽阳路，（上。）唐以前为高句骊及渤海大氏所有。梁贞明中，阿保机以辽阳故城为东平郡。后唐升为南京。石晋改为东京。金置辽阳府，领辽阳、鹤野二县；后复改为东京，宜丰、澄、复、盖、沈、贵德州、广宁府、来远军并属焉。元初废贵德、澄、复州、来远军，以广宁府、婆娑府、懿州、盖州作四路，直隶省。至元六年，置东京总管府，降广宁为散府隶之。十五年，割广宁仍自行路事，直隶省。十七年，又以婆娑府、懿州、盖州来属。二十四年，始立行省。二十五年，改东京为辽阳路，后废婆娑府为巡检司。户三千七百八，口三万三千二百三十一。（壬子年抄籍数。）领县一、州二。

河南江北等处行中书省，为路十二、府七、州一，属州三十四，属县一百八十二。（本省陆站一百六处，水站九十处。）

陕西等处行中书省，为路四、府五、州二十七，属州十二，属县八十八。（本省陆站八十处，水站一处。）

四川等处行中书省，为路九、府三，属府二，属州三十六，军一，属县八十一。蛮夷种落，不在其数。（本省陆站四十八处，水站八十四处。盐场十二处，俱盐井所出。井凡九十五眼，在成都、夔府、重庆、叙南、嘉定、顺庆、广元、潼川、绍庆等路所管州县万山之间。）

甘肃等处行中书省，为路七、州二，属州五。（本省马站六处。）

云南诸路行中书省，为路三十七、府二，属府三，属州五十四，属县四十七。其余甸寨军民等府不在此数。(马站七十四处,水站四处。)

江浙等处行中书省,为路三十、府一、州二,属州二十六,属县一百四十三。(本省陆站一百八十处,水站八十二处。)

江西等处行中书省,为路一十八、州九,属州十三,属县七十八。(本省马站八十五处,水站六十九处。)

湖广等处行中书省,为路三十、州十三、府三、安抚司十五、军三,属府三,属州十七,属县一百五十,管番民总管一。(本省陆站一百处,水站七十三处。)

征东等处行中书省,领府二、司一、劝课使五。(大德三年,立征东行省,未几罢。至治元年复立,命高丽国王为左丞相。)

《元史》卷九一《百官志》①记载:

河南江北等处行中书省。至元五年,罢随路奥鲁官,诏参政阿里金行省事,于河南等路立省。二十八年,以河南、江北系要冲之地,又新入版图,宜于汴梁立省以控治之,遂署其地,统有河南十二路、七府。

江浙等处行中书省。至元十三年,初置江淮行省,治扬州。二十一年,以地理民事非便,迁于杭州。二十二年,割江北诸郡隶河南,改曰江浙行省,统有三十路、一府。

江西等处行中书省,至元十四年置。十五年,并入福建行省。十七年,仍置省于龙兴府,而福建自为行省,治泉州。二十二年,以福建行省并入江西。二十三年,又以福建省并入江浙。本省统有十八路。

湖广等处行中书省。至元十一年,右丞相伯颜伐宋,行中书省事于襄阳,寻以别将分省鄂州,为荆湖等路行中书省。十三年,取潭州,即署省治之。十八年,复徙置鄂州,统有三十路、三府。

陕西等处行中书省。中统元年,以商挺领秦蜀五路四川行省事。三年,改立陕西四川行中书省,治京兆。至元三年,移治利州。十七年,复还京兆。十八年,分省四川,寻改立四川宣慰司。二十一年,仍合为陕西四川行省。二十三年,四川立行枢密院。本省所辖之地,惟陕西四路、五府。

四川等处行中书省。国初,其地总于陕西。至元十八年,以陕西行

---

① (明)宋濂等:《元史》,中华书局,1976年,第2120~2122页。

中书分省四川。二十三年,始置四川行省,署成都,统有九路、五府。

辽阳等处行中书省,至元二十四年置,治辽阳路,统有七路、一府。

甘肃等处行中书省。中统二年,立行省于中兴。至元十年,罢之。十八年复立,二十二年复罢,改立宣慰司。二十三年,徙置中兴省于甘州,立甘肃行省。三十一年,分省按治宁夏,寻并归之。本省治甘州路,统有七路、二州。

岭北等处行中书省。国初,太祖定都于哈剌和林河之西,因名其城曰和林,立元昌路。中统元年,世祖迁都中兴,始置宣慰司都元帅府。大德十一年,改立和林等处行中书省,右丞相、左丞相各一员。至大四年,省右丞相。皇庆元年,改岭北等处行中书省,设官如上,治和宁路,统有北边等处。

云南等处行中书省,即古南诏之地。初,世祖征取以为郡县,尝封建宗王镇抚其军民。至元十一年,始置行省,治中庆路,统有三十七路、五府。

征东等处行中书省。至元二十年,以征日本国,命高丽王置省,典军兴之务,师还而罢。大德三年,复立行省,以中国之法治之。既而王言其非便,诏罢行省,从其国俗。至治元年复置,以高丽王兼领丞相,得自奏选属官,治沈阳,统有二府、一司、五道。

各省属官:

检校所,检校一员,从七品;书吏二人。

照磨所,照磨一员,正八品。

架阁库,管勾一员,正八品。

理问所,理问二员,正四品;副理问二员,从五品;知事一员,提控案牍一员。

都镇抚司,都镇抚一员,副都镇抚一员。

宣慰司,掌军民之务,分道以总郡县,行省有政令则布于下,郡县有请则为达于省。有边陲军旅之事,则兼都元帅府,其次则止为元帅府。其在远服,又有招讨、安抚、宣抚等使,品秩员数,各有差等。

宣慰使司,秩从二品。每司宣慰使三员,从二品;同知一员,从三品;副使一员,正四品;经历一员,从六品;都事一员,从七品;照磨兼架阁管勾一员,正九品。凡六道:山东东西道,(益都路置。)河东山西道,(大同路置。)淮东道,(扬州置。)浙东道,(庆元路置。)荆湖北道,(中兴路置。)湖南道。(天临路置。)

宣慰使司都元帅府,秩从二品,使三员,同知二员,副使二员,经历二员,知事二员,照磨兼架阁管勾一员。

《元史》卷八五《百官志》①记载:

王者南面以听天下之治,建邦启土,设官分职,其制尚矣。汉、唐以来,虽沿革不同,恒因周、秦之故,以为损益,亦无大相远。大要欲得贤才用之,以佐天子、理万民也。

元太祖起自朔土,统有其众,部落野处,非有城郭之制,国俗淳厚,非有庶事之繁,惟以万户统军旅,以断事官治政刑,任用者不过一二亲贵重臣耳。及取中原,太宗始立十路宣课司,选儒术用之。金人来归者,因其故官,若行省,若元帅,则以行省、元帅授之。草创之初,固未暇为经久之规矣。

世祖即位,登用老成②,大新制作③,立朝仪,造都邑,遂命刘秉忠、许衡酌古今之宜,定内外之官。其总政务者曰中书省,秉兵柄者曰枢密院,司黜陟者曰御史台。体统既立,其次在内者,则有寺,有监,有卫,有府;在外者,则有行省,有行台,有宣慰司,有廉访司。其牧民者,则曰路,曰府,曰州,曰县。官有常职,位有常员,其长则蒙古人为之,而汉人、南人贰焉。于是一代之制始备,百年之间,子孙有所凭藉矣。

从上述史料中可以看出,元朝共设置了 11 个行中书省,具体情况如下:

岭北等处行中书省,治和宁路,统和宁等一路。

辽阳等处行中书省,为路七、府一,属州十二,属县十。

河南江北等处行中书省,为路十二、府七、州一,属州三十四,属县一百八十二。

陕西等处行中书省,为路四、府五、州二十七,属州十二,属县八十八。

四川等处行中书省,为路九、府三,属府二,属州三十六,军一,属县八十一。

甘肃等处行中书省,为路七、州二,属州五。

云南诸路行中书省,为路三十七、府二,属府三,属州五十四,属县四十

---

① (明)宋濂等:《元史》,中华书局,1976 年,第 2119 ~ 2120 页。
② 登用老成:登用老儒。
③ 大新制作:大规模地修改典章制度。

七。其余甸寨军民等府不在此数。

江浙等处行中书省,为路三十、府一、州二,属州二十六,属县一百四十三。

江西等处行中书省,为路一十八、州九,属州十三,属县七十八。

湖广等处行中书省,为路三十、州十三、府三、安抚司十五、军三,属府三,属州十七,属县一百五十,管番民总管一。

征东等处行中书省,领府二、司一、劝课使五。

从上述史料中还可以看出,与宋代相比,元朝的地方行政建制发生了变化,主要是设置行省,行省之下设置了路、府、州、县。长官主要由蒙古人担任。

路作为一级行政建制,也是有等级划分的。不同等级的路,官员配备也不同。《元史》志第四十一上百官七记载:

> 二十年,定十万户之上者为上路,十万户之下者为下路,当冲要者,虽不及十万户亦为上路。上路秩正三品,达鲁花赤一员,总管一员,并正三品,兼管劝农事,江北则兼诸军奥鲁,同知、治中、判官各一员。下路秩从三品,不置治中员,而同知如治中之秩,余悉同上。至元二十三年,置推官二员,专治刑狱,下路一员。经历一员,知事一员或二员,照磨兼承发架阁一员,司吏无定制,随事繁简以为多寡之额;译史、通事各一人。[①]

与路级行政建制分等级一样,州级行政建制也划分等级。不同等级的州,官员配备也不同。《元史》志第四十一上百官七记载:

> 诸州。中统五年,并立州县,未有等差。至元三年,定一万五千户之上者为上州,六千户之上者为中州,六千户之下者为下州。江南既平,二十年,又定其地五万户之上者为上州,三万户之上者为中州,不及三万户者为下州。于是升县为州者四十有四。县户虽多,附路府者不改。上州:达鲁花赤、州尹秩从四品,同知秩正六品,判官秩正七品。中州:达鲁花赤、知州并正五品,同知从六品,判官从七品。下州:达鲁花赤、知州并从五品,同知正七品,判官正八品,兼捕盗之事。参佐官:上

---

① (明)宋濂等:《元史》,中华书局,1976年,第2316页。

州，知事、提控案牍各一员；中州，吏目、提控案牍各一员；下州，吏目一员或二员。①

县级行政建制也有等级划分，不同的等级，官员配备不同。《元史》志第四十一上百官七记载：

诸县。至元三年，合并江北州县。六千户之上者为上县，二千户之上者为中县，不及二千户者为下县。二十年，又定江淮以南，三万户之上者为上县，一万户之上者为中县，一万户之下者为下县。上县，秩从六品，达鲁花赤一员，尹一员，丞一员，簿一员，尉一员，典史二员。中县，秩正七品，不置丞，余悉如上县之制。下县，秩从七品，置官如中县，民少事简之地，则以簿兼尉。后又别置尉，尉主捕盗之事，别有印。典史一员。巡检司，秩九品，巡检一员。②

除了上述路、府、州、县等行政建制与区划外，还有"军"行政建制与区划。"军"级行政区划不多，且多位于边疆地区。《元史》志第四十一上百官七记载：

诸军，唯边远之地有之，各统属县，其秩如下州，其设官置吏亦如之。③

二、明朝

（一）明朝地方行政体制

明朝地方行政体制层级设置主要是行省/承宣布政使司—府—州—县四级制。

《明史·志第五十一·职官四》记载：

初，太祖下集庆，自领江南行中书省。戊戌，置中书分省于婺州④。

---

① （明）宋濂等：《元史》，中华书局，1976 年，第 2317 ~ 2318 页。
②③ （明）宋濂等：《元史》，中华书局，1976 年，第 2318 页。
④ 今天的浙江金华。

后每略定地方,即置行省,其官自平章政事以下,大略与中书省同。设行省平章政事,从一品左、右丞,正二品参知政事。从二品左、右司,郎中,从五品员外郎,从六品都事、检校,从七品照磨、管勾。从八品理问所,正理问,正四品副理问,正五品,知事,从八品寻改知事为提控案牍。

洪武九年,改浙江、江西、福建、北平、广西、四川、山东、广东、河南、陕西、湖广、山西诸行省俱为承宣布政使司,罢行省平章政事,左、右丞等官,改参知政事为布政使,秩正二品,左、右参政,从二品,改左、右司为经历司。十三年改布政使,正三品,参政,从三品。十四年,增置左、右参议,正四品。寻增设左、右布政使各一人。十五年,置云南布政司。二十二年,定秩从二品。建文中,升正二品,裁一人。成祖复旧制。永乐元年以北平布政司为北京。五年,置交阯布政司。十一年,置贵州布政司。止设使一人,馀官如各布政司。宣德三年,罢交阯布政司,除两京外,定为十三布政司。初置藩司,与六部均重。布政使入为尚书、侍郎,副都御史每出为布政使。宣德、正统间犹然,自后无之。

从这则史料中可以看出,明朝初年,朱元璋承袭了元朝的地方行政建制,"每略定地方,即置行省,其官自平章政事以下,大略与中书省同"。明朝设有北平、山东、陕西、山西、河南、四川、湖广、江西、浙江、福建、广东、广西12个行省。之后又进行了改革,共设置了两京①十三布政使司(由行省改名而来)。这15个行政区划如下:京师(北直隶)、陕西、山西、山东、河南(以上为北五省)、南京(南直隶)、浙江、江西、湖广、四川(以上为中五省)、广东、福建、广西、贵州、云南(以上为南五省)。

《明史·志第十六·地理一》记载:

洪武初,建都江表,革元中书省,以京畿应天诸府直隶京师。后乃尽革行中书省,置十三布政使司,分领天下府州县及羁縻诸司。又置十五都指挥使司以领卫所番汉诸军,其边境海疆则增置行都指挥使司,而於京师建五军都督府,俾外都指挥使司各以其方附焉。成祖定都北京,北倚群山,东临沧海,南面而临天下,乃以北平为直隶,又增设贵州、交阯二布政使司。仁、宣之际,南交屡叛,旋复弃之外徼。

终明之世,为直隶者二:曰京师,曰南京。为布政使司者十三:曰山

东,曰山西,曰河南,曰陕西,曰四川,曰湖广,曰浙江,曰江西,曰福建,曰广东,曰广西,曰云南,曰贵州。其分统之府百有四十,州百九十有三,县千一百三十有八。羁縻之府十有九,州四十有七,县六。编里六万九千五百五十有六。而两京都督府分统都指挥使司十有六,行都指挥使司五,曰北平、曰山西、曰陕西、曰四川、曰福建,留守司二。所属卫四百九十有三,所二千五百九十有三,守御千户所三百一十有五。又土官宣慰司十有一,宣抚司十,安抚司二十有二,招讨司一,长官司一百六十有九,蛮夷长官司五。其边陲要地称重镇者凡九:曰辽东,曰蓟州,曰宣府,曰大同,曰榆林,曰宁夏,曰甘肃,曰太原,曰固原。皆分统卫所关堡,环列兵戎。纲维布置,可谓深且固矣。①

这15个行省/承宣布政使司大体上奠定了我国当今的行政区划划分基础。例如,除陕西行省、湖广行省、北平行省之外,其余行省均与同名的今省(自治区)辖区大致相同。陕西行省相当于陕西省、甘肃省和宁夏回族自治区,湖广行省相当于今湖北省、湖南省,北平行省辖区大体上相当于今河北省。

《明史·志第四十八·职官一》记载:

　　明官制,沿汉、唐之旧而损益之。自洪武十三年罢丞相不设,析中书省之政归六部,以尚书任天下事,侍郎贰之。而殿阁大学士只备顾问,帝方自操威柄,学士鲜所参决。其纠劾则责之都察院,章奏则达之通政司,平反则参之大理寺,是亦汉九卿之遗意也。分大都督府为五,而征调隶于兵部。外设都、布、按三司,分隶兵刑钱谷,其考核则听于府部。是时吏、户、兵三部之权为重。迫仁、宣朝,大学士以太子经师恩,累加至三孤,望益尊。而宣宗内柄无大小,悉下大学士杨士奇等参可否。虽吏部蹇义、户部夏原吉时召见,得预各部事,然希阔不敌士奇等亲。自是内阁权日重,即有一二吏、兵之长与执持是非,辄以败。至世宗中叶,夏言、严嵩迭用事,遂赫然为真宰相,历制六卿矣。然内阁之拟票,不得不决于内监之批红,而相权转归之寺人。于是朝廷之纪纲,贤士大夫之进退,悉颠倒于其手。伴食者承意指之不暇,间有贤辅,卒龃龉而不能救。初,领五都督府者,皆元勋宿将,军制肃然。永乐间,设内

---

① (清)张廷玉等:《明史》,吉林人民出版社,2005年,第580～581页。

监监其事,犹不敢纵。沿习数代,勋戚纨袴司军纪,日以惰毁。既而内监添置益多,边塞皆有巡视,四方大征伐皆有监军,而疆事遂致大坏,明祚不可支矣。迹其兴亡治乱之由,岂不在用人之得失哉!至于设官分职,体统相维,品式具备,详列后简。览者可考而知也。①

从这两则史料中可以看出,明朝初年的地方行政制度沿袭了元朝的行省制度,尽管后改为承宣布政使司,但其实质尚未发生实质性改变,例如,行政区划大致仍与前朝相同。由于称呼习惯之故,仍称之为省。

在地方行政建制方面,设置了"都、布、按三司,分隶兵刑钱谷,其考核则听于府部"。

布,即承宣布政使司,分管民政和财政。《洪武御制文集》卷四《承宣布政使论》进行了精辟阐述:"所以承者,朕命也。宣者,代言之也。布者,张陈之也。所以政者,军民休戚,国之利病。所以使者,必去民之恶而导民之善,使知有畏从,从于斯之职可不重乎!"

《明史·志第五十一·职官四》记载:

> 其官自平章政事以下,大略与中书省同。设行省平章政事,从一品左、右丞,正二品参知政事。从二品左、右司,郎中,从五品员外郎,从六品都事、检校,从七品照磨、管勾。从八品理问所,正理问,正四品副理问,正五品,知事,从八品寻改知事为提控案牍。洪武九年,改浙江、江西、福建、北平、广西、四川、山东、广东、河南、陕西、湖广、山西诸行省俱为承宣布政使司,罢行省平章政事,左、右丞等官,改参知政事为布政使,秩正二品,左、右参政,从二品,改左、右司为经历司。十三年改布政使,正三品,参政,从三品。十四年,增置左、右参议,正四品。寻增设左、右布政使各一人。②

按,即提刑按察使司,分管刑狱。长官为按察使,简称臬台、臬司。
《明史·志第五十一·职官四》记载:

> 提刑按察使司。按察使一人,正三品副使,正四品佥事无定员。正

---

① (清)张廷玉等:《明史》,吉林人民出版社,2005年,第1106～1107页。
② 同上,第1179页。

五品。详见诸道。经历司,经历一人,正七品知事一人。正八品照磨所,照磨一人,正九品检校一人。从九品司狱司,司狱一人,从九品。

　　按察使,掌一省刑名按劾之事。纠官邪,戢奸暴,平狱讼,雪冤抑,以振扬风纪,而澄清其吏治。大者暨都、布二司会议,告抚、按,以听于部、院。凡朝觐庆吊之礼,具如布政。副使、佥事,分道巡察,其兵备、提学、抚民、巡海、清军、驿传、水利、屯田、招练、监军,各专事置,并分员巡备京畿。①

都,即都指挥使司,分管军事事务。

《明史·志第五十二·职官五》记载:

　　都指挥使司。都指挥使一人,正二品都指挥同知二人,从二品都指挥佥事四人。正三品其属,经历司,经历,正六品都事。正七品断事司,断事,正六品副断事,正七品吏目各一人。司狱司,司狱。从九品仓库、草场,大使、副使各一人。行都指挥使司,设官与都指挥使司同。

　　都司都司,掌一方之军政,各率其卫所以隶于五府,而听于兵部。凡都司并流官,或得世官,岁抚、按察其贤否,五岁考选军政而废置之。都指挥使及同知佥事,常以一人统司事,曰掌印,一人练兵,一人屯田,曰佥书。巡捕、军器、漕运、京操、备御诸杂务,并选充之,否则曰带俸。凡备倭守备行都指挥事者,不得建牙、升公座。凡朝廷吉凶表笺,序衔布、按二司上。经历、都事,典文移。断事,理刑狱。

　　明初,置各行省行都督府,设官如都督府。又置各都卫指挥使司。洪武四年,置各都卫断事司,以理军官、军人词讼。又以都卫节制方面,职系甚重,从朝廷选择升调,不许世袭。七年,置西安行都卫指挥使司于河州。八年十月,诏各都卫并改为都指挥使司,凡改设都司十有三,燕山都卫为北平都司,西安都卫为陕西都司,太原都卫为山西都司,杭州都卫为浙江都司,江西都卫为江西都司,青州都卫为山东都司,成都都卫为四川都司,福州都卫为福建都司,武昌都卫为湖广都司,广东都卫为广东都司。广西都卫为广西都司,定辽都卫为辽东都司,河南都卫为河南都司。行都司三,西安行都卫为陕西行都司,大同都卫为山西行都司,建宁都卫为福建行都司。十五年,增置贵州、云南二都司。后以

────────────

① (清)张廷玉等:《明史》,吉林人民出版社,2005年,第1179页。

北平都司为北平行都司。永乐元年改为大宁都司。宣德中，增置万全都司。计天下都司凡十有六。十三省都司外，有辽东、大宁、万全三都司。又于建昌置四川行都司，于郧阳置湖广行都司。计天下行都司凡五。

明初明初，又于各行省置都镇抚司，设都镇抚，从四品副镇抚，从五品知事。从八品吴元年改都镇抚正五品，副镇抚正六品，知事为提控案牍，省注。洪武六年罢。①

除都指挥使司外，明朝还设置了五个行都指挥使司，分别为北平、山西、陕西、四川、福建。行都司与都司无隶属关系，两者皆同属于五军都督府而听命于兵部。

南北两直隶的"直隶"，是直隶于朝廷的意思。明朝初期，京畿地区直接由中书省管辖；洪武十三年（1380）废中书省，京师诸府州改由"六部"直辖。显然，南北两直隶与布政司的设置有所不同。不同点在于领属关系的不同。在直隶地区，诸府州直隶于朝廷；在各省，诸府州则隶属于布政司，再由布政司隶属于六部。这样的建置，与元朝的腹里和行省制度一脉相承。②

府级行政建制由元朝的路改革而来。长官为知府。府分为上中下三等，不同等级的府官员配备不同。"粮二十万石以上为上府，知府秩从三品；二十万石以下为中府，知府正四品；十万石以下为下府，知府，从四品。已，并为正四品。"知府的职责主要是执掌一府之政，涵盖宣教风化、狱讼、赋役、属吏考核等。清朝张廷玉等编纂的《明史》卷七十五志第五十一职官四记载：

> 府。知府一人，正四品同知，正五品通判无定员，正六品推官一人。正七品其属，经历司经历一人，正八品知事一人。正九品照磨所，照磨一人，从九品检校一人。司狱司，司狱一人。

> 知府，掌一府之政，宣风化，平狱讼，均赋役，以教养百姓。每三岁，察属吏之贤否，上下其考，以达于省，上吏部。凡朝贺、吊祭，视布政使司，直隶府得专达。凡诏赦、例令、勘札至，谨受之，下所属奉行。所属之政，皆受约束于府，剂量轻重而令之，大者白于抚、按、布、按，议允乃行。凡宾兴科贡，提调学校，修明祀典之事，咸掌之。若籍帐、军匠、驿

---

① （清）张廷玉等：《明史》，吉林人民出版社，2005年，第1179页。

② 明朝"州"的建设与特点。

递、马牧、盗贼、仓库、河渠、沟防、道路之事,虽有专官,皆总领而稽核
之。同知、通判分掌清军、巡捕、管粮、治农、水利、屯田、牧马等事。无
常职,各府所掌不同,如延安、延绥同知又兼牧民,馀不尽载。无定员。
边府同知有增至六、七员者。推官理刑名,赞计典。各府推官,洪武三
年始设。经历、照磨、检校受发上下文移,磨勘六房宗卷。

明初,改诸路为府。洪武六年,分天下府三等:粮二十万石以上为
上府,知府秩从三品;二十万石以下为中府,知府正四品;十万石以下为
下府,知府,从四品。已,并为正四品。七年,减北方府州县官三百八
人。十三年,选国子学生二十四人为府州县官。六月罢各府照磨。二
十七年复置。自宣德三年弃交阯布政司,计天下府凡一百五十有九。①

府下设州。长官为知州。沿袭元朝的行政建制设置,明朝的州划分为
属州和直隶州,两者的地位和行政级别不同。清朝张廷玉等编纂的《明史》
卷七十五志第五十一职官四记载:

> 州。知州一人,从五品同知,从六品判官无定员,从七品。里不及
> 三十而无属县,裁同知、判官。有属县,裁同知。其属,吏目一人,从九
> 品。所辖别见。
> 知州,掌一州之政。凡州二:有属州,有直隶州。属州视县,直隶州
> 视府,而品秩则同。同知、判官,俱视其事州之繁简,以供厥职。计天下
> 州凡二百三十有四。②

州下设县。长官为知县。县也是有等级划分的。清朝张廷玉等编纂的
《明史》卷七十五志第五十一职官四记载:

> 县。知县一人,正七品县丞一人,正八品主簿一人,正九品其属,典
> 史一人。
> 知县,掌一县之政。凡赋役,岁会实征,十年造黄册,以丁产为差。
> 赋有金谷、布帛及诸货物之赋,役有力役、雇役、借债不时之役,皆视天
> 时休咎,地利丰耗,人力贫富,调剂而均节之。岁歉则请于府若省蠲减

---

① （清）张廷玉等:《明史》,吉林人民出版社,2005 年,第 1185～1186 页。
② 同上,第 1186 页。

之。凡养老、祀神、贡士、读法、表善良、恤穷乏、稽保甲、严缉捕、听狱
讼,皆躬亲厥职而勤慎焉。若山海泽薮之产,足以资国用者,则按籍而
致贡。县丞、主簿分掌粮马、巡捕之事。典史典文移出纳。如无县丞,
或无主簿,则分领丞簿职。县丞、主簿,添革不一。若编户不及二十里
者并裁。

吴元年,定县三等:粮十万石以下为上县,知县从六品;六万石以下
为中县,知县正七品;三万石以下为下县,知县从七品。已,并为正七
品。凡新授郡县官,给道里费。洪武元年,征天下贤才为府州县职,敕
命厚赐,以励其廉耻,又敕谕之至于再。三十七年,定府州县条例八事,
颁示天下,永为遵守。是时,天下府州县官廉能正直者,必遣行人赍敕
往劳,增秩赐金。仁、宣之际犹然,英、宪而下日罕。自后益重内轻外,
此风绝矣。计天下县凡一千一百七十有一。①

综上所述,三使司互不统属,直属中央。其一,三使司三足鼎立,各负其
责,实现了地方行政长官的分权,便于权力制衡,强化了中央对地方的控制,
加强了中央集权。

其二,三使司之间也在职责上相互制衡。例如,都指挥使司负责军政,
但是军政离不开地方政府的支持,因此都指挥使司与承宣布政使司和提刑
按察使司之间形成了职责交叉。

《明史·志第五十一·职官四》记载:

参政、参议分守各道,及派管粮储、屯田、清军、驿传、水利、抚民等
事,并分司协管京畿。……按察使,掌一省刑名按劾之事。纠官邪,戢
奸暴,平狱讼,雪冤抑,以振扬风纪,而澄清其吏治。……副使、佥事,分
道巡察,其兵备、提学、抚民、巡海、清军、驿传、水利、屯田、招练、监军,
各专事置,并分员巡备京畿。②

再比如,遇到大事,需要三使司共同商定,逐级上报中央政府。
《明史·志第五十一·职官四》记载:

---

① （清)张廷玉等:《明史》,吉林人民出版社,2005 年,第 1186～1187 页。
② 同上,第 1178～1180 页。

　　布政使,掌一省之政,朝廷有德泽、禁令,承流宣播,以下于有司。……凡有大兴革及诸政务,会都、按议,经画定而请于抚、按若总督。
　　按察使,掌一省刑名按劾之事。……大者暨都、布二司会议,告抚、按,以听于部、院。①

　　其三,三使司的分权制衡也带来了问题。例如,因分权而带来的行政效率问题、政出多门问题等。于是,新的集权需求产生了。总督、巡抚开始由临时设置逐步成为常态,行政层级逐步增加,行政建制在地方实现了分权基础上的集权,缓和了行政效率与分权之间的矛盾。

(二)明朝地方行政行政制度的调整

　　如前所述,明朝朱元璋废除宰相后,由六部直接向皇帝负责,彻底实现了中央层面的分权。而在地方层面,也以三使司实现了分权。于是,中央地方之间的归口管理、条块衔接问题凸显,由此带来了事权不一、行政效率低下、行政效能低下等问题。"上面千条线,下面一根针"成为对中央地方关系的形象描述。例如,都指挥使司对应的中央部门有都督府和兵部,都督府负责统兵,兵部负责调兵;承宣布政使司对应的中央部门有负责赋税和户籍等事务的户部、负责官员升迁任免的吏部、负责土木建筑的工部等部门;按察使司对应的中央部门有都察院、刑部和大理寺。

　　《明史·志第四十九·职官二》记载了中央政府部门之间的分权制衡状况:

　　都御史,职专纠劾百司,辩明冤枉,提督各道,为天子耳目风纪之司。凡大臣奸邪、小人构党、作威福乱政者,劾。凡百官猥茸贪冒坏官纪者,劾。凡学术不正、上书陈言变乱成宪、希进用者,劾。遇朝觐、考察,同吏部司贤否陟黜。大狱重囚会鞫于外朝,偕刑部、大理谳平之。其奉敕内地,拊循外地,各专其敕行事。②

　　《明通鉴》太祖(二)记载了朱元璋1384年10月的诏书:

　　癸丑,诏:"天下布政按察使所上刑名,其间人命重狱具奏者,由刑

① (清)张廷玉等:《明史》,吉林人民出版社,2005年,第1178~1179页。
② (清)张廷玉等:《明史》,新疆青少年出版社,1999年,第412页。

部、都察院详议,大理寺覆谳后奏决。著为令。"①

当今社会,行政体制中的"上面千条线,下面一根针"情况依然存在。应该如何改革?

英国阿克顿勋爵提出:"权力导致腐败,绝对的权力导致绝对的腐败。"权力具有扩张属性,一直扩张到它不可逾越的边界为止。分权制衡的好处在于防止滥用权力,缺陷在于容易导致不同部门之间互相扯皮,效率不高,错过处理事务的最佳时机。因此,自古至今,集权与分权是一个永恒的话题。归根到底,集权与分权是一个如何动态平衡的问题,应该以特定的历史情境为依归,该集中时集中,该分散时分散。这二者之间的关系,反映在中国地方行政机构设置的历史上,是一个往复循环的问题。它不是静态的,而是动态的过程,它的设置往往因时因事而异。具体到明朝,三司平行,分权而治,互不相属,使一省之中,政出多门。权事不一往往延误军政要务(例如农民起义等),于是,三司之上,又有总督、巡抚的派遣。这直接影响了明朝地方行政体制的改革。

《大明宣宗章皇帝实录》卷之七十记载:

> 上谓行在户部曰:各部税粮,多有逋慢。督运之人,少能尽心。奸民猾胥,为弊滋甚。百姓徒费,仓廪未充。宜得重臣往莅之。
>
> 于是命大臣荐举,遂举新等以闻,悉升其官,分命总督,赐敕谕曰:
>
> "今命尔往总督税粮,务区画得宜,使人不劳困,输不后期,尤须抚恤人民,扶植良善。遇有诉讼,重则付布政司、按察司及巡按监察御史究治,轻则量情责罚,或付郡县治之。若有包揽侵欺及盗卖者,审问明白,解送京师。敢有沮挠粮事者,皆具实奏闻。但有便民事理,亦宜具奏。"②

巡抚的发展演变过程如下。

《明史·志第四十九·职官二》记载:

> 巡抚之名,起于懿文太子巡抚陕西。永乐十九年,遣尚书蹇义等二十六人巡行天下,安抚军民。以后不拘尚书、侍郎、都御史、少卿等官。

---

① (清)夏燮:《明通鉴》(八册),中华书局,1959 年,第 428 页。
② (明)杨士奇总裁:《大明宣宗章皇帝实录》。

事毕复命，即或停遣。初名巡抚，或名镇守，后以镇守侍郎与巡按御史不相统属，文移窒碍，定为都御史。巡抚兼军务者加提督，有总兵地方加赞理或参赞，所辖多、事重者加总督。他如整饬、抚治、巡治、总理等项，皆因事特设。其以尚书、侍郎任总督军务者，皆兼都御史，以便行事。①

《大明会典》卷之二百九记载：

国初、遣尚书、侍郎、都御史、少卿等官、巡抚各处地方。事毕复命、或即停遣。初名巡抚。或名镇守。后以镇守侍郎、与巡按御史、不相统属。又文移往来、亦多窒碍。定为都御史巡抚。兼军务者、加提督。有总兵地方、加赞理。管粮饷者、加总督兼理。他如整饬边备、提督边关、及抚治流民、总理河道等项。皆因事特设。今具列焉。其边境以尚书、侍郎、任总督军务者。皆兼都御史、以便行事。②

根据这则史料，可以看出：

第一，巡抚职位设置起始于明朝洪武二十四年，即公元1391年，朱元璋派遣懿文太子朱标巡抚陕西。永乐十九年，即公元1421年，派遣尚书蹇义等二十六员巡行地方，安抚军民。这种派遣属于临时性质的，尚未成为定制，正如史料中所说的"事毕复命，即或停遣"。

第二，巡抚之名，源于其特殊的使命——"巡行天下，安抚军民"。

第三，巡抚的职责重点在巡与抚，如抚治、巡治、总理等，而非监察。

第四，这种临时的派遣制度逐步演化为正式制度。自宣德五年（公元1430年）始，各省专设，遂为定员，后逐渐地方化和制度化。《明会要》卷三四《职官六》巡抚记载：

宣德五年九月丙午，擢御史于谦等六人为侍郎，巡抚各省，谦抚河南，越府长史周忱抚江苏，吏部郎中赵新抚江西，兵部郎中赵伦抚浙江，礼部员外郎吴政抚湖广，刑部员外郎曹宏抚北畿、山东，此各省专设巡抚之始。

---

① （清）张廷玉等：《二十五史》（全本），新疆青少年出版社，1999年，第412页。

② （明）李东阳等：《大明会典》。

既然巡抚成为正式的行政建制,则有必要解释一下巡抚的地位与职责。

第一,巡抚的地位。宣德初设巡抚时,往往与布政司合署办公,之后在地方上陆续建立了独立的巡抚衙门。景泰以后,随着巡抚行政建制的制度化,巡抚成为三司之上的地方最高军政长官,巡抚衙门成为省级权力机构,三司下降为部门性机构。史料中有相关记载。

何乔新对弘治时建司于赣州的南赣巡抚衙门作的记叙:

> 前后堂五间,穿堂两廊,大门、仪门廊庑各若干间,东左建寝室,又东则建赏功所。大门之外,立抚安、镇静二牌坊。屏墙之南,又立三司厅,以为巡守、兵备会议白事之所。……穿堂峻宇,高闳崇墉,规制壮丽,它镇所未有也。凡政令之布、赏罚之施,皆在此。诸帅出兵、受律、献馘,亦在此。郡县百司政有弛张,亦必至此白之,而后敢罢行焉。①

弘治时何孟春指出:

> 今之巡抚,即魏之慰抚大使,隋之宣抚大使,唐之存抚、安抚使也。宋亦时有命之。而今为重。边方领(制)置之权,腹里兼转运之职,手持敕纸,便宜行事,三司属其管辖,数郡系以惨舒。②

嘉靖时期,吏部尚书桂萼明:

> 足食足民大计,全赖巡抚、兵备官整理。③

第二,巡抚的职责。主要包括抚循地方、考察属吏、提督军务,涵盖了治民、治吏、治军三大主要领域,即抚循地方、考察属吏和提督军务。"如巡抚兼军务者,加提督;有总兵地方,加赞理或参赞,所辖多、事众者,加总督。"这标志着地方层面的政治权力由分散逐步实现了集权。这是中国古代集权的高级形式——不仅中央集权,地方也集权,通过地方集权来解决地方权力分散所导致的政出多门、职责交叉、行政效率偏低等问题。

历史的轨迹是如此的相似:这个过程实际上与汉唐从刺史到州牧、采访

---

① 何乔新:《新建巡抚院记》,《明经世文编》卷九,宣德十年九月壬辰。
② 何孟春:《陈万言以俾修省疏》,《明经世文编》卷一二七。
③ 《明世宗实录》卷八十三,嘉靖六年十二月乙丑。

使到节度使一样。不同的是,明朝没有发生汉唐那样严重的后果。原因在于:
①巡抚并没有完全掌握地区的财政和军事权,这两大权力还是在中央牢牢
控制之下。②出现了新的监察力量——由都察院派出的巡按御史。巡按御
史在地方履行职责时,巡抚不得干预,因为巡按不是对巡抚负责,而是对中
央都察院负责,巡抚所行之责,巡按也可查核纠劾。《明会典》记载嘉靖十一
年(公元 1532 年)的条例:"地方之事,俱听巡抚处置,都、布、按三司将处置
缘由,备呈巡按知会。巡按御史出巡,据其已行之事,考查得失,纠正奸弊。"

三、清朝

清朝在整体上沿袭了明朝行省制度的划分。所不同的是,清朝对部分
行省进行了调整划分。例如,1664 年将湖广行省分为湖北、湖南两个行省;
1662 年将江南行省分为江苏、安徽两个行省;1668 年将陕西行省分为陕西、
甘肃两个行省。这样,清朝在明朝 15 个行省的基础上,共有行省区划 18 个。

明朝时期,总督与巡抚尚未形成定制。清朝将总督和巡抚行政建制制
度化,督、抚为清朝地方最高长官。

总督为正二品,加尚书衔者为从一品,统辖数省军民事务。《清史稿》卷
一百十六志九十一职官志三记载:

> 总督从一品。掌厘治军民,综制文武,察举官吏,修饬封疆。标下
> 有副将、参将等官。
> 其三年大比充监临官,武科充主试官,督、抚同。①

清朝共设有 8 个总督,分别为直隶、两江、陕甘、闽浙、湖广、两广、四川、
云贵总督。从这个数字中可以看出,清朝时,总督和巡抚皆有固定的管辖区
域。总督一般情况下总管两个行省到三个行省的军政事务。例如,直隶总
督管辖今天河北和内蒙古一部分地区;两江总督管辖江苏(含今上海市)、安
徽和江西三省的军民政务;两广总管广东(包括今天的海南省)和广西两省
的军民政务;湖广总督总管湖北和湖南两个行省的军民政务;闽浙总督总管
福建(当时台湾省隶书福建行省)、浙江两个行省的军民事务。

巡抚,是总管一省地方政务的长官,从二品,加衔后为正二品。《清史

---

① 《清史稿》(上)(第 5 册),第 2933 页。

稿》卷一百十六志九十一职官志三记载：

> 巡抚从二品。掌宣布德意，抚安齐民，修明政刑，兴革利弊，考核群吏，会总督以诏废置。标下有参将、游击等官。
>
> 其三年大比充监临官，武科充主试官，督、抚同。
>
> ……
>
> 初，河南、山东、山西等省专置巡抚，无统辖营伍权，以提督为兼衔。直隶、四川、甘肃等省专置总督，吏治归其考覈，以巡抚为兼衔。而巡抚例受总督节度，浸至同城巡抚仅守虚名。即分省者，军政民事亦听总督主裁。文宗莅政，命浙江、安徽、江西、陕西、湖南、广西、贵州各巡抚节制镇、协武职；总督兼辖省分，由巡抚署考会题，校阅防剿，定为专责，职权渐崇。光绪季年，裁同城巡抚，其分省者，权几与总督埒，所谓兼辖，奉行文书已耳。宣统间，军政、盐政厚集中央，督、抚权削矣。①

从这则史料记载可看出，巡抚职责主要局限于民政，涵盖面十分广泛。《清史稿》卷一百十六志九十一职官志三记载：

> 巡抚江苏等处地方提督军务兼理粮饷一人。顺治元年，置江南巡抚，驻苏州，辖江宁、苏州、松江、常州、镇江五府。十八年，江南分省，更名江苏巡抚。
>
> 巡抚安徽等处地方提督军务、节制各镇兼理粮饷一人。顺治元年，置操江兼巡抚安徽徽、宁、池、太、广，驻安庆。康熙元年，省操江，所部十二营改隶总督，始置安徽巡抚。嘉庆八年，以距寿春镇窎远，加提督衔。
>
> 巡抚山东等处地方提督军务、粮饷兼理营田一人。顺治元年置，驻济宁。时海防巡抚驻登州，九年省。康熙四十四年，管理山东河道。五十三年，兼临清关务。乾隆八年，依山西、河南例，加提督衔。
>
> 巡抚山西等处地方提督军务兼理粮饷一人。顺治元年置巡抚，驻太原，提督雁门等关。雍正十二年，管理提督事务，通省武弁受节度。
>
> 巡抚河南等处地方提督军务、粮饷兼理河道、屯田一人。顺治元年置，驻开封。康熙十七年，定管理河南岁修工程。雍正四年，加总督衔，不为例。寻省。十三年复置。乾隆五年，以盗警，加提督衔。

---

① 《清史稿》（上）（第5册），第2933～2935页。

巡抚陕西等处地方提督军务、节制各镇兼理粮饷一人。顺治元年置，驻西安，定为满缺。雍正九年，以兵部尚书史贻直署巡抚，参用汉人自此始。

巡抚新疆等处地方提督军务兼理粮饷一人。顺治元年，置甘肃巡抚，驻甘州卫。雍正二年改卫为府。五年，徙兰州。康熙元年，移驻凉州卫。后亦改府。五年，还驻兰州，寻改驻巩昌。十九年，仍回兰州。四十四年，兼管茶马事。乾隆十九年省，移陕甘总督来驻，兼巡抚事。光绪十年，新疆建行省，置甘肃新疆巡抚，驻乌鲁木齐。初置有延绥巡抚、宁夏巡抚各一人，康熙间俱省。

巡抚浙江等处地方提督军务、节制水陆各镇兼理粮饷一人。顺治元年置，驻杭州。雍正五年，改总督。十三年，仍为巡抚，兼总督衔。乾隆元年，复置总督。三年复故。

巡抚江西等处地方提督军务、节制各镇兼理粮饷一人。顺治元年置，驻南昌，辖十一府。康熙三年，兼辖南安、赣州。初置南赣巡抚，至是省入。乾隆十四年，加提督衔。

巡抚湖南等处地方提督军务、节制各镇兼理粮饷一人。顺治元年，置偏沅巡抚，驻偏桥镇。同时置抚治郧阳都御史，驻沅州，以控湘、蜀、豫、晋之交，十八年省。康熙十五年，以盗警复置。十九年又省。康熙三年，湖南分省，移驻长沙。雍正二年，更名湖南巡抚，令节制各镇。

巡抚湖北等处地方提督军务兼理粮饷一人。顺治元年，置湖广巡抚，驻武昌。康熙三年，更名湖北巡抚。光绪二十四年省，寻复置。三十二年又省。

巡抚广东等处地方提督军务兼理粮饷一人。顺治元年置，驻广州。雍正二年，兼太平关务。光绪二十四年省，寻复置。三十一年，以广西军务平，又省。

巡抚广西等处地方提督军务兼理粮饷加节制通省兵马衔一人。顺治元年置，驻桂林。六年，省凤阳巡抚标兵来隶。雍正九年，令节制通省兵马。

巡抚云南等处提督军务兼理粮饷一人。顺治元年置，驻云南府。雍正四年，命江苏布政使鄂尔泰为巡抚，兼总督事。十年，升总督，兼巡抚事。张广泗继之，亦兼巡抚。乾隆十二年，始授图尔炳阿为巡抚。光绪二十四年省，寻复置。三十年又省。

巡抚贵州等处地方提督军务兼理粮饷加节制通省兵马衔一人。顺治十五年置。十八年，停提督军务。乾隆十二年，以苗患复之。明年，加爱必达节制通省兵马衔。十八年，著为例。

巡抚台湾等处地方提督军务兼理粮饷一人。顺治元年，置福建巡抚，驻福州。光绪元年，移驻台北。十一年，台湾建行省，改福建巡抚为台湾巡抚，兼学政事，其福建巡抚事归闽浙总督兼管。二十一年，弃台湾，省巡抚。①

从上述史料中可以看出，清朝一共设置了 15 个巡抚，即江苏、安徽、山东、山西、河南、新疆、浙江、江西、湖南、湖北、广东、广西、云南、贵州、台湾。之后，在东三省也设置了行省，相应地又设置了巡抚。

总督与巡抚的职责划分：总督侧重军事，巡抚侧重民事。"一省之政务，又分之于布政使司及守、巡各道，分负专责，以督率府县各官，总其成于督、抚。"②

《清史稿》卷一百十六志九十一职官志三记载：

初沿明制，督、抚系右都御史、右副都御史、右佥都御史衔，无定员。顺治十年，谕会推督、抚，不拘品秩，择贤能者具题。康熙元年，停巡抚提督军务加工部衔。不置总督省分，兼辖副将以下等官。十二年复故，并设抚标左、右二营。三十一年，定总督加衔制。由各部左、右侍郎授者，改兵部左、右侍郎；由巡抚授者，升兵部右侍郎兼都察院右副都御史。乾隆十三年，定大学士兼管总督者仍带原衔。明年，改授右都御史衔，其兵部尚书衔由吏部疏请定夺。嘉庆十四年，定以二品顶戴授者兼兵部侍郎衔，俟升品秩再加尚书衔。光绪三十二年，更名陆军部尚书衔。宣统二年停。七年，定山陕督、抚专用满员。雍正元年，定巡抚加衔制。由侍郎授者，改兵部右侍郎兼右副都御史衔；由学士、副都御史及卿员、布政使等官授者，俱为右副都御史；由左佥都御史或四品京堂、按察使等官授者，俱为右佥都御史。乾隆十四年，定巡抚不由侍郎授者，俱兼右副都御史；其兵部侍郎衔，疏请如总督。光绪三十二年，更名陆军部侍郎衔。宣统二年停。时西安有同署巡抚者，山东、山西并有协办巡抚之目，非制也。是岁，谕山陕督、抚参用蒙古、汉军、汉人，纂为令

① 《清史稿》（上）（第 5 册），第 2939～2941 页。
② 张创新：《中国政治制度史》（第四版），清华大学出版社，2015 年，第 190 页。

甲。乾隆十八年，以漕运、河道总督无地方责，授衔视巡抚。嘉庆十二年，定由尚书授者，应否兼兵部尚书衔，疏请如总督。光绪二十四年，加总理各国事务衙门大臣衔，寻罢。三十二年，定辟除掾属、分曹治事制。条为十科：曰交涉、曰吏、曰民、曰度支、曰礼、曰学、曰军政、曰法、曰农工商、曰邮传，各置参事、秘书，是为幕职。宣统二年，充会办盐政大臣兼职，寻亦罢。①

从上述史料中可以看出，总督和巡抚都加衔。总督的设置也有特殊之职，如漕运总督和河道总督。河道总督"掌治河渠，以时疏浚堤防，综其政令"。漕运总督"掌治漕挽，以时稽核催趱，综其政令"。

《清史稿》卷一百十六志九十一职官志三记载：

　　总督漕运一人。掌治漕挽，以时稽核催趱，综其政令。标下官同总督。顺治元年，遣御史巡漕，寻置总督，驻淮安。四年，以满洲侍郎一人襄治漕务。八年省。十三年复置，十八年又省。六年，兼凤庐巡抚事。十六年，停兼职。康熙二十一年，定粮艘过淮，总漕随运述职。咸丰十年，令节制江北镇、道各官。光绪三十年，以淮、徐盗警，改置巡抚。明年省。

　　河道总督，江南一人，山东河南一人。直隶河道以总督兼理。掌治河渠，以时疏浚堤防，综其政令。营制视漕督。顺治元年，置总河，驻济宁。康熙十六年，移驻清江浦。二十七年，还驻济宁，令协理侍郎开音布等驻其地。三十一年，总河并驻之。三十九年，省协理。四十四年，兼理山东河道。雍正二年，置副总河，驻武陟，专理北河。七年，改总河为总督江南河道，驻清江浦，副总河为总督河南山东河道，驻济宁，分管南北两河。八年，增置直隶正、副总河，为河道水利总督，驻天津。自是北河、南河、东河为三督。九年，置北河副总河，驻固安，并置东河副总河，移南河副总河驻徐州。十二年，移东河总督驻兖州。乾隆二年，省副总河。厥后省置无恒。十四年，省直隶河道总督。咸丰八年，省南河河道总督。光绪二十四年，省东河河道总督，寻复置。二十八年又省，河务无专官矣。

_____

从行政建制规定和实际地位来看,总督地位高于巡抚地位。总督之中,地位也是分等级的。例如,直隶总督和两江总督较之其他总督而言,更为重要。直隶总督守卫北平,两江则是清朝的粮仓与税负重地。晚清时期,这两个总督还兼任办理外交和国际贸易的北洋、南洋通商大臣的职务,尤为重要。

清朝督抚之下设置有承宣布政使司和提刑按察使司(明朝都指挥使司的兵权由总督行使)。承宣布政使司简称布政司,长官为布政使,俗称藩台,下属称藩宪,尊称方伯。提刑按察使司长官为按察使,亦称臬司、臬台或廉访。

《清史稿》卷一百十六志九十一职官志三记载:

> 承宣布政使司布政使,省各一人。从二品。其属:经历司经历,正六品。都事,从七品。照磨所照磨,从八品。理问所理问,从六品。库大使,正八品。仓大使,从九品。各一人。布政使掌宣化承流,帅府、州、县官,廉其录职能否,上下其考,报督、抚上达吏部。三年宾兴,提调考试事,升贤能,上达礼部。十年会户版,均税役,登民数、田数,上达户部。凡诸政务,会督、抚议行。经历、都事掌出纳文移。照磨掌照刷案卷。理问掌推勘刑名。库大使掌库藏籍帐。仓大使掌稽仓庾。
>
> 提刑按察使司按察使,省各一人。正三品。其属:经历司经历,正七品。知事,正八品。照磨所照磨,正九品。司狱司司狱,从九品。各一人。按察使掌振扬风纪,澄清吏治。所至录囚徒,勘辞状,大者会藩司议,以听於部、院。兼领阖省驿传。三年大比充监试官,大计充考察官,秋审充主稿官。知事掌勘察刑名。司狱掌检察系囚。经历、照磨所司视藩署。①

从上述史料中可以看出,承宣布政使司布政使主要职责如下:宣布朝廷命令,考察官吏;负责考试事务;户籍事务;赋税事务;其他事务等。凡政务处理,需要会同总督巡抚执行。按察使职责除了刑名司法之事务外,还兼具其他职责。例如,省内驿传之事、大计考察、监试等其他事务。

督抚与藩臬是相互制衡关系。从上文中可以看出,藩臬为督抚下属官吏,藩臬吏治好坏由督抚来考核。此外,由于可以密折奏事,因此督抚之间、

---

① 《清史稿》(上)(第5册),第2938~2939页。

督抚与藩臬两司间可以通过密折相互监督制约。

　　藩臬之下是各种道员。道员俗称道台,分为分守道(简称守道)和分巡道(简称巡道)。分守道在划分的若干府、县等辖区内管辖行政区内的政务,分巡道则管理全省范围内某一专门项目。例如,管教育的提学道,管武器军备的兵备道,管水利的河工道,管邮政、交通的驿传道、屯田道、海关道、督粮道、粮储道等。分守道和分巡道的性质均为行省派出机构。

　　《清史稿》卷一百十六志九十一职官志三记载:

　　　　道员正四品。粮道。江南、苏松、江安、浙江、云南各一人。其山东、湖北、湖南、广东、贵州,俱光绪、宣统间省。江西兼巡南抚建、福建兼巡福宁、陕西兼守干廊,并省。河道。直隶永定河道驻固安。山东运河道、江苏河库道,俱光绪季年省。各道兼河务者详后。海关道。津海关道驻天津。兼关务者详后。巡警道。劝业道。省各一人,均驻省。详新官制。分守道:山东济东泰武临道,兼驿传、水利,驻省。山西雁平道,驻代州。宣统元年省。冀宁道,兼水利,驻省。宣统二年省。湖北武昌道,广西桂平梧道;俱盐法道兼,驻省。其带兵备者,黑龙江兴东道,兼营务、垦务、木植、矿产,驻内兴安岭。山西河东道,盐法道兼,驻运城。陕西潼商道,驻省城。福建兴泉永道,兼海政、驿传,驻厦门。湖北安襄郧荆道,兼水利,驻襄阳。湖南衡永郴桂道;兼驿传,驻衡州。整饬兵备道,直隶口北道,驻宣化,定为满缺。后参用汉人。甘肃甘凉道。驻凉州。分巡道:直隶清河道,兼河务,驻省。霸昌道,驻昌平。光绪三十年省。河南河陕汝道,兼水利、驿传,驻陕州。福建延建邵道,驻延平。浙江金衢严道,兼水利,驻衢州。湖南岳常澧道,兼驿传、商埠、关务,驻澧州。四川川南道,驻泸州。广东广肇罗道,兼水利,驻肇庆。云南临安开广道;兼关务,驻蒙自。其带兵备者,奉天洮昌道,兼蒙旗事,驻辽源州。临长海道,驻临江。锦新营口道,兼关务,驻营口。兴凤道,驻安东。吉林东南路道,兼关务,驻珲城。东北路道。兼关务,驻三姓。西路道,专司交涉,驻长春。黑龙江呼伦道,驻呼伦。瑷珲道,驻瑷珲。以上五员并加参领衔。直隶通永道,兼河务、海防、屯田,驻通州。天津道,兼河务,见前。大顺广道,兼河道、水利,驻大名。苏州道,粮道兼,并司水利,见前。苏松太仓道,兼水利、渔业、关务,驻上海。常镇通海道,兼河道、关务,驻镇江。淮扬海道,兼盐法、漕务、海防,加提法使衔,驻淮安。徐州道,兼河务,驻宿迁。安徽安庐滁和道,驻省城。光绪三十三年省。皖南道,省宁太池广道改置,兼关务,加提法使衔,驻芜湖。皖北道,省凤颍六泗道改置,驻凤阳。山东兖沂曹济道,兼驿传、河务、水利,驻兖州。山西归绥道,兼关务、驿传及蒙旗事,驻绥远。初定为满缺,后参用汉人。河南开归陈许郑道,兼河务,驻省。河北道,兼河务、水利,驻武陟。南汝光道,兼水利,驻信阳州。陕西陕安道,兼水利,驻汉中。凤邠道,盐法道兼。宣统元年省。甘肃平庆泾固化道,盐法道兼,驻平凉。兰州道,兼屯田、茶马,驻省城。宣统二年省。阿克苏道,兼水利、屯政,抚驭蒙部,稽查卡伦,驻本城。喀什噶尔道,兼水利、屯垦、通商,抚驭布鲁特,稽查卡伦,驻本城。福建汀漳龙道,驻漳州。台湾道,光绪二十一年弃台湾,省。浙江杭嘉湖道,兼海防,驻嘉兴。宁绍台道,兼水利、海防,驻宁波。温处道,兼水利、海防,驻温州。江西瑞南临道,盐法道兼,驻萍乡。抚建广饶九南道,兼关务、水利、窑务,驻九江。吉南赣宁道,兼关务、水利、驿传,驻赣州。湖北汉黄德道,兼水利,驻汉口。上荆南道,兼关务、水利,驻沙市。施鹤道,兼辖文武,驻施南。湖南辰沅永靖道,兼界亭,镇苗疆,驻凤凰营。四川成绵龙茂道,兼水利,驻省城。光绪三十四年省。建昌上南道,兼驿传,抚土司,驻雅州。川东道,兼驿传,驻重庆。川北道,驻保宁。康安道,驻巴安,加提法使衔。边北道,驻登科。以上二员,宣统二年置,隶川滇边务大臣。广东南韶连道,兼水利,驻韶州。惠潮嘉道,驻惠州。廉钦道,驻钦州。高雷阳道,驻高州。琼崖道,驻琼州。广西左江道,驻南宁。右江道,驻柳州。太平思顺道,驻龙州。以上二员,并控制汉、土。云南迤东道,兼驿传,驻曲靖。迤西道,兼驿传、关务,驻大理。迤南道,兼驿传,驻普洱。贵州贵东道,兼驿传,镇苗疆,驻古州。贵西道;驻安顺。宣统二年省。整饬兵备道,直隶热河道,加提法使衔,驻本城。江南江宁道,盐法道兼,并司水利,驻省。山东登莱青道,兼海防、水利,驻登州。陕西延榆绥道,兼盐茶,驻榆林。甘肃宁夏道,兼盐法、水利,驻宁夏。巩秦阶道,兼茶马、屯田,驻秦州。新疆镇迪道,兼驿传,加提法使衔,驻省。伊塔道;兼水利、屯田,稽查卡伦,驻宁远。抚治兵备道,甘肃西宁道,兼治蒙、番,驻西宁。乾隆间定为满、蒙缺,后参用汉人。嘉庆间复旧制,后仍参用。安肃道。兼屯田,驻肃州。各掌分守、分巡,及河、粮、盐、茶,或兼水利、驿传,或兼关务、屯田;并佐藩、臬核官吏,课农桑,兴贤能,励风俗,简军实,固封守,以帅所属而廉察其政治。其杂职有库大使,从九品。仓大使,关大使,俱未入流,详后杂职。皆因地建置,不备设。

布、按二司置正、副官。寻改置布政使左、右参议,是为守道;按察使副使、佥事,是为巡道。时道员止辖一府,或数道同辖一府也。顺治十六年,谕各道兼带布、按二司衔,着为例。康熙六年,省守、巡道百有八人,厥后渐次复置,有统辖阖省者,有分辖三、四府州者,省置无恒,衔额靡定,均视其升补本职为差。如由京堂等官补授者为参政道,掌印给事中、知府补授者为副使道,由科道补授者为参议道,郎中、员外郎、主事、同知补授者为佥事道,守、巡皆同。乾隆十八年,罢参政、参议、副使、佥事诸衔,特峻其品秩。初制,参政道从三品,副使道正四品,参议道从四品,佥事道正五品。至是俱定正四品。嗣是守、巡诸道先后加兵备者,八十馀人。四十一年,诏道员署布、按二司者,许上封奏。嘉庆四年,以道员职司巡察,诏复雍正间旧制,许言事。德宗以降,别就省会置巡警、劝业二道,分科治事,议省守、巡道,酌留一二带兵备者,未果。又初制有山东、安徽、浙江、江西、湖北、湖南兴屯道,浙江、江苏海防道,福建巡海道,江苏江防道,马政道,后俱省。①

此外,各省还有各省学政、漕运、盐务、河道等衙门。学政执掌教育考试事务,盐运使负责管理盐务,漕运总督和河道总督在上文已经讲述。

《清史稿》卷一百十六志九十一职官志三记载:

提督学政,省各一人。以侍郎、京堂、翰、詹、科、道、部属等官进士出身人员内简用。各带原衔品级。掌学校政令,岁、科两试。巡历所至,察师儒优劣,生员勤惰,升其贤者能者,斥其不帅教者。凡有兴革,会督、抚行之。

都转盐运使司盐运使,从三品。奉天、直隶、山东、两淮、两浙、广东、四川各一人。盐法道,江南、江西、福建、湖北、湖南、河南、山西、陕西、四川、广西、云南各一人,甘肃二人。兼分守地方者二,分巡地方者六。详道员。运同,从四品。长芦、山东、广东分司各一人。运副,从五品。两浙分司一人。监掣同知,正五品。山西、河东、两淮、淮南、淮北各一人。盐课提举司提举,从五品。云南三人,分司石膏、黑盐、白盐三井。运判,从六品。直隶蓟永分司、两淮海州通州泰州分司、两浙嘉松分司各一人。盐课司大使,正八品。直隶、场凡八:曰越支、曰岩镇、曰

① 《清史稿》(上)(第5册),第2948～2952页。

芦台、曰丰财、曰石碑、曰归化、曰济民、曰海丰。山东场凡八：曰王家冈、曰永阜、曰永利、曰富国、曰涛雒、曰石河、曰官台、曰西繇。各八人，山西三人，曰东场、曰西场、曰中场。两淮二十有三人，曰板浦、曰临兴、曰中正、曰金沙、曰吕四、曰馀西、曰掘港、曰丰利、曰石港、曰角斜、曰拼茶、曰庙湾、曰刘庄、曰新兴、曰伍佑、曰富安、曰安丰、曰梁垛、曰河垛、曰草偃、曰丁溪、曰东台，场各一人。福建十有六人，内西河、浦下验掣大使各一人。其场曰福清、曰诏安、曰莆田、曰下里、曰浯州、曰福兴、曰浔美、曰石马、曰惠安、曰祥丰、曰莲河。又有江阴西场、漳浦南场、前江团场。两浙三十有二人，内崇明巡盐大使一人。其场曰仁和、曰三江、曰钱清、曰曹娥、曰穿山、曰石堰、曰鸣鹤、曰清泉、曰大嵩、曰双穗、曰长林、曰长亭、曰黄岩、曰下沙、曰下沙头、曰杜渎、曰西路、曰许村、曰海沙、曰鲍郎、曰芦沥、曰横浦、曰袁浦、曰永嘉、曰青村、曰浦东、曰龙头、曰玉泉、曰黄湾、曰东江、曰金山。四川五人，曰青隄渡、曰庸家渡、曰牛华溪、曰云阳、曰大宁，场各一人。广东十有二人，曰白石、曰博茂、曰大洲、曰招收、曰淡水、曰小靖、曰石桥、曰茂晖、曰隆井、曰东界、曰〈土敢〉白、曰电茂，场各一人。云南七人。曰黑盐井、曰白盐井、曰石膏井、曰阿陋井、曰按板井、曰大井、曰丽江井，场各一人。盐引批验所大使，正八品。直隶、分驻小直沽、长芦。山东、分驻雒口、蒲台。两淮分驻仪徵、淮安。各二人，四川三人，重庆、嘉定府经历各兼一人。遂宁县丞兼一人。两浙四人，杭州、绍兴、松江、嘉兴各一人。广东一人。驻西汇关。库大使，从八品。长芦、两淮、两浙、山东、广东、隶盐运使。山西、福建、四川、云南隶盐法道。各一人。经历，从七品。长芦、两淮、两浙、山东、广东、隶盐运使。山西隶盐法道。各一人。知事，从八品。两淮、广东各一人。巡检，从九品。长芦一人，驻张家湾。两淮、分驻白塔河、乌沙河。山西分盐池驻长乐。各二人。①

府的行政长官为知府。职责范围包括："总领属县，宣布条教，兴利除害，决讼检奸。三岁察属吏贤否，职事修废，刺举上达，地方要政白督、抚，允乃行。"知府副职为同知、通判，"分掌粮盐督捕，江海防务，河工水利，清军理事，抚绥民夷诸要职"。

《清史稿》卷一百十六志九十一职官志三记载：

---

① 《清史稿》(上)(第5册)，第2941~2946页。

府知府一人。初制正四品。乾隆十八年改从四品。同知,正五品。通判,正六品。无定员。其属:经历司经历,正八品。知事,正九品。照磨所照磨,从九品。司狱司司狱,从九品。各一人。又江苏检校、贵州长官司吏目,各二人。知府掌总领属县,宣布条教,兴利除害,决讼检奸。三岁察属吏贤否,职事修废,刺举上达,地方要政白督、抚,允乃行。同知、通判,分掌粮盐督捕,江海防务,河工水利,清军理事,抚绥民夷诸要职。其直隶布政使者,全国二十有二,制同直隶州,或隶将军与道员,各因地酌置。经历、知事、照磨、司狱,所掌如两司首领官。自同知以下,事简者不备。

初制,知府秩正四品,区三等,多用汉员,时满洲郎、员外转布、按不占府缺。康熙初始参用。并置推官康熙六年省。及挂衔推官。顺治三年省。督捕左、右理事官康熙三十八年省。各一人。康熙元年,以委署州、县专责知府,行保举连坐法。五十一年,允御史徐树庸请,引见督、抚特举人员。自是知府授官,引见时观敷奏,报最时课治绩,著为令甲。雍正元年,谕督、抚甄别知府,厥后府与同知且许言事。后停。十二年,以府职重要,援引古谊,思复久任制。部议以迁擢为鼓励,止於限年升调。仁宗亲政,以知府为承上接下要职,严谕各督、抚考覈。宣宗时犹然。文、穆而下,古辙浸远矣。宣统之季,省各府附郭县,以知府领其事。自江南、陕西、湖广分省,奉天、吉林、黑龙江、新疆建省,四川、云南改土归流,各以府隶之,计全国府二百十有五。①

府下设州。州的行政长官为知州,执掌一州的治理。
《清史稿》卷一百十六志九十一职官志三记载:

州知州一人。初制从五品。乾隆三十五年改直隶州知州正五品。州同,从六品。州判,从七品。无定员。其属:吏目一人。从九品。知州掌一州治理。属州视县,直隶州视府。唯无附郭县。州同、州判,分掌粮务、水利、防海、管河诸职。吏目掌司奸盗、察狱囚、典簿录。

初制,州置知州一人。嗣后因地制宜,省析并随时更易,佐贰亦如之。计全国直隶州七十有六,属州四十有八。②

① 《清史稿》(上)(第5册),第2952~2953页。
② 同上,第2953页。

州下设县。县的行政长官为知县,正七品,执掌一县之治理,涵盖了"决讼断辟,劝农赈贫,讨猾除奸,兴养立教"。

《清史稿》卷一百十六志九十一职官志三记载:

　　县知县一人。正七品。县丞一人。正八品。主簿无定员。正九品。典史一人。未入流。知县掌一县治理,决讼断辟,劝农赈贫,讨猾除奸,兴养立教。凡贡士、读法、养老、祀神,靡所不综。县丞、主簿,分掌粮马、征税、户籍、缉捕诸职。典史掌稽检狱囚。无丞、簿,兼领其事。

　　初制,县置知县一人。顺治十二年,谕吏部参酌州、县制,区三等。先是台谏需人,依明往例,行取知县。圣祖亲政,以亲民官须谙利弊,命督、抚举贤能。康熙二十九年,复谕九卿察廉吏。清苑知县邵嗣尧等十二人擢置宪府,铮然有声。高宗犹亟称之。自部议防太骤,俾回翔曹司间,其途稍纡矣。乾隆十六年,停止行取升部员,其贤能者仍得题擢也。嘉庆十五年,刊《钦定训饬州县规条》一书,颁示各省。文宗时,军书旁午,民生凋敝,申谕督、抚随时严察。顾其时杂流竞进,廉能者寡。穆宗

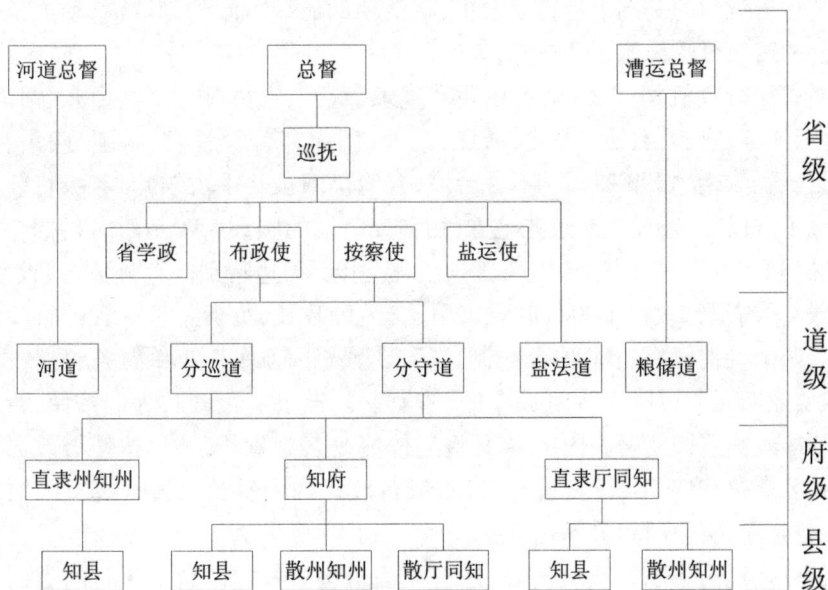

清代地方行政组织①

①　来源:瞿同祖:《清代地方政府》。

厉精图治,谕各省甄别捐纳、军功人员,寻以招流亡、垦地亩课第殿最。同治七年,复命设局刊《牧令》诸书,犹存振厉至意。光绪间,督、抚违例更调州、县官,视同传舍。二十四年,议复久任制。三十一年,定考覈州、县章程,详考绩。制亦少密焉。计全国县凡千三百五十有八。①

四、中华民国时期

清朝灭亡之后,行省制度的基本框架被继承下来。在 1912 年至 1949 年间,主要经历了中华民国临时政府、北洋军政府和南京国民政府三个时期。其中,中华民国临时政府存在时间较短,因此主要为北洋军政府和南京国民政府两个时期。需要说明的是,中华民国时期基本上是混战时期,中央政府并未实质性地形成对全国的控制。如果说有的话,也仅仅是形式上的。例如,张学良东北易帜也仅仅标志着中国形式上的统一。

北洋军政府时期(1912 年—1928 年)是中华民国初期,行政体制在沿袭清朝行省建制的基础上进行了改革,将清朝的府级行政建制取消,形成了省道县的三级行政体制。

省级行政机构方面,全国主要有直隶、奉天、吉林、黑龙江、山东、河南、山西、江苏、安徽、江西、福建、浙江、湖北、湖南、陕西、甘肃、新疆、四川、广东、广西、云南、贵州 22 省(不含台湾,台湾仍旧被日本占领)。省级行政建制除了省以外,还设置有京兆地方(由清朝时期的顺天府改制而来)、四个特别区(热河特别区、绥远特别区、察哈尔特别区、川边特别区)、外蒙古、青海、西藏②。省级行政机关为行政公署,长官为民政长,负责总理一省的行政事务。四个特别区实行军政合一制。行政公署下辖总务处和内务、财政、教育、实业四厅。1914 年 5 月颁布的《省官制》,改各省民政长为巡按使,行政公署亦改称巡按使署。1916 年又将巡按使改名为省长,将巡按使署改名为省长公署。1918 年,设置警务处,省级行政机构由省长公署、政务厅、财政厅、教育厅、实业厅和警务处组成。

省级机构除了行政机构外,还有立法机构——省议会。此时的省议会仅仅具有象征意义或者扮演着"橡皮图章"的角色。

---

① 《清史稿》(上)(第 5 册),第 2953~2954 页。
② 青海、新疆及内外蒙古保留盟旗,西藏保留宗作为基层区划。

省级组织下设道。道级行政建制设置道尹公署,下设有内务、财务、教育和实业四科。道下设县。外蒙古、青海分盟,盟下分旗。西藏分宗,相当于内地的县。

南京国民政府时期,对省道县的行政层级进行了调整,实行省县二级制。1925年以后,实行"新省制",由国民政府任命的委员组成,其中一位为省主席。1930年,国民党废除道级行政建制,实行以省统县的行政建制(但也有例外,如新疆,实行省下分区)。

南京国民政府时期,省级行政建制变动主要如下:1928年6月,将直隶省更名为河北省,并将京兆地方并入河北省。1928年9月撤绥远、热河、察哈尔3个特别区域,设置绥远省(省会归绥,今呼和浩特)、热河省(省会承德,1955年7月30日撤销,辖区分布在现内蒙古自治区、河北省、辽宁省)、察哈尔省(省会万全,1947年省会改为张垣,1952年被撤销,辖区归山西省和河北省管辖)。1939年1月1日正式成立西康省(省会康定,1955年撤销)。1928年,将甘肃省管辖的宁夏道(即朔方道)旧属八县(即宁夏县、宁朔县、平罗县、中卫县、灵武县、金积县、盐池县和平远县)和宁夏护军使辖地(即阿拉善旗、额济纳旗)合并建为宁夏省(省会为宁夏)。1928年11月,甘肃省西宁道及青海地方辖区设置青海省(省会西宁)。1929年2月,改奉天省为辽宁省。1945年9月,抗战胜利,台湾省回归祖国(省会台北)。除了省名的变动之外,有些省份的省界(由此产生的部分地方的归属问题)进行了调整,有些省份的省会有所变动,这里不再详述。在城市隶属方面,南京国民政府将城市划分为直辖市(直接隶属于行政院,又称之为院辖市)和省辖市(隶属于省政府)。"截止1947年6月底,全国共辖省级行政单位48个。其中包括35省,1地方(西藏),12院辖市。以下设57省辖市,2016县,40设治局,1管理局,131旗。"①

在这一时期,还建立了行政督察专员公署。1931年,为了围剿革命根据地,南京国民政府在江西实行党政委员会分会制,在南昌的总司令部中设置党政委员会,在接近革命根据地的各重要地区划分若干区域,设立党政委员会分会,每分会辖三县,设委员长一人,得兼驻在地县长,专门指挥"围剿"事宜。这是行政督察专员公署设置的开端。尽管1931年12月撤销了党政委员会分会制,并在之后又成立了行政长官公署。但是在党政委员会分会制

---

① 郑宝恒:《民国时期行政区划变迁述略(1912—1949)》,《湖北大学学报》(哲学社会科学版),2000年第2期。

存在的时间里,各地纷纷模仿,成立了类似机构,尽管名称不一。例如,浙江省为"县政督察专员",江苏省为"行政督察",安徽省为"首席县长"制。为了统一推行,南京国民政府颁布了《各省行政督察专员暂行条例》,同时"豫鄂皖三省剿匪总司令部"亦颁发《剿匪区内各省行政督察专员公署组织条例》,在豫、鄂、皖三省施行。1936年,南京国民政府先后公布了《行政督察专员公署组织暂行条例》及其修正条例,同时废止了之前所颁布的《各省行政督察专员暂行条例》和《剿匪区内各省行政督察专员公署组织条例》,正式确定各省划分若干行政督察区,设置行政督察专员公署为省政府常设的派出机构,协助省政府监督区内各县行政。行政督察专员兼任所在地的县长,并兼区保安司令。专署内设秘书一人,掌文书、庶务及不属于各科的事务;科长三至四人,分掌民政、财政、教育、建设事项;视察一人,考察辖区内各县、市政务。秘书室及各科得分股办事。此外专署或专员所属尚有其他专管机关或人员,如警察训练所。1937年,抗日战争爆发,行政院通令各省,行政督察专员均免兼县长职务,并将行政督察专员公署与区保安司令部合并,以加强行政督察专员的行政监督权和军事指挥权。需要说明的是,行政督察专员公署是省政府的派出机构,非一级行政建制。

在县级行政建制之下是各种基层自治组织。

第七节 地方行政制度小结

1. 集权与分权制衡是永恒主题,是一个往复循环的动态过程。缩小地方的行政机构、加强中央集权→地方集权、地方割据→政治动乱、群雄割据→政治统一、中央集权→地方分权制衡……的政治模式,几乎是中国两千年历史难以跳出的、反复不断循环的圈子。宏观上,地方分权制衡服务于集权,中央集权于皇帝,地方分权制衡是永恒趋势,这一过程贯穿于封建君主专制走向巅峰的整个过程。微观上,当中央力量强于地方力量时,往往是王朝初期或中期,中央集权于皇帝,地方分权制衡;当中央力量弱于地方力量时,往往是王朝后期,地方分权制衡成为一句空话,群雄割据成为常态。

2. 地方行政权力机构采取财政、行政、军事、监察、司法等相互分立和牵制的策略,虽加强了中央对地方的控制,但削弱了行政效率和效能,可能导致积弱。

3. 军事是君权和中央集权的强有力保障,在权力社会中,军事的成败决定君权的兴废。"传统社会的兴衰动乱,无疑是由兵所完全支持,至少兵在这演变中自始扮演着重要角色。天下的得失及其命运,都是兵在马上决定的。"①可以说,中国古代的王朝基本上是由强暴权力产生的,虽然民心也很重要,但是"王权与兵力的关系非常密切……王权就是兵力的统治"②。军政虽然是君权的保障,但也可能是威胁,因此军政与民政必须分开,军政与民政的合一可能导致藩镇割据,危及王朝存续。在中华民国时期,地方军阀或地方派别的军事力量也是影响中央集权的重要因素。

4. 行政机构的形成过程是自上而下的,不是自下而上的,目的在于加强中央政府对新征服地区的管理和控制而非反映地方利益。

5. 监察机构方面,逐步由临时性的、非固定区域的、自上而下的中央派驻变成常设性的、固定区域的、有常设机构的新一级地方行政机构。

6. 县级政府是基层行政单位,朝廷对官吏的任命到县即止,真正的基层政府则是乡、亭、里。县级政府最稳定。"皇权不下乡,乡下皆自治",基层组织日趋严密化。

7. 府县积弱的局面,自宋元以来,迄明清二代,始终没有根本改变。若只注意如何防止地方独擅权力,造成尾大不掉的倾向,而不注意地方削弱后的不良影响,就有可能造成国家积弱的局面。

① 费孝通、吴晗等:《皇权与绅权》,生活·读书·新知三联书店,2013 年,第 122 页。
② 同上,第 123 页。

第四章
监察制度

　　监察制度是中国古代政治制度的重要组成部分。监察制度的建立与发展以维护皇权为主线,对国家治理产生了深远影响。

第一节　监察机制的确立

　　御史之职,从周朝就开始设置,承担类似秘书之类的职责。《通典》卷第二十四职官六记载:

　　御史之名,《周官》有之,盖掌赞书而授法令,非今任也。王有命,则赞为之辞,写其理之法令,命来受者即授之。战国时亦有御史,秦赵渑池之会,各命书其事,又淳于髡谓齐王曰"御史在后",则皆记事之职也。①

　　秦时,御史开始执掌纠察之职责。位居三公九卿的御史大夫执掌监察,这是中国古代监察制度建立的重要标志。
　　《汉书·百官公卿表》记载:

　　御史大夫,秦官,位上卿,银印青绶,掌副丞相。有两丞,秩千石。一曰中丞,在殿中兰台,掌图籍秘书,外督部刺史,内领侍御史员十五人,受公卿奏事,举劾按章。成帝绥和元年更名大司空,金印紫绶,禄比丞相,置长史,如中丞官职如故。哀帝建平二年复为御史大夫,元寿二年复为大司空,御史中丞更名御史长史。侍御史有绣衣直指,出讨奸猾,治大狱,武帝所制,不常置。②

---

①　(唐)杜佑:《通典》(上),岳麓书社,1995年,第340页。
②　(东汉)班固:《汉书》,中州古籍出版社,1996年,第291页。

《汉书》卷八十三薛宣朱博传第五十三记载：

> 高皇帝以圣德受命，建立鸿业，置御史大夫，位次丞相，典正法度，以职相参，总领百官，上下相监临，历载二百年，天下安宁。①

《通典》卷第二十四职官六记载：

> 初，汉御史大夫有两丞，一曰御史丞，一曰中丞，亦谓中丞为御史中执法。②

从上述史料中可以看出：

第一，御史大夫的职权和地位发生了重要变化。秦时，御史大夫为银印青绶，地位相当于副丞相。汉高祖刘邦时，地位仍然位次丞相。到成帝时，开始变为金印紫绶，禄比丞相。

第二，这时期的御史大夫兼管行政职能与监察职能，行政与监察合在一起。例如，御史大夫"掌副丞相"，具有行政职能。作为御史大夫副官的御史中丞负责"掌图籍秘书"。再比如，《通典》卷第二十四职官六记载："秦赵渑池之会，各命书其事，又淳于髡谓齐王曰'御史在后'，则皆记事之职也。"③

第三，监察的主要目的是为皇权服务，"外督部刺史，内领侍御史"是其主要职责。《汉书·百官公卿表》记载："中丞，在殿中兰台，掌图籍秘书，外督部刺史，内领侍御史员十五人，受公卿奏事，举劾按章。"④御史中丞是御史大夫的重要属员，但其官署却位居宫禁之中，而非御史府，说明监察主要是为皇权服务的。这种御史府与殿中兰台同属一个系统却分署办公的格局也是御史大夫兼具监察职能的重要佐证。

第四，御史府几经废置，逐步实现了监察权独立、御史大夫职权分割宰相行政权的效果，加强了皇权。秦时，御史大夫的办公官署称之为御史府，或御史大夫寺或宪台。东汉以后，御史中丞为长官，其办公官署称之为御史台或兰台、兰台寺。成帝绥和元年，御史大夫更名大司空，哀帝建平二年又更名为御史大夫，元寿二年又将御史大夫更名为大司空。官职变更的同时，其职权也发生了相应变化。这种变化，下文将详细论述。

《汉书》卷八十三薛宣硃博传第五十三记载：

---

①　（东汉）班固：《汉书》，中州古籍出版社，1996年，第991页。

②　（唐）杜佑：《通典》（上），岳麓书社，1995年，第343页。

③　同上，第340页。

④　（东汉）班固：《汉书》，中州古籍出版社，1996年，第291页。

初,汉兴袭秦官,置丞相、御史大夫、太尉。至武帝罢太尉,始置大司马以冠将军之号,非有印绶官属也。及成帝时,何武为九卿,建言:"古者民朴事约,国之辅佐必得贤圣,然犹则天三光,备三公官,各有分职。今末俗之弊,政事烦多,宰相之材不能及古,而丞相独兼三公之事,所以久废而不治也。宜建三公官,定卿大夫之任,分职授政,以考功效。"其后上以问师安昌侯张禹,禹以为然。时曲阳侯王根为大司马票骑将军,而何武为御史大夫。于是上赐曲阳侯根大司马印绶,置官属,罢票骑将军官,以御史大夫何武为大司空,封列侯,皆增奉如丞相,以备三公官焉。①

《通典》卷第二十四职官六记载:

成帝时,御史府吏舍百余区,井水皆竭,又其府中列柏树,常有野乌数千栖宿其上,晨去暮来,号曰"朝夕乌",乌去不来者数月,长老异之,后果废御史大夫为大司空,是其征也。②

《通典》卷第二十四职官六记载:

成帝绥和元年,更名大司空。成帝欲修辟雍,通三公官,故改御史大夫为大司空。金印紫绶,秩比丞相。御史大夫月俸四万。③

从这些史料中可以看出,汉成帝采纳了何武的建议,将御史大夫之职变更为大司空,位居三公之属,地位得到了很大提高。职位的变更往往意味着职责的变更。御史大夫成为大司空以后,其原有职责中的监察职责被剥离出来了,行政职责成为主要职责。再根据《汉书·百官公卿表》中所记载的:"成帝绥和元年更名大司空,金印紫绶,禄比丞相,置长史,如中丞官职如故。"④御史大夫变更为大司空之后,其下属官员御史中丞的职责尚未发生变化。也就是说,此时的御史中丞成为监察系统事实上的长官,独立行使监察权,御史台成为监察机构。

---

① (东汉)班固:《汉书》,中州古籍出版社,1996年,第991页。
② (唐)杜佑:《通典》(上),岳麓书社,1995年,第340页。
③ (唐)杜佑:《通典·职官典》(上),时代文艺出版社,2008年,第248页。
④ (东汉)班固:《汉书》,中州古籍出版社,1996年,第291页。

《后汉书·百官三》记载：

> 御史中丞一人，千石。本注曰：御史大夫之丞也。旧别监御史在殿中，密举非法。及御史大夫转为司空，因别留中，为御史台率，后又属少府。治书侍御史二人，六百石。本注曰：掌选明法律者为之。凡天下诸谳疑事，掌以法律当其是非。侍御史十五人，六百石。本注曰：掌察举非法，受公卿群吏奏事，有违失举劾之。凡郊庙之祠及大朝会、大封拜，则二人监威仪，有违失则劾奏。①

对中央行政权而言，御史大夫之职变更为大司空意味着行政权得到了进一步的分化。原先的宰相权力被一分为三，大司徒、大司马和大司空共同分割宰相权力，皇权得到了进一步加强。

《汉书》卷八十三薛宣朱博传第五十三记载：

> 后二岁余，朱博为大司空，奏言："帝王之道不必相袭，各由时务。高皇帝以圣德受命，建立鸿业，置御史大夫，位次丞相，典正法度，以职相参，总领百官，上下相监临，历载二百年，天下安宁。今更为大司空，与丞相同位，未获嘉祐。故事，选郡国守相高第为中二千石，选中二千石为御史大夫，任职者为丞相，位次有序，所以尊圣德，重国相也。今中二千石未更御史大夫而为丞相，权轻，非所以重国政也。臣愚以为大司空官可罢，复置御史大夫，遵奉旧制。臣愿尽力，以御史大夫为百僚率。"哀帝从之，乃更拜博为御史大夫。会大司马喜免，以阳安侯丁明为大司马卫将军，置官属，大司马冠号如故事。后四岁，哀帝遂改丞相为大司徒，复置大司空、大司马焉。②

《通典》卷第二十四职官六记载：

> 哀帝建平二年，朱博奏请罢大司空，以御史大夫为百僚帅，帝从之，遂复为御史大夫，皆宰相之任。事具宰相篇。元寿二年，复为大司空。③

---

① （南朝宋）范晔：《后汉书》，中州古籍出版社，1996 年，第 198 页。
② （东汉）班固：《汉书》，中州古籍出版社，1996 年，第 991 页。
③ （唐）杜佑：《通典·职官典》（上），时代文艺出版社，2008 年，第 248 页。

　　这两则史料详细记录了御史大夫转为大司空之后,汉哀帝于建平二年,即公元前5年将大司空重新变更为御史大夫,并于元寿二年又将御史大夫变更为大司空的详细过程。

　　概而言之,监察权力实现了由御史大夫向御史中丞的转移,御史台成为新的独立的执掌国家监察权的主体机构。这种变更表面上是实际权力与职位高低变更的过程,实际上是权力分化与整合、皇权加强的过程。权力的分化与整合有利于加强行政效率,例如,御史大夫初始时兼具行政权与监察权,在一定程度上实现了对行政权的分权制衡,但是却不一定有利于监察效能的整体提升。

　　两汉时期,还有另一监察机制——司隶校尉。其监察范围为:"掌察举百官以下,及京师近郡犯法者。"

　　《汉书·百官公卿表》记载:

　　　　司隶校尉,周官,武帝征和四年初置。持节,从中都官徒千二百人,捕巫蛊,督大奸猾。后罢其兵。察三辅、三河、弘农。元帝初元四年去节。成帝元延四年省。绥和二年,哀帝复置,但为司隶,冠进贤冠,属大司空,比司直。①

　　《后汉书·百官四》记载:

　　　　司隶校尉一人,比二千石。本注曰:孝武帝初置,持节,掌察举百官以下,及京师近郡犯法者。元帝去节,成帝省,建武中复置,并领一州。从事史十二人。本注曰:都官从事,主察举百官犯法者。功曹从事,主州选署及众事。别驾从事,校尉行部则奉引,录众事。簿曹从事,主财谷簿书。其有军事,则置兵曹从事,主兵事。其余部郡国从事,每郡国各一人,主督促文书,察举非法,皆州自辟除,故通为百石云。假佐二十五人。本注曰:主簿录阁下事,省文书。门亭长主州正。门功曹书佐主选用。《孝经》师主监试经。《月令》师主时节祠祀。律令师主平法律。簿曹书佐主簿书。其余都官书佐及每郡国,各有典郡书佐一人,各主一郡文书,以郡吏补,岁满一更。司隶所部郡七。②

---

　　①　(东汉)班固:《汉书》,中州古籍出版社,1996年,第294页。
　　②　(南朝宋)范晔:《后汉书》,中州古籍出版社,1996年,第201页。

秦朝对地方行政的监察主要通过监御史来进行。

《汉书》卷十九上百官公卿表第七上记载：

> 监御史，秦官，掌监郡。汉省，丞相遣史分刺州，不常置。武帝元封五年初置部刺史，掌奉诏条察州，秩六百石，员十三人。成帝绥和元年更名牧，秩二千石。哀帝建平二年复为刺史，元寿二年复为牧。①

《通典》卷第二十四职官六记载：

> 秦以御史监郡。②

西汉初年，承袭秦制。地方政府监察制度经历了不断调整，对后世影响深远的当属刺史制度。汉武帝时期，设置刺史来监察地方政府。刺史秩比六百石，地位比较卑微，起初没有固定治所，至东汉之时，才成为有固定治所的地方组织。汉初，刺史的职责范围为六条问事，"汉制，刺史以六条问事，非条所问即不省。一条，强宗豪右田宅踰制，以强凌弱，以众暴寡。二条，二千石不奉诏书，遵承典制，背公向私，旁诏守利，侵渔百姓，聚敛为奸。三条，二千石不恤疑狱，风厉杀人，怒则任刑，喜则任赏，烦扰刻暴，剥截黎元，为百姓所疾，山崩石裂，妖祥讹言。四条，二千石选署不平，苟阿所爱，蔽贤宠顽。五条，二千石子弟恃怙荣势，请托所监。六条，二千石违公下比，阿附豪强，通行货赂，割损正令。居部九岁，举为守相"③。从这六条中可以看出，刺史的监察对象主要为两千石高官及强宗豪右。

《汉书·武帝纪》记载：

> 初置刺史部十三州。名臣文武欲尽，诏曰："盖有非常之功，必待非常之人，故马或奔踶而致千里，士或有负俗之累而立功名。夫泛驾之马，跅弛之士，亦在御之而已。其令州、郡察吏、民有茂材、异等可为将、相及使绝国者。"④

---

① （东汉）班固：《汉书》，中州古籍出版社，1996 年，第 295 页。
② （唐）杜佑：《通典》（上），岳麓书社，1995 年，第 340 页。
③ 同上，第 464 页。
④ （东汉）班固：《汉书》，中州古籍出版社，1996 年，第 34 页。

《后汉书·百官五》记载：

> 外十二州，每州刺史一人，六百石。本注曰：秦有监御史，监诸郡，汉兴省之，但遣丞相史分刺诸州，无常官。孝武帝初置刺史十三人，秩六百石。成帝更为牧，秩二千石。建武十八年，复为刺史，十二人各主一州，其一州属司隶校尉。诸州常以八月巡行所部郡国，录囚徒，考殿最。初岁尽诣京都奏事，中兴但因计吏。①

刺史的设置，达到了"小大相制，内外相维"的效果，强化了皇权对地方政府的控制。由于刺史"位卑"，故易于控制。由于"职简"，故难以干预地方行政事务。由于以"小"（秩比六百石）监"大"（秩比两千石），故监察者和被监察者不容易结党，进而影响监察效果。但是刺史制度由最初的监察职责逐步扩大为地方实体政府，又对国家治理产生了深远影响。

第二节　监察制度的发展

经过魏晋南北朝时期的混乱，监察制度在隋唐逐步趋于完善。

隋炀帝增置谒者、司隶二台，与御史台统称为三台，三者分工明确，执掌监察职责。

御史台，大夫一人，治书侍御史二人（正五品），侍御史八人，殿内侍御史、监察御史，各十二人，录事二人。之后，省殿内御史员，增监察御史员十六人，加阶为从七品。职责驻澳负责监察中央文武百官。

谒者台，大夫一人（从四品。五年，改为正四品），掌受诏劳问，出使慰抚，持节察授，及受冤枉而申奏之。

司隶台大夫一人（正四品），掌诸巡察。别驾二人（从五品），分察畿内，一人案东都（今天的河南洛阳），一人案京师（今天的陕西西安）。刺史十四人（正六品），巡察畿外。诸郡从事四十人，副刺史巡察。以六条问事。这六条与汉朝的六条在监察对象、监察重点、监察官员行为等方面截然不同。概而言之，汉之六条更多侧重的是政治，侧重于如何强化中央集权，使中央权力有效贯彻。而隋之六条更多侧重的是国家治理，侧重于治理过程。

《隋书》卷二十八志第二十三记载：

---

① （南朝宋）范晔：《后汉书》，中州古籍出版社，1996年，第202页。

御史台，大夫一人，治书侍御史二人，侍御史八人，殿内侍御史、监察御史，各十二人，录事二人。后魏延昌中，王显有宠于宣武，为御史中尉，请革选御史。此后踵其事，每一中尉，则更置御史。自开皇后，始自吏部选用，仍依旧入直禁中。

炀帝即位，多所改革。三年定令，品自第一至于第九，唯置正从，而除上下阶。罢诸总管，废三师、特进官。分门下、太仆二司，取殿内监名，以为殿内省，并尚书、门下、内史、秘书，以为五省。增置谒者、司隶二台，并御史为三台。分太府寺为少府监。改内侍省为长秋监，国子学为国子监，将作寺为将作监，并都水监，总为五监，改左右卫为左右翊卫，左右备身为左右骑卫。左右武卫依旧名。改领军为左右屯卫，加置左右御。改左右武候为左右候卫。是为十二卫。又改领左右府为左右备身府，左右监门依旧名，凡十六府。其朝之班序，以品之高卑为列。品同则以省府为前后，省府同则以局署为前后焉。

御史台增治书侍御史为正五品。省殿内御史员，增监察御史员十六人，加阶为从七品。开皇中，御史直宿禁中，至是罢其制。又置主簿、录事员各二人。五年，又降大夫阶为正四品，减治书侍御史为从五品；增侍御史为正七品，唯掌侍从纠察，其台中簿领，皆治书侍御史主之。后又增置御史，从九品，寻又省。

谒者台大夫一人，（从四品。五年，改为正四品。）掌受诏劳问，出使慰抚，持节察授，及受冤枉而申奏之。驾出，对御史引驾。置司朝谒者二人以贰之。（从五品。）属官有丞一人，主簿、录事各一人等员。又有通事谒者二十人，（从六品。）即内史通事舍人之职也。次有议郎二十四人，通直三十六人，将事谒者三十人，谒者七十人，皆掌出使。其后废议郎，通直、将事谒者，谒者等员，而置员外郎八十员。寻诏门下、内史、御史、司隶、谒者五司，监受表，以为恒式，不复专谒者矣。寻又置散骑郎，从五品，二十人，承议郎、（正六品。）通直郎，（从六品。）各三十人，宣德郎、（正七品。）宣义郎，（从七品，）各四十人，从事郎、（正八品。）将仕郎、（从八品。）常从郎、（正九品。）奉信郎，（从九品。）各五十人，是为正员。并得禄当品。又各有散员郎，无员无禄。寻改常从为登仕，奉信为散从。自散骑已下，皆主出使，量事大小，据品以发之。

司隶台大夫一人，（正四品。）掌诸巡察。别驾二人，（从五品。）分察畿内，一人案东都，一人案京师。刺史十四人，（正六品。）巡察畿外。诸郡从事四十人，副刺史巡察。其所掌六条：一察品官以上理政能不。二察官人贪残害政。三察豪强奸猾,侵害下人,及田宅逾制,官司不能禁止者。四察水旱虫灾,不以实言,枉征赋役,及无灾妄蠲免者。五察部内贼盗,不能穷逐,隐而不申者。六察德行孝悌,茂才异行,隐不贡者。每年二月,乘轺巡郡县,十月入奏。置丞、(从六品。)主簿、(从八品。)录事(从九品。)各一人,后又罢司隶台,而留司隶从事之名,不为常员。临时选京官清明者,权摄以行。①

唐朝监察制度在隋朝基础上有了进一步发展,形成了较为完善的监察体系。

《通典》卷第二十四职官六记载:

隋及大唐皆曰御史台。龙朔二年改为宪台,咸亨元年复旧。门北辟,主阴杀也。按北齐杨楞伽邺都故事云:"御史台在宫阙西南,其门北开,取冬杀之义。"斯事久矣。今东都台门所以不北向者,盖欲变古之制,或建造者不习故事耳。龙朔中,改司经局为桂坊,置司直,为东宫之宪府,亦开北门,以象御史台,其例明矣。或云:隋初移长安城,造御史台,时以兵部尚书李圆通检校御史大夫,欲于尚书省近,故开北门。此说非也。故御史为风霜之任,弹纠不法,百僚震恐,官之雄峻,莫之比焉。旧制但闻风弹事,提纲而已。旧例,御史台不受诉讼。有通辞状者,立于台门,候御史,御史径往门外收采。知可弹者,略其姓名,皆云"风闻访知"。永徽中,崔义玄为大夫,始定受事御史,人知一日,勾状题告人姓名或诉讼之事。其鞠案禁系,则委之大理。贞观末,御史中丞李干佑以囚自大理来往,滋其奸故,又案事入法,多为大理所反,乃奏于台中置东西二狱,以自系劾。开元中,大夫崔隐甫复奏罢之。其后罕有闻风弹举之事,多受辞讼,推覆理尽,然后弹之。将有弹奏,则先牒监门禁止,勿许其入。按宋书云"二台劾奏,符光禄加禁止,不得入殿省",是其先例。光禄主殿门。武太后时,改御史台为肃政台,凡置左、右肃政二台,别置大夫、中丞各一人,侍御史、殿中、监察各二十人,又置肃政台使六人,受俸于本官,略与御史同,寻罢之。左以察朝廷,右以澄郡县。时议以右多名流,左多寒刻,其迁登南省者,右殆倍焉,以其不陵朝贵故也。二台迭相纠正,而左加敬惮。神龙以后去肃政之名,但为左右御史

_____

① (唐)魏征等:《隋书》,中华书局,1973年,第773~803页。

台。初置两台,每年春秋发使,春曰风俗,秋曰廉察。令地官尚书韦方质为条例,删定为四十八条,以察州县。载初以后,奉饬乃巡,不每年出使也。睿宗即位,诏二台并察京师,资位既等,竞为弹纠,百僚被察,殆不堪命。太极元年,以尚书省悉隶左台。月余,右台复请分缩尚书西行事。左台大夫窦怀贞乃表请依贞观故事,遂废右台,而本御史台官复旧,废台之官并隶焉。其左台,本御史台也。又别置右台,右台地即今太仆寺是也。本隋长秋监地,武太后改为司宫台,移于街北。遂以其地置右台。右台既废,以其地为御史台使院。开元八年,移太仆寺于此。大夫一人,中丞二人,侍御史四人,殿中侍御史六人,监察御史十人,主簿一人。内供奉、里行者各如正员之半。太宗朝,始有里行之名。高宗时,方置内供奉及里行官,皆非正官也。开元初,又置御史里使及侍御史里使、殿中里使、监察里使等官,并无定员,义与里行同。穆思泰、元光谦、吕太一、翟章并为里使,寻省。建中三年九月,御史台请置推官二人,常与本推御史同推覆,奉饬依。其台宪故事,官资轻重,则杜易简、韩琬注记详焉。

尽管经历了颇多改革,但整体上形成了御史台统辖三院的格局。唐朝设御史台,长官为御史大夫,主要职责为"掌以刑法典章纠正百官之罪恶"。御史台下设三院,分别为台院、殿院和察院。

台院。设侍御史。掌纠举百寮及入阁承诏,知推、弹、杂事。"掌纠举百僚,推鞫狱讼。"①

殿院。设殿中侍御史。掌殿庭供奉之仪,京畿诸州兵皆隶焉。"凡冬至、元正大朝会,则具服升殿。若郊祀、巡幸,则于卤簿中纠察非违,具服从于旌门,视文物有所亏阙,则纠之。凡两京城内,则分知左右巡,各察其所巡之内有不法之事。"②

察院。设监察御史。掌分察百寮,巡按州县,狱讼、军戎、祭祀、营作、太府出纳皆莅焉;知朝堂左右厢及百司纲目。"监察掌分察巡按郡县、屯田、铸钱、岭南选补、知太府、司农出纳,监决囚徒。监祭祀则阅牲牢,省器服,不敬则劾祭官。尚书省有会议,亦监其过谬。凡百官宴会、习射,亦如之。"③唐朝以"道"为监察区,全国共分10道(后增为15道),每道设巡察史,隶属监察院监御史管辖。监察内容为:"凡十道巡按,以判官二人为佐,务繁则有支

①②③ (后晋)刘昫等:《旧唐书》,新疆青少年出版社,1999年,第288页。

使。其一，察官人善恶；其二，察户口流散，籍帐隐没，赋役不均；其三，察农桑不勤，仓库减耗；其四，察妖猾盗贼，不事生业，为私蠹害；其五，察德行孝悌，茂才异等，藏器晦迹，应时用者；其六，察黠吏豪宗兼并纵暴，贫弱冤苦不能自申者。"

第三节　监察机制的完善

"宋承唐制，抑又甚焉"。宋朝继承了唐朝的的监察体制，并进行了新的发展，形成了独具特色的台谏系统。

宋朝继承了唐朝的御史台体制。根据《宋史》记载，由于不设御史大夫，故宋朝御史台长官为御史中丞，执掌"掌纠察官邪，肃正纲纪。大事则廷辨，小事则奏弹"，下设三院——台院、殿院和察院。台院设侍御史和御史中丞副官。殿院设殿中侍御史，"掌以仪法纠百官之失。凡大朝会及朔望、六参，则东西对立，弹其失仪者"。察院设监察御史，"掌分察六曹及百司之事，纠其谬误，大事则奏劾，小事则举正。迭监祠祭。岁诣三省、枢密院以下轮治。凡六察之事，稽其多寡当否，岁终条具殿最，以诏黜陟。百官应赴台参谢辞者，以拜跪、书札体验其老疾"。

《宋史》卷一百六十四志第一百一十七记载：

> [御史台]掌纠察官邪，肃正纲纪。大事则廷辨，小事则奏弹。其属有三院：一曰台院，侍御史隶焉；二曰殿院，殿中侍御史隶焉；三曰察院，监察御史隶焉。凡祭祀、朝会，则率其属正百官之班序。咸平四年，以御史二人充左右巡使；分纠不如法者。文官，右巡主之，武官，左巡主之；分其职掌，纠其违失，常参班簿、禄料、假告皆主之。祭祀则兼监祭使，掌受誓戒致斋，检视纠劾。又有廊下使，专掌入阁监食；又有监香使，掌国忌行香，二使临时充。通称曰五使。元丰正官名，于是使名悉罢。
>
> [御史大夫]宋初不除正员，止为加官。检校官带宪衔，有至检校御史大夫者。元丰官制行，亦并除去。
>
> [中丞]一人，为台长，旧兼理检使。凡除中丞而官未至者，皆除右谏议大夫权。熙宁五年，以知杂御史邓绾为中丞，初除谏议大夫，王安石言碍近制，止以绾为龙图阁待制权，御史中丞不迁谏议大夫自绾始。九年，邓润甫自正言知制诰为中丞，以宰相属官不可长宪府，于是复迁右谏议大夫权。元丰五年，以承议郎徐禧为知制诰权中丞。禧言："中

丞纠弹之任,赴舍人院行词,疑若未安。"会官制行,罢知制诰职,乃以本官试中丞。南渡初除官最多,隆兴后被擢浸少。淳熙十年,始除黄洽,又三年再除蒋继周。台谏例不兼讲读,神宗命吕正献,亦止命时赴讲筵。中兴兼者二人,万俟卨、罗汝楫皆以秦桧意。庆元后,司谏以上无不预经筵者矣。

[侍御史]一人,掌贰台政。

[殿中侍御史]二人,掌以仪法纠百官之失。凡大朝会及朔望、六参,则东西对立,弹其失仪者。

[监察御史]六人,掌分察六曹及百司之事,纠其谬误,大事则奏劾,小事则举正。迭监祠祭。岁诣三省、枢密院以下轮治。凡六察之事,稽其多寡当否,岁终条具殿最,以诏黜陟。百官应赴台参谢辞者,以拜跪、书札体验其老疾。凡事经郡县、监司、省曹不能直者,直牒阁门,上殿论奏。官卑而入殿中监察御史者,谓之"里行"。治平四年,中丞王陶言:"奉诏举台官,而才行可举者多以资浅不应格。"乃诏举三任以上知县为里行。熙宁二年诏:"御史阙,委中丞奏举,毋拘官职高下兼权。"三年,孙觉荐秀州军事推官李定,对称旨,为太子中允权监察御史里行,由选人为御史自定始。于是知制诰宋敏求、苏颂、李大临以定资浅,封还词头,不草制,相继罢去。

元丰八年,裁减察官两员,馀许尽兼言事。(绍圣二年复置。)元祐元年,诏台谏官许二人同上殿。又令六曹差除更改事,画黄到,即报台。又改六察旬奏为季奏。四年,诏:"应台察事已弹举而稽违窬月者,遇赦不得原减。"元符二年诏吏部:"守令课绩最优者关台考察,不实者重行黜责。"崇宁二年,都省申明:"台官职在绳愆纠谬,自宰臣至百官,三省至百司,不循法守,有罪当劾,皆得纠正。"政和六年,诏在京职事官与外任按察官,虽未升朝,并赴台参谢辞。七年,中丞王安石奏:"以本台觉察弹奏事刊为一书,殿中侍御史以上录本给付。"从之。

……

检法一人,掌检详法律。主簿一人,掌受事发辰,勾稽簿书。宋初置推直官二人,专治狱事。凡推直有四:曰台一推,曰台二推,曰殿一推,曰殿二推。咸平中,置推勘官十员。元丰官制行,定员分职,里行、推直等官悉罢。绍兴初,诏检法、主簿特令殿中侍御史奏辟。绍熙中,侍御史林大中以论事不合去,所奏辟检法官李谦、主簿彭龟年亦乞同罢。嘉定元年,刘矩除检法官,范之柔除主簿,以后二职皆阙。乾道并省吏额,前司主管班次二人,正副引赞官二人,入品知班三人,知班五人,书令史四人,驱使官四人,法司二人,六察书吏九人,贴司五人,通引官三人。①

谏议制度自古有之,御史台和谏议系统也分工明确。御史台主要负责监察百官,宋朝之前的谏议制度主要是针对皇帝的,正所谓"天子之耳不能自聪,天子之目不能自明"。"谏官掌献替,以正人主;御史掌纠察,以绳百僚。"②但是宋朝君主专制集权的发展也使得谏议制度发生了实质性变革,有了独立的机构——谏院,职权也进一步扩大,取得了对百官的监察权。

《宋史》卷一百六十一志第一百一十四职官一记载:

> 左散骑常侍左谏议大夫左司谏左正言同掌规谏讽谕。凡朝政阙失、大臣至百官任非其人、三省至百司事有违失,皆得谏正。国初虽置谏院,知院官凡六人,以司谏、正言充职;而他官领者,谓之知谏院。正言、司谏亦有领他职而不预谏诤者。官制行,始皆正名。
>
> 元丰八年,谏议大夫孙觉言:"据《官制格目》,谏官之职,凡发令举事,有不便于时,不合于道,大则廷议,小则上封。若贤良之遗滞于下,忠孝之不闻于上,则以事状论荐,乞依此以修举职事。"八月,门下省言:"谏议大夫、司谏、正言合通为一。"诏并从之。十月,诏仿《六典》置谏官员。元祐元年二月,诏谏官虽不同省,许二人同上殿。后又从司谏虞策之请,如独员,许与台官同对。九月,左、右正言久阙,侍御史王岩叟言:"国家仿近古之制,谏官六员,方之先王,已自为少,望诏补足,无令久空职。"十月,司谏王觌言:"自今中书舍人阙,勿以谏官兼权。"从之。十一月,岩叟又言:"近降圣旨,两省谏官各令出入异户,勿与给事中、中书舍人通。实欲限隔谏官,不使在政事之地,恐知本末,数论列尔。"寻诏谏官直舍仍旧。八年,诏执政亲戚不除谏官。建中靖国元年,言者谓谏官论事,惟凭询访,而百司之事,六曹所报外,皆不得其详。遂诏谏官案许关台察。③

从这则史料中可以看出,宋朝的谏议官执掌"规谏讽谕",谏议范围涵盖

---

① (元)脱脱:《宋史》,新疆青少年出版社,1999 年,第 704 页。
② (南宋)章如愚:《山堂考索续集》卷 36《官制门》。
③ (元)脱脱等:《宋史》,中华书局,2000 年,第 2530 页。

了"朝政阙失、大臣至百官任非其人、三省至百司事有违失,皆得谏正",取得了对百官的监察权。

《续资治通鉴长编》卷一百十记载:

> 甲戌,权度支判官、右正言陈执中罢度支判官,谏院供职。国朝承五代之弊,官失其守,故官、职、差遣,离而为三。今之官,裁用以定俸入尔,而不亲职事。谏议大夫、司谏、正言,皆须别降敕,许赴谏院供职者,乃曰谏官。①

宋朝初年,谏院上不独立。承担谏议职责的左散骑常侍、左谏议大夫、左司谏、左正言等人隶属于门下省。《宋史》卷一百六十一志第一百一十四职官一记载:

> 国初循旧制,以中书门下平章事为宰相之职,复用两制官一员判门下省事。官制行,始厘正焉。凡官十有一:侍中、侍郎、左散骑常侍各一人,给事中四人,左谏议大夫、起居郎、左司谏、左正言各一人。②

宋太宗端拱元年,为了使"各修其职业",于二月"改左右补阙为左右司谏,左右拾遗为左右正言"。《续资治通鉴长编》卷二十九记载:

> 上以补阙、拾遗任当献纳,时多循默,失建官本意,欲立新名,使各修其职业。二月乙未,改左右补阙为左右司谏,左右拾遗为左右正言。③

由于宋朝实行官、职、差遣三者分离,此时的谏议官多为官称,与其所担负的实际职责无关。只有那些"赴谏院供职者,乃曰谏官"。宋真宗天禧元年二月,正式设置谏院,这标志着专职谏议制度的形成。

《宋会要辑稿》记载:

> 二年八月二十四日,都省勘会:"台谏虽已分定所言职事,窃虑未至明白。除已降朝旨合遵守外,欲更申明行下。[谏]官职在拾遗补阙,凡

---

① (清)毕沅:《续资治通鉴》(卷一),北京燕山出版社,2008年,第878页。
② (元)脱脱等:《宋史》,中华书局,2000年,第2529页。
③ 姜西良:《田锡年谱》,北京语言大学出版社,2015年,第58页。

朝政阙失,悉许论奏,则自宰臣至百官,自三省至百司,任非其人,事有失当,皆得谏正。台官职在绳愆纠缪,凡百司稽迟,悉许弹奏,则自宰臣至百官,自三省至百司,不循法守,有罪当劾,皆得纠正。"从之。[1]

从这则史料中可以看出,御史台职责和谏议官职责有交叉之处,这为两者的合一埋下了伏笔。事实上,两者的彼此兼任在北宋也是常态。《续资治通鉴长编》卷一百五十四记载:

> 唐制,御史不专言职,故天禧初,始置言事御史六员,其后久不除。至是,以谏官员不足,复除之。今御史台中丞厅之南,有谏官御史厅,盖御史得兼谏职也。

《容斋续笔》卷第三记载:

> 台谏不相见嘉祐六年,司马公以修起居注同知谏院,上章乞立宗室为继嗣。对毕,诣中书,略为宰相韩公言其旨。韩公摄飨明堂,殿中侍御史陈洙监祭,公问洙:"闻殿院与司马舍人甚熟。"洙答以"顷年曾同为直讲"。又问:"近日曾闻其上殿言何事?"洙答以"彼此台谏官不相往来,不知言何事。"此一项温公私记之甚详。然则国朝故实,台谏官元不相见。故赵清献公为御史,论陈恭公,而范蜀公以谏官与之争。元丰中,又不许两省官相往来,鲜于子骏乞罢此禁。元祐中,谏官刘器之、梁况之等论蔡新州,而御史中丞以下,皆以无章疏罢黜。靖康时,谏议大夫冯懈论时政失当,为侍御史李光所驳。今两者合为一府,居同门,出同幕,与故事异,而执政祭祠行事,与监察御史不相见之了。[2]

从这则史料中可以看出,南宋时期,两个系统逐渐合二为一了,"为一府,居同门,出同幕,与故事异"。

台谏的作用在宋仁宗时达到顶峰,帮助宋仁宗实现了"统而不治"的局面。政治上的"善治"也助推宋朝在仁宗时期实现了政治、经济、文化、社会的全面繁荣——仁宗盛治,为后世留下了一段佳话。

---

① 刘琳、刁忠民、舒大刚校点:《宋会要辑稿》,上海古籍出版社,2014 年,第 3074 页。
② (宋)洪迈,鲁同群、刘宏起点校:《容斋随笔》,中国世界语出版社,1995 年,第 160 页。

吕中撰写的《宋大事记讲义宋》中记载：

> 台谏之职在国初则轻，在仁宗之时则重；在国初则为具员，在仁宗之时则为振职，何耶？盖仁祖不以天下之威权为纪纲，而以言者之风采为纪纲，故其进退台谏，公其选而重其权，优其迁而轻其责，非私之也。①

王夫之在《宋论》中记载：

> 仁宗之称盛治，至于今而闻者羡之。帝躬慈俭之德，而宰执台谏侍从之臣，皆所谓君子人也，宜其治之盛也。②

邹智在《立斋遗文》记载：

> 宋之英主，无出仁宗。夏辣怀奸挟诈，孤负任使则罢之；吕夷简痛改前非，力图后效则包容之；杜衍、韩琦、范仲淹、富弼，抱才气有重望，则不次摺之。故能北御契丹，西臣元昊，而庆历、嘉佑之治号为太平，未闻一任一疑可以成天下之事也。③

邵伯温在《邵氏闻见录》卷二中记载：

> 盖帝知为治之要：任宰辅，用台谏，畏天爱民，守祖宗法度。时宰辅曰富弼、韩琦、文彦博，台谏曰唐介、包拯、司马光、范镇、吕诲云。呜呼，视周之成、康，汉之文、景，无所不及，有过之者，此所以为有宋之盛欤？④

宋朝对地方政府的监察主要通过设置监司来进行。这些监司被称为"外台"，主要包括转运司（漕司）、提点刑狱司（宪司）、提举常平司（仓司）。《宋史》卷一百六十七第一百二十职官七记载：

> 发运使副判官掌经度山泽财货之源，漕淮、浙、江、湖六路储廪以输

---

① 《宋史全文》卷七引吕中《大事记》。
② （清）王夫之，王嘉川译注：《宋论》，中华书局，2008 年。
③ （明）邹智：《立斋遗文》。
④ （宋）邵伯温，康震校注：《邵氏闻见录》，三秦出版社，2005 年，第 23 页。

第二篇

中都,而兼制茶盐、泉宝之政,及专举刺官吏之事。……

都转运使转运使副使判官掌经度一路财赋,而察其登耗有无,以足上供及郡县之费。岁行所部,检察储积,稽考帐籍,凡吏蠹民瘼,悉条以上达,及专举刺官吏之事。……

提点刑狱公事掌察所部之狱讼而平其曲直,所至审问囚徒,详核案牍,凡禁系淹延而不决,盗窃逋窜而不获,皆劾以闻,及举刺官吏之事。……

提举常平司掌常平、义仓、免役、市易、坊场、河渡、水利之法,视岁之丰歉而为之敛散,以惠农民。凡役钱,产有厚薄则输有多寡;及给吏禄,亦视其执役之重轻难易以为之等。商有滞货,则官为敛之,复售于民,以平物价。皆总其政令,仍专举刺官吏之事。……

提举学事司掌一路州县学政,岁巡所部以察师儒之优劣、生员之勤惰,而专举刺之事。崇宁二年置,宣和三年罢。

通判宋初惩五代藩镇之弊,乾德初,下湖南,始置诸州通判,命刑部郎中贾玭等充。建隆四年,诏知府公事并须长吏、通判签议连书,方许行下。时大郡置二员。馀置一员。州不及万户不置,武臣知州,小郡亦特置焉。其广南小州,有试秩通判兼知州者,职掌倅贰郡政,凡兵民、钱谷、户口、赋役、狱讼听断之事,可否裁决,与守臣通签书施行。所部官有善否及职事修废,得刺举以闻。元祐元年,诏知州系帅臣,其将下公事不许通判同管。元符元年,诏通判、幕职官,令日赴长官厅议事及都厅签书文檄。①

概而言之,宋朝在中央采取台谏制,在地方采取监司为主、通判为辅的监察系统,是对之前朝代监察系统的又一次完善,更加有利于加强皇权。首先,宋朝之前,御史台和谏议制度是分开的,宋朝实现了两者的交叉或重合,更有利于进行交叉。其次,宋朝之前,谏议官更多的是为门下省等机构的成员来行使谏议监察职能的。而在宋朝,设置了独立的谏院,成为谏议官员的独立机构,更有利于行使职权。机构的独立也意味着人事任命权逐步转移到皇帝。最后,台谏趋于合一的同时,监察谏议的对象也悄然发生了变化,对皇帝的监督削弱,对官僚的监督加强。

元承宋制。元朝在宋朝的基础上进一步改革了监察制度。元朝的谏议

① （元）脱脱等:《宋史》,中华书局,2000 年,第 2655～2663 页。

制度处于搁置状态。元朝的监察机关为御史台,职责为"纠察百官善恶、政治得失"。御史台,秩从一品。设置大夫二员(从一品),中丞二员(正二品),侍御史二员(从二品),治书侍御史二员(正三品)。

元朝御史台下设殿中司和察院。殿中司设置殿中侍御史两员,职责为:"凡大朝会,百官班序,其失仪失列,则纠罚之;在京百官到任假告事故,出三日不报者,则纠举之;大臣入内奏事,则随以入,凡不可与闻之人,则纠避之。"①察院设置监察御史三十二员,主要负责"耳目之寄,任刺举之事"。可以看出,元朝将之前的台院给撤销了。

《元史》卷八十六志第三十六百官二记载:

> 御史台,秩从一品。大夫二员,从一品;中丞二员,正二品;侍御史二员,从二品;治书侍御史二员,正三品,掌纠察百官善恶、政治得失。至元五年,始立台建官,设官七员。大夫从二品,中丞从三品,侍御史从五品,治书侍御史从六品,典事从七品,检法二员,狱丞一员。七年,改典事为都事。十九年,罢检法、狱丞。二十一年,升大夫为从一品,中丞为正三品,侍御史为正五品,治书为正六品。二十七年,大夫以下品从各升一等,始置蒙古经历一员。大德十一年,升中丞为正二品,侍御史为从二品,治书侍御史为正三品。皇庆元年,增中丞为三员。二年,减一员。至治二年,大夫一员。后定置御史大夫二员、中丞二员、侍御史二员、治书侍御史二员,品秩如上;经历一员,从五品;都事二员,正七品;照磨一员,正八品;承发管勾兼狱丞一员,正八品;架阁库管勾兼承发一员,正九品;掾史一十五人,译史四人,知印二人,通事二人,宣使十人,台医二人,蒙古书写二人,典吏六人,库子二人。其属有二:
>
> 殿中司,殿中侍御史二员,正四品。至元五年始置,秩正七品,后升正四品。凡大朝会,百官班序,其失仪失列,则纠罚之;在京百官到任假告事故,出三日不报者,则纠举之;大臣入内奏事,则随以入,凡不可与闻之人,则纠避之。知班四人,通事、译史各一人。
>
> 察院,秩正七品,监察御史三十二员,司耳目之寄,任刺举之事。至元五年,始置御史十一员,悉以汉人为之。八年,增置六员。十九年,增置一十六员,始参用蒙古人为之。至元二十二年,参用南儒二人。书吏

---

① 宋濂:《元史》,中华书局,第 1448 页。

三十二人。①

元朝对地方的监察主要通过行御史台和诸道肃政廉访司。与行省的性质一样,行御史台为中央御史台的派出机构。行御史台"统制各道宪司,而总诸内台",主要包括江南诸道行御史台和陕西诸道行御史台。诸道肃政廉访司为提刑按察司的发展。元初立提刑按察司四道,即山东东西道,河东陕西道,山北东西道,河北河南道。之后又不断调整,于1293年最终定位22道。1291年,按察司改称为肃政廉访司。每道设置"每道廉访使二员,正三品;副使二员,正四品;佥事四员,两广、海南止二员,正五品;经历一员,从七品;知事一员,正八品;照磨兼管勾一员,正九品;书吏十六人,译史、通事各一人,奏差五人,典吏二人"。此外,腹里地区的监察由察院行使。

《元史》卷八十六志第三十六百官二记载:

> 江南诸道行御史台,设官品秩同内台。至元十四年,始置江南行御史台于扬州,寻徙杭州,又徙江州。二十三年,迁于建康,以监临东南诸省,统制各道宪司,而总诸内台。初置大夫、中丞、侍御史、治书侍御史各一员,统淮东、淮西、湖北、浙东、浙西、江东、江西、湖南八道提刑按察司。十五年,增江南湖北、岭南广西、福建广东三道。二十三年,以淮东、淮西、山南三道,拨隶内台。三十年,增海北海南一道。大德元年,定为江南诸道行御史台,设官九员,以监江浙、江西、湖广三省,统江东、江西、浙东、浙西、湖南、湖北、广东、广西、福建、海南十道。大夫一员,中丞二员,侍御史二员,治书侍御史二员,经历一员,都事二员,照磨一员,架阁库管勾一员,承发管勾兼狱丞一员,令史一十六人,译史四人,回回掾史、通事、知印各二人,宣使十人,典吏、库子、台医各有差。
>
> 察院,品秩如内察院。至元十四年,置监察御史十员,书吏十员。二十三年,增蒙古御史十四员、书吏十四人,又增汉人御史四员、书吏四人。后定置御史二十八员、书吏二十八人。
>
> 陕西诸道行御史台,设官品秩同内台。至元二十七年,始置云南诸路行御史台,官止四员。大德元年,移云南行台于京兆,为陕西行台,而云南改立廉访司。延祐元年罢。二年复立,统汉中、陇北、四川、云南四道。定置大夫一员、御史中丞二员、侍御史二员、治书侍御史二员、经历

---

① (明)宋濂等:《元史》,中华书局,1976年,第2177~2179页。

一员、都事二员、照磨一员、架阁库管勾一员、承发司管勾兼狱丞一员、掾史一十二人、蒙古必阇赤二人、回回掾史一人、通事二人、知印一人、宣使十人、典吏五人、库子二人。

察院,品秩同内察院。监察御史二十员,书吏二十人。

肃政廉访司。国初,立提刑按察司四道:曰山东东西道,曰河东陕西道,曰山北东西道,曰河北河南道。至元六年,以提刑按察司兼劝农事。八年,置河东山西道、陕西四川道。十二年,分置燕南河北道。十三年,以省并衙门,罢按察司。十四年复置,增立八道:曰江北淮东道,曰淮西江北道,曰山南江北道,曰浙东海右道,曰江南浙西道,曰江东建康道,曰江西湖东道,曰岭北湖南道。十五年,复增三道:曰江南湖北道,曰岭南广西道,曰福建广东道。十九年,增西蜀四川道。二十年,增海北广东道,改福建广东道曰福建闽海道。以云南七路,置云南道。以女直之地,置海西辽东道。二十三年,以淮东、淮西、山南三道,拨隶内台。二十四年,增河西陇右道。是年,罢云南道。二十五年,罢海西辽东。二十七年,以云南按察司所治,立云南行御史台。二十八年,改按察司曰肃政廉访司。大德元年,徙云南行台于陕西,复立云南道。三十年,增海北海南道,其后遂定为二十二道。每道廉访使二员,正三品;副使二员,正四品;佥事四员,两广、海南止二员,正五品;经历一员,从七品;知事一员,正八品;照磨兼管勾一员,正九品;书吏十六人,译史、通事各一人,奏差五人,典吏二人。

内道八,隶御史台:

山东东西道,济南路置司。河东山西道,冀宁路置司。燕南河北道,真定路置司。江北河南道,汴梁路置司。山南江北道,中兴路置司。淮西江北道,庐州路置司。江北淮东道,扬州路置司。山北辽东道,大宁路置司。江南十道,隶江南行台。江东建康道,宁国路置司。江西湖东道,龙兴路置司。江南浙西道,杭州路置司。浙东海右道,婺州路置司。江南湖北道,武昌路置司。岭北湖南道,天临路置司。岭南广西道,静江府置司。海北广东道,广州路置司。海北海南道,雷州路置司。福建闽海道,福州路置司。陕西四道,隶陕西行台。陕西汉中道,凤翔府置司。河西陇北道,甘州路置司。西蜀四川道,成都路置司。云南诸路道,中庆路置司。①

---

① (明)宋濂等:《元史》,中华书局,1976 年,第 2179 ~ 2182 页。

第四节　监察机制的鼎盛

　　明朝中央集权进一步加强,监察权也进一步集权于皇帝。明朝初年,设置御史台,设置左右御史大夫(从一品)、御史中丞(正二品)、侍御史(从二品)、治书侍御史(正三品)、殿中侍御史(正五品)、监察御史(正七品)。洪武九年,朱元璋裁汰了侍御史、治书御史和殿中侍御史。洪武十三年,专设左右中丞(正二品)、左右侍御史(正四品),并撤销了御史台。洪武十五年,设置都察院,设置监察御史八人(正七品)。朱元璋对监察制度的改革,也是其中央集权的一部分,比如,通过罢免御史大夫,实现了六部长官与监察长官的平级(同为正二品),有利于实现相互制衡,从而加强皇权。

　　都察院的机构设置如下:左、右都御史,正二品;左、右副都御史,正三品;左、右佥都御史,正四品;其属,经历司,经历一人,正六品;都事一人,正七品;司务厅,司务二人,从九品,初设四人,后革二人;照磨所,照磨,正八品;检校,正九品;司狱司,司狱,从九品……另外,还设置十三道监察御史一百十人,正七品。这一百一十人分布如下:浙江、江西、河南、山东各十人,福建、广东、广西、四川、贵州各七人,陕西、湖广、山西各八人,云南十一人。

　　根据《明史》职官二的记载,都察院职责如下:"都御史,职专纠劾百司,辩明冤枉,提督各道,为天子耳目风纪之司。凡大臣奸邪、小人构党、作威福乱政者,劾。凡百官猥茸贪冒坏官纪者,劾。凡学术不正、上书陈言变乱成宪、希进用者,劾。遇朝觐、考察,同吏部司贤否陟黜。大狱重囚会鞠于外朝,偕刑部、大理谳平之。其奉敕内地,拊循外地,各专其敕行事。"①

　　明朝的监察还通过十三道监察御史进行。根据《明史》职官二的记载,监察御史的职责为:"内外百司之官邪,或露章面劾,或封章奏劾。在内两京刷卷,巡视京营,监临乡、会试及武举,巡视光禄,巡视仓场,巡视内库、皇城、五城,轮值登闻鼓。"②

　　除了监察御史,还设置巡按御史进行监察。根据《明史》卷七十三志第四十九职官二记载:"巡按,北直隶二人,南直隶三人,宣大一人,辽东一人,甘肃一人,十三省各一人。""巡按则代天子巡狩,所按藩服大臣、府州县官诸考察,举劾尤专,大事奏裁,小事立断……"③

---

①②　(清)张廷玉等:《二十五史》,新疆青少年出版社,1999 年,第 412 页。
③　同上,第 412～413 页。

《明史》卷七十二职志第四十八职官一记载:

> 明官制,沿汉、唐之旧而损益之。……其纠劾则责之都察院,章奏则达之通政司,平反则参之大理寺,是亦汉九卿之遗意也。[①]

《明史》卷七十三志第四十九职官二记载:

> 都察院。左、右都御史,正二品左、右副都御史,正三品左、右佥都御史,正四品其属,经历司,经历一人,正六品都事一人。正七品司务厅,司务二人,从九品。初设四人,后革二人。照磨所,照磨,正八品检校,正九品司狱司,司狱,从九品。初设六人,后革五人。各一人。十三道监察御史一百十人,正七品浙江、江西、河南、山东各十人,福建、广东、广西、四川、贵州各七人,陕西、湖广、山西各八人,云南十一人。其在外加都御史或副、佥都御史衔者,有总督,有提督,有巡抚,有总督兼巡抚,提督兼巡抚,及经略、总理、赞理、巡视、抚治等员。
>
> 都御史,职专纠劾百司,辩明冤枉,提督各道,为天子耳目风纪之司。凡大臣奸邪、小人构党、作威福乱政者,劾。凡百官猥茸贪冒坏官纪者,劾。凡学术不正、上书陈言变乱成宪、希进用者,劾。遇朝觐、考察,同吏部司贤否陟黜。大狱重囚会鞫于外朝,偕刑部、大理谳平之。其奉敕内地,拊循外地,各专其敕行事。
>
> 十三道监察御史,主察纠内外百司之官邪,或露章面劾,或封章奏劾。在内两京刷卷,巡视京营,监临乡、会试及武举,巡视光禄,巡视仓场,巡视内库、皇城、五城,轮值登闻鼓。后改科员。在外巡按,北直隶二人,南直隶三人,宣大一人,辽东一人,甘肃一人,十三省各一人。清军,提督学校,两京各一人,万历末,南京增设一人。巡盐,两淮一人,两浙一人,长芦一人,河东一人。茶马,陕西。巡漕,巡关,宣德四年设立钞关御史,至正统十年始遣主事。攒运,印马,屯田。师行则监军纪功,各以其事专监察。而巡按则代天子巡狩,所按藩服大臣、府州县官诸考察,举劾尤专,大事奏裁,小事立断。按临所至,必先审录罪囚,吊刷案卷,有故出入者理辩之。诸祭祀坛场,省其墙宇祭器。存恤孤老,巡视仓库,查算钱粮,勉励学校,表扬善类,翦除豪蠹,以正风俗,振纲纪。凡

---

① (清)张廷玉等:《明史》,吉林人民出版社,2005 年,第 1106 页。

朝会纠仪，祭祀监礼。凡政事得失，军民利病，皆得直言无避。有大政，集阙廷预议焉。盖六部至重，然有专司，而都察院总宪纲，惟所见闻得纠察。诸御史纠劾，务明著实迹，开写年月，毋虚文泛诋，讦拾细琐。出按复命，都御史覆劾其称职不称职以闻。凡御史犯罪，加三等，有赃从重论。

……

初，吴元年置御史台，设左、右御史大夫，从一品御史中丞，正二品侍御史，从二品治书侍御史，正三品殿中侍御史，正五品察院监察御史，正七品经历，从五品都事，正七品照磨、管勾。正八品以邓愈、汤和为御史大夫，刘基、章溢为御史中丞，谕之曰："国家立三大府，中书总政事，都督掌军旅，御史掌纠察。朝廷纪纲尽系于此，而台察之任尤清要。卿等当正己以率下，忠勤以事上，毋委靡因循以纵奸，毋假公济私以害物。"洪武九年汰侍御史及治书，殿中侍御史。十年七月，诏遣监察御史巡按州县。十三年，专设左，右中丞，正二品左、右侍御史。正四品寻罢御史台。十五年更置都察院，设监察都御史八人，秩正七品。分监察御史为浙江、河南、山东、北平、山西、陕西、湖广、福建、江西、广东、广西、四川十二道，各道置御史或五人或三、四人，秩正九品。每道铸印二，一畀御史久次者掌之，一藏内府，有事受印以出，既事纳之，文曰"绳愆纠缪"。以秀才李原名、詹徽等为都御史，吴荃等为试监察御史。试御史，一年后实授。又有理刑进士、理刑知县，理都察院刑狱，半年实授。正德中革。十六年，升都察院为正三品，设左、右都御史各一人，正三品，左、右副都御史各一人，正四品，左、右佥都御史各二人，正五品，经历一人，正七品，知事一人，正八品。十七年，升都御史正二品，副都御史正三品，佥都御史正四品，十二道监察御史正七品。二十三年，左副都御史袁泰言："各道印篆相同，虑有诈伪。"乃更铸监察御史印曰"某道监察御史印"，其巡按印曰"巡按某处监察御史印"。建文元年，改设都御史一人，革佥都御史。二年，改为御史府，设御史大夫，改十二道为左、右两院，止设御史二十八人。成祖复旧制。永乐元年，改北平道为北京道。十八年，罢北京道，增设贵州、云南、交阯三道。洪熙元年，称行在都察院，同六部，又定巡按以八月出巡。宣德十年，罢交阯道，始定为十三道。正统中，去"行在"字。嘉靖中，以清屯，增副都御史三人，寻罢。隆庆中，以提督京营，增右都御史三人，寻亦罢。

此外，明朝还设置了六科给事中负责谏诤、补阙、拾遗、审核、封驳诏旨、驳正百司所上奏章、监察六部诸司、弹劾百官等事务。

《明史》卷七十五志第五十一职官四记载：

> 按明初制，恐守令贪鄙不法，故于直隶府州县设巡按御史，各布政司所属设试佥事。已罢试佥事，改按察分司四十一道，此分巡之始也。分守起于永乐间，每令方面官巡视民瘼。后遂定右参政、右参议分守各属府州县。兵道之设，仿自洪熙间，以武臣疏于文墨，遣参政副使沈固、刘绍等往各总兵处整理文书，商榷机密，未尝身领军务也。至弘治中，本兵马文升虑武职不修，议增副佥一员敕之。自是兵备之员盈天下。两京不设布、按二司，故督学以御史。后置守、巡诸员无所属，则寄衔于邻近省布、按司官。①

都察院为清朝监察系统的最高权力机关，下设六科、十五道、城察院、宗室御史及稽查内务府御史处等机构。

都察院最高长官为左都御史，"初制，满员一品，汉员二品。顺治十六年并改二品。康熙六年仍升满员为一品，九年并定正二品。雍正八年升从一品。左副都御史，正三品。俱满、汉二人"。左都御史职责为："掌察覈官常，参维纲纪。率科道官矢言职，率京畿道纠失检奸，并豫参朝廷大议。凡重辟，会刑部、大理寺定谳。祭祀、朝会、经筵、临雍，执法纠不如仪者。"左副都御史协助左都御史。下属机构主要有"经历司经历，正六品。都事厅都事，正六品。俱满、汉一人。笔帖式四十有二人"。

都察院下属机构主要有：

①十五道掌印监察御史。"初制，满洲、汉军三品，顺治十六年改七品。康熙六年升四品，九年复为七品。雍正七年，改由编、检、郎员授者正五品。由主事、中、行、评、博授者正六品。乾隆十七年并定从五品。满、汉各一人。"职责为："掌弹举官邪，敷陈治道，各覈本省刑名。"十五道也稽察京城各衙门，"京畿道分理院事，及直隶、盛京刑名，稽察内阁、顺天府、大兴、宛平两县。河南道照刷部院诸司卷宗，稽察吏部、詹事府、步军统领、五城。江南道稽察户部、宝泉局、左右翼监督、京仓、总督漕运，磨勘三库奏销。浙江道稽察礼部及本院。山西道稽察兵部、翰林院、六科、中书科、总督仓场、坐粮厅、

---

① （清）张廷玉等：《二十五史》，新疆青少年出版社，1999 年，第 427 页。

大通桥监督、通州二仓。山东道稽察刑部、太医院、总督河道，催比五城命盗案牍缉捕之事。陕西道稽察工部、宝源局，覆勘在京工程。湖广道稽察通政使司、国子监。江西道稽察光禄寺。福建道稽察太常寺。四川道稽察銮仪卫。广东道稽察大理寺。广西道稽察太仆寺。云南道稽察理藩院、钦天监。贵州道稽察鸿胪寺"。

②六科给事中。六科即吏、户、礼、兵、刑、工六科，掌勘察官府公事。史料记载："初沿明制，六科自为一署，给事中无员限，并置汉军副理事官。"也就是说，清朝初年，六科是独立机构，并不属于都察院。康熙五年，改都给事中为掌印。雍正初年(1723年)，将六科隶属于都察院。《清史稿》记载："雍正初，以六科内升外转，始隶都察院。凡城、仓、漕、盐与御史并差，自是台省合而为一。""所谓'内升外转'就是将掌印给事中、给事中由康熙时的七品升为正五品，与都察院十五道监察御史平级或略高一级，使六科成为都察院的下属机构。"①六科转属都察院，标志着科道合一的正式形成。这是继台谏合一之后的又一次重大变革。"清代'科道合一'现象反映了中国古代监察法制体系建设的基本走向，即对皇权制约程度的弱化甚至消亡，而对中央和地方百官的监察却日益加强和突出。"②

③五城御史。清朝时期，北京城分为供皇室和旗民居住的内城和供非旗籍百姓居住的外城。外城又分为东西南北中五个城区。《清史稿》记载："巡视五城御史，满、汉各一人，科道中简用。一年更替。掌绥靖地方，釐剔奸弊。"

④兵马司指挥。负责维护京城治安。正指挥为正六品，副指挥为正七品。"自正指挥以下俱汉员。五城各一人，掌巡缉盗贼，平治道路，稽检囚徒，火禁区为十坊领之。"

此外，还设置有内务府御史和宗室御史，分别实施对内务府和宗人府的监察。

《清史稿》卷一百十五志九十职官二记载：

都察院左都御史，初制，满员一品，汉员二品。顺治十六年并改二品。康熙六年仍升满员为一品，九年并定正二品。雍正八年升从一品。左副都御史，正三品。俱满、汉二人。其属：经历司经历，正六品。都事

① 贾玉英等：《中国古代监察制度发展史》，人民出版社，2004年，第219页。
② 张世闯、程天权：《清代"科道合一"得失之再认识》，《北方法学》，2015年第5期。

厅都事,正六品。俱满、汉一人。笔帖式四十有二人。十五道掌印监察御史,初制,满洲、汉军三品,顺治十六年改七品。康熙六年升四品,九年复为七品。雍正七年,改由编、检、郎员授者正五品。由主事、中、行、评、博授者正六品。乾隆十七年并定从五品。满、汉各一人。监察御史,京畿、江西、浙江、福建、湖广、河南、山西、陕西八道,满、汉各一人,江南道满、汉各三人,山东道满、汉各二人。

左都御史掌察覈官常,参维纲纪。率科道官矢言职,率京畿道纠失检奸,并豫参朝廷大议。凡重辟,会刑部、大理寺定谳。祭祀、朝会、经筵、临雍,执法纠不如仪者。左副都御史佐之。十五道掌弹举官邪,敷陈治道,各覈本省刑名。京畿道分理院事,及直隶、盛京刑名,稽察内阁、顺天府、大兴、宛平两县。河南道照刷部院诸司卷宗,稽察吏部、詹事府、步军统领、五城。江南道稽察户部、宝泉局、左右翼监督、京仓、总督漕运,磨勘三库奏销。浙江道稽察礼部及本院。山西道稽察兵部、翰林院、六科、中书科、总督仓场、坐粮厅、大通桥监督、通州二仓。山东道稽察刑部、太医院、总督河道,催比五城命盗案牍缉捕之事。陕西道稽察工部、宝源局,覆勘在京工程。湖广道稽察通政使司、国子监。江西道稽察光禄寺。福建道稽察太常寺。四川道稽察銮仪卫。广东道稽察大理寺。广西道稽察太仆寺。云南道稽察理藩院、钦天监。贵州道稽察鸿胪寺。其祭祀、监礼、侍班纠仪,科道同之。经历掌董察吏胥。都事掌缮写章奏。其分摄者:巡视五城御史,满、汉各一人,科道中简用。一年更替。掌绥靖地方,釐别奸弊。兵马司指挥、正六品。副指挥、正七品。吏目,未入流。自正指挥以下俱汉员。五城各一人,掌巡缉盗贼,平治道路,稽检囚徒,火禁区为十坊领之。

初沿明制,设都察院。天聪十年,谕曰:"凡有政事背谬,及贝勒、大臣骄肆慢上者,许直言无隐。"崇德元年,置承政、参政各官。明年定承政一人,左、右参政满、蒙、汉理事官各二人。后省。顺治元年,改左都御史掌院事,满、汉各一人。左副都御史协理院事,各二人。汉左佥都御史一人。先用汉军,后参用汉人。乾隆十三年省。外省督、抚,并以右系衔。右都御史、右副都御史、右佥都御史为督、抚坐衔。乾隆十三年停右都御史衔。司务,后改经历。满、汉各一人。都事,满洲二人,乾隆十七年改满、汉各一人。汉军一人。康熙三十九年省。设十五道。河南道参治院事,置监察御史,满洲六人,河南、江南、浙江、山东、山西、陕西掌印各一人。……乾隆十四年定江南、山东道各三人,京畿、河南、浙江、山西、陕西、湖广、福建道各二人,四川、广东、广西、云南、贵州道各一人。……中、东、西、南、北五城兵马司指挥各一人,副指挥各二人,康熙十一年省五城各一人。乾隆三十一年改东、西、南、北四城副指挥分驻朝阳、永定、阜成、德胜诸门外,钤辖关厢,中城如故。吏目各一人。是岁定左都御史、左副都御史、监察御史许风闻言事。给事中同。二年,省京畿道。三年,定左副都御史满、汉各一人。九年,复设京畿道,专司照刷各署卷宗。乾隆十四年改归河南道。光绪三十二年停止刷卷。并置五城汉军理事官,是为巡城之始。十年,定满洲、汉军、汉五城御史各一人。……雍正二年,置内务府御史四人。十三年省。乾隆三年复置二人,本院御史内奏派。光绪三十二年停。五年,增置宗室御史二人。满缺改。乾隆十四年复改二人,通旧为四人。七年,置五城铺司巡检各一人。乾隆初省。乾隆十四年,诏按道定额。先是设十五道,唯河南、江南、浙江、山东、山西、陕西六道授印信,掌印者曰掌道,馀曰协道,京畿道亦给印信,未设专官。湖广等八道分隶之,曰坐道,不治事。掌河南道兼理福建道,掌江南道兼理江西、四川道,掌浙江道兼理云南道,掌山东道兼理广西道,掌山西道兼理广东、贵州道,掌陕西道兼理湖广道。至是各道并给印信,规制始称。二十年,复命京畿道列河南道前,互易所掌,京畿道遂为要职。光绪三十二年,改定都御史一人、副都御史二人,按省分道。增设辽沈道,仿京畿道例,置掌道、协道各二人;析江南为江苏、安徽二道,湖广为湖北、湖南二道;并增甘肃、新疆二道,置满、汉御史各一人。是为二十道。令访求利病,专司纠察,后设之外务、农工商、民政诸部事件,多不关报。旧制,各部及各衙门分道稽察,至是停止。其制已洒然非旧云。

顺治初,又有巡按御史,省各一人。十七年省。巡盐御史,两淮、两浙、长芦、河东各一人。十年停,十二年复故。康熙十一年停,寻复置。三十年复差福建、两广各一人。五十九年停两广盐差。雍正元年停福建盐差。明年停长芦、河东盐差。四年停两浙盐差。巡漕御史一人。十四年停。雍正七年定差淮安、通州各二人。乾隆二十年改差淮安、济宁、天津、通州各一人。十七年增差通州四人。二十三年停差天津一人。二十六年复差天津一人。嘉庆十三年定科、道并差。道光二年俱停。巡视京、通各仓御史一人。七年停,八年复故。康熙七年又停。二十年定差满、汉各一人,二十六年再停。雍正元年置巡察御史一人,总查仓弊。五年改京、通仓各差一人。乾隆十七年定科、道并差。四十三年增差内仓一人。五十九年改令科、道监放,停差查仓官。嘉庆四年复故。光绪二十八年又停。巡视江南上下两江御史二人。六年省。巡视屯田御史一人。四年省。督理陕甘洮宣等处茶马御史一人。康熙七年省,三十四年复故,四十二年又省。雍正间,置巡察各省御史,江宁、安徽一人,湖北、湖南一人,山东、河南一人。巡视吉林、黑龙江科道,满洲二人。稽察奉天文武衙门御史一人。巡视山东、河南工务御史一人。直隶巡查御史:顺天、永平、宣化二人,保定、正定、河间二人,顺德、广平、大名二人。巡农御史一人。先后俱省。

六科给事中,吏、户、礼、兵、刑、工六科掌印给事中,满、汉各一人。初制,满员四品,汉员七品。康熙二年改满员七品,六年复为四品。九年俱定七品。雍正七年升正五品。光绪三十二年升正四品。给事中,满、汉各一人。初制七品。雍正七年升正五品。笔帖式八十人。吏、户、兵、刑各十有五人,礼、工各十人。光绪三十二年酌留三十人。掌言职,传达纶音,勘鞫官府公事,以注销文卷;吏科分稽铨衡,注销吏部、顺天府文卷。户科分稽财赋,注销户部文卷。礼科分稽典礼,注销礼部、宗人府、理藩院、太常寺、光禄寺、鸿胪寺、国子监、钦天监文卷。兵科分稽军政,注销兵部、銮舆卫、太仆寺文卷。刑科分稽刑名,注销刑部文卷。工科分稽工程,注销工部文卷。有封驳即闻。

初沿明制,六科自为一署,给事中无员限,并置汉军副理事官。顺治十八年,定满、汉都给事中,左、右给事中,各一人,都给事中由左给事中转,左给事中由右给事中转。汉给事中二人,省副理事官。康熙三年,六科止留满、汉各一人。五年,改都给事中为掌印。雍正初,以六科内升外转,始隶都察院。凡城、仓、漕、盐与御史并差,自是台省合而为一。光绪三十二年,省六科名,别铸给事中印,额定二十人。①

时至近代,中国监察制度随国内政权的变更而变革,大抵经历了湖北军政府、广州国民政府、北洋军政府、南京国民政府四个时期。湖北军政府、广州国民政府存在时间较短,虽设置有监察性质的机构,但因存续时间问题和国内时局问题并没有发挥实质性作用。北洋军政府则是以立宪的外衣掩盖封建皇帝思想的实践,国家机构处于混乱状态。国民政府虽有监察机构,但服务于独裁统治。这里就不再详论了。

---

① 赵尔巽等:《二十五史》(全本)(清史稿),新疆青少年出版社,1999年,第760~761页。

第五节　监察制度小结

中国古代监察制度是中国古代国家政治制度的重要组成部分,对国家治理产生了重要影响。这种重要影响典型体现在如下两个方面。一是监察体系的完善性。中国古代的监察覆盖行政、人事、司法、经济、军事、科教文卫等方面,形成了比较完善的监察体系。二是监察职能的全面性。中国古代监察官的职能涵盖了弹劾违法违纪官员、监督国家政策(确切地说,应该是皇帝政令)的实施、监督官员履职程度、考察百姓生计状况等,对政治吏治、社会风气产生了重要影响。

尽管如此,中国古代监察制度诞生于封建君主专制制度之中,为维护君权、加强中央集权而服务,随着封建中央集权的不断强化而发展。监察机构随着皇权的不断集权而不断强化,监督职能随着皇权的不断强化而不断全面化。在这一过程中,御史监察系统和拾遗补阙的谏诤系统从无到有,从不完善到完善,从分离到合一,逐步完成了其维护君主专制统治的历史使命。如果说台谏合一是实现了皇帝独揽大权,那么科道合一更标志着君主专制中央集权达到了登峰造极的地步。

监察权力来源于皇帝,监察机构是皇帝的御用工具,是维护君主专制的重要工具,是"天子耳目风纪之司",维护皇权是其根本使命。也正是这种皇帝御用性质,即中国古代的监察制度是为皇帝服务的而非为天下大治服务的,或者说,为天下大治服务从属于为皇帝服务,决定了中国古代采用的是监察官秩低位轻、以小监大的惯例。正是这种御用性质,决定了历朝历代统治者对监察制度的重视程度不减。正是这种御用性质,限制了中国古代监察制度在国家治理中作用的发挥,更难以对古代王朝兴衰产生实质性影响。例如,尽管监察制度很完善,但始终难以杜绝官场的"陋规""日常腐败",正是这种"陋规""日常腐败"加速了封建王朝的灭亡。

那么如何更好地发挥监察机构在国家治理中的重要作用呢? 简单而言,即让监察制度真正服务于人民,让监察制度服务于民权而非君权,"监督官吏之事,其势不得不责成于人民"。此中缘由,梁启超在《立宪法议》一文中作出了精辟分析。

各国宪法,既明君与官之权限,而又必明民之权限者何也? 民权者,所以拥护宪法而不使败坏者也。使天下古今之君主,其仁慈睿智,皆如我今上皇帝,则求助于民可也,不求助于民亦可也。虽然,以禹、汤之圣,而不能保子孙无桀、纣;以高、光之明,而不能保子孙无桓、灵。此实千古之通轨,不足为讳者矣。使不幸而有如桀、纣者出,滥用大权,恣其暴戾,以蹂躏宪法,将何以待之? 使不幸而有如桓、灵者出,旁落大权,奸雄窃取,以蹂躏宪法,又将何以待之? 故苟无民权,则虽有至良极美之宪法,亦不过一纸空文,毫无补济,其事至易明也。不特此也,即使代代之君主,圣皆如汤、禹,明皆如高、光,然一国之大,非能一人独治之也,必假手于官吏。官吏又非区区少数之人已也,乃至千万焉、亿兆焉。天下上圣少而中材多,是故勉善难而从恶易,其所以不敢为非者,有法以限之而已;其所以不敢不守法者,有人以监之而已。乃中国未尝无法以限官吏,亦未尝不设人以监官吏之守法,而卒无效者何也? 则所以监之者非其道也。惧州、县之不守法也,而设道、府以监之;道、府不守法,又将若何? 惧道、府之不守法也,而设督、抚以监之;督、抚不守法,又将若何? 所谓法者,既不尽可行,而监之之人,又未必贤于其所监者,掣肘则有万能,救弊则无一效,监者愈多,而治体愈乱,有法如无法,法乃穷。是故监督官吏之事,其势不得不责成于人民,盖由利害关切于己身,必不肯有所徇庇;耳目皆属于众论,更无所容其舞文也。是故欲君权之有限也,不可不用民权;欲官权之有限也,更不可不用民权。

宪法与民权,二者不可相离,此实不易之理,而万国所经验而得之也。①

---

① 梁启超:《中国人的启蒙》,中国工人出版社,2016 年,第 59~60 页。

第四篇
政治行为

第一章
产权与治权:矛盾的根源①

第一节 产权、治权及其关系

一、产权

不同的学者从不同的视角对产权进行了界定。例如,诺思认为:"产权的本质是一种排他性权利,在暴力方面具有比较优势的组织处于界定和行使产权的地位。"②登姆塞茨认为:"产权是一种社会工具,其重要性就在于事实上它们能帮助一个人形成他与其他人进行交易时的合理预期。这些预期通过社会的法律、习俗和道德得到表达。产权的所有者拥有他的同事同意他以特定的方式行事的权利。一个所有者期望共同体能阻止其他人对他的行动的干扰,假定在他的权利的界定中这些行动是不受禁止的……产权包括一个人或其他人受益或受损的权利……产权是界定人们如何受益及如何受损,因而谁必须向谁提供补偿以使他修正人们所采取的行动。这一认识能很容易地导致产权和外部性之间的密切关系。"③进一步的,登姆塞茨认为:"产权的主要配置性功能是将受益和受损效应内在化……产权的形成就可以通过它们与新的或不同的受益与受损效应的形成的联系而得到最好的解释。"④阿尔钦认为:"产权是一个社会所强制实施的选择一种经济品的使

---

① 从产权与治权关系的视角来分析政治行为,受到了邓大才教授关于产权单位与治理单位研究成果的启发。参见邓大才:《产权单位与治理单位的关联性研究——基于中国农村治理的逻辑》,《中国社会科学》,2015年第7期。
② [美]道格拉斯·C.诺思:《经济史中的结构与变迁》,陈郁、罗华平译,上海三联书店,1991年,第21页。
③ [美]R.科斯等:《财产权利与制度变迁——产权学派与新制度学派译文集》,刘守英等译,上海三联书店,1991年,第97页。
④ 同上,第100页。

用的权利。私有产权则是将这种权利分配给一个特定的人,它可以同附着在其他物品上的类似权利相交换。私有产权的强度由实施它的可能性与成本来衡量,这些又依赖于政府、非正规的社会行动以及通行的伦理和道德规范。简而言之,如果没有你的赞许或补偿,就没有人能合法地使用或影响你拥有私产的物品的物质环境。在假定为完全是私有产权的情况下,我对我的资源所采取的行动,不会对任何其他人的私产的物质属性产生影响。例如,你对你的计算机的私有产权会限制我和其他人对于你的计算机的可允许的行为。我的私有产权也限制了你和其他人对于我所拥有的物品的行为。要注明的很重要的一点是,是一种物品的物质使用权和条件而不是它的交换价值阻止了其他人的行动。私有产权是对必然发生的不相容的使用权进行选择的权利的分配。它们不是对可能的使用所施加的人为的或强制性限制,而是对这些使用进行选择时的排他性权利分配。对我在我的土地上种植谷物的限制就是一种强制的或人为的限制。限制否定了我的一些权利,但这并没有将这些权利转让给其他人。否定我在我的土地上种植谷物的权利,将会限制我的可能使用,但它又没有增大其他任何人的可能物质使用。人为的或不必要的限制不是私有财产的基础,而且,由于这些限制往往只是对一些人的强制,那些没有受到如此限制的人就从其他一些受到了不必要限制的人的行动中获得了一种'法律上的垄断权'。"①菲吕博腾和配杰威齐认为:"产权不是指人与物之间的关系,而是指由物的存在及关于它们的使用所引起的人们之间相互认可的行为关系。产权安排确定了每个人相应于物时的行为规范,每个人都必须遵守与他人之间的相互关系,或承担不遵守这种关系的成本。因此,对共同体中通行的产权制度可以描述为,它是一系列用来确定每个人相对于稀缺资源使用时的地位的经济和社会关系。"②《牛津法律大辞典》将财产权界定为:"存在于任何客体之中或之上的完全权利,它包括占有权、使用权、出借权、转让权、用尽权、消费权和有关财产的其他权利。"诺斯认为:"产权是一种权利。人们所享有的权利,包括处置这些桌椅的权利。这个问题就跟我们讨论交易成本时一样,无非是一个术语问题。这意味着应当明确人们所享有的权利。比如,你拥有一把椅子,这是什么意思?你能送给别人吗?有时可以,有时却不可以。你能有什么权利?能把这把椅子搬到另一个地方吗?有时可以,有时却不可以。但你

① [美]R.科斯等:《财产权利与制度变迁——产权学派与新制度学派译文集》,刘守英等译,上海三联书店,1991年,第166~167页。
② 同上,第204页。

能说出你能做什么。假如你拥有一块土地,你能用它干什么呢? 能做的事情当然很多呀! 这就是你的权利所包含的内容。我没有被这些定义问题所纠缠。"①

对产权的论述并不是新制度经济学派的专利,马克思主义学说中也蕴含了丰富的产权理论或思想,也为本章节的分析奠定了理论基础。"在马克思经济学中,产权始终与所有制相联系,对产权范畴界定依然不能出社会经济关系的所有制范畴之外。"②"马克思的产权理论就是其所有制理论,他是从所有制角度讨论法律上产权的问题。"③马克思主义学说认为,产权的本质是生产关系的法律表现。"产权,在马克思那里被理解为'所有制'更准确,因为它更符合马克思的原意——特别重视对生产资料的所有制与生产过程中使用生产资料的劳动者之间的经济关系加以分析。至于产权与所有制的关系,马克思发现,法律中的产权,是所有制的法律形态,是'一定所有制关系所特有的法的观念'。"④或者换句话说,"在马克思那里,产权只不过是所有制在法律上的替代用语,所有制才是他关注的重点"⑤。

"新制度经济学把产权实际上仅仅界定为法学上的权利,没有生产关系和所有制的经济关系基础,是无缘之木。马克思本人关注重点是生产关系中的所有制关系,而对法律范畴的产权则非重点关注,加之他并没有明确给出产权的概念范畴,因而虽然他在所有制理论中论述了完整的产权理论,但仍没有给出清晰的产权范畴。"⑥"马克思的所有制理论里,产权首先是一个生产关系概念而非交易关系概念。这是因为,所有制体现了人们在生产资料方面形成的经济关系,是生产关系的核心,它决定人们在生产过程中的关系以及交换、分配等关系。"⑦"西方经济学家和法学家……不同程度地回避生产关系问题,更没有研究法学上的产权和经济学上的生产关系之间存在的本质联系。这就决定了他们对产权的研究只能停留在事物的现象层次上,而无法从深层次上揭示产权的性质。只有马克思,第一次发现产权是生产关系的法律表现,从而把握住了产权的本质。"⑧

---

① 经济学消息报社编:《诺贝尔经济学奖得主专访录》,中国计划经济出版社,1995 年,第 135 ~ 136 页。

②③⑥ 杨继国、黄文义:《"产权"新论:基于"马克思定理"的分析》,《当代经济研究》,2017 年第 12 期。

④⑤⑦ 胡立法:《产权理论:马克思与科斯的比较中需要厘清的几个问题》,《毛泽东邓小平理论研究》,2009 年第 2 期。

⑧ 吴易风:《马克思的产权理论与国有企业产权改革》,《中国社会科学》,1995 年第 1 期。

二、治权

简单而言,治权主要是指治理的权力、权限和范围等。要了解治权,则需要首先了解何为治理?

治理并不是一个最近才出现的新词汇,[1]"只是晚近方才进入社会科学的标准英语词汇之内"[2]。"在不同历史时期,有不同的治理模式或统治方式。"[3]治理理论是随着历史的发展而不断演变的。总体上说,治理理论与实践的发展演变经过了三个阶段,即作为"统治(government)"的治理、作为新公共管理的治理、20 世纪 90 年代后的治理。从治理理论与实践的发展演变来看,本章节中的治理主要是指第一阶段。具体而言,主要是指统治、管理或统治方式、管理方式,是与统治交叉使用的同义语。"英语的'治理'可以追溯到古典拉丁语和古希腊语中的'操舵'一词,原意主要指控制、指导或操纵,与 government 的含义交叉。长期以来,governance 一词专用于与'国家公务'相关的宪法或法律的执行问题,或指管理利益关系不同的多种特定机构或行业。"[4]洛尼(H. R. Loyn)[5]对盎格鲁-萨克逊时期英国治理实践即采用此种意义。国内学者徐勇认为:"governance 的中文意思主要是统治、管理或统治方式、管理方式,即统治者或管理者通过公共权力的配置和运作,管理公共事务,以支配、影响和调控社会"[6],并进一步指出,在传统治理模式的历史条件下,治理是与统治交叉使用的同义语。[7]此外,世界银行、联合国开发署等国际组织的报告中亦有相似的观点。

以此为基础,治权主要是指中国古代政府管理社会的权力。通俗地讲,治权主要是指谁拥有国家治理的权力。

三、产权与治权的关系

马克思主义的经济基础与上层建筑分析框架是分析社会变迁的经典框

---

① Leach, R, and Percy-Smith, *Local Governance in Britain*, Palgrave, 2001.
②④ [英]鲍勃·杰索普:《治理的兴起及其失败的风险:以经济发展为例的论述》,《国际社会科学杂志(中文版)》,1999 年第 1 期。
③⑦ 徐勇:《治理转型与竞争——合作主义》,《开放时代》,2001 年第 7 期。
⑤ Loyn, H. R., *The Governance of Anglo-Saxon England*, Edward Amold Ltd., 1984, pp. 500 - 1087.
⑥ 徐勇:《GOVERNANCE:治理的阐释》,《政治学研究》,1997 年第 1 期。

架。这种分析框架侧重于对社会变迁的宏观分析,在分析微观机理方面则稍显不足。而产权与治权分析框架则能弥补经济基础与上层建筑分析框架的不足。当然,这里所说的产权与治权并非完全意义上的西方新制度经济学所倡导的产权,而是以马克思主义学说中的产权理论为基础的。毕竟对中国古代社会兴衰治乱的分析需要以生产力和生产关系为基础,而马克思主义学说又将产权置于所有制的分析框架中进行分析。"所有制是生产资料归谁所有的经济制度,所有权是财产归谁所有的法律制度。所有制体现人们在生产资料方面形成的经济关系,是生产关系的基础和核心,它决定人们在生产过程中的关系以及交换关系和分配关系。所有权是所有制的法律形态。对所有制来说,有决定意义的是实际占有。"①

根据生产力和生产关系、经济基础和上层建筑的分析框架,可以判定,产权决定治权,治权对产权具有反作用。这是产权与治权的宏观层面关系。或者说,这是从社会变迁的角度而言的。具体而言,封建社会的私有制关系决定了治权一定是姓"私"的,而非姓"公"的。"天下为公"的经济基础决定了治权是姓"公"的。这可以从社会变迁的历史经验中得到验证。从"政权"归谁所有这一角度来看,从"官天下"转变到"家天下",中国古代国家政权正式进入私有时代,国家政权归君主一家一姓所有,君位继承采用家族内部的世袭制。正因为如此,才有了人们通常所说的"朱姓王朝""朱家天下"等通俗说法。从经济基础角度来看,政权姓"私"是由其赖以存在的经济基础或者产权的"私有"决定的。进入近现代的民主共和时代,国家政权由人民选举产生,国家元首和政府首脑由选举产生且有任期限制,国家才进入了"天下为公"的时代,至少是从形式上进入了"天下为公"的时代。之所以说是形式上的天下为公,是因为近代的资本主义国家政权是掌握在占国家人口少数的资产阶级手中而非占国家人口多数的无产阶级手中,国家政权仍旧是为少数人服务的;是因为生产资料的资本主义私有制。尽管如此,这确实是历史的巨大进步,因为国家政权毕竟从由一家一姓所掌控转移到了为社会所掌控(尽管是少数人)。从资本主义国家向社会主义国家乃至共产主义国家过渡,乃是进入了真正的"天下为公"。这种天下为公不仅是指政权归全体社会所掌控,更是指作为政权基础的经济基础归天下所掌控。

从微观层面来看,"产权效率和治理的效应不仅取决于产权制度、治理制度本身的安排,还取决于产权与治理的契合性,更取决于产权单位与治理

① 吴易风:《马克思的产权理论与国有企业产权改革》,《中国社会科学》,1995年第1期。

单位的对称性"①。这种微观视角的产权与治权关系,为分析中国古代王朝的衰落提供了新的分析框架。

第二节　中国古代的产权与治权实践

如前所述,产权与治权是现代学术发展的产物,为分析中国古代的国家治理提供了一个有效的分析框架。"正是以土地为主要内容的生产资料的私有制,使古代中国人的求富本能能够得以实现,从而最大限度地调动了人们的生产经营积极性,使得中国人的'勤劳'著称于世,使得中国古代的生产力在与西欧同样的生产工具水平下创造出了举世瞩目的光辉成就……造成中国封建社会的繁盛,造成了中国曾经居于世界民族之林前列的黄金时期,也造成了中国官僚政治的早熟和长期存在,造成了中国社会政治动乱的频繁,归根造成了中国封建社会历经若干次的政治大风暴而经久不衰。"②

一、中国古代与产权、治权相关的"公""私"论述

在中国古代政治实践中,并没有直接的产权和治权分析,与其相接近的,莫过于"普天之下莫非王土,率土之滨莫非王臣"的观点和"天下为公"或"天下为私"的论争。

从产权与治权的视角来解读"普天之下莫非王土,率土之滨莫非王臣"这一观点,有两层意思。第一层意思,"普天之下莫非王土"说的封建生产关系性质——封建私有制,而"率土之滨莫非王臣"说的是封建国家的治理体制——通过由皇帝任命的大臣来进行管理,大臣是效忠于皇帝的。从产权与治权的角度来看,这句话说的是产权属于皇帝而治权由皇帝任命的且效忠于皇帝的大臣来行使。第二层意思,这两句话说的都是封建私有制,只不过内容稍有不同。"普天之下莫非王土"说的封建土地的私有制,而"率土之滨莫非王臣"说的是封建人身关系的私有性——臣乃至天下百姓均为皇帝所私有,均对皇帝有人身依附关系。正因为如此,才有天下"子民""牧民"之说。从产权与治权的角度来看,这句话说的是产权与治权均属于君主。

---

① 邓大才:《产权单位与治理单位的关联性研究——基于中国农村治理的逻辑》,《中国社会科学》,2015 年第 7 期。

② 杨宗亮:《中国封建土地私有制问题散论》,《西昌师专学报》(哲学社会科学版),1996 年第 4 期。

《诗经·小雅·北山之什·北山》①中的相关记载:

> 陟彼北山,言采其杞。偕偕士子,朝夕从事。王事靡盬,忧我父母。
> 溥天之下,莫非王土;率土之滨,莫非王臣。大夫不均,我从事独贤。
> 四牡彭彭,王事傍傍。嘉我未老,鲜我方将。旅力方刚,经营四方。
> 或燕燕居息,或尽瘁事国;或息偃在床,或不已于行。
> 或不知叫号,或惨惨劬劳;或栖迟偃仰,或王事鞅掌。
> 或湛乐饮酒,或惨惨畏咎;或出入风议,或靡事不为。

《孟子·万章章句上·第四节》②中的相关记载:

> 咸丘蒙问曰:"语云:'盛德之士,君不得而臣,父不得而子。'舜南面
> 而立,尧帅诸侯北面而朝之,瞽瞍亦北面而朝之。舜见瞽瞍,其容有蹙。
> 孔子曰:'于斯时也,天下殆哉,岌岌乎!'不识此语诚然乎哉?"
> 孟子曰:"否。此非君子之言,齐东野人之语也。尧老而舜摄也。
> 尧典曰:'二十有八载,放勋乃徂落,百姓如丧考妣,三年,四海遏密八
> 音。'孔子曰:'天无二日,民无二王。'舜既为天子矣,又帅天下诸侯以为
> 尧三年丧,是二天子矣。"
> 咸丘蒙曰:"舜之不臣尧,则吾既得闻命矣。诗云:'普天之下,莫非
> 王土;率土之滨,莫非王臣。'而舜既为天子矣,敢问瞽瞍之非臣,如何?"
> 曰:"是诗也,非是之谓也;劳于王事,而不得养父母也。曰:'此莫非王
> 事,我独贤劳也。'故说诗者,不以文害辞,不以辞害志。以意逆志,是为
> 得之。如以辞而已矣,云汉之诗曰:'周余黎民,靡有孑遗。'信斯言也,
> 是周无遗民也。孝子之至,莫大乎尊亲;尊亲之至,莫大乎以天下养。
> 为天子父,尊之至也;以天下养,养之至也。诗曰:'永言孝思,孝思维
> 则。'此之谓也。书曰:'只载见瞽瞍,夔夔齐栗,瞽瞍亦允若。'是为父不
> 得而子也。"

《礼记·表记》记载:

---

① (春秋)孔子:《诗经》,中国社会科学出版社,2000 年,第 177~178 页。
② (战国)孟轲:《孟子选译》,柏小松译注,人民教育出版社、中国大百科全书出版社,2003 年,第 93~95 页。

子言之曰:"后世虽有作者,虞帝弗可及也已矣。君天下,生无私,死不厚其子;子民如父母,有憯怛之爱,有忠利之教;亲而尊,安而敬,威而爱,富而有礼,惠而能散;其君子尊仁畏义,耻费轻实,忠而不犯,义而顺,文而静,宽而有辨。《甫刑》曰:'德威惟威,德明惟明。'非虞帝其孰能如此乎?"

关于"天下为公"还是"天下为私"的观点,代表性的论述有:

唐代柳宗元在《封建论》①一文中认为:

夫殷、周之不革者,是不得已也。盖以诸侯归殷者三千焉,资以黜夏,汤不得而废;归周者八百焉,资以胜殷,武王不得而易。徇之以为安,仍之以为俗,汤、武之所不得已也。夫不得已,非公之大者也,私其力于己也,私其卫于子孙也。秦之所以革之者,其为制,公之大者也;其情,私也,私其一己之威也,私其尽臣畜于我也。然而公天下之端自秦始。

商、周二代没有废除封建制,是不得已的。因为当时归附商朝的诸侯有三千个,商朝靠了他们的力量才灭掉了夏,所以商汤就不能废除他们;归附周朝的诸侯有八百个,周朝凭借他们的力量才战胜了商朝,所以周武王也不能废弃他们。沿用它来求得安定,因袭它来作为习俗,这就是商汤、周武王不得不这样做的原因。他们是不得已的,并不是什么大公无私的美德,而是有私心,是要使诸侯为自己出力,并保卫自己的子孙。秦朝用废除分封诸侯的办法来作为制度,是最大的公;它的动机是为私的,是皇帝想要巩固个人的权威,使天下的人都臣服于自己。但是废除分封,以天下为公,却是从秦朝开始的。

顾炎武在《日知录》卷十三《正始》中认为:

有亡国,有亡天下。亡国与亡天下奚辨?曰:"易姓改号,谓之亡国;仁义充塞,而至于率兽食人,人将相食,谓之亡天下。是故知保天下,然后知保其国。保国者,其君其臣肉食者谋之;保天下者,匹夫之贱与有责焉耳矣。②

---

① (唐)柳宗元,吉林师范大学历史系译注:《〈封建论〉译注》,吉林人民出版社,1974年。
② (清)顾炎武、(唐)李世民、(清)曾国藩:《日知录》,北方妇女儿童出版社,2001年,第62～63页。

《礼记·礼运》记载:

> 仲尼之叹,盖叹鲁也。言偃在侧曰:"君子何叹?"孔子曰:"大道之行也,与三代之英,丘未之逮也,而有志焉。"大道之行也,天下为公。选贤与能,讲信修睦,故人不独亲其亲,不独子其子,使老有所终,壮有所用,幼有所长,矜寡孤独废疾者,皆有所养。男有分,女有归。货恶其弃于地也,不必藏于己;力恶其不出于身也,不必为己。是故谋闭而不兴,盗窃乱贼而不作,故外户而不闭,是谓大同。今大道既隐,天下为家,各亲其亲,各子其子,货力为己,大人世及以为礼。城郭沟池以为固,礼义以为纪;以正君臣,以笃父子,以睦兄弟,以和夫妇,以设制度,以立田里,以贤勇知,以功为己。故谋用是作,而兵由此起。禹、汤、文、武、成王、周公,由此其选也。此六君子者,未有不谨于礼者也。以着其义,以考其信,着有过,刑仁讲让,示民有常。如有不由此者,在势者去,众以为殃,是谓小康。①

从上述文献中可以看出,中国古代关于"公""私"的讨论多局限于上层建筑,多属于"政权"归谁所有。更确切地说,中国古代的"天下为公""公"更多的是指一种社会政治理想和政治理想,要求"大公无私""崇公抑私""公而忘私""立公去私"等理想人格。

古代的柳宗元之所以认为天下为公,更多的是从郡县制或者与之相适应的科层官僚制的角度来理解的,官僚的任命制度和科举制度使得官权摆脱了世袭传统,使得中国古代的政权具有"天下为公"的意味。这也正是柳宗元所说的"公天下之端自秦始"的缘由所在。更进一步而言,这也正是当今很多学者认为中国古代存在民主、存在权力制衡、存在天下为公的缘由所在。当然,这种"公"思想是相对中国古代西周时期的分封制所指代的家或家族所有而言的,而且这种"公"思想也未能改变中国古代政权归"一家一姓"所有的性质。或者说,中国古代文官管理体制所体现出来的天下为公仅仅是一种形式上的公共性,而非实质上的公共性。这种形式上的公共性是从属于天下为私这一生产关系性质的。因而这种"公"思想是肤浅的。顾炎武则是从政权与天下的角度来理解天下为公的,正因为天下为公,所以"天下兴亡,匹夫有责"。

---

① (西汉)戴圣编:《礼记》,西安交通大学出版社,2015年,第98页。

中国古代关于"公""私"的讨论往往忽略了经济基础。经济基础决定上层建筑,只有深入"产权",才能理解"治权",才能理解中国古代社会的治乱兴衰。

二、微观方面:产权与治权单位的一致导致了中国古代灿烂的农业文明

微观方面,中国古代以封建土地私有为基础的、以家户制为载体的产权单位与治权单位的一致性成就了中国古代社会的繁荣。中国古代是农业社会,土地是最主要的生产资料,因此探讨中国古代社会的繁荣必须建基于土地制度。这也是从产权与治权关系角度来探讨中国古代社会治乱兴衰的前提条件。

封建土地私有制为中国古代产权与治权的对称性提供了天然基础。马克思主义学说中的产权理论认为,产权是生产关系的法律表现,是所有制在法律上的替代用语,"财产关系是生产关系的法律用语"①。简单而言,所有制和产权是一枚硬币的两面。正如在现代社会条件下完善的产权制度是现代市场经济存在和发展的基础一样。私有产权制度因其有效界定了所有权及其附属效应的归属、边界问题而成为了一种有效的产权制度。具体到中国古代,这种封建土地私有制度带来了产权与治权的归属、边界的一致性。中国的封建土地私有制确立于公元前361年的商鞅变法。废井田、开阡陌标志着中国古代封建土地私有制开始形成。一般情况下,封建社会的土地制度主要有四种形式。第一种为领主占有制。这种形式为欧洲封建社会的主要形式,同时也是中国古代西周社会与分封制相伴生的土地制度。第二种行为为地主占有制,这是中国古代自秦朝之后的主要土地所有制。第三种形式为国家占有制,这种国家占有仅仅是形式上的占有。在国家之下,实际上仍然为地主、领主、自耕农所占有。第四种形式为自耕农占有制。中国古代社会的土地制度基本上属于封建地主私有制,辅以国家、小农占有制。正是这种占主导地位的封建土地私有制使得物的归属及其使用、转让、收益等附属效应有了明确的归属,并因此规范了人与人之间的行为关系。

家户制为中国古代产权与职权的对称性提供了理想载体。邓大才②认

---

① 吴易风:《马克思的产权理论与国有企业产权改革》,《中国社会科学》,1995年第1期。
② 邓大才:《产权单位与治理单位的关联性研究——基于中国农村治理的逻辑》,《中国社会科学》,2015年第7期。

为,中国古代农村的家户制主要有以下四个特点:①家户是中国古代农村最基本的组织单位。②家户是产权的主体单位。土地为家户所有,以家户为单位进行生产经营。家户可以自由支配自己的劳动产品和配置劳动力。③家户是基本的纳税单位。④家户是基层的治理单位。"家"是社会单位,"户"是政治单位,是国家组织民众的单位。因此,邓大才教授认为,家户是中国古代农村最基本的产权单位和治理单位,"在结构上,家户的产权结构和治理结构相对简单且对称;在层级上,其产权、治理层级单一、对等;在边界上,虽然家户制存在一些亲族邻里约束,但是在私有制下其产权边界还是比较清晰、完整;在规模上,家户的规模比较小,可以弥补一些外部因素对产权的干扰;在内生性上,家户制是中国经济社会长期发展的结果,是一种自然、内生型的制度。可见,在家户制下,产权单位与治理单位高度对称。单位的对称性的成效可以从家户制两千多年的延续中得到证明,同样也可以从家户制解体中得到反证"①。

正是这种产权与治权的高度对称性,使得产权和治权所可能产生的外部性(正外部性和负外部性)能够在家户制范围内实现完全内化。以土地为例,"所有的直接生产者都可能在交纳了赋税或租税之后拥有一定的生产物。显然,一般地,在赋税或租税确定的情况下(无论是定额制还是分成制),直接生产者所得到的生产物的多少完全取决于产量的多少,完全取决于自己的劳动能力和付出的劳动量"②。即使家族内部所修建的公共物品,由于是以家户为成本承担单位和收益分享单位的,故这种公共物品的正外部性完全可以内化在家户内部。换句话说,这种产权与治权的高度对称为中国古代百姓从事农业生产提供了有效激励,激发了中国古代百姓的求富本能,因而创造了辉煌的农业成就。墨子说:"今也农夫之所以早出暮入,强乎耕稼树艺,多聚菽粟,而不敢怠倦者,何也? 曰:彼以为强必富,不强必贫;强必饱,不强必饥,故不敢怠倦。"

三、中观方面:土地产权与纳税义务的分离导致了国家财政危机

当然,封建土地私有制因其比较对称的产权和治权,较好地解决了激励

---

① 邓大才:《产权单位与治理单位的关联性研究——基于中国农村治理的逻辑》,《中国社会科学》,2015年第7期。

② 杨宗亮:《中国封建土地私有制问题散论》,《西昌师专学报》(哲学社会科学版),1996年第4期。

问题而催生了中国古代繁荣的农业社会,也因其完整的产权而导致了中国古代历史的兴衰循环。中国封建社会是农业社会,土地是最重要的生产资料。承认土地私有,则承认了地主和自耕农拥有完整的土地产权,即拥有买卖、转让等权利。这也为土地兼并和土地买卖提供了有利条件,为王朝渐趋消亡埋下了伏笔。

中国古代的商品经济具有狭隘性,建立于自给自足的小农经济基础之上,是主要局限于消费领域而非生产领域的。因为商业的发展会消解封建统治(例如欧洲中世纪商业的持续繁荣形成了城市与市民阶层,即早期的资产阶级。生产力与商业的交互发展导致了资产阶级的形成,最终瓦解了欧洲的封建君主专制统治。),所以中国古代一直实行重农抑商政策。这两方面的原因导致商业的发展不可能突破封建的生产关系的拘囿,富有的商人难以将资金投入到再生产之中,只能用于兴田建宅。兴田,则加剧了土地兼并。

然而土地兼并并不是王朝建立之初就有的。恰恰相反,王朝建立之初,统治者往往会采取休养生息、轻徭薄赋的政策,往往重新分配土地,使"耕者有其田"。也因此,在王朝的每个开始阶段,往往会出现繁荣盛世,例如汉朝的"文景之治""光武中兴",唐朝的"贞观之治",清朝的"康乾盛世"。但是这一轻徭薄赋的时间是短暂的。在王朝的中期,与轻徭薄赋政策终结相伴随的,往往是政府财政开支的扩大。例如,汉武帝的穷兵黩武、唐玄宗李隆基的穷奢极欲等。财政开支的扩大也往往意味着赋役的加重与农民负担的加重。当所收缴的赋役小于财政开支时,往往意味着王朝财政陷入危机,往往意味着王朝开始走向衰落。于是,寻求变法以增加财政收入便成了必然。当然,综观中国古代的变法历史,通过变法来成功改革弊政并拯救王朝命运的案例少之又少。这其中,原因颇多,例如科层官僚制的行为逻辑便是其中一个原因(后文会详细叙述)。

那么是什么原因导致国家财政陷入危机呢?原因很多,支出扩张是一方面的原因。根据瓦格纳法则,随着国家或政府职能的膨胀,财政支出不断上升是必然的规律。因此,通过缩减王朝开支来避免财政危机的方法在长期内通常是行不通的。历史也证明,尽管有些皇帝非常节约(比如雍正),但并不代表所有的皇帝都节约,都能够通过缩减财政开支来避免财政危机。既然如此,财政收入便成了王朝陷入财政危机的主要原因。原因有两个,一是财政收入下降,二是财政收入虽有上升,但是上升的速度小于支出上升的速度。

那么是什么原因导致了财政收入下降或是财政收入增长速度小于支出增长速度呢? 答案是:土地产权与纳税义务的分离。虽然中国古代地主与政治权力是分离的,但由于皇帝是整个封建社会地主阶级的总代言人,且中国古代是权力社会,这决定了权和钱总是以特定的方式发生千丝万缕的联系,地主可以凭借政治力量(如结交官府)逃避赋役或者将赋役转嫁给佃户,权贵可以不用承担赋役或少承担赋役,权贵才是轻徭薄赋政策的真正受惠者。"民当农时,方将举趾,朝为轿夫矣,日中为扛夫矣,暮为灯夫矣。三夫之候劳而未止,而又为纤夫矣——如此民奔走之不暇,何暇耕乎?"这句话形象生动地描述了普通农民所承担赋役之重的状况。

《明史·食货志》①记载:

> 凡役民,自里甲正办外,如粮长、解户、马船头、馆夫、祗候、弓兵、皂隶、门禁、厨斗为常役。后又有斫薪、抬柴、修河、修仓、运料、接递、站铺、插浅夫之类,因事编佥,岁有增益。嘉、隆后,行一条鞭法,通计一省丁粮,均派一省徭役。於是均徭、里甲与两税为一,小民得无扰,而事亦易集。然粮长、里长,名罢实存,诸役卒至,复佥农氓。条鞭法行十馀年,规制顿紊,不能尽遵也。天启时,御史李应升疏陈十害,其三条切言马夫、河役、粮甲、修办、白役扰民之弊。崇祯三年,河南巡抚范景文言:"民所患苦,莫如差役。钱粮有收户、解户,驿递有马户,供应有行户,皆佥有力之家充之,名曰大户。究之,所佥非富民,中人之产辄为之倾。自变为条鞭法,以境内之役均於境内之粮,宜少苏矣,乃民间仍岁奔走,罄资津贴,是条鞭行而大户未尝革也。"时给事中刘懋复奏裁驿夫,征调往来,仍责编户。驿夫无所得食,至相率从流贼为乱云。
>
> 凡军、匠、灶户,役皆永充。军户死若逃者,於原籍勾补。匠户二等:曰住坐,曰轮班。住坐之匠,月上工十日。不赴班者,输罚班银月六钱,故谓之输班。监局中官,多占匠役,又括充幼匠,动以千计,死若逃者,勾补如军。灶户有上、中、下三等。每一正丁,贴以馀丁。上、中户丁力多,或贴二三丁,下户概予优免。他如陵户、园户、海户、庙户、幡夫、库役,琐末不可胜计。
>
> 明初,工役之繁,自营建两京宗庙、宫殿、阙门、王邸,采木、陶甓,工匠造作,以万万计。所在筑城、浚陂,百役具举。迨於洪、宣,郊坛、仓庾

① (清)张廷玉等:《明史》,新疆青少年出版社,1999年,第438页。

犹未迄工。正统、天顺之际，三殿、两宫、南内、离宫，次第兴建。弘治时，大学士刘吉言："近年工役，俱摘发京营军士，内外军官禁不得估工用大小多寡。本用五千人，奏请至一二万，无所稽核。"礼部尚书倪岳言："诸役费动以数十万计，水旱相仍，乞少停止。"南京礼部尚书童轩复陈工役之苦。吏部尚书林瀚亦言："两畿频年凶灾，困於百役，穷愁怨叹。山、陕供亿军兴，云南、广东西征发剿叛。山东、河南、湖广、四川、江西兴造王邸，财力不赡。浙江、福建办物料，视旧日增多。库藏空匮，不可不虑。"帝皆纳其言，然不能尽从也。武宗时，乾清宫役尤大。以太素殿初制朴俭，改作雕峻，用银至二千万馀两，役工匠三千馀人，岁支工食米万三千馀石。又修凝翠、昭和、崇智、光霁诸殿，御马临、钟鼓司、南城豹房新房、火药库皆鼎新之。权幸阉官庄园祠墓香火寺观，工部复窃官银以媚焉。给事中张原言："工匠养父母妻子，尺籍之兵御外侮，京营之军卫王室，今奈何令民无所赖，兵不丽伍，利归私门，怨丛公室乎？"疏入，谪贵州新添驿丞。世宗营建最繁，十五年以前，名为汰省，而经费已六七百万。其后增十数倍，斋宫、秘殿并时而兴。工场二三十处，役匠数万人，军称之，岁费二三百万。其时宗庙、万寿宫灾，帝不之省，营缮益急。经费不敷，乃令臣民献助；献助不已，复行开纳。劳民耗财，视武宗过之。万历以后，营建织造，溢经制数倍，加以征调、开采，民不得少休。迨阉人乱政，建第营坟，僭越亡等，功德私祠遍天下。盖二百馀年，民力殚残久矣。其以职役优免者，少者一二丁，多者至十六丁。万历时，免田有至二三千者。

至若赋税蠲免，有恩蠲，有灾蠲。太祖之训，凡四方水旱辄免税，丰岁无灾伤，亦择地瘠民贫者优免之。凡岁灾，尽蠲二税，且贷以米，甚者赐米布若钞。又设预备仓，令老人运钞易米以储粟。荆、蕲水灾，命户部主事赵乾往振，迁延半载，怒而诛之。青州旱蝗，有司不以闻，逮治其官吏。旱伤州县，有司不奏，许耆民申诉，处以极刑。孝感饥，其令请以预备仓振贷，帝命行人驰驿往，且谕户部：自今凡岁饥，先发仓庾以贷，然后闻，著为令。"在位三十馀年，赐予布钞数百万，米百馀万，所蠲租税无数。成祖闻河南饥，有司匿不以闻，逮治之。因命都御史陈瑛榜谕天下，有司水旱灾伤不以闻者，罪不宥。又敕朝廷岁遣巡视官，目击民艰不言者，悉逮下狱。仁宗监国时，有以发振请者，遣人驰谕之，言："军民困乏，待哺嗷嗷，尚从容启请待报，不能效汉汲黯耶？"宣宗时，户部请核饥民。帝曰："民饥无食，济之当如拯溺救焚，奚待勘。"盖二祖、仁、宣时,仁政丕行。预备仓之外,又时时截起运,赐内帑。被灾处无储粟者,发旁县米振之。蝗蝻始生,必遣人捕捋。鬻子女者,官为收赎。且令富人蠲佃户租。大户贷贫民粟,免其杂役为息,丰年偿之。皇庄、湖泊皆驰禁,听民采取。饥民还籍,给以口粮。京、通仓米,平价出粜。兼预给俸粮以杀米价,建官舍以处流民,给粮以收弃婴,养济院穷民各注籍,无籍者收养蜡烛、幡竿二寺。其恤民如此。世宗、神宗於民事略矣,而灾荒疏至,必赐蠲振,不敢违祖制也。

从《食货志》中可以看出,明朝百姓所承受的赋役情况,"凡役民,自里甲正办外,如粮长、解户、马船头、馆夫、祗候、弓兵、皂隶、门禁、厨斗为常役,后又有斫薪、抬柴、修河、修仓、运料、接递、站铺、牐浅夫之类,因事编金,岁有增益"。对于这些赋役,李洵在其编著的《明史食货志校注》中进行了详细的解释:正办,即里甲正役。马船头,即马快船的差役户。马快船转为装载官物或运送往来官员之用,马船头则负担争取雇觅船工费用的差事,往往因此破产。馆夫,明朝于南北两京设会同馆,为接待远宾之用,馆设馆夫数十名,供使役。后各州县驿所亦设有馆夫,皆由民户金派。皂隶,官史的从人,或服杂役,由政府分拨使用。门,门子,即衙门的看门人。禁,禁子,即狱卒。厨,厨役,负责为光禄寺、太常寺及各王府供役酒宴之事。斗,斗库,供州县地主官役使的差役。斫薪,又名斫薪夫,采伐柴木之役。宣德四年(公元1429年),易州山厂每年四季共用砍柴夫103400余名。成化以后,每名一季收脚价银三两代役。拾柴,即拾柴夫役,专管柴炭的搬运,由内府惜薪司坐派民夫充当。每年约役三千名。成化以后,每名一月征银一两二钱代役。修河,明代于沿河或运河附近州县征用民夫修治河道,名修河役。修仓,明代于设有漕运粮仓之处,役民按期修茸仓厫。运料,即运料夫,从事搬运上供物料。接递,即接递所夫,属各地接递所,从事运输官物。站铺,站指各地驿站的站夫,供往来公差使役;铺,指各地急递铺的铺司兵,从事投递紧急公文。牐浅夫,牐同闸,即闸夫,从事运河水闸启闭,引船过闸,或牵挽粮船等劳作。浅,指浅夫,又名浅铺夫,运河有浅滩处常置浅铺,驻有浅夫,平常修浚河道,粮船通过时,有导航及牵挽工。上述这些徭役仅仅是明朝百姓需要承担的众多徭役中的一部分。尽管如此,依旧可以看出明朝百姓所承受的徭役程度之重。百姓徭役之重,侵蚀了王朝的合法性基础。

根据《明会要》①卷五十二《民政三》记载：

洪武十六年三月，谕户部曰："凤阳，朕故乡，皇陵在焉。昔汉高帝生于丰，起于沛，即成帝业，而丰、沛之民终汉世受惠。朕今永免凤阳、临淮二县税粮、徭役"。其榜谕之。

万历十年，诏免故大学生杨荣后裔赋役。

洪武元年十一月，复孔氏子孙及颜、孟子孙徭役。

四年正月，免阙里孔氏子孙二十六户徭役。

正统元年七月，令有司访求南宋孔端友及宋儒周敦颐、程颢、程颐、司马光、朱熹后裔，蠲其徭役。

五月庚申，免先师孔子及宋儒朱熹、李侗、罗从彦、蔡沈、胡安国、游酢、真德秀、刘子翚后裔赋役有差。

洪武五年三月，应天府言："运输官物，悉役京民。"帝曰："京民自开国以来，劳费倍于外郡。今兵革渐息，正当休养。"命免其役。

嘉靖二十四年，议定：京官一品，免三十丁、粮三十石，二品免二十四丁、粮二十四石，；三品免二十丁、粮二十石，四品免十六丁、粮十六石，五品免十四丁、粮十四石，六品免十二丁、粮十二石，七品免十丁、粮十石，八品免八丁、粮八石，九品免六丁、粮六石。内官、内使亦如之。外官各减一半。教官各免二丁、粮二。

弘治十八年，议：以礼致仕官员，免杂泛差徭。

嘉靖二十四年，议定：以礼致仕者免十分之七，闲住者免一半。

弘治元年，奏准：亲王王亲杂役免二丁，郡王王亲一丁，镇国等将军夫人亲父一丁。

洪武三年，令各府县军户悉免杂役。

七年，令山东正军全免差役。

宣德四年，令：各卫所军每名免一丁。

景泰元年，令：各处操备民壮，每名免三丁。

洪武间，令：生员之家，除本身外，户内免二丁差役。

宣德三年，令：增广生员照例照例优免差役。

正统十年，监生家免二丁。

嘉靖二十四年，令：举人、监生、生员、各免二丁、粮二石。

　　从这些史料记录中可以看出,皇帝故乡、大臣及其家属、孔孟等后裔、京官外官、致仕官员、王亲贵族、军户、监生等可以不承担或少承担赋役。这部分人是权贵阶层的重要组成部分。这些权贵阶层才是真正的中国古代土地拥有者,拥有大量土地却不用承担赋役或少承担赋役,财产所有权或者说实际占有权与承担义务的分离,在一定程度上会造成国家财政的入不敷出,导致国家财政运转失序并陷入财政危机,王朝自然也脱离不了兴衰循环的历史宿命。

　　当然,这里仅仅是以明朝的赋役为例来进行说明。事实上,不同的朝代、同一朝代的不同时候的赋役状况是不一样的。例如,明朝较之元朝,赋役情况则较轻。一般情况下,同一个王朝,王朝初期赋役较轻,之后则不断加重。

　　权贵阶层除了凭借政治力量少承担赋役或不承担赋役之外,还可以转嫁赋役。明朝万历时,山西洪洞县官僚地主刘周颂家就采取地租剥削的形式,把要承担的徭役转移到佃农的身上。他宣称:"吾家自占籍洪洞,即隶德化之九甲。至四世祖家道渐裕,五世祖科甲联起,子弟皆攻儒业,差粮之事,不能自理。万历年间,曾以水滩平坡地四十亩,雇觅景姓一户景义夫等承催输纳,并代应一切杂项差役。地内所获籽粒,即为每年奔走之费,景义夫等立有受地应役文约",徽州府休宁县的地主程某,也是通过出租扶墩丘田,令佃户代他家"承值递年众役火栏等项门户",先后租地承役的佃户有吴佛寿、吴守仁、张平。①

　　综合多重因素,假以时日,农户只会破产。《范文忠集》中的《革大户行召募疏》详细记录了这一情景。在农民的破产、国家财政危机等多重因素的作用下,王朝衰亡趋势难以改变。

　　《文忠集·革大户行召募疏》②:

　　　　题为革除民生第一苦累,以期久安长治事,臣当奉命抚豫之初,日思所以抚之之方,而求一当也,惟是与民休息为第一义。顾今天下民生瘁矣,或困于水旱,此患在天者也;或厉于盗贼,此患在人者也,尚可随时补救,随地销弭,不至大苦。独官患,苦之而莫可解免,则莫如差役,臣请得而悉数之,如钱粮之收有收户,解有解户,驿递有马户,供应有行

－－－－－－－－－－

① http://blog.sina.com.cn/s/blog_5ff98ef80100dyu8.html.
② (明)范景文:《范文忠集》,1936年。

户，皆佥有力之家充之，名曰大户，固曰有田则有赋，有赋则有庸，则壤作贡理，或然也，而所佥实非真大户，何也，大户之钱能通神力能使鬼，不难幸免，而免脱雉罗，大半中人耳。中人之产，气脉几何？役一着肩，家便立倾，一家倾而一家继，一家继而一家又倾，辗转数年，邑无完家矣！即彼所谓能通神能使鬼以免一时者，亦渐日朘月削，免与不免同归于尽此，不水旱而荒，不盗贼而懵也。岂不痛哉，往时建议者，心隐之变为条鞭法，以阖境之力役均于阖境之丁粮，此其苦宜少苏矣。而试观民间，有不经年累月奔命于公家者为谁，有不卖妻鬻子罄赀于津赔者为谁，是条鞭之行者自行，而大户之革者未革也，总之，役在民则官便，役在官则民便，此不两利者也，便在民则民不欲革，便在官则官不欲革，此不两立者也。夫官民之不相胜也久矣，有司官即不无念及民瘼者，无如胥徒之中为格何盖佥？一行，则手得高下口得低昂，日市其重于民间，而民奔走以奉之。嗟嗟民间天子藏富之地，而反为彼外帑，以致官日富而民日贫，在官之人日富而民日贫。民贫矣，国安得富，私费多，而公赋诎，此必至之数也。臣宛心蒿目，议下有司实行条鞭之法，一切差役俱归之官，钱粮官雇人收为议，廪饩官差人解为议，盘费仓漕为之议，脚价官委人置驿递为之议，刍豆官募人养，供应以市值平买，不立官价名色，凡夫倾销添搭帮赔之费彻底蠲除，百年患苦一旦洒然，不亦快乎。是非移民之害于官也，官任之而害自减耳，官自经手官自留心。金钱无所容其穴窟，仓箱无所容其耗蠹，邮驿支应无所容其冒破，在民免于害，而官亦并受其利。所不利者，独胥徒耳。置官以为民，岂为胥徒哉。有如日与胥徒比，而阳奉阴违、名去实存者，断以白简随其后，从此百姓自办正税而外，足不至官府，目不见青衣，日惟含哺鼓腹以嬉游于化日，是亦一时华胥也。即猝有水旱盗贼，亦有以待之，岂足为厉哉。向臣司理东昌，曾行此法，岁所省以数万计，东人至今思之。臣不揣欲以已劾之法试之两河，以起沉痼，将欲使两河亦如二东也，而今量移矣，人去法更久，将复敦所关于民生休戚者最大故。特披沥于圣明之前，其中条欵头绪繁多，不敢一一渎览，而略陈其大端如此。臣谨会同巡按河南监察御史吴甡具疏，以闻伏乞天语申饬，即着为令，敢有变法虐民者，官吏议处参究不少，贷将休养既久，物力渐充，久安长治端必繇之矣。崇祯三年四月初十日具题。奉圣旨，体恤民隐是抚按第一急务，这奏内革佥？行召募饬吏治安民最得要领，便着定为例，勿轻变更，该部知道。

四、宏观方面:产权与治权单位的不一致导致了中国古代社会的治乱兴衰

宏观方面主要是指国家治理层面。与产权和治权在微观方面的匹配所形成的有效激励机制相比,产权与治权在宏观方面的非对称性或不一致性难以形成有效激励机制。产权与治权的不一致性体现在结构的非均衡性、层级的非对等性、职责与权力的非对应性、边界的非完整性、规模的非适度性等多个方面。

产权为皇帝所有、占有,治权被分割为皇帝、地方政府、县级政府、地方自治多级所有。① 治权的多层次性导致内部诸单位的不一致,产权单位和治理单位之间层级的不契合性,即层级的协调性、对称性和一致性比较差。产权与治权单位的不一致导致了中国古代社会皇权与官僚权的矛盾。

皇帝是天下产权和治权的终极所有者,而官僚是天下治权的具体所有者。作为天下产权和治权终极所有者的皇帝的收益是天下为其所有,其目的在于使天下能够长治久安,能够世代无限延续下去。而官僚拥有相应区域治权的收益仅为由官位高低所确定的俸禄或者官位升迁,或者降职乃至其他惩罚性措施,而非与治权区域相对应的产权的收益。这种收益的非对称性在很大程度上决定了官僚行为基于维护自身利益而非天下兴衰,官僚可以为了私利而不顾天下百姓死活。

产权与治权的不一致性导致了难以在官僚体制中推行改革来挽救王朝命运。

综观中国古代历史,成功挽救王朝命运的变法少之又少,而且绝大部分都失败了。这些变法中,摊丁入亩、商鞅变法成功改变了王朝命运,促进王朝走向了繁荣。这两者中,商鞅变法是最彻底、最成功和最有影响的变法。庆历新政、熙宁变法、两税法、一条鞭法等变法尽管短时间内成功了,但最终还是失败了,并没有起到挽救王朝命运的作用。失败的原因很多,例如,变法推行者是否得到了皇帝的彻底支持、变法的社会背景、变法推行者的人格因素等原因。这些原因当中,官僚及其行为也起到了至关重要的作用。因为变法需要官僚去具体落实。这些失败的变法有一个共同的因素,即变法措施是有利于百姓的,但是却不利于地主、官僚、贵族,或者说损害了地主、

---

① 这种层级还要看地方政府的层级,不同朝代的地方政府拥有不同的层级。

官僚和贵族的利益,因此在执行的过程中,官僚或官商会采取选择性执行或理性逐利、目标异化等行为。究其根源,作为政策执行主体的官僚享有治权,但是由治权所带来的实际收益(通常为俸禄、官位的升降等)与通过变法所获得的收益(王朝命运的改变、国家财政收入的剧增等)不成比例,或者说仅为通过变法所获收益的九牛一毛,由此产生了激励不足的问题。在官僚理性行为等多重因素的作用下,往往会产生政策执行行为和目标的异化,即将为天下谋异化为为自己利益谋。

下面以王安石推行的熙宁变法、官僚的常规腐败为例来进行说明。

(一)熙宁变法

熙宁变法的背景可以概括为如下三点:第一,君主专制集权的空前强化,冗官、冗费、冗兵的三冗问题以及由此导致的"积弱"局面。事实上,这种局面至宋朝灭亡也未曾改变。第二,北宋中期土地兼并严重,赋税繁重,农民起义不断,阶级矛盾激化。第三,北宋面临着西夏、辽朝等外部威胁。第四,庆历新政失败,宋神宗刚刚登基,年轻气盛,力图有所作为。因此,王安石试图在不触动封建专制和改变封建生产关系的前提下,对生产关系进行局部调整,达到富国强兵的目标。

河北民

宋/王安石

河北民,生近二边长苦辛。

家家养子学耕织,输与官家事夷狄。

今年大旱千里赤,州县仍催给河役。

老小相依来就南,南人丰年自无食。

悲愁天地白日昏,路旁过者无颜色。

汝生不及贞观中,斗粟数钱无兵戎!

《宋史·食货志》①记载:

后承平寝久,势官富姓,占田无限,兼并冒伪,习以成俗,重禁莫能止焉。

---

① (元)脱脱等:《二十五史》(全本),新疆青少年出版社,1999 年,第 813 页。

范仲淹《鉴于诏条部东十事》①记载：

> 官壅于天下，民困于外，夷狄骄盛，寇盗横炽，不可不更张以救之。

熙宁变法的主要原则是："因天下之力，以生天下之财；取天下之财，以供天下之费"；"善理财者，民不加赋而国用饶"；"公私常以困穷为患者，殆以理财未得其道"。通俗地说，主要是不通过赋税手段而通过金融手段来实现国富民强的目标。

《续资治通鉴长编》卷二百二十记载：

> 上患陕西财用不足。安石曰："今所以未举事者，凡以财不足，故臣以理财为方今先急。未暇理财，而先举事，则事难济。臣固尝论天下事如奕棋，以下子先后当否为胜负。又论理财，以农事为急，农以去其疾苦，抑兼并，便趣农为急，此臣所以汲汲于差役之法也。"②

《续资治通鉴长编》卷二二○记载：

> 今所以未举事者，凡以财不足故。臣以理财为方今先急，未暇理财而先举事则事难济。③

熙宁变法主要包括如下内容：

第一类，理财富国类。主要举措有：

①青苗法。顾名思义，即按照自愿原则，在每年青黄不接的时候，由政府贷款贷粮给农民，农民以青苗本身为抵押，然后政府收取一定的利息。例如，每半年收取利息二分或三分，农民则在收割后连本带息还钱给政府。通过青苗法，政府既可以增加收入，又可以帮助农民度过青黄不接的时期，限制高利贷对农民的剥削，在一定程度上缓和阶级矛盾并抑制土地兼并，可谓两全其美。④

---

① 范仲淹：《鉴于诏条部东十事》。
②③ （宋）李焘：《续资治通鉴长编》卷二百二十，中华书局，1980年。
④ 宋仁宗时，陕西百姓缺少粮、钱，转运使李参让他们自己估计当年谷、麦产量，先向官府借钱，谷熟后还，官称"青苗钱"。王安石、吕惠卿等据此经验，制定青苗法。它规定把以往为备荒而置的常平仓、广惠仓的钱谷作为本钱。每年分两期，即在需要播种和夏秋未熟的正月和五月，按自愿原则，由农民向政府借贷钱物，收成后加息，随夏秋两税纳官。实行青苗法的目的，在于使农民在青黄不接时免受兼并势力的高利贷盘剥，并使官府获得一大笔"青苗息钱"的收入。

尽管在地方实验时青苗法取得了良好效果,但在全国大范围推广时遇到了很大问题,引起了广泛的批评。

《宋史·苏辙传》记载:

> 安石出"青苗法"使辙熟议,曰:"有不便,以告勿疑。"辙曰:"经钱贷民,使出息二分,本以拯民,非为利也。然出纳之际,吏缘为奸,虽有法不能禁,钱至良民不免妄用;用其纳钱,虽富民不免逾限。如此,恐鞭垂必用,州县之事不胜烦矣……"安石曰:"君言诚有理,当徐思之。"自此逾月不言青苗。①

《宋史·司马光传》记载:

> 司马光曰:"今青苗之害者,不过谓使者骚动州县,为今日之患耳。而臣之所忧,乃在十年之外,非今日也。夫民之贫富,由勤惰不同,惰者常乏,故必资于人。今出钱贷民而敛其息,富者不愿取,使者以多散为功,一切抑配(强迫借贷交息)。恐其遗员,必须令贫富相保,贫者无可偿,则散之四方;富者不能去,必责使代偿数家之员。春算秋计,展转日滋,贫者既尽,富者亦贫。十年之外,百姓无复存矣。"②

从上述材料中可以看出,青苗法招致批评的原因很多,其中有一项即为官僚不作为或乱作为。上述材料中提到"吏缘为奸,虽有法不能禁""一切抑配"等说法即是佐证。

②募役法。简单而言,百姓可以出钱代役。详细而言,废除原来按户等轮流充当衙前等州、县差役的办法,改由州县官府出钱雇人应役,各州县预计每年雇役所需经费,由民户按户等高下分摊。上三等户分八等交纳役钱,随夏秋两税交纳,称免役钱。原不负担差役的官户、女户、寺观,要按同等户的半数交纳钱,称助役钱。此法的用意是要使原来轮充职役的农村居民回乡务农,原来享有免役特权的人户不得不交纳役钱,官府也因此增加了一宗收入。这项政策的实施,可以保证农民的劳动时间,促进农业发展,增加政府财政收入。

---

① (元)脱脱等:《二十五史全书》(第七册),内蒙古人民出版社,1998年,第677~678页。
② (元)脱脱等:《宋史》,中华书局,2000年,第8613页。

③农田水利法。即奖励各地开垦荒田兴修水利，建立堤坊，修筑圩埠，由受益人户按户等高下出资兴修。如果工程浩大，受利农户财力不足，可向官府借贷"青苗钱"，按借青苗钱的办法分两次或三次纳官，同时对修水利有成绩的官吏，按功绩大小给予升官奖励。凡能提出有益于水利建设的人，不论社会地位高低，均按功利大小酬奖。通过该法，可以保证水利工程的修建，保证灌溉，增加耕地面积，促进农业生产发展，并增加政府收入。

④方田均税法。简单而言，清丈全国土地，作为征收田赋的依据。详细而言，分"方田"与"均税"两个部分。"方田"就是每年九月由县令负责丈量土地，按肥瘠定为五等，登记在账籍中。"均税"就是以"方田"的结果为依据均定税数。凡有诡名挟田，隐漏田税者，都要改正。这个法令是针对豪强隐漏田税、为增加政府的田赋收入而发布的。同样，该法也可以增加政府收入。

⑤市易法。即设置市易务，出钱收购滞销货物，市场短缺时再卖出。限制了大商人对市场的控制，有利于稳定物价和商品交流，也增加了政府的财政收入。

《续资治通鉴长编》卷二百三十一熙宁五年三月丙午条载：

> 丙午，诏曰："天下商旅物货至京，多为兼并之家所困，往往折阅失业。至于行铺、稗贩，亦为取利，致多穷窘。宜出内藏库钱帛，选官于京师置市易务，其条约委三司本司详定以闻。"①

用现代经济学的观点来看，市易法就是通过政府来主导商业活动。官与商实现了结合。政治权力与经济权力有着不同的运行规律和运行领域，本不应该合二为一。在中国古代封建社会中，在社会分工尚不完善的背景下，在一切依赖于人而非制度的背景下，官商行为对市易法的成功与否起着关键作用。有学者研究认为："市易务官吏为了获取批零差价，扩大赊贷额，转嫁赊贷本息，强迫商户'必买于市易'，使市易务成为'挟官府而为兼并'的市场垄断机构。"②"经商之利不纳入政府财政收入，而由市易务官吏支配。在市易务年年完成收息定额、官吏获得酬奖的背后，赊贷本钱流失，规模萎缩日趋严重，市易务最终沦为发放高利贷的机构。"③其实，当时的宋神宗也

---

① （宋）李焘著、（清）黄以周等辑补：《续资治通鉴长编》，上海古籍出版社，1986 年。
②③ 魏天安：《宋代市易法的经营模式》，《中国社会经济史研究》，2007 年第 2 期。

认识到了这个问题。例如,其在《续资治通鉴长编》卷三百二十八中认为,"官失其职,一切赊贷"。

《续资治通鉴长编》卷二百五十一 熙宁七年记载:

上又批问安石,百姓为贷市易抵当所钱,多没产及枷锢者,安石对:"自置市易以来,有六户卖抵当纳欠钱,然四人以欠三司钱或以他事折欠故卖产。有纳户教唆,令众人并不须纳钱,且申展限,故送三司枷锢纳钱。若请官钱不立供抵保法,即理不可行,若供抵当,即本备违欠出卖偿官;若不许出卖偿欠,即亦理不可行。两年之间,而卖产偿欠及枷锢催欠,止于如此,乃无足怪。今天下三年一郊,所放欠至一百余万贯,即其卖产偿欠及枷锢催理多少可知,然议者何以不言,陛下何以不怪而问之?"上曰:"人言卖产极多枷锢,乃至无人可监守。"安石曰:"人言必知卖产主名及见枷锢人所在,陛下何不宣示言者姓名,付所司推问? 若实有之,市易司藏匿不言,即罪固不可轻断,若实无此而妄言,不知陛下含容此人于政事何补?"上曰:"言市易扰人不便者众,不知何故致令如此?"安石曰:"文彦博之徒,言朝廷不合言利,此乃为臣而发。其余左右近习诬罔市易,即以吕嘉问首公奉法,与内藏库、内东门司、都知、押班、御药争曲直,其事皆经论奏。又嘉问每事欲尽理,与三司、开封府屡争职事,虽未尝不直,然众怨由此起。向时有言市易赊物后抵当纳欠不足,乃令私下买所赊人物者偿欠。及根究,乃是三司赊粜糯米,如此追逮,直至河北、京西。若市易但有如此一事,必无不上闻之理。今三司如此,陛下亦闻之乎? 不知陛下何故乃不闻此,而但闻市易扰人? 此无他由,凭附近习与不凭附近习故也。今人臣皆凭附近习,然后免责,一与近习忤,即吹毛求疵,无所措手足,臣恐治世无此事。"[1]

《续资治通鉴长编》卷三百二十八 元丰五年记载:

(宋神宗)上曰:"朝廷设市易法,本要平准百货,盖周官泉府之政。官失其职,一切赊贷,公私颇不便之。虽云有收息之数,名存实亡。今已改用金银、钞帛抵贷,最为善法。其元催致欠官吏,重行追夺,亦其

---

① (宋)李焘著、(清)黄以周等辑补:《续资治通鉴长编》,上海古籍出版社,1986年。

宜也。"①

⑥均输法。即设立发运使,掌握东南六路生产情况和政府与宫廷的需要情况,按照"徙贵就贱,用近易远"的原则,统一收购和运输。限制了富商大贾对市场的操纵和对民众的盘剥,便利了市民生活。

第二类,军事强兵类。主要举措有:

①保甲法。即将乡村民户加以编制,十家为一保,民户家有两丁以上抽一丁为保丁,农闲时集中接受军事训练。通过保甲法,既可以维持农村社会治安,又可以在节省大量的训练费用前提下建立全国性的军事储备。

《续资治通鉴长编》卷二百四十六　熙宁六年记载:

> 王安石进呈河北谋变事,上以为河北人愚,东南人即难诱合以此事。立保甲后,此事或少可绝。安石曰:"民所以多僻,以散故也。故曰:'上失其道,民散久矣。'保甲立,则亦所以使民不散,不散,则奸宄固宜少。"②

《续资治通鉴长编》卷二百二十一　熙宁四年记载:

> 上与王安石论保甲事,以为诚有斩指者,……今所以为保甲,足以除盗,然非特除盗也,固可渐习其为兵。既人人能射,又为旗鼓变其耳目,渐与约免税,上番代巡检下兵士,又令都副保正能捕贼者奖之,或使为官,则人竞劝,然后使与募兵相参,则可以消募兵骄志,省养兵财费,事渐可以复古。此宗庙长久计,非小事也。③

保甲法的实施也面临着相似的问题,即执行歪曲所导致的"保甲一司上下官吏,无毫发爱百姓意,故百姓视其官司,不啻虎狼,积愤衔怨,人人所同"④。

除了保甲法,还有保马法、将兵法等改革措施,在执行上也面临着相似的问题。

此外,在教育方面,王安石也推行了一些改革,例如改革科举制度、整顿太学、唯才用人(选官制度)等。

熙宁变法增加了政府的财政收入,加强了国家的军事力量,改变了北宋

①②③④　(宋)李焘著、(清)黄以周等辑补:《续资治通鉴长编》,上海古籍出版社,1986年。

积贫积弱的状况。但是熙宁变法依旧没有减轻农民负担,反而在一定程度上加重了。整体上,熙宁变法是封建统治阶级内部的一次调整,维护君主专制是前提,所以是难以改变封建统治危机的。

熙宁变法失败的原因很多。例如,有学者支出,熙宁变法中,王安石过于偏执、刚愎自用,失去了朝中大臣(例如司马光)的支持。有学者认为熙宁变法是政府干预市场的结果,是政府运用行政力量扩大国家官营经济的尝试,其失败是必然的。有学者认为当时没有相应的金融机构而由政府来实施是失败原因,"青苗法者,不过一银行之业耳,而银行之为业,其性质乃宜于民办而不宜于官办:但使国家为之详定条例,使贷者与借者交受其利而莫能以相病,而不必直接与人民相贷,则其道得之矣。在当时,人民既无有设立银行之能力,而举国中无一金融机关,而百业坐是凋敝。荆公能察受敝之原,而创此法以救治之,非有过人之识力而能若是耶?"[1]当时与王安石同朝为官的苏辙认为:"(王安石)不忍贫民而深疾富民,志欲破富民以惠贫民。……及其得志,专以此为事,设青苗法。以夺富民之利。民无贫富,两税之外,皆重出息十二,吏缘为奸,至倍息,公私皆病矣。"[2]变法的反对派司马光认为:"王安石不达政体,专用私见,变乱旧章,误先帝任使,遂至民多失业。……敛免役钱,宽富而困民,以养浮浪之人,使农民失业,穷愁无告。"[3]

《续资治通鉴长编》记载:

> (司马光)曰:"……故夏遵禹训,商奉汤典,周守文武之法,汉修高祖之律,唐行太宗之制,子孙享有天禄,咸数百年。国家受天明命,太祖、太宗拨乱反正,混一区夏,规模宏远,子孙承之,百有余年,四海治安,……其法可谓善矣。先帝(宋神宗)以睿智之性,切于求治,而王安石不达政体,专用私见,变乱旧章,误先帝任使,遂至民多失业,闾里怨嗟。"[4]

作者认为,熙宁变法失败的一个很重要的原因是政策执行的歪曲,具体体现为政策实施过程中官僚的不作为、乱作为和不善为。苏辙多次提到的"吏缘为奸"即是例证。或许当时文彦博所说的一语中的,"为与士大夫治天下,非与百姓治天下也"。

---

① 梁启超:《王安石传》,上海人民出版社,2016年。
② (宋)苏辙:《栾城集》,商务印书馆,1936年。
③④ (宋)李焘著、(清)黄以周等辑补:《续资治通鉴长编》,上海古籍出版社,1986年。

《通鉴长编纪事本末》卷七十记载：

> 彦博又曰："祖宗法制且在，不须更张，以失人心。"上（宋神宗）曰："更张法制于士大夫诚多不悦，然于百姓何所不便？"彦博曰："为与士大夫治天下，非与百姓治天下也。"安石曰："法制且在，则财用宜足，中国宜强，今皆不然，未可谓法制且在也。"彦博曰："务要人推行耳。"安石曰："若务要人推行，则须搜举材者，而纠黑软（不振作）偷惰不奉法令之人，除去之，如是则人心岂能无不悦。"①

作为政策执行主体的官僚为什么不作为、乱作为和不善为？从产权和治权的角度来看，产权与治权的不对称难以对官员行为形成有效激励。由于激励不足，作为政策执行主体的官僚会通过变法中的不作为、乱作为来为自己谋取利益以弥补自己的受损利益。在激励不足或缺失的前提下，实现政策有效执行的目标，只有依靠政策执行者，即官僚的自身素质和道德修养。换句话说，以天下为己任的官僚，例如主政地方时的王安石、吕惠卿会以"心系天下、心系百姓"的标准来推行变法。要依靠持"非与百姓治天下也"的心态的官僚来推行变法，则无异于缘木求鱼。也正因为如此，变法往往需要首先从吏治入手，通过澄清吏治来推动变法的有效推行，通过澄清吏治来打造一批坚信变法、素质过硬的官僚队伍，通过道德素养来弥补激励不足的问题。这或许是中国古代变法失败的深层次原因。

（二）官僚的常规腐败

在中国古代社会中，腐败通常是常规性的腐败，或者说，腐败已经深入到了社会生活中，最典型的表现为各种官场陋规的产生。陋规，又称为规礼，即按照规定必须要送的礼。"陋"，鄙陋，拿不上台面的意思；"规"，规矩，规定。陋规，这个词颇传神，道出了封建社会官场的矛盾，明知道是"潜规则"、是鄙陋的，但是又不得不做。规礼名目繁多，常规的主要有馈赠、节寿送礼、别敬、炭敬、冰敬、瓜敬等。临时性的主要有程仪（上级来视察时赠送的路费）、部费（清时官员任实缺时，向吏部人员贿赂的款项）、门敬（给看门人的财物）、跟敬（给跟班的送的财物）。这些规礼数目不多，但是范围之广、频率之繁以至于习以为常。

---

① （宋）杨仲良：《通鉴长编纪事本末》。

　　张宏杰在《给曾国藩算算账》①一书中详细记载了与曾国藩相关的规礼：道光二十一年正月，在《辛丑年正月记旧存银数》中，曾国藩记载在正月这类收入有以下几笔：程玉樵送别敬十二两，罗苏溪送炭资十两，李石梧送炭资十六两。在《辛丑年入数》中记载从二月到年底的此类收入：二月初五日，彭洞源送银四两；三月初六，乔见斋送别敬十六两，劳辛阶送别敬十两；十四日黄世铭送别敬十二两；六月十五日座师吴甄甫送别敬五两；十月初八李石梧送别敬十二两。

曾国藩道光二十一年收入结构表②

项目	金额(两)	占比(%)
俸禄	129.95	21.36
外官馈赠	98.57	16.2
借款(个人借款85.53两,"人寄卖货印"42.2两,挪用会馆资金40两)	167.73	27.56
旧有积蓄(在乡拜客等存银)	212.21	34.88
合计	608.46	100%

　　张宏杰在《给曾国藩算算账》一书中记载：曾国藩于道光二十三年六月二十日获得了四川乡试正主考官的派遣。为了这次派遣，曾国藩准备了差旅手续及用品、招收仆从、购置出京官服、礼品等，还买了"小戥子"，用于称量路上地方官员所送银子的重量。曾国藩的这次四川派遣，收到的规礼如下：四川省城公项③二千四百两，制台百两，藩台百两，道台吴（珩）百两。道台张百两。领盘费四百两。内帘十二人共五百一十三两。首县轿银四十两。魏祝亭五十两，张赞周二十两，刘遐亮百两，将军五十两，周荔农五十两，贺美恒四十两，黄宝斋四十两，赆敬共五百零，李石梧五十两，陶莲生三十两，傅秋坪十六两，方仲鸿二十两，崇荷卿十二两，姜海珊二十两。

　　综上所述，公项程仪是二千四百两，十二名房官公送五百一十三两，门生赆仪五百两。国家法定路费四百两。其他官员个人所赠九百三十八两。诸项共计四千七百五十一两。这仅仅是四川一地所收，西安、保定等地官员也不可能一无所馈。加上节省的途费，曾国藩此行收入当在六千两左右。除了银子，还有实物。例如，曾国藩这次派遣收到的实物规礼主要有：宝中

①②　张宏杰：《给曾国藩算算账：一个清代高官的收与支（京官时期）》，中华书局，2015年。
③　清代用于各省地方公事之经费称为公项。

堂江绸袍褂料两套,朱红川绸、川绸料四匹,隆昌夏布料四卷,湖绉四匹。袁小城滇缎袍料二件,隆昌夏布八匹。潘木君嘉定绸二匹,巴缎袍褂二件,川绸二匹,被面二床。富都统巴缎袍褂二套。首县巴缎袍料四件,程乡茧料十件。李国钧巴缎袍褂料二套,杭纬四合。邓存泳成绫二匹,蜀茧二匹。本家川绸二匹。汤琢斋送二蓝褐子四件,酱色褐子四件,羽缨二十头,绒毡四床。除了衣料,曾国藩收受的其他四川特产有:藏香、黄连、厚朴、茶叶、砖茶、火腿、海参、浣花笺、桂花米、香珠等。在"由四川回京行李数"中,他记载有"芡实三匣""南枣一包""莲子一匣""桂圆二匣""藕粉一包""茶叶十一包""海参五包""藏香八匣""普洱茶两个""五加皮,一匣""川贝母一匣""玻璃一块""如意一品""仙茅三匣""厚朴四卷""燕窝四匣"等多种,下面多注明是谁所送。

那么问题产生了,官员之间的常规腐败所需资金从何而来呢?仅仅依靠俸禄是不够的。因为中国古代官僚体制建立于儒家学说所设定的"克己奉公""廉洁自律""修齐治平"等道德行为标准之上,实行底薪是中国古代绝大部分王朝的做法。既然俸禄不够,则只能从百姓身上盘剥。为什么能从百姓身上盘剥?因为产权与治权不对称。具体而言,良好的治理能够产生巨大的正外部效应(如王朝的延续、百姓负担的减轻和生活水准的提高等),但是这种正外部效应对于地方官员来说却难以内化为自身所得。如果说有的话,也仅仅是赢得的身后名和朝廷的嘉奖、职位的升迁。这些收益相对于王朝延续的收益,仅仅是九牛一毛。反过来讲,坏的治理所带来的负外部效应(如王朝延续时间的缩短、农民起义、农民负担的加重等)也不需要自己完全承担。换句话说,这种负外部效应不需要自己内在化。王朝寿命的长短、农民起义对王朝寿命的影响是皇帝所关系的,不是地方官的首要关心目标。如果说承担的话,也仅仅是自己职位的下降、朝廷的批评等。但是这些相对于通过腐败来为自己谋取的巨额利益,也仅仅是九牛一毛。正因为如此,尽管王朝末年的农民起义此起彼伏,但是官僚们依旧可以我行我素,继续扮演着"王朝掘墓人"的角色。

要突破中国古代社会治乱兴衰的循环,需要天下为公。上层建筑反作用于经济基础,治理主体的多元性决定了其所建构的公共性,必须扎根于天下为公的产权。经济基础决定上层建筑,人类历史发展必将由私有制走向公有制。正如毛泽东同志所说的:"我们已经找到新路,我们能跳出这周期率。这条新路,就是民主。只有让人民来监督政府,政府才不敢松懈。只有人人起来负责,才不会人亡政息。"在黄炎培看来:"这话是对的",因为"只有把每一地方的事,公之于每一地方的人,才能使地地得人,人人得事。用民主来打破这周期率,怕是有效的。"简单而言,"天下非一人之天下也,乃天下人之天下也",以"天下人"来管理"天下之事"。

第二章
科层代理：主体、规则与行为

第一节 谁在治天下

"国权不下县,县下惟宗族,宗族皆自治,自治靠伦理,伦理造乡绅。"①这句话经典地概括出中国古代国家的治理结构,点明了中国古代国家的治理主体、规则与行为。

治理主体一是君主。中国古代是封建君主专制制度,君主/皇权是核心。"由秦以后,直到现代化开始的清代,其间经历二千余年的长期岁月,除了极少的场合外,中国的政治形态并没有了不起的变更,换言之,即一直是受着专制政体——官僚政治的支配。"②因此,专制君主是当仁不让的第一治理主体。专制君主成为首要的治理主体是由以地主经济为基础的封建私有制决定的。封建私有制决定了"普天之下莫非王土,率土之滨莫非王臣",决定了封建君主是天下的所有者,因而可以"牧民",即拥有治权。"中国专制官僚政治上的帝王绝对支配权,归根结底,是建立在对全社会基本生产手段——土地的全面控制上,是建立在由那种基本生产手段的控制所勒取的农业剩余劳动或其劳动生产物的占有上。他以那种控制和占有表现其经济权力;他以如何去成就那种控制和占有的实现表现其政治权力。"③这种所有权与治权具有排他性。由于排他性的所有权与治权,君位/王位/皇位成为了稀缺资源,选择合适的权力传递与更替制度成为了另一主要问题。

西周时代实行的是封土建国,除了京畿之地,天子仅仅是名义上的天下所有者和天下治理者,诸侯则在其领地内拥有事实上的所有权和治权,以宗法制度和血缘为基础的嫡长子继承制度成为权力传递与更替的现实选择。

---

① 尽管学术界有学者对此观点提出了质疑,但本书认为其仍有一定道理。
② 王亚南:《中国官僚政治研究》,商务印书馆,2010 年,第 29~30 页。
③ 同上,第 55 页。

"在典型的封建政治下,大大小小的贵族是自己在那里为自己行使统治,在名分上,尽管小贵族对较大贵族维持着一定的依属关系、隶从关系,但实质上,他是所在属地的绝对支配者。"①由于是宗法制度,皇位继承人是天然决定的,统治是以家族为单位的,政治权力在一定程度上是共享的——在君主家族与亲属内部共享,尽管地位并不平等。

自公元前221年至公元1911年,君权成为了强者、权力追逐者的争夺对象,"彼可取而代之"的口号成为现实,君权"不再永久地在一定的家族内部传递,并且至今从未发现过能以和平手段来取得它……获得政治权力的方式是'手持大棒',打内战。成则为王,败则为寇。这种专制君主政体并没有因权力的传递和更换而改变"②。较之贵族政治,此时的政治权力被君主一人垄断独占,即我们通常所说的君主专制制度。"在封建制度崩溃之后,政治权力不再共享了,而是被集中于君主一人之手。"③这种独占不仅意味着君主不与臣僚分享权力,也意味着君主不与以家族和亲戚为核心的统治集团分享权力,即使是皇太后、皇后、皇兄皇弟都是臣民。"后宫不得干政""外戚擅权"即为形象生动的反面例证。也正因为如此,中国古代的中央行政和地方行政层面在不断地进行着分权制衡与皇帝集权这一过程。

治理主体二是官僚。在中国古代封建专制统治时期,官僚是当仁不让的第二个治理主体。原因来自互相强化的两个方面。

一方面,超远的地理空间和繁重的统治事务使得君主需要官僚来帮助自己治理天下,否则,君主专制统治将成为一句空话。从这个层面来说,官僚仅仅是君主治理天下的工具。"在行政功能方面,君主需要助手。这就是他要的官。因此,官不再是统治者自己家庭的亲戚或成员,而是执行者——君主的仆人或工具。"④"专制政体下,充当官吏的贵族,已不是以贵族的身分行使治理,而是以国王的仆役的资格行使治理。"⑤"无论是经济权力或政治权力,离开了他的官僚机构和官僚系统,都将变成空无所有的抽象。于是,整个政治权力,结局也即是整个经济权力,如何分配于全体官僚之间,始得保持全官僚阶层内部的稳定,就成为官僚头目或最大地主们所苦心焦虑的问题了。"⑥也正是这种君主对官僚的依赖性使得在几千年的中国封建社会中,君主始终难以抛弃或战胜封建官僚,仅仅只能对其进行修修补补。

---

①⑤　王亚南:《中国官僚政治研究》,商务印书馆,2010年,第12页。
②　费孝通:《中国绅士》,惠海鸣译,中国社会科学出版社,2006年,第3页。
③④　费孝通:《中国绅士》,惠海鸣译,中国社会科学出版社,2006年,第2页。
⑥　王亚南:《中国官僚政治研究》,商务印书馆,2010年,第55页。

另一方面,官僚具有依附性,只有依附于君主,才能实现自身"修身齐家治国平天下"的梦想。官僚作为君主行使其统治权的工具,决定了其仅仅是执行者,"其身份所意味的权力和使权力变为现实的可利用的政治资源都是来自于君主而不是他固有的。这从根本上决定了官僚对于任命他、赋予他公共权力的君主的依附性"①。"在中国古代社会,官僚制的合法性基础来自皇权自上而下的委托,这一性质从根本上决定了皇权与官僚制两者之间的主从关系,即皇权凌驾于官僚制之上。作为皇权政治的代理,中国古代官僚制度在按照理性官僚制的逻辑运转的同时,始终呈现出对皇权强烈的依附性特征。"②正是这种依附性,使得古代官僚完美地嵌入进古代皇权统治中,使其不可避免地充当了皇权专制统治的工具。正是这种依附性,使得封建君主始终掌握着官僚制度运行秩序,始终使官僚体制服务于自身统治。

与作为天下主人的君主不同,官僚仅仅是君主统治天下的工具,"工具只能行使政权而没有政权。贵族是统治者的家门,官僚是统治者的臣仆"③。那么问题产生了,第一,作为天下主人的君主,如何更好地使用好"工具"以实现"天下大治"? 第二,官僚并非天下的主人,并不拥有政权,而仅仅是行使政权,那么官僚能够真心实意地为君权服务吗? 其动力何在? 中国封建王朝的更迭与官僚有何关系? 这两个问题涉及中国政治制度史的所有研究内容。

治理主体三是绅士。"在传统的中国权力结构中,有着两个不同的层次:顶端是中央政府;底部是地方自治单位,其领袖是绅士阶级。"④何为绅士? 绅士"可能是退休官员或者官员的亲属,或者是受过简单教育的地主,在任何情况下,他们都没有影响决策的真正的政治权力,并且在任何时候都不可能和政治有直接的联系,但他们试图影响朝廷,并且免于政治压迫。统治者愈可怕,愈像老虎,绅士的保护色外衣就愈有价值。在这样的环境中,一个人除非是依附于一些大家庭,否则是难于生存下去的"⑤。"所谓自治组织的兴起是来自于社区的实际需要。这种群众的权力不是来自中央帝国,而是来自地方民众本身。当中央只是有限度地征税和招兵时,人们会感到'天高皇帝远'。但是,中央和地方当局之间有必要保持一些交往,这就意味

① 卢珂:《中国封建官僚制度的二重性及其后果》,《贵州社会科学》,2000 年第 1 期。
② 王衡:《皇权官僚政治视野下的中国古代考绩制度》,《北京行政学院学报》,2014 年第 1 期。
③ 费孝通等:《皇权与绅权》,生活·读书·新知三联书店,2013 年,第 2 页。
④ 费孝通:《中国绅士》,惠海鸣译,中国社会科学出版社,2006 年,第 52 页。
⑤ 同上,第 11 ~ 12 页。

着地方绅士总是在地方组织中占有战略性和主导的地位。"①

　　在《皇权与绅权》一书中,史靖认为,绅士之所以能够成为绅士,需要具备以下几个条件:"第一,作为绅士的人在家世方面必得有一个光荣的过去,值得乡人景仰羡慕……功名富贵,都是被作为品评的根据。第二,还要看其人及其父祖或其家族对地方的贡献,贡献且必须是具体的事实而非空言。第三,典型的绅士一定是居乡的士大夫,是有功名科第的退休林泉的官员,功名愈高,官职愈大,其作为绅士的地位也愈高,影响也愈大。第四,每一位绅士照例有一份丰厚的财产,绅士与地主往往不可分,占有土地愈多其为绅士也愈大,虽然所有的地主不一定都是绅士,不过绅士则一定是地主,并且是大地主。第五,绅士必须有地方人民的拥戴。作为绅士的人也必能得到相当多数的拥戴,这因为基于财产和家世两项,每一绅士总可以得到一定基本的群众支持。基于财产,可以得到佃户及佃户的家属戚谊的听从;基于家世,可以得到本族人口的推崇。所以绅士的家世不仅要有光荣的过去和将来,最好还要是隶属于一方的大族。第六,敬老尊长是中国传统社会里的一个很重要的原则,虽然单纯的凭年老并不足以得到尊敬。但年纪倘如能配合上其他的条件,不仅尊敬随之而来,而且多半被称颂为年高德劭了。第七,当以上的条件齐备之后,就可以建立起一种威望和崇高的地位,受人尊敬被人信服,更可以借此招致官府的倚重,或用以挟持和对抗官府,这种威望和地位实即绅士最鲜明的标帜。"②

　　进一步的,史靖认为,"绅士之所以在中国社会蕴含着巨大的力量,就因为他有权势财富,还有根深蒂固的传统予以支持,绅士在基层社区里之所以利害,就因为他不仅能使人畏惧,还能使人信服。追究那所谓的传统,实即遵循正统的思想,把握住中国社会价值和道德的标准,制造出一套主权分歧的意识形态,从长时间中用各种方式渗入各个阶层的人心,从而维持着一个当然的秩序,上对国家皇室尽忠,下能表率一方群伦,这就是一个道地的绅士,也是一个道地的绅士的基本责任,这种绅士必然是在本地要保持社区的稳定,要尽量减少阶层的流动,要设法阻止和压抑任何绅士的代兴;对于整个局势也必然是要维护传统憎厌革新的"③。

---

①　费孝通:《中国绅士》,惠海鸣译,中国社会科学出版社,2006年,第52~53页。
②　费孝通等:《皇权与绅权》,生活·读书·新知三联书店,2013年,第195~197页。
③　同上,第198页。

第二节 何种规则

马克斯·韦伯认为,科层官僚制不仅存在于现在社会,也存在于前现代社会。较之欧洲诸国,中国古代社会是比较早熟的社会,较早地发展了比较成熟的官僚制。遵循官僚制形成发展的一般规律,中国古代的这种官僚制也逐渐从技术层面发展到了社会层面①,成为与中国传统政治经济文化相适应的一种社会管理体制。所不同的是,中国古代社会的官僚制尽管也是专制政治的副产物和补充物,但是其发生的历史背景却与世界背景下的官僚制迥异。从世界范围来看,官僚制产生于封建社会末期,产生于封建社会向资本主义社会的过渡时期,产生于封建贵族政治解体向资产阶级民主政治形成的过渡时期。而中国却产生于封建社会,发展于封建社会。更与众不同的是,从中国封建社会发展起来的官僚制,延续时间之长令人惊叹,几乎与中国社会发展相始终;中国封建社会发展起来的官僚制已经与中国古代的社会文化如宗教、伦理、法律、艺术等融为一体,支配着中国人的人生观和世界观。

中国古代社会的官僚制基础是马克斯·韦伯关于统治类型的划分的混合体。自春秋战国以后,中国古代新王朝的建立往往信奉"彼可取而代之"的暴力思想,英雄人物往往能够吸引"天下云集响应,赢粮而景从"。新王朝建立之后往往用"君君臣臣父父子子"的儒家思想、"天子"的神权思想等进行社会化教育并巩固新王朝,往往通过建立科层官僚制,以中央行政制度、地方行政制度、职官管理制度、监察制度等实施统治,这些管理制度与现代科层官僚制度有诸多契合性因素,也有诸多区别性因素。

马克斯·韦伯认为,法理型统治主要包括如下要素:①持续受规则约束的文官事务运作;②拥有固定的职务权限和与权限相符的权力;③职务等级原则;④任职资格法定;⑤公私分开,简单而言,即公家的财富与私人财富、办公场所与私人住所是完全分开的;⑥档案制度;⑦固定的货币薪金支付报酬;⑧职务升迁根据年资或政绩,或者两者兼而有之,取决于上司的评价。可以看出,这些法理型统治的要素适用于不同领域(公共的、私人的、社会的),在中国古代官僚体制中也可以或多或少、或明或暗地看到这些要素。

以法理型统治为基础,官僚制运作遵循如下原则:

---

① 关于对官僚制作技术层面和社会层面的区分,此处借鉴了王亚南的思想。详见《中国官僚政治研究》一书。

①权限法定。即固定和官方的权限范围是由法律法规来规定的。主要包含两个方面：首先，任务法定，即按照官僚制运行的政府机构，为实现统治目标而采取的活动都是以固定的方式来分配的。其次，权力法定，即与任务相符的权力，需要以一种稳定的形式进行分配，并严格按照规定来执行。也就是说，权力的范围——权力能够干什么？权力运行程度——怎么使用权力，都是有规定的。

②任职资格法定。任职资格法定是在现代社会发展起来的。在古代社会，关于官员的任职资格有相关规定。例如，宋朝关于御史任职资格就有相关规定，未经两任县令不得任职；明朝规定御史必得科举出身，否则不选。霍志军①通过研究发现，唐朝御史也有相关规定，认为这些标准主要包括好儒、尚文、吏能、重德四个方面。其中，儒求经济、文尚词藻、才重吏能、行崇正直，全方位考察文、儒、吏、行、法诸方面的综合素质。②

《全唐文》卷七百四十八记载：

> 仲尼以举贤才则理，大禹以能官人则安。况西界浙河，东奄左海，机杼耕稼，提封七州，其间茧税鱼盐，衣食半天下，不有可仗，岂宜委之。正议大夫使持节华州诸军事守华州刺史兼御史中丞充潼关防御镇国军等使上柱国陇西县开国男食邑三百户赐紫金鱼袋李讷，温良恭俭，齐庄中正，实以君子之德，华以才人之辞。扬历清显，昭彰令闻，辍自掌言，式是近辅。子贡为清庙之器，仲弓有南面之才，智莫能欺，刚亦不吐，表率教化，皆有法度。今者兵为农器，革作轩车，言於共理，在择循吏。是故用已效之绩，托分寄之任，拥旃旄而服元玉，化千里而有三军，儒者之荣，莫过於此。孔子曰："仁者爱人，智者知人。"爱人则疲羸可苏，知人则才干不弃。土宇既广，杀生在我，达此二者，可以报政。荣加副相，用压大邦，尔其勉之，无忝所举。可使持节都督越州诸军事守越州刺史兼御史大夫充浙江东道都团练观察处置等使，散官勋封赐如故。③

《全唐文》卷六百六十记载：

> 庶官之政，得人则举，况中执宪，准绳之司，所以提振纪纲，端肃内

---

①② 霍志军：《唐代御史任职资格中的文学因素》，《重庆邮电大学学报》（社会科学版），2017年第29期。

③ （清）董诰：《全唐文》，中华书局，1983年。

外,盖一职修者,其斯任之谓欤。给事中薛存诚,选自郎署,列於左曹,居必静专,言皆谠正,章疏驳议,多所忠益。可以执宪,立於朝端。况副相方缺,台纲是领,纠正百官,尔得专之。夫直而不绞,威而不猛,不附上而急下,不犯弱以违强,率是而行,号为称职。敬服斯命,往其懋哉。可御史中丞,馀如故。①

③等级制原则。即职务按照等级设置,权力按照等级赋予。等级制原则意味着上级对下级的监督关系。等级制的理想状况应该是"等级高者必然权力大",但在官僚制的实际运作中,位高并不一定权重。权力的来源并不仅仅来源于等级制,还受其他因素的制约与影响。

④书面原则。即科层官僚制以书面档案为基础。书面原则有利于推动管理工作的非人格化。在中国古代科层官僚制运作中,形成了丰富的档案管理制度。

《宋会要辑稿》食货一一记载:

> 太宗至道元年六月,诏:"天下新旧逃户、检覆招携及归业承佃户税物文帐,宜令三司自今后画时点检,定夺合收、合开、合阁税数闻奏。若覆检卤莽,当行勘逐。仍令三司将覆检文帐上历管系,于判使厅置库枯阁准备取索照证。如有散失,其本部使副、判官必重行朝典,干系人吏决停。"②

⑤能力原则。中国古代社会中官僚的诞生与其自身的能力密不可分。这一能力也为历代统治者所重视。

⑥职业化原则。即担任公职是一种职业。何为"公"?学术界对中国古代社会是否存在"公"有分歧,需要深入探讨,这里暂且不论。马克斯·韦伯观点中的职业化主要包括四层意思:第一层,担任公职需要具备一定的能力,因而需要经过培训,使其具备相应能力。第二层,担任公职非人人皆可,因而需要筛选,需要进入门槛,即通过考试来获得进入资格。第三层,担任公职是主业,非兼职,更非业余。第四层,职业化意味着新的职业道德,即忠诚于这个职位以及这个职位倡导的价值。马克斯·韦伯认为:"作为一种纯

---

① (清)董诰:《全唐文》,中华书局,1983年。
② 刘琳、刁忠民、舒大刚校点:《宋会要辑稿》,上海古籍出版社,2014年,第8055页。

正的模式,一个公职人员所具有的新式的忠诚,其特性中起决定性作用的地方是:这种忠诚并不与封建的或世袭的权力关系中臣仆或门徒所具有的忠诚相同,它并不与一个具体的人建立关系。新式的忠诚只对不因人而异的职能性的目标效忠。"中国古代社会中的官僚们在多大程度上具有这种忠诚的职业道德? 这还得从如何解读马克斯·韦伯观点中的"封建"说起——是类似于中国西周社会中的"封土建国"? 还是类似于中国秦朝以后的封建? 前者仅仅是从史学角度进行的解读,如果秉承此观点,则中国秦朝以后的社会不能被称之为封建社会。后者是从马克思主义的生产力和生产关系、经济基础和上层建筑的角度进行的解读。

在实践中,中国古代官僚的权力是皇帝赋予的,因而是个人化的,因此官僚应该忠诚于皇帝。这也正是历代帝王所强调的和看中的。从这个层面上来看,中国古代官僚不具备马克斯·韦伯所称之的忠诚的职业道德。但是中国古代出现了许多著名的敢于冒死直谏的谏臣,这一现象作何解释? 冒死,说明直谏的代价是巨大的! 为什么要冒死直谏? 是因为个人的道德伦理,即个人所肩负的"天下兴亡,匹夫有责"的职责? 还是对自己所居职位的职责的忠诚? 这一话题需要深入讨论。

⑦官员任命。马克斯·韦伯认为,"纯粹的官僚制型的官员是由其上级权力当局任命的"。自郡县制诞生以来,中国古代官僚的任命权为君主所拥有。

⑧薪金制。即通过货币薪金支付报酬。在中国古代社会中,薪金制典型体现为较为完善的俸禄制度。

上述关于官僚制的组织原则可以说是技术层面的科层官僚制。这种技术层面的科层官僚制在一切设官而治的社会均存在。"打官腔""遇事互相推诿""踢皮球""官僚作风"等均是技术层面科层官僚制的典型表现。

对科层官僚制的理解除了技术层面外,更应该从社会层面来理解,即将科层官僚制作为一种社会体制来看待。

马克斯·韦伯认为,这种科层官僚制的组织原则适用于社会中的不同领域,随着社会的理性化程度的不断提升和组织对效率的内在追求,科层官僚制将会成为最理想的组织形式。"根据全部经验,纯粹的官僚体制的行政管理,即官僚体制集权主义的、采用档案制度的行政管理,精确、稳定、有纪律、严肃紧张和可靠。形式上可以应用于一切任务,纯粹从技术上看可以达到最高的效率程度,在所有这些意义上是实施统治最合理的形式。""在所有的领域里(国家、教会、军队、政党、经济企业、利益集团、协会、基金会等等),'现代的'团体形式的发展一般是与官僚体制的行政管理的发展和不断增强相一致的……所有持续的工作都是由官员们在办公机关里完成的。""我们的整个日常生活都纳入这个框架之内。因为如果说官僚体制的行政管理到处都是——在其他情况相同的条件下——形式上-技术上最合理的,那么今天它对群众性行政管理(人事管理或事务管理)的需要,一般是不可或缺的。"

王亚南认为:"我们把官僚政治当作一种社会体制来讨论,虽然也注意它的技术面,但同时却更注意它的社会面,从社会的意义上来理解官僚政治,就是说,在此种政治下,'政府权力,全把握于官僚手中,官僚有权侵夺普通公民的自由',官僚把政府措施看为为自己图谋利益的勾当。像这种社会性的官僚主义政治,是依存于诸般社会条件,而又为那些社会条件所范围着的,它可能增大前述技术性的官僚作风,但却不可能单在技术上去讲求根治。"①"大约官僚政治在社会方面有了存在依据,它在技术上的官僚作风,是会更加厉害的,反之,如果官僚不可能把政府权力全掌握在自己手中,由自己按照自己的利益而摆布,则属于事务的、技术的官场流弊,自然是可能逐渐设法纠正的。"②

当然,中国古代的官僚制与现代的官僚制也存在着区别。

第一,产生的社会基础不同。如前所述,世界范围内的官僚制产生于封建社会末期,产生于封建社会向资本主义社会的过渡时期,产生于封建贵族政治解体向资产阶级民主政治形成的过渡时期。马克斯·韦伯所论述的官僚制产生于资本主义工业文明迅速发展的时代,官僚制组织是资本主义理性精神的产物。中国的官僚制产生于封建社会,发展于封建社会,并未将中国由封建社会引入资本主义社会,并非是资本主义理性精神的产物,而是建立在以封建自给自足的自然经济为基础的农业社会中。

第二,价值伦理方面。马克斯·韦伯的官僚制由于是资本主义理性精神的产物,故强调理性、规则、效率、工具理性等核心内涵,强调人与人之间在平等的基础上基于职位目标而形成一个组织体系,强调的是一种新式的忠诚。中国的官僚制以儒家思想和家族主义理论为基础,其实质是一种"家国同构"的组织形式。所谓"家国同构"是指家庭、家族和国家在组织结构方面具有共通性、相似性和同源性,"国是大家,家是小国"。通俗地讲,国是家乃至家族这一组织结构在更大范围内的翻版或扩展,两者都以宗法血缘关系为基础,都恪守严格的家长制,都恪守忠孝伦理。"孝"是家庭伦理,"忠"

---

① 王亚南:《中国官僚政治研究》,商务印书馆,2010年,第7页。

② 同上,第8页。

是国家伦理,两者随名不同,但意相通乃至相同。"孝慈则忠","君子之事亲孝,故忠可移于君。事兄悌,故顺可移于长。居家量,故治可移于官。是替行成于内,而名立于后世矣"。"修身、齐家、治国、平天下"等经典思想均说明了国家伦理乃是家庭伦理在国家范围内的复制或移植。"中国的伦理道德观念在强调尽孝的同时也非常强调尽忠,'国'就是一个被放大了的'家',这就要求人们绝对忠于全体人民的父亲——天子,以及天子的代表——朝廷的命官。"①进一步讲,"忠孝"首先属于道德范畴,其次属于政治范畴,是中国古代社会政治伦理化的典型体现。也就是说,中国古代的官僚制是建基于政治伦理化基础之上的,既要讲伦理,又要讲政治。而马克斯·韦伯所说的官僚制是建基于政治与伦理相分离的基础之上的,追求的是规则、效率等工具理性,道德范畴不在其考虑范围之内。正是这种政治伦理化决定了中国古代官僚制中人与人之间的等级关系较多的是一种人身依附关系,体现一种人对人的忠诚。

第三,人重要还是规章制度重要方面。马克斯·韦伯所说的官僚制强调规章制度,强调规则,强调"法定"。例如,按照规章办事的运行机制、权力法定、程序法定等都只在凸显规章制度的重要性。作为组织个体的"人"只不过是组织这个庞大机器中的一个螺丝钉,随时可以被替换而机器照常运转。中国古代的官僚制人治色彩浓厚,更多的依照伦理规则办事,随意性比较强。概而言之,在马克斯·韦伯所说的官僚制中,"人"从属于"规则";在中国古代官僚制中,"规则"从属于"人",从属于"伦理"。也正因为如此,中国古代的官僚制除了自身的运转规律之外,还深受纲常伦理、自上而下的绝对权力的影响,强调通过权力来建构乃至维护组织体系。例如,中国古代中央行政制度和地方行政制度的演变无一不是以君主为意志的权力转移而形成的。马克斯·韦伯所说的官僚制更多强调规则,较少强调权力,强调通过规则来建构和维护组织体系。

第三节 如何行为

一、理论形态

静态上的科层官僚制即为科层官僚组织体系,构成了官僚行为的组织

---

① 古德诺:《解析中国》,国际文化出版公司,1998年,第80页。

框架与规则体系。动态上的科层官僚制即为官僚行为的内容。如前所述，官僚是君主统治天下的工具，科层官僚制则成为了君主实行统治的机器，君主也自然而然地成为了决定这台庞大机器运作的主人，对官僚与科层官僚制有着绝对的支配权。这种支配−依附关系或者说主人−工具决定了君主通过科层官僚制所欲的官僚行为与实际行为之间的一致和悖离。一致，有效地维护了封建君主专制制度。悖离，则在很大程度上成为了封建王朝的掘墓人。这种复杂行为的原因是多元的，既由产权与治权的不一致所致，也由官僚阶层的自身利益所致，更由作为一种体制的科层官僚制自身所具有的独立性所致。

首先，依附性决定了官僚制不可能脱离皇权的枷锁。"在中国的君主专制政体下，官僚和官僚制度本不是为了分享君主权力或限制君主的权力而存在，而首先是作为君主专制的一个重要组成部分、为了实现君主对国家权力的独占而存在的，必然形成对君主专制制度的从属性和依附性。"①官僚对皇权的依附性前文已详细论述过，这里不再赘述。

其次，在依附性前提下，科层官僚制所具有的非人格化、精确、稳定、有纪律、可靠、效率等特性使得其成为了君主实行统治的理想工具。

以明朝为例，从公元 1368 年建立到公元 1644 年崇祯帝自缢，明朝灭亡，前后共延续了 276 年，前后共经历了 16 位皇帝。这 16 位皇帝中，有许多为儿皇帝。例如，朱祁镇，8 岁时即位；朱见深，18 岁时即位；朱祐樘，18 岁时即位；朱厚照，15 岁时即位；朱厚熜，15 岁时即位；朱翊钧，6 岁时立为太子，10 岁时即位。这些儿皇帝，有的不理朝政，疏于政事。例如，明神宗万历皇帝朱翊钧 10 岁即位，共在位 48 年，是明朝历代皇帝中在位时间最长的一位，但是竟然有二十年里，不理朝政，不郊、不庙、不朝、不见、不批、不讲；明熹宗朱由校更是被称为木匠皇帝，木匠工艺堪比鲁班，他酷爱建筑、喜傀儡戏，但厌恶朝政。

不仅明朝如此，在中国其他王朝，儿皇帝、疏于朝政的皇帝也比比皆是。但是整个社会管理仍然在有序进行，这主要得益于作为君主统治工具的科层官僚制的稳定、有序、可靠、有效率的运作。科层官僚制的非人格化管理使得政事的处理完全依据规定的程序和自身规律来运转，使整个政策、决策的制定和实施对作为科层官僚制"零部件"的人格化个体依赖性较弱。因而，在皇帝素质、水平和威信较低、疏于朝政等情况下，朝廷政务仍然能够有

① 张星久：《中国古代官僚制度的自主性分析》，《政治学研究》，1997 年第 4 期。

序运转。不仅在皇帝疏于政务的背景下官僚制运作依旧,即使"零部件"被换,官僚制运作仍然依旧。例如,晁错被杀而削藩依旧。官僚制的这种特性使其成为了皇权统治的理想工具。尽管这是建立在皇权的支配性、官僚制对皇权的依附性基础之上的。

再次,官僚制具有一定的自主性,会产生离心力,导致官僚制与君权的摩擦成为常态。所谓官僚制的独立性或自主性是指官僚机构脱离其控制机构或主体的控制而自行其是、按照自身规律运行的倾向。对于官僚制的自主性,戈登·图洛克认为:"在这种大型组织的大部分具体活动中,官僚制将免受假定需要服从的任何权威的约束。官僚制要做什么事情、采取什么行动,不是因为这种行动是组织中最高权威与权力中心所期望的,而是因为这种事情或这种行动是官僚制自身过程自然发展的结果。"①具体到中国传统社会实践场域中,这种自主性主要是指官僚制脱离君主控制的倾向,即在官僚与皇权零和博弈的前提下,官僚凭借严密的组织结构、丰富的专业知识,熟练的政务处理技能,"自行"运转的政务处理流程等优势,不断强化着自身作为社会统治主体的合法性,侵蚀了皇权。

两者运作逻辑不同导致两者之间存在天然张力。皇权遵循的是人治逻辑,以宗法制、家天下为基础,以巩固自身核心地位为目标;官僚制遵循的是非人格化逻辑,以理性主义为基础,以专业、效率、程序化为目标。当皇权处于强势状态时,人治逻辑侵蚀非人格化逻辑。当皇权处于弱势状态时,例如儿皇帝时期,官僚制的非人格化逻辑保证了皇权的有效统治。

两者目标的不一致易导致两者间存在运行张力。如前所述,皇权的存在是以家天下为基础的。从产权的角度来讲,皇权的运行是为了维护自身的天下所有者地位。从治权的角度来讲,皇权的运行是为了维护自身的君主专制。而作为官僚制行为主体的官僚则不一样。

从微观和消极方面讲,官僚是理性经济人,官僚的目标在于实现自身利益乃至家族利益。一般情况下,官僚并不会对皇权造成威胁,因为正是皇权通过官僚制给他们创造了机会与平台。自身利益主要包括政治利益和经济利益。政治利益包括职位上的升迁以及由此带来的权力的扩张等。经济利益包括俸禄、津贴、补助等现期收入,也包括由政治地位和权力所带来的预期收入。家族利益主要是指由于身处体制内而为家族带来的利益,例如,经

---

① 转引自:[英]简·埃里克·莱恩:《公共部门:概念、模型与途径》,谭功荣译,经济科学出版社,2004年,第63页。

济互助与帮扶、政治保护与传承等利益，其存在的基础主要是由中国古代重血缘、分亲疏、序尊卑的社会伦理所培育的家族主义伦理。正如费孝通所认为的，"在中国传统社会里，某个家族或大家庭自然形成一个群体，采取行动支持他们成员中的某个人，使其变成一位学者，并且能够在官方考试中入选。一旦这个人做了官，整个家族将会依赖他。没有一个强有力的在朝里，就难于保护自己的财产。"①为了追求自身经济利益和政治利益乃至家族利益，官僚会进行权钱交易，从而导致官僚集团腐败，失去科层官僚制所具有的有效性，进而导致统治的合法性丧失；会极尽所能横征暴敛、搜刮民脂民膏，导致"天高三尺，地陷三丈"，甚至出现官逼民反。这两种结果都不是作为天下主人的君主所想要的。

从宏观和积极方面讲，受中国传统儒家文化的影响，官僚的目标在于实现"修身、齐家、治国、平天下"，在于实现"天下大治"，"天下兴亡匹夫有责"是其信条。因而，经常会以"天下大道"来"左右"君主，甚至约束君主以"道"的方式作为。例如，古代的谏诤行为，在官僚看来，其目标不仅仅在于匡正君主失误，还在于使天下大治。正因为这种政治正义感、事业心和责任性，使得其认为冒死直谏是政治道德要求的一种必须行为。我们把这种行为称之为"天下为公"的行为。另一方面，中国传统社会具有显著的"家天下"特征，因而作为天下主人的君主，其首要目的是维护"自家"利益。我们把这种行为称之为"家天下"行为。有时候，这两种行为是一致的，官僚集团对皇帝是忠心耿耿的。例如，在新王朝建立，顺天应时的时候。有时候，这两种行为是不一致的，官僚集团会反戈一击，成为封建王朝的掘墓人。例如，在王朝末期，民不聊生的时候。

《孝经》谏诤章第十五记载：

> 曾子曰："若夫慈爱、恭敬、安亲、扬名，则闻命矣。敢问子从父之令，可谓孝乎·"子曰："是何言与，是何言与！昔者天子有争臣七人，虽无道，不失其天下；诸侯有争臣五人，虽无道，不失其国；大夫有争臣三人，虽无道，不失其家；士有争友，则身不离于令名；父有争子，则身不陷于不义。则子不可以不争于父，臣不可以不争于君；故当不义，则争之。从父之令，又焉得为孝乎！"②

① 费孝通：《中国绅士》，惠海鸣译，中国社会科学出版社，2006年，第10页。
② 曾参：《孝经》，河南人民出版社，2009年，第36～38页。

黄宗羲《明夷待访录·原臣》记载：

有人焉，视于无形，听于无声，以事其君，可谓之臣乎？

曰：否！杀其身以事其君，可谓之臣乎？曰：否。夫视于无形，听于无声，资于事父也；杀其身者，无私之极则也。而犹不足以当之，则臣道如何而后可？曰：缘夫天下之大，非一人之所能治，而分治之以群工。

故我之出而仕也，为天下，非为君也；为万民，非为一姓也。吾以天下万民起见，非其道，即君以形声强我，未之敢从也，况于无形无声乎！非其道，即立身于其朝，未之敢许也，况于杀其身乎！不然，而以君之一身一姓起见，君有无形无声之嗜欲，吾从而视之听之，此宦官宫妾之心也；君为己死而为己亡，吾从而死之亡之，此其私匿者之事也。是乃臣不臣之辨也。

世之为臣者昧于此义，以谓臣为君而设者也。君分吾以天下而后治之，君授吾以人民而后牧之，视天下人民为人君橐中之私物。今以四方之劳扰，民生之憔悴，足以危吾君也，不得不讲治之牧之之术。苟无系于社稷之存亡，则四方之劳扰，民生之憔悴，虽有诚臣，亦以为纤芥之疾也。

夫古之为臣者，于此乎，于彼乎？盖天下之治乱，不在一姓之兴亡，而在万民之忧乐。是故桀、纣之亡，乃所以为治也；秦政、蒙古之兴，乃所以为乱也；晋、宋、齐、梁之兴亡，无与于治乱者也。为臣者轻视斯民之水火，即能辅君而兴，从君而亡，其于臣道固未尝不背也。

夫治天下犹曳大木然，前者唱邪，后者唱许。君与臣，共曳木之人也；若手不执绋，足不履地，曳木者唯娱笑于曳木者之前，从曳木者以为良，而曳木之职荒矣。

嗟乎！后世骄君自恣，不以天下万民为事。其所求乎草野者，不过欲得奔走服役之人。乃使草野之应于上者，亦不出夫奔走服役，一时免于寒饿、遂感在上之知遇，不复计其礼之备与不备，跻之仆妾之间而以为当然。

万历初，神宗之待张居正，其礼稍优，此于古之师傅未能百一；当时论者骇然居正之受无人臣礼。夫居正之罪，正坐不能以师傅自待，听指使于仆妾，而责之反是，何也？是则耳目浸淫于流俗之所谓臣者以为鹄矣！又岂知臣之与君，名异而实同耶？

或曰：臣不与子并称乎？曰：非也。父子一气，子分父之身而为身。

故孝子虽异身,而能日近其气,久之无不通矣;不孝之子,分身而后,日远日疏,久之而气不相似矣。君臣之名,从天下而有之者也。吾无天下之责,则吾在君为路人。出而仕于君也,不以天下为事,则君之仆妾也;以天下为事,则君之师友也。夫然,谓之臣,其名累变。夫父子固不可变者也。①

正如黄宗羲所分析的,这两种行为之间形成差异的根源在于目标不同:尽管君主是国家、江山社稷的代表和所有者,但"天下"和君主两者之间并不总是划等号的。"天下"和君主的不一致,导致中国历史上充斥着数不胜数的类似于"诛方孝孺十族"的惨案。也正是这种不一致,使得另一种可能性成为可能,即专制君主获得了"某种'体制内'的自我约束和自我调节机制,使专制君主常常感到'不自由'、不能随心所欲;使专制制度在某些方面具有了一定程度的理性化、制度化因素和政治开放性,并在政治目标取向方面能够逸出'私'的格局,而部分地消解了专制制度的自私、狭隘、封闭和非理性的因素,增强了政治体制的活力和韧性"②,有利于政治统治的延续性和统治阶级整体利益的实现。这也可以解释为什么一个王朝可以延续几百年以及中国封建社会为什么可以延续几千年了。

为了强化官僚制对皇权的依附性,克服官僚制自主性对皇权的侵蚀,君主不遗余力地对官僚制度进行了持续调整,在中央表现为以宰相为代表的中央行政制度的不断调整,在地方表现为地方行政制度的不断调整,以及辅助政治制度——监察制度、人事行政制度、绩效考核制度、政治文化制度等的不断调整。然而这些调整并未从根本上改变官僚制作为封建王朝"掘墓人"的身份。

二、实践形态

综观中国古代历史,地方行政制度较之中央行政制度而言,对封建王朝的更新换代的影响更大,更为直接。地方行政制度中,县级政府尤为重要。在"皇权不下乡"的前提下,县级政府承上启下,连接着国家政府与基层社会,是政府行政与地方自治的"接点"部位,是王朝政策进入乡土社会的执行

---

① (明)黄宗羲:《明清思想经典丛书　明夷待访录校释》,岳麓书社,2011 年,第 123～130 页。
② 卢珂:《中国封建官僚制度的二重性及其后果》,《贵州社会科学》,2000 年第 1 期。

机构。因此，县官职责重大。此外，县级政府也是中国古代地方行政制度中最稳定的行政建制。从秦朝郡县制的建立到清朝的灭亡，县级行政建制始终未变，是发展经济、保障民生、维护稳定的重要基础。对于朝廷来讲，县级政府是王朝的根基，县官履职状况好坏直接决定了"水载舟"还是"覆舟"。"君者，舟也；庶人者，水也。水则载舟，水则覆舟，君以此思危，则危将焉而不至矣？"

当前，政权依旧建在县上，县级政治依旧重要。徐勇教授认为："从县级政治看，县政承上启下，是国家上层与地方基层、中央领导与地方治理、权力运作与权力监控的'接点'部位；从县域社会看，县城是城市与乡村、传统与现代、中心与边缘地带的'接点'部位，比较容易发生群体性事件。对这一历史和体制变迁中的结构性问题，需要从完善国家治理体系的角度寻求长治久安之策。"①

正因为如此，党和国家也非常强调县政吏治。2015 年 6 月 30 日，在中国共产党成立 94 周年前夕，中共中央总书记、国家主席、中央军委主席习近平在北京亲切会见了全国优秀县委书记，并发表了重要讲话。

习近平强调，郡县治，天下安。在我们党的组织结构和国家政权结构中，县一级处在承上启下的关键环节，是发展经济、保障民生、维护稳定的重要基础，也是干部干事创业、锻炼成长的基本功训练基地。县委是我们党执政兴国的"一线指挥部"，县委书记就是"一线总指挥"，是我们党在县域治国理政的重要骨干力量。

习近平强调，县委书记责任不小、压力不小，要当好县委书记是不容易的。焦裕禄、杨善洲、谷文昌等同志是县委书记的好榜样，县委书记要以他们为榜样，始终做到心中有党、心中有民、心中有责、心中有戒，努力成为党和人民信赖的好干部。

习近平给广大县委书记提出四点要求。一是要做政治的明白人，对党绝对忠诚，始终同党中央在思想上政治上行动上保持高度一致，坚定理想信念，坚守共产党人的精神家园，自觉践行社会主义核心价值观，自觉执行党的纪律和规矩，真正做到头脑始终清醒、立场始终坚定。二是要做发展的开路人，勇于担当、奋发有为，适应和引领经济发展新常态，把握和顺应深化改革新进程，回应人民群众新期待，坚持从实际出发，带领群众一起做好经济

---

① 徐勇：《"接点政治"：农村群体性事件的县域分析——一个分析框架及以若干个案为例》，《华中师范大学学报》(人文社会科学版)，2009 年第 48 期。

社会发展工作,特别是要打好扶贫开发攻坚战,让老百姓的生活越来越好,真正做到为官一任,造福一方。三是要做群众的贴心人,坚持全心全意为人民服务的根本宗旨,自觉贯彻党的群众路线,心系群众、为民造福,心中始终装着老百姓,先天下之忧而忧,后天下之乐而乐,真正做到心系群众、热爱群众、服务群众。四是要做班子的带头人,带头讲党性、重品行、做表率,带头搞好"三严三实"专题教育,带头抓班子带队伍,带头依法办事,带头廉洁自律,带头接受党和人民监督,带头清清白白做人、干干净净做事、堂堂正正做官,真正做到率先垂范、以上率下。

尽管县政吏治受到了党和国家的重视,但受表彰的优秀县委书记依旧前仆后继地落马。2016 年 10 月 21 日,据凤凰网报道,广东省人民检察院依法以受贿罪对江门市委原常委、蓬江区委原书记王积俊决定逮捕。王积俊于 2015 年"七一"前夕被中组部授予"全国优秀县委书记"称号,2015 年 8 月,晋升为广东省江门市委常委(副厅级)。2017 年 5 月 4 日,河北省纪委监察厅网站发布通报称,经省委批准,原邯郸县委书记、邯郸市交通运输局局长何志刚涉嫌严重违纪,目前正接受组织审查。何志刚也是 2015 年"七一"前夕被中组部授予"全国优秀县委书记"称号的 102 名优秀县委书记之一。据另一则报道显示,党的十八大以来,共立案审查县处级干部 6.3 万人,处分基层党员干部 27.8 万人。可以看出,县委书记是腐败的"重灾区"之一。

新时代的县官如此,古代传统社会的县官也是如此。《明史·循吏传》记载:

> 洪武以来,吏治澄清者百余年。当英宗、武宗之际,内外多故,而民心无土崩之虞,由吏鲜贪残故也。末世贵敕慰劳之制既旷,吏部选法亦疏,考察之法徒为具文,而人皆不自顾惜。抚按之权太重,举劾惟贿是视,久任制度亦废。为知县者率以官守为逆旅,而以己为过客;其视地方之凋敝,若见驿舍之损坏;视民生之困苦,若见驿马之疲瘵;毫无恻恻,更无论为之解悬矣。

那么是什么原因导致了县官贪腐? 这种现象在古代社会官僚制中是常态吗? 原因很多,例如,官员的薪酬很低,但开支很大,因而需要贪腐。① 但这不是根本的原因,根本的原因在于封建君主专制制度,在于这种官僚制是

---

① 　至于高薪是否养廉,下文将展开分析。

服务于封建君主专制制度的。

第一，由于是封建君主专制，基层百姓/人民被排斥在社会统治或社会管理之外，进而决定了中国古代社会是权力社会而非权利社会，君有权而民无权，更无权利。

如果说有的话，也仅仅是服从的权利。这种社会是一种失衡的社会，是一种有政府无社会的社会。因此，要克服或减少腐败，只有"以权力制约权力"，即限制权力或制衡权力。在这种中国古代官僚制中，典型体现为监察制度的建立和完善、中央行政制度和地方行政制度中的分权制衡（或者更确切地说应该是分职制衡）。监察制度的建立和完善在一定程度上有利于减少腐败，但只能治标不能治本。

①限制权力不可能，通过限制权力来减少腐败之路也是行不通的。中国古代社会是君主专制社会，集权是专制社会的本质要求，这直接否定了限权之路。限制君主权力？不可能，因为君主是权力的来源。限制官员权力？则面临如何限制的问题。以皇权来限制，则表现为监察制度的建立和官员之间的分权制衡，但这种限制也仅仅局限于官员之间，相对于其统治对象来讲，被限制后的官员权力仍旧是无限的，仍然可以搜刮民脂民膏；以民众来限制则面临民无权的问题，换句话说，由于中国古代是君主专制政体而非宪政政体，因而导致权利难以限制权力。让君主向人民让渡权力或与人民分享权力？更不可能。世界政治史证明，民主共和是资产阶级革命的结果，封建经济条件下君权是不可能向民权转移的。

②建立监察制度的根本目标在于服务于皇权的集权，是服务于强化皇权与官僚之间的支配－依附关系的，至于通过监察官员行为而较少腐败则是副产品。

③监察官的权力也来源于君主的授予，在短期内是有效的，在长期内，有效监察的持续动力不足可能导致效果大减。

④中央行政制度和地方行政制度中的分权制衡实现了权力从官僚向君主转移，实现了君主集权，通过削弱以宰相为首的官僚集团的权力（事实上这种权力是不可能被削弱的）来减少腐败尚无得到足够的经验证明。

概而言之，君主专制政体决定了权力的不可限制性，权力的不可监督性、有效监督主体——人民的缺失导致权力监督失效。

第二，传统社会体制之下，"家国同构"体制导致公共领域与私人领域（市场领域）合一，为公共权力市场化提供了天然的条件，腐败成为必然。公共领域与私人领域中有着截然不同的行为规则，马克斯·韦伯的科层官僚制也强调公私分开。

第三，建基于皇权而非民权基础上的官僚制，决定了官员是皇权的代理人而不是民众的代言人，决定了官员的升迁主动权掌握在上级而非百姓，需要通过剥削百姓来与上级搞好关系。

君主专制制度之下，"官僚或官吏就不是对国家或人民负责，而只是对国王负责。国王的语言，变为他们的法律，国王的好恶，决定了他们的命运（官运和生命），结局，他们只要把对国王的关系弄好了，或者就下级官吏而论，只要把他们对上级官吏的关系弄好了，他们就可以为所欲为的不顾国家、人民的利益，而一味图所以自利了"[1]。

不需要对人民负责，就意味着可以肆无忌惮地剥削人民。当然，需要在人民的承受范围之内。最为常见的是官吏向老百姓收取的耗羡。耗羡是指赋税的加耗部分抵补实耗后的所余，最常见的主要有火耗和米耗。简单而言，火耗是指向老百姓多收的银两，米耗是指向老百姓多收的粮食。耗羡主要用于弥补运输等过程中产生的耗损，例如，在粮食上交国库的运输过程中产生的耗损，在晾晒储运过程中产生的鼠耗和雀耗，在散碎银子铸成银锭的过程中产生的耗损。为了保证足额上缴中央，往往多征耗羡。耗羡并非清朝所独有，它起源较早，在唐朝就已经开始，只不过不同的朝代，耗羡的内容不同罢了。例如，明朝中期以前，主要是米耗；明朝中期以后，米耗和火耗均有。

《清史稿》卷一百二十一志九十六食货二记载：

> 火耗者，加於钱粮正额之外。盖因本色折银，镕销不无折耗，而解送往返，在在需费，州县徵收，不得不稍取盈以补折耗之数，重者数钱，轻者钱馀。行之既久，州县重敛於民，上司苛索州县，一遇公事，加派私徵，名色繁多，又不止於重耗而已。[2]

《皇朝经世文编·卷二十七户政二·理财下·条陈耗羡疏》记载：

> 伏查正供之外有耗羡一项，昉于唐之中叶立羡余赏格，于是天下竞以无艺之求，为进阶之计，五代相沿滋甚。宋太祖乾德四年，从张全操之请，罢羡余赏格，宋史美之。然入于公者虽罢，而出于民者未必尽除。

[1]　王亚南：《中国官僚政治研究》，商务印书馆，2010年，第10页。
[2]　赵尔巽等：《清史稿》，新疆青少年出版社，1999年，第807页。

明代征收正赋之外,有倾销耗银,即耗羡也。有解费,有部费,有杂费,有免役费,种种名色,不可悉数,大率取之乡宦者少,取之编户齐民者居多,不特私派繁兴,亦且偏枯太甚。[①]

耗羡因为没有明确的计算方式而往往成为地方政府的"自留地"——收多少,收完之后用于干什么,均由地方政府说了算。例如,有的州县火耗征收每两加二三钱,有的每两加四五钱;有的地方火耗征收数量超过甚至几倍于赋税的征收数量,"税轻耗重,数倍于正额者有之"。

《皇朝经世文编·卷二十七户政二·理财下·条陈耗羡疏》记载:

> 本朝定鼎后,耗羡一项,尚存其旧。康熙六十余年,州县官额征钱粮,大州上县,每正赋一两,收耗羡银一钱及一钱五分、二钱不等。其或偏州僻邑,赋额少至一二百两者。税轻耗重,数倍于正额者有之。不特州县官资为日用,自府厅以上,若道、若司、若督抚,按季收受节礼,所入视今之养廉倍之。其收受节礼之外别无需索者,上司即为清官;其止征耗羡,不致苛派者,州县即为廉吏。间有操守清廉,如陆陇其之知嘉定,每两止收耗羡银四分,并不馈送节礼,上司亦或容之者,以通省所馈节礼尽足敷用,是清如陆陇其,亦未闻全去耗羡也。其贪得无厌、横征箕敛者,时干纠察。自节礼之说行,而操守多不可问,其势然也。议者以康熙年间无耗羡,非无耗羡也,特自官取之,官主之,不入于司农之会计,无耗羡之名耳。世宗宪皇帝御极之初,见吏治日就侈靡,侵牟之习,骤难扫除。爰是宸衷独断,通计外吏大小员数酌定养廉,而以所入耗羡按季支领。当时初定耗羡,视从前听州县自征之数有减无增。奉行以来,吏治肃清,民亦安业。特以有征报支收之令典,不知者或以为加赋。其实治于人者食人,治人者食于人,乃古今之通义。非唐之羡余,立赏格以致之,使归诸左藏比也。

这种耗羡的征收虽然在起初被明令禁止,但是难以遏制,之后逐步被清朝所默认,但是始终处于准许与禁止之间的纠结状态。

《石渠余纪》卷三《纪耗羡归公》记载:

---

① 贺长龄:《皇朝经世文编》,文海出版社,1972 年。

第四篇

所谓廉吏者,亦非一文不取之谓。若纤毫无所资给,则居官日用及家人胥役,何以为生? 如州县官只取一分火耗,此外不取,便称好官。其实系贪黩无忌者,自当参处。若一概从苛纠摘,则属吏不胜参矣。①

《永宪录》卷一记载:

火耗一项,特以州县各官供应差使。故于正项之外略加些微,以助常俸所不足,原是私事。若准其加添,则与正项一律肆无忌惮,此折若批,则官民皆谓皇上所知,朕岂宜受加派之名乎。②

除此之外,还有各种规礼,种类名目繁多。"三年清知府,十万雪花银"是对这一现象的经典描述。③ 例如,《永宪录》卷三中就记载了关于官场"打秋风"的现象:

乃有无厌之辈。一遇门生升授外职。老师世兄以及同年故旧探望索取。名曰抽丰。送迎接应。势必挪移正项。倘稍拒却。人皆指为刻薄。亏空从此渐致。

这种封建专制体制下,由于上级掌握着下级官员的升迁权限,得到上级的赏识或者为上级带来实惠成为获得提升的关键。下级如何利用手中权力为上级带来实惠? 可选项并不多,剥削百姓是最普遍的选项。至于百姓是死还是活,并不在这些封建职业官僚考虑的范畴,而是封建君主需要考虑的事情。

这种陋规,本质上是权力市场化,即用权力来换取利益。当这种陋规严重到官僚体制习以为常的时候,当清官亦不得不遵循陋规的时候,官僚制就充当封建王朝的掘墓人了。《清圣祖实录》卷二七五记载:

凡外吏居官虽清廉,然地方些微火耗,其势不得不取。即如大学士肖永藻之清廉,中外皆知,前任两广巡抚时,果一尘不染乎? 假令肖永藻自谓清官,亦效人布衣蔬食,朕亦薄其为人矣。

① （清）王庆云:《石渠余纪》,北京古籍出版社,1985 年,第 140 ~ 141 页。

② （清）萧奭:《永宪录》,中华书局,1959 年,第 44 页。

③ 更多详细记录详见《道咸宦海见闻录》。

第四，在科层官僚制所决定的金字塔形权力结构中，职务的晋升未必能激励官员履行好职责，为自身谋利益成为现实选择。

封建君主专制制度之下，官僚是君主行使统治权的工具。在此背景下，君主如何激励官僚更好地代替自己"牧羊"变成了关键问题。马克斯·韦伯认为，在科层官僚制中，"一般的官员很自然地希望有一种固定而机械的晋升规定，如果不是在职位方面，至少在工资等级方面是如此。他们希望这些条件是按资历长短确定下来，或者是在不断上升的专业考试制度下所获得的等级来确定"。在中国古代社会背景下，职位往往决定了工资等级。因此，对中国古代官员忠于职责的激励就变成了官位和爵位。而官位和爵位随着科层等级的提高变得越来越稀缺。例如，宰相作为中国古代官僚层级的顶端，尽管人数逐步由一人变成了多人，甚至无宰相之名而行宰相之实，但这一职位相对于中国古代庞大的官僚队伍来说仍显得稀缺。这一现状就决定了对于中国古代绝大部分官僚来讲，官位、爵位的升迁对官僚勤于政事的激励效果有限。既然无法获得官位升迁，获取自身利益则成为了现实选择，"千里做官只为钱"就形象生动地描述了这一现象。

这一现象，在古今科层官僚制中均一定程度地存在。也正是基于此，2014年，国家通过了《关于县以下机关建立公务员职务与职级并行制度的意见》。该意见认为，职级功能弱化导致职务晋升成为公务员最大的激励，职务晋升也成为公务员职业发展的唯一阶梯；当前我国基层公务员待遇提高主要靠职务晋升，级别的激励作用没有得到更好的发挥；在基层机关，晋升机会小、待遇得不到提高的现象更为普遍。通过建立基层公务员职务与职级并行的制度，可以在一定程度上激励基层公务员更好地为人民服务。

第五，科层官僚制的职业化决定了官僚统治行为中的"非主人翁心态"，重视短期利益而非长远利益。对百姓的剥削成为现实选择，至于对百姓剥削程度的强弱与封建王朝的兴衰之间的关系则不属于他们考虑的范畴。此外，由于职业化，形成了固定的行为规则、习俗礼仪、语言符号等职场规则，形成了共同的阶层利益。当封建王朝利益与他们相一致时，封建官僚是君主进行专制统治的有力工具。当封建王朝利益与他们的利益相左时，他们会柔性地反对，迫使统治集团妥协。整个封建社会中，君权和相权的斗争过程就反映了封建王朝君主与官僚集团之间的复杂关系变迁历程。

第六，封建君主专制制度决定了只能通过官僚分职分权来解决君主的集权问题，官僚分职分权必然导致官僚机构的膨胀、官僚机构臃肿，其成本只能转嫁于百姓，易造成"官逼民反"。例如，通过将非正式组织逐步地变成正式组织来实现官僚之间的分职分权制衡(三省的形成与发展过程即是该过程的经典描述)。"自从秦汉专制主义中央集权的政治制度创立以来,封建政府的官僚机构一朝比一朝庞大,其官吏数额,一代多于一代。至九世纪以后,特别是两宋时期,官司衙署的'容量'更空前膨胀,官吏数额的增长速度,远远超过社会人口的增长速度。这种政治历史现象,一直继续到明清时代。"[1]官僚机构的增长增加了统治成本,增加了百姓赋税负担。另一方面,中国传统社会的财政收入主要是建立在自给自足的自然经济基础之上,建立在农业生产基础之上。重农抑商政策又抑制了商业的发展。在既定的生产力和生产水平之下,以土地为基础的农业产出尚不能随官僚机构的膨胀而增长。再加上统治者消费的扩张性、人口的增长、土地兼并等因素的多重耦合,百姓反抗统治压迫成为必然选择。

第四篇

---

① 郭正忠:《中国古代官僚机构的膨胀规律及根源——兼析两宋官冗的社会背景》,《晋阳学刊》,1987 年第 3 期。

第三章
官员理性行为：高薪养廉何以失效？

　　腐败是国家治理中存在的普遍现象。2017 年 10 月 19 日,中央纪委副书记杨晓渡介绍,党的十八大以来,共立案审查省军级以上党员干部及其他中管干部 440 人,其中十八届中央委员、候补委员 43 人,中央纪委委员 9 人;厅局级干部 8900 余人,县处级干部 6.3 万人。处分基层党员干部 27.8 万人。追回外逃人员 3453 名,"百名红通人员"48 人落网。在中国古代,腐败常常会导致朝代更替。关于腐败的论述,不同学者从不同视角进行了分析,例如制度视角、文化视角、人性善恶视角等。在众多结论中,有一个观点认为腐败是由中国古代官员的薪俸低导致。高薪真的能够养廉吗？ 本部分将就此展开分析。

第一节　薪资与腐败

　　关于养廉与薪资之间的关系,不同朝代的不同学者或政论家均进行过分析。
　　《皇明经世文编》卷之二十三记载:

　　　　臣闻人皆患吏之贪。而不知去贪之道。人皆喜吏之清。而不知致清之本。必欲去贪致清在乎厚其禄均其俸而已乞将内外大小官员。除月俸六十石以上者。其余量添一二。以给身家之用。如此则国家有养廉之资臣下励守廉之志矣。[1]

　　《后汉书·仲长统传》:

---

[1]　贺长龄:《皇朝经世文编》,文海出版社,1972 年。

善士富者少而贫者多,禄不足以供养,安能不少营私门乎?①

《王安石文集》卷六十二《论议》记载:

> 文王治岐,仕者世禄,武王克商,庶士倍禄。盖人主于士大夫,能饶之以财,然后可责之以廉耻。方今士大夫所以鲜廉寡耻,其原亦多出于禄赐不足,又以官多员少之故。大抵罢官数年而后复得一官。若罢官而止俸,恐士大夫愈困穷而无廉耻。士大夫无廉耻,最人主所当忧。且邦财费省之大原,乃不在此。议者但知引据唐事,乃不知唐时官人俸厚,故罢为前资,未至困乏。今官人俸薄,则与唐时事不得同。且不吝于与人以官,而欲吝于与官以禄,非计之得也。②

《皇朝经世文编》卷十三治体七用人:

> 抑先师有言。忠信重禄。所以劝士。无养廉之具。而责人之廉。万万不能。汉制官最卑者。食禄百石。名为百石。而月俸十六石。实岁八十余石也。唐宋自俸田外。又有职田。春冬衣仗身人役等以优其力。而县令圭租。有至九百斛者。夫既厚禄之。而犹贪污不法。置之重典。夫复何辞。当今制禄。视前代稍薄。兵兴以来。又加裁省。官于京师者。舆从衣裘之费。常苦不给。顷奉特恩。四品以下官。秋冬二季。准给全俸。③

从这些论断中可以得出结论:低薪导致贪污,高薪可以养廉。众多学者经过研究也发现,低薪确实是中国古代官员薪资的真实描述。事实真是如此吗? 本部分将展开相关分析。

第二节　中国古代官员的薪资

综观中国古代官员的俸禄制度变迁史,低薪是其一大特征,这已经是众多学者的共识。

---

① （南朝宋）范晔:《后汉书》,太白文艺出版社,2006 年,第 368 页。
② 张玉霞:《王安石全集》,时代文艺出版社,第 916 页。
③ 贺长龄:《皇朝经世文编》,文海出版社,1972 年。

清代文官俸禄定例①

品级	俸银（两）	俸米（斛）	品级	俸银（两）	俸米（斛）
正从一品	180	180	正从六品	60	60
正从二品	155	155	正从七品	45	45
正从三品	130	130	正从八品	40	40
正从四品	105	105	正九品	33.1	33.1
正从五品	80	80	从九品	31.5	31.5

《廿二史札记·卷三十二》记载：

　　明初百官之俸，皆取给于江南官田。其后令还田给禄。洪武十三年，已定文武官禄米俸钞之数。二十五年，更定官禄，正一品月俸米八十七石，从一品至正三递减十三石，从三品二十六石，正四品二十四石，从四品二十一石，正五品十六石，从五品十四石，正六品十石，从六品八石，正七品至从九递减五斗，至五石而止，自后为永制。洪武时，官全给米，间以钱钞，兼给钱一千、钞一贯抵一石。（其时钞尚贵。）官高者支米十之四五，卑者支米十之七八，九品以下全支米。后折钞者每米一石给钞十贯。（时钞已贱，故十贯抵一石。）又凡折色俸，上半年给钞，下半年给苏木胡椒。（《孔友谅传》疏言，大小官自折钞外，月米不过二石，此宣德中事也。又《李贤传》，正统以前，北京漕运少，各官月支米一石。李贤疏言，降人居京师者，实支十七石五斗，指挥使月俸三十五石者，实支仅一石，是一降人当京官十七员半矣。）成化七年，户部钞少，乃以布估给，布一匹当钞二百贯。是时钞一贯仅值钱二三文，而米一石折钞十贯，是一石米仅值二三十钱也。布一匹亦仅值二三百钱，而折米二十石，是一石米仅值十四五钱也。《明史·食货志》谓，自古官俸之薄未有若此者。顾宁人谓，其弊在于以钞折米，又以布折钞，以致如此。其后又定有折银之例。（成祖迁都北京，以漕运不便，百官俸米皆令赴南京关支，惟英国公张辅，以功大，许北京支领。其百官俸米，领票后卖与商人赴领，每十石止值银一二两。周忱以江南正苦粮重，建议量折银，每石银四钱，以充百官俸，折银之例始此。）凡官俸有二，曰本色，曰折色。其本色又有三，曰月米，曰折绢米，曰折银米。月米不问官大小皆一石，

---

① 黄慧贤、陈锋：《中国俸禄制度史》，武汉大学出版社，2005 年，第 541 页。

折绢者绢一匹当银六钱。折银者,银六钱五分当米一石。比从前以布折钞之例稍优矣。其折色亦有二,曰本色钞,曰绢布折钞。本色钞,二十贯折米一石。绢布折钞,绢一匹折米二十石,布一匹折米十石。一品者本色仅十之三,递增至从九品,本色乃十之七。此有明一代官俸之大略也。(案《李长庚传》,据《会典》,国初金花银解南京供武俸,正统初始改解内库,除武俸外皆御用,是武官俸早已给银。)①

为什么要实行低薪呢? 原因很多,本章从如下几个方面进行分析。

第一,封建君主专制制度的加强,直接表现为以宰相为首的行政官僚间相互制衡程度的不断提高,强化了官僚制自我膨胀的趋势,在中国古代典型地表现为官僚机构的膨胀以及由此带来的冗官和冗费问题。中国古代官僚结构的膨胀程度可以从相关文献中记载的中国古代社会官民比得到反映。

清人刘献亭在《广阳杂记》中记载:

> 汉光武时,省官止七千五百余员;唐时文武官一万八千八百余员;明洪武初,武职二万八千余员,锦衣卫二百十一员;至成化间,武职增至八万一千余员,锦衣卫一千七百余员。
>
> 康熙间,文武一万五千六百员,而八旗武职不在是数。文职在京正杂大小二千五百四十六员;直隶正杂五百四十六员,学官三百十五员;江南正杂七百五十九员,学官二百五十六员;山东正杂四百五十七员,学官二百三十八员;山西正杂三百九十二员,学官二百零一员;河南正杂三百四十八员,学官二百三十员;陕西正杂四百八十七员,学官二百九十员;湖广正杂六百三十员,学官二百八十六员;浙江正杂四百二十四员,学官一百七十四员;江西正杂四百八十四员,学官一百八十二员;福建正杂三百四十七员,学官一百三十四员;广东正杂四百五十员,学官一百九十一员;广西正杂三百十八员,学官一百十四员;四川正杂三百五十三员,学官一百九十八员;云南正杂二百六十五员,学官一百一十员;贵州正杂一百四十四员,学官八十二员(共一万一千九百五十一员)。武职,直隶、山西三百六十六员;陕西三百三十九员;山东一百二十八员;河南三十五员;江南四百十六员;浙江二百零六员;江西一百零九员;福建一百九十七员;湖广一百八十九员;广东二百七十六员;广西

① 《廿二史札记》,世界书局,1936年,第473~474页。

一百九十八员;云南一百员;贵州九十二员(共二千六百五十三员)。

编制内的官员有限,而吏胥众多。吏胥也是由官员来供养。

第二,封建自给自足的小农经济,经济结构单一,主要局限于农业且生产力低下,重农抑商又导致工商业不发达,农业赋税之外的收入来源有限,造成整个王朝的财政收入有限,低薪成为迫不得已的选择。

《太平御览》卷六二七引桓谭《新论》载:

> 汉宣以来,百姓赋敛,一岁四十余万万,吏俸用其半,余二十万万,藏于都内,为禁钱。

《晋书·帝纪第九·简文帝孝武帝纪》记载:

> 年谷不登,百姓多匮。其诏御所供,事从俭约,九亲供给,众官廪俸,权可减半。凡诸役费,自非军国事要,皆宜停省,以周时务。①

《隋书·百官志中》记载:

> 凡颁禄,视年之上下。亩至四釜为上年,上年颁其正;三釜为中年,中年颁其半;二釜为下年,下年颁其一。②

第三,支持实行低薪制度的道德原则。

中国古代以礼治天下,对全社会实行以儒家思想为核心的意识形态统治。儒家思想对人性的基本假设是"性善论"。在此基础上,封建社会建构了道德教化的意识形态大厦。由于以"性善论"为基础,所以儒家思想倡导"内圣外王",倡导通过加强自身道德修养来实现"齐家治国平天下"的理想。进一步的,儒家学说所倡导的道德教化是"三位一体"的:自身道德、社会道德和职业道德,且这三种道德是三合一的。详细地讲,这种三合一的道德教化体系包含了三层意思。首先,这种三合一的道德教化对象涵盖了上至皇帝、下至黎民百姓的全体社会成员,强调贯穿了中国社会的始终。其次,这

---

① (唐)房玄龄等:《晋书》,中华书局,第148页。
② (唐)魏征等:《隋书》,内蒙古人民出版社,1998年,第178页。

种三合一的道德教化体系蕴含了提高自身的道德素养是基础,是儒家学者们的分内之事,是应该自觉做的事的要旨。最后,这三种道德是可以相互转换的。作为被统治者的黎民百姓应该加强自身的道德修养,只有如此,才有可能成为统治阶级的一部分。作为统治者的君主和官僚,则应该通过加强自身道德修养来实现自己的职业道德,带动社会道德的改善。正是由于这种以"性善论"为基础的"三位一体"的道德教化体系,《论语·尧曰》中所记载的"君子惠而不费,劳而不怨,欲而不贪,泰而不骄,威而不猛"才有可能实现。具体到欲望与廉洁,则只有通过道德修养才能规制自己的行为,才能实现廉洁,即所谓的"欲而不贪"。事实上,中国历史上的清官,绝大部分的道德修养都比较高。中国历史上的廉洁时期也是社会道德风气比较正的时期。

作为牧民之官,官员在国家治理中扮演着至关重要的角色,官员行为可能直接关乎朝代的兴亡。作为"父母官",官员的道德对整个社会具有道德示范作用,正所谓"官风正则民风纯,官风邪则民风恶"。鉴于官员道德在国家治理中的承上启下的作用,官员的道德修养尤其受到历代统治者的重视,要求官员不仅要勤于职守、以身作则,具备基本的职业道德,更要有比较高的道德修养。廉洁则是诸多道德修养中的一项。

《周礼》较早地将廉作为了官员的道德修养的重要内容,要求官员必须按照"六廉"来约束自身行为,来施政。

《周礼·天官冢宰·小宰》记载:

> 以听官府之六计,弊群吏之治:一曰廉善,二曰廉能,三曰廉敬,四曰廉正,五曰廉法,六曰廉辨。①

通俗地讲,"廉善"就是清廉又善于行事,或者说清廉而政绩优异;"廉能"就是清廉能干;"廉敬"就是恪尽职守、尽职尽责;"廉正"就是廉洁公正、品行端正;"廉法"就是执法守法;"廉辨"就是勤政廉明、明辨是非。从中可以看出,"廉"在官员职业道德中占据着至关重要的地位。

春秋战国时期,官僚政治开始替代贵族政治,对官僚道德素养的要求强调能力与德性并重。管仲将礼义廉耻视为"国之四维",认为"礼不踰节,义不自进。廉不蔽恶,耻不从枉。故不踰节,则上位安;不自进,则民无巧轴;

---

① （西周）姬旦:《周礼》,中国文史出版社,1999年。

不蔽恶,则行自全;不从枉,则邪事不生"。不仅如此,管仲还将礼义廉耻上升到了影响国家兴亡的高度,认为"四维不张,国乃灭亡"。不仅管仲,晏子也将廉洁放到了为政之道的根本,例如,《晏子春秋·内篇杂上》中记载:"廉者,政之本也;谦者,德之主也。"

《管子·牧民》中记载:

> 国颂
> 凡有地牧民者,务在四时,守在仓廪。国多财,则远者来,地辟举,则民留处;仓廪实,则知礼节;衣食足,则知荣辱;上服度,则六亲固。四维张,则君令行。故省刑之要,在禁文巧,守国之度,在饰四维,顺民之经,在明鬼神,只山川,敬宗庙,恭祖旧。不务天时,则财不生;不务地利,则仓廪不盈;野芜旷,则民乃菅,上无量,则民乃妄。文巧不禁,则民乃淫,不璋两原,则刑乃繁。不明鬼神,则陋民不悟;不只山川,则威令不闻;不敬宗庙,则民乃上校;不恭祖旧,则孝悌不备;四维不张,国乃灭亡。
>
> 四维
> 国有四维,一维绝则倾,二维绝则危,三维绝则覆,四维绝则灭。倾可正也,危可安也,覆可起也,灭不可复错也。何谓四维?一曰礼、二曰义、三曰廉、四曰耻。礼不踰节,义不自进。廉不蔽恶,耻不从枉。故不踰节,则上位安;不自进,则民无巧轴;不蔽恶,则行自全;不从枉,则邪事不生。①

《史记·管晏列传》中记载:

> 仓廪实而知礼节,衣食足而知荣辱,上服度则六亲固。四维不张,国乃灭亡。下令如流水之原,令顺民心。②

即使是提倡法家思想治国的秦朝,也将清廉放在官员考核中的重要位置。《秦简·为吏之道》中记载:"吏有五善:一曰忠心敬上,二曰清廉毋谤,三曰举事审当,四曰喜为善年,五曰恭敬多让。"③

---

① (春秋)管仲,刘柯、李克和译注:《管子译注》,黑龙江人民出版社,2003年,第1~2页。
② (西汉)司马迁:《史记》(下),吉林大学出版社,2015年,第464页。
③ (清)孙楷,杨善群校补:《秦会要》,上海古籍出版社,2004年,第277页。

　　廉洁也是汉代官员考核和选拔的重要标准。例如,举孝廉的人才选拔制度。《续汉书·百官志》记载了汉朝四科取士的标准:"一曰德行高妙,志节清白;二曰学通行修,经中博士;三曰明达法令,足以决疑,能案章覆问,文中御史;四曰刚毅多略,遭事不惑,明足以决,才任三辅令。"

　　唐代著名的官员考核标准"四善二十七最"中"四善"的第二条"清慎明著"即是清廉、谨慎标准。

　　《唐六典》卷二记载:

　　　　凡考课之法有四善:一曰德义有闻,二曰清慎明著,三曰公平可称,四曰恪勤匪懈。善状之外,有二十七最:一曰献替可否,拾遗补阙,为近侍之最;二曰铨衡人物,擢尽才良,为选司之最;三曰扬清激浊,褒贬必当,为考校之最;四曰礼制仪式,动合经典,为礼官之最;五曰音律克谐,不失节奏,为乐官之最;六曰决断不滞,与夺合理,为判事之最;七曰部统有方,警守无失,为宿卫之最;八曰兵士调习,戎装充备,为督领之最;九曰推鞫得情,处断平允,为法官之最;十曰雠校精审,明于刊定,为校正之最;十一曰承旨敷奏,吐纳明敏,为宣纳之最;十二曰训导有方,生徒充业,为学官之最;十三曰赏罚严明,攻战必胜,为将帅之最;十四曰礼义兴行,肃清所部,为政教之最;十五曰详录典正,词理兼举,为文史之最;十六曰访察精审,弹举必当,为纠正之最;十七曰明于勘覆,稽失无隐,为句检之最;十八曰职事修理,供承强济,为监掌之最;十九曰功课皆充,丁匠无怨,为役使之最;二十曰耕耨以时,收获剩课,为屯官之最;二十一曰谨于盖藏,明于出纳,为仓库之最;二十二曰推步盈虚,究理精密,为历官之最;二十三曰占候医卜,效验居多,为方术之最;二十四讥察有方,行旅无壅,为关津之最;二十五曰市廛不扰,奸滥不行,为市肆之最;二十六曰牧养肥硕,蕃息孳多,为牧官之最;二十七曰边境肃清,城隍修理,为镇防之最。一最已上有四善为上上;一最已上有三善,或无最而有四善为上中;一最已上有二善;或无最而有三善马上下;一最已上有一善,或无最而有二善为中上;一最已上,或无最而有一善为中中;职事粗理,善最弗闻为中下;爱憎任情,处断乖理为下上;背公向私,职务废阙为下中;居官谄诈,贪浊有状为下下。①

————————————

　　① (唐)李林甫等,陈仲夫点校:《唐六典》,中华书局,1992年,第42~43页。

"四善二十七最"为唐之后的官员考核奠定了标准。尽管"最"的标准有所变化,但是"善"的标准基本未变。例如,宋代的《守令四善四最》。

概而言之,中国古代奉行的是道德治国,通过加强道德修养来实现治国平天下,这为中国古代实行低薪制奠定了伦理基础。通过官吏选拔与考核方面的"廉"来规制官员行为。进一步的,以道德修养来实现"廉"的官员行为为实行低薪制奠定了基础,即使俸禄较低,官员依旧可以通过自身的道德修养来实现自己的廉洁奉公。事实上,中国古代廉洁奉公的官员往往是通过提高自身的道德修养来克制自己的"欲",使自己保持清心寡欲,进而实现廉洁的。

第三节　养廉银:清朝的反腐尝试

耗羡之征,对下,增加了百姓负担,加重了剥削程度,从根本上削弱了封建王朝统治的合法性;对中,成为官场陋规,严重腐蚀着封建王朝官僚体制,"州县有所藉口而肆其贪婪,上司有所瞻徇而曲为容隐",侵蚀了官僚作为君主专制统治工具的有效性;对上,加重了吏治腐败和财政危机,"侵蚀国帑,亏空之数,不下数百余万"。这些都对封建王朝存续构成了威胁。

《雍正实录》卷之三记载:

> 至于钱粮、关系尤重。丝毫颗粒。皆百姓之脂膏。增一分、则民受一分之累。减一分、则民沾一分之泽。前有请暂加火耗。抵补亏空币项者。皇考示谕在廷。不允其请。尔诸臣共闻之矣。今州县火耗。任意加增。视为成例。民何以堪乎。嗣后断宜禁止。或被上司察劾。或被科道纠参。必从重治罪。决不宽贷。夫欲清亏空之源。莫如节俭正直。节俭则用无不足。正直则上官不可干以私。若朘小民之生。以饱上官之贪欲。冒不测之罪。以快一时之奢侈。岂砥砺廉隅。为民父母之道乎。尔州县等官。其恪共乃职。勿贻罪戾。毋谓地远官卑。朕不及察其贤否也。[①]

《皇朝经世文编·卷十七·吏政三·铨选·复黄菉园书》记载:

---

① (清)胤禛,魏鉴勋注释:《雍正诗文注解》,辽宁古籍出版社,1996 年,第 192 页。

天下之财。尽没于火耗。是皇上之天下。其财半入于有司也。禁之而不得其所以禁之之方。①

《皇朝经世文编·卷二十七户政二·理财下·议复提解耗羡疏》记载：

殊不知耗羡与节礼原属相因，上司不提解耗羡，属官必呈送节礼。夫下属既送节礼，以取悦上司，则有所恃而生其挟制，必至肆行无忌。上司即有所闻，亦碍于情面，徇隐不言。损名节，败官常，羰民膏，亏国帑，实由于此。若禁止馈遗，一概不许收受，其不肖上司必将寻隙勒诈，别生事端，恣其无厌之求。即有淡薄自甘者，思欲屏绝馈遗，而上司衙门别无养廉，枵腹办事，势实难行。②

《清世宗实录》卷二十二记载：

州县火耗，原非应有之项。因通省公费，及各官养廉，有不得不取给于此者。朕非不愿天下州县，丝毫不取于民。而其势有所不能。且历来火耗，皆州县经收而加派横徵，侵蚀国帑，亏空之数，不下数百余万。原其所由，州县徵收火耗，分送上司。各上司日用之资，皆取给州县，以致耗羡之外，种种馈送，名色繁多，故州县有所藉口而肆其贪婪，上司有所瞻徇而曲为容隐。此从来之积弊，所当剔除者也。与其州县存火耗以养上司，何如上司拨火耗以养州县乎？③

《乾隆实录》卷一百七十八记载：

未归公以前。耗羡无定制。有司之贤者。兢兢守法。不敢踰闲。不肖者。视为应得之项。尽入私囊。一遇公事。或强民输纳。或按亩派捐。滥取横徵。无所底止。且州县以上官员。养廉无出。于是收受属员之规礼节礼。以资日用。而上官下属之间。时有交际。州县有所藉口。恣其贪婪。上官瞻徇而不敢过问。甚至以馈遗之多寡。为黜陟之等差。吏治民生。均受其弊。我皇考俯允臣工之请。……朕再四思

---

①② 贺长龄：《皇朝经世文编》，文海出版社，1972年。
③ 《清世宗实录》卷二十二，第351页。

维。耗羡在下。则州县所入既丰。可以任意挥霍。上司养廉无出。可以收纳馈遗。至于假公以济私。上行而下傚。又不待言矣。则向日朕所闻者。未必不出于愿耗羡之在下、以济其私者之口。传曰、作法于凉。其弊犹贪。作法于贪。弊将若之何。

从史料中可以看出，耗羡对百姓、行政官僚和皇权产生了诸多消极影响。"与其州县存火耗以养上司，何如上司拨火耗以养州县乎"成为耗羡归公的初衷。

雍正元年①开始实行耗羡归公改革。主要内容为将耗羡的征收由潜规则转变为制度规定，"以为与其暗取而多征，不若明定其数；与其营私中饱，不若责其办公"，通过"征收有定"，使"官吏不敢多取"；耗羡收入纳入财政统一管理（纳入藩库），收支两条线，一部分用于弥补财政亏空和办公经费，一部分用于外官的养廉银支出。具体做法为：第一步，"将州县之火耗重者，严行裁汰"。第二步，"提其所入于藩库中"，即将耗羡所得归入各省司库。第三步，"酌中量留耗羡。抵补无著之亏空"。第四步，根据级别、事务繁简程度等标准分发养廉银。通过耗羡归公和养廉银制度，达到"上不误公，下不累民"和"澄清吏治"的目的。

《雍正实录》卷之六十一记载：

> 向来山西亏空甚多。国帑久虚。不能弥补。历任抚臣、每请将亏空人员。革职留任弥补。不但毫无益于国帑。此等劣员、转将亏空为护符。无所不为。民生实受其害。诺岷莅任后、将亏空人员。尽行参革。酌定以公完公之法。将州县之火耗重者。严行裁汰。酌中量留耗羡。抵补无著之亏空。不使累及民间。而官员亦免承追不力之参罚。又恐官员无以养廉。复酌拨以为日用之资。凡地方公务所需。亦皆取给于此。上不误公。下不累民。此实通权达变之良策也。

《清史稿·诺岷传》记载：

> 诺岷，自笔帖式授户部主事，再迁郎中。雍正元年，擢内阁学士，授

---

① 有的学者认为耗羡归公时间为雍正二年，有的学者认为始于雍正元年。本书重在分析耗羡归公的主要内容及其影响，故实行耗羡归公的时间并不十分重要，因此不作考究。

山西巡抚。各直省徵赋,正供外旧有耗羡,数多寡无定。州县以此供上官,给地方公用而私其馀;上官亦往往藉公用,檄州县提解因以自私。康熙间,有议归公者,圣祖虑官俸薄,有司失耗羡,虐取於民,地方公用无从取办,寝其议不行。诺岷至山西,值岁屡歉,仓库多亏空。诺岷察诸州县亏空尤甚者,疏劾夺官,离任勒追;馀州县通行调任,互察仓库;并虑州县不得其人,请敕部选贤能官发山西补用。二年,诺岷疏请将通省一岁所得耗银提存司库,以二十万两留补无著亏空,馀分给各官养廉。各官俸外复有养廉自此起。[①]

《皇朝经世文编·卷二十七户政二·理财下·办理耗羡疏》记载:

> 故就各省情形,酌定一分数厘之额,提其所入于藩库中,以大半给各官为养廉,而留其余以办地方之公务。……是则'耗羡归公',既无害于民生,复有补于吏治。[②]

耗羡归公政策实施以后,高薪养廉得到了真正的实施,在短期内收到了立竿见影的效果。

首先,减轻了百姓负担。通过耗羡归公改革,以正式制度规定较低的征收比例,短期内在一定程度上减轻了百姓负担。但长期来看,百姓负担并未减轻,后文将进一步详述。

《皇朝经世文编·卷二十七户政二·理财下·办理耗羡疏》记载:

> 嗣是以来,征收有定,官吏不敢多取。计其已定之数,较之未定以前之数,尚不及其少半,则是迹近加赋,而实减之。

《清史稿》卷一百二十一志九十六食货二记载:

> 自山西提解火耗后,各直省次第举行。其后又酌定分数,各省文职养廉二百八十馀万两,及各项公费,悉取诸此。及帝即位,廷臣多言其不便。帝亦虑多取累民,临轩试士,即以此发问,复令廷臣及督抚各抒

---

① 赵尔巽等:《清史稿》卷 226 至卷 307,吉林人民出版社,1995 年,第 8121 页。
② 贺长龄:《皇朝经世文编》,文海出版社,1972 年。

所见。大学士鄂尔泰、刑部侍郎钱陈群、湖广总督孙家淦皆言："耗羡之制，行之已久，徵收有定，官吏不敢多取，计已定之数，与未定以前相较，尚不逮其半，是迹近加赋而实减徵也。且火耗归公，一切陋习悉皆革除，上官无勒索之弊，州县无科派之端，小民无重耗之累，法良意美，可以垂诸久远。"御史赵青藜亦言："耗羡归公，衰多益寡，宽一分则受一分之赐。且既存耗羡之名，自不得求多於正额之外，请无庸轻议变更。"①

《世宗宪皇帝朱批谕旨·朱批田文镜奏折》记载：

> 耗羡未归公之时，原系各州县所得，各上司因其得有耗羡，于馈送节礼之外，恣意勒索，藉名派捐，不但州县分文不得入己，往往所入不敷所出，遂至亏空正项，粜卖仓谷，无所不至，及至地方一有公务，仍派里民，小民受累，此耗羡未归公之情弊也。自'耗羡归公'之后，各上司俱得有足用养廉，不敢向州县勒索派捐，各州县亦俱得有足用养廉，反得实在归己，日用既足，又不至亏动正项钱粮仓谷。②

《乾隆实录》卷之一百七十八记载：

> 大学士等议奏、办理耗羡一事。曾奉谕旨、命九卿、翰林、科道、及外省各督抚等、直抒所见陈奏。今据陆续覆到。查诸臣所奏。俱称耗羡归公。法制尽善。不可复行更张。众议金同。其间有一二异议者。皆系不揣事势。不量出入。但执偏见。断难施行之论。伏思耗羡一项。由来已久。弊窦渐生。世宗宪皇帝俯允臣工所请。定火耗归公之例。将州县一切陋习。皆为革除。惟将各该省旧存火耗。提解司库。为各官养廉、及地方公事之用。从此上官无勒索之弊。州县无科派之端。而小民乃无重耗之累。盖以天下之财。为天下之用。于国家毫无所私。诚为法良意美。

其次，在一定程度上澄清了吏治。对于火耗归公以及养廉银与清朝腐败在长期内的关系尚未有明确的数字关系佐证。单就雍正朝来讲，吏治的

---

① 赵尔巽等：《清史稿》，新疆青少年出版社，1999年，第807页。
② 《世宗宪皇帝朱批谕旨·朱批田文镜奏折》，载《文渊阁四库全书》（第421册），台湾商务印书馆，1986年。

澄清到底是由雍正的铁腕反腐所导致，还是由火耗归公所导致，还是由诸多制度的综合效应所导致，到目前为止，也尚无定论。单就这项制度的产生与发展过程来讲，应该是在短期内起到了一定的作用，毕竟有制度规定征收比例总比地方官员随意征收要好得多，由地方政府正式征收总比由地方官员私自征收要好得多。也有相关史料记载，短期内的吏治确实有所好转。

《皇朝经世文编·卷二十七户政二·理财下·办理耗羡疏》记载：

> 世宗宪皇帝（雍正）明烛无疆，谋成独断。以为与其暗取而多征，不若明定其数；与其营私中饱，不若责其办公。故就各省情形，酌定一分数厘之额，提其所入于藩库中，以大半给各官为养廉，而留其余以办地方之公务。嗣是以来，征收有定，官吏不敢多取。计其已定之数，较之未定以前之数，尚不及其少半，则是迹近加赋，而实减之。且养廉已足，上司不得需索属员；办公有资，州县亦不敢苛求百姓。馈送谢绝，而摊派无由。故曰：雍正年间无清官。非无清官也，夫人而能为清官也。是则'耗羡归公'，既无害于民生，复有补于吏治。①

《雍正实录卷之七十一》记载：

> 自朕即位以来。严饬官方。禁止私贿。又恐督抚等官。用度不敷。暗中巧取。是以给与养廉之项。俾其公私有赖。俯仰从容。庶永杜苞苴。以为澄清吏治之本。盖上司既受属官之馈遗。又何以禁止属官之贪墨。甚至以馈遗之多寡。分情谊之厚薄。则属员之优劣。何由辩别。而吏治尚可问乎。各省督抚养廉之项。皆经奏闻奉旨者。司道等官。亦皆于公用内支给。其无公项可支之员。亦应于督抚前陈明。准其收受何项、以为用度。岂有朝廷既给养廉。而仍收受属员陋规之理。今观山东巡抚司道等官之私受陋规如故。则他省或有似此欺隐私受者。亦未可知。著各省督抚、一一严查。据实陈奏。在地方官薪水之资。自不可缺。但于属员之手。接受节礼陋规。则断乎不可。目今各省内。或有尚未分给养廉之员。著各省督抚、悉心商酌办理奏闻。宁可以州县应出之项。解至藩库。从公发给。而不可使其自相授受。废公议而徇私交。留礼仪交际之名。而长贪婪贿赂之弊也。傥再有私

① 贺长龄：《皇朝经世文编》，文海出版社，1972年。

收规礼者。将该员置之重典。其该管之督抚、亦从重治罪。

其三,在一定程度上弥补了财政亏空,增加了财政收入。

最后,火耗归公制度实施以后,外官的薪俸由低薪转变为了高薪。收益最大的,莫过于外官,清朝各级地方官员文职[①]根据"地方远近、事务繁简、用度多寡"等标准,不同程度地得到了高额养廉银。养廉银数量是正俸的几十倍乃至几百倍,养廉银成为了地方各级官吏的主要经济来源。

清代督抚布按等养廉银定例[②]

省区	总督(两)	巡抚(两)	布政使(两)	按察使(两)	道员(两)
直隶	15000	—	9000	8000	2000—4000
山东	—	15000	8000	6059	4000
山西	—	15000	8000	7000	4000
河南	—	15000	8000	8444	3893—4000
江苏	18000	12000	苏州 9000 江宁 8000	8000	3000—6000
安徽	—	10000	8000	6000	2000
江西	—	10000	8000	6000	2600—3800
福建	18000	13000	8000	6000	2000
台湾	—	12000	8000		2600
浙江	—	10000	7000	6000	2000—4500
湖北	15000	10000	8000	6000	2500—5000
湖南	—	10000	8000	6500	2000—4000
陕西	20000	12000	8000	5000	2000—2400
甘肃	—	12000	7000	4000	3000
新疆	—	12000	9000	3000	3700
四川	13000		8000	4000	2000—2500
广东	15000	13000	8000	6000	3000—3400
广西	—	10000	6000	4920	2360—2400
云南	20000	10000	8000	5000	3500—5900
贵州	—	10000	5000	3000	1500—2200

---

① 到乾隆年间,随着养廉银制度的完善,佐杂官员也得到了不同数额的养廉银。

② 黄慧贤、陈锋:《中国俸禄制度史》,武汉大学出版社,2005 年,第 550~551 页。

清代府州县官员养廉银定例①

省区	知府(两)	知州(两)	知县(两)	同知(两)
直隶	1000—2600	600—1200	600—1200	700—1000
山东	3000—4000	1200—1400	1000—2000	800—1000
山西	3000—4000	800—1500	800—1000	1200
甘肃	2000	600—1200	600—1200	800—1400
江苏	2500—3000	1000—2000	1000—1500	600—1000
浙江	1200—2400	1400	500—1800	400—1500
湖北	1500—2600	800—1680	600—1680	600—1000
湖南	1600—2400	900—1300	600—1300	600—1000
四川	2000—2400	600—1200	600—1000	500—1000
广东	1500—2000	600—1600	600—1500	600—800
广西	1000—1780	825—1756	704—2259	400—700
云南	1200—2000	900—2000	800—1200	400—1600
贵州	1200—1500	500—800	400—800	500—900

乾隆年间制定了《耗羡章程》,对耗羡的奏销、地方存留(数额、支发范围和项目)等进行了进一步的制度化规定。这是火耗归公制度的进一步完善。

清代文官俸禄定例②

品级	俸银(两)	俸米(斛)	品级	俸银(两)	俸米(斛)
正从一品	180	180	正从六品	60	60
正从二品	155	155	正从七品	45	45
正从三品	130	130	正从八品	40	40
正从四品	105	105	正九品	33.1	33.1
正从五品	80	80	从九品	31.5	31.5

《清朝通典》卷四十职官十八记载:

　　正从一品[银一百八十两米九十石]正从二品[银一百五十五两米七十五石五斗]正从三品[银一百三十两米六十五石]正从四品[银一百五两米五十二石五斗]正从五品[银八十两米四十石]正从六品[银六十

---

① 黄慧贤、陈锋:《中国俸禄制度史》,武汉大学出版社,2005年,第552页。
② 同上,第541页。

两米三十石]正从七品[银四十五两米二十二石五斗]正从八品[银四十两米二十石]正九品[银三十三两一钱一分四厘米一十六石五斗五升七合]从九品[银三十一两五钱米十五石七斗五升]

根据《清朝通典》卷四十职官十八记载，不加尚书衔的总督为正二品，加尚书衔的总督为从一品；不加侍郎衔的巡抚为从二品，加侍郎衔的巡抚为正二品；布政使司布政使为从二品；按察使司按察使为正三品；各省守巡道为正四品；各府知府为从四品；各府同知为正五品；各州知州为从五品；各府通判为正六品；各州同知为从六品；各县知县为正七品。

根据上述记载，我们可以确定，加尚书衔的总督的俸银为 180 两，加侍郎衔的巡抚的俸银为 155 两，[1] 布政使的俸银为 155 两，按察使的俸银为 130 两，道员的俸银为 105 两，知府的俸银为 105 两，同知的俸银为 80 两，知州的俸银为 80 两，知县的俸银为 45 两。

通过这些数据对比可以看出，总督的养廉银最低的也有 13000 两，而俸禄才为 180 两，高出 72 倍之多。巡抚、布政使、按察使、道员、同知、知县等也是养廉银远远超出俸禄。两者相比，俸禄已经显得微不足道了，养廉银制度实施以后，清朝官员上自总督，下自笔帖式、佐杂人员等均可领到一份数额不等的"养廉银"，清朝官员的低薪由此转变为高薪。

养廉银起到了应有的反腐作用吗？高薪养廉了吗？

首先，耗羡归公这一制度的本质决定了其不可能减轻统治阶层对百姓的剥削程度，由耗羡归公这一制度所产生的养廉银也不可能起到养廉的作用。

耗羡归公这一制度本质上是统治阶级对"耗羡"这一具体利益的分配方式的调整，且这一调整仅仅局限于统治阶级内部。百姓负担仅仅是这一制度变革的外生变量，是这一制度变革行为的局外人。换句话说，这仅仅是统治阶级内部如何切"耗羡"蛋糕的问题，并未从实质上变革"耗羡"蛋糕的产生与存续问题。耗羡归公与否，官僚体制都是第一受益人，都难以改变君权通过俸禄等方式来"赎买"官僚的实质。如果必须分析耗羡归公前后的区别，则区别在于：归公之前，耗羡是官僚的灰色收入；归公之后，耗羡这一灰色收入变成了正当收入。正如黄慧贤、陈锋等学者认为："实行耗羡归公，支

---

① 不同的文献关于正二品的俸银有不同的记载，例如，《大清会典》卷二一"文职官之俸"条记载，二品俸银为一百五十两。为了便于后文比较，此处就高不就低。

发各官养廉银,在财政上的关键之点是:此前,耗羡征收'皆系州县入己','官取之,官主之,不入于司农值会计,无耗羡之名耳','非无耗羡也';此后,将入地方官员腰包的私自收入转归于政府的财政收入,然后再用耗羡收入所得支发官员的养廉银等,以弥补官员正俸的歉薄和地方财政的亏空。这也就是雍正帝所宣称的:'与其州县存火耗以养上司,何如上司提火耗以养州县。'"①因此,从根本上讲,寄希望于通过耗羡归公来减轻百姓负担是不现实的。

耗羡归公制度实施以后,同一地区的不同级别(如同一地区的督抚按布)、同一级别的不同地区(如不同地区的督抚按布)之间的养廉银差异巨大,由此产生了地方官职肥瘠之分,无形之中拉大了地方官之间的收入差距。养廉银少的官职很可能通过加重剥削百姓来弥补收入差距,相关史料中有类似记载。

《雍正实录》卷之三十记载:

> 至于直省各员、俱有火耗羡余畀之养廉。黔省钱粮额寡。耗羡无几或以养廉不足、加派民苗。然州县员缺。较他省无多犹易为设法。莫若将各项陋规通盘查清。即以本省之所出、还济本省之公用。似属允协。闻自巡抚提镇、及司道等官。各有纳粮官庄。每岁收米千百石、至数十石不等。府州县、亦间有之。此皆国家正赋。岂容私行隐占。又闻贵阳、镇远、安顺、普安四处榷税。每岁抽收一二万金。而报解正项、不过数千。思南、威宁、黔西、大定、毕节等处。俱有过往牛马铜盐、并落地等税。每岁可收至八九千金少亦不下二三千金。而报解正项。不过数百。此等府州县、养廉太觉有余。至若都匀思州、石阡、平越、独山、麻哈、广顺、定番、清镇、安平等处养廉。又甚属不足。一省之中。丰啬悬殊。安可不为调剂。嗣后尔督抚、应将各处税课、逐一清查。每年盈余若干。量留该管官养廉。余者贮库。并将文武各员所占官庄交纳之米、尽数贮仓。阖省钱粮耗羡、一总提解。合此三项。通行会计。自巡抚司道以下、及府州县、分别冲僻繁简。酌定养廉之数而派与之。如此、则溥遍均平。缺羡者无亏空之虞。缺苦者亦不致科累民苗。上下俱无染指。各员咸得奉公尽职矣。再者除养廉外量存数千金贮司库。以备赏犒兵丁苗猓之用。亦未始非裨益地方之一助也。尔等其周

---

① 黄慧贤、陈锋:《中国俸禄制度史》,武汉大学出版社,2005年,第547~548页。

思详议、具摺陈奏务令官民两赖可以永久行之无弊。庶几地方宁辑。民苗乐利。以副朕怀远筹边之至意。

其次,火耗归公和养廉银并未完全解决所有官员的所有收入问题,对澄清吏治作用有限。

①如前所述,养廉银仅仅局限于地方官,京官的收入问题尚未解决,尽管京官领取双俸(正俸和恩俸)仍旧依赖于冰敬、炭敬等规礼。规礼可能来源于地方官自身腰包吗？答案是否定的。李慈铭记载:"京官贫不能自存,逢一外吏入都,皆考论年世乡谊,曲计攀援。"曾国藩任京官时在家书中也提到过类似的情景,"男目下光景渐窘,恰有俸银接续,冬下又望外官例寄炭资,今年尚可勉强支持。至明年则更难筹画"。

②养廉银并未解决官员的财政问题,对澄清吏治作用有限。质疑者甚至认为,"养廉者其名,而养不廉者其实也"。

《清史稿》卷三百六列传九十三记载:

十年,疏陈理财三策,言:"治天下要务,惟用人、理财两大事。……臣又按耗羡归公,天下之大利,亦天下之大弊也。康熙间,法制宽略,州县於地丁外私徵火耗,其陋规匿税亦未尽蠲剔。自耗羡归公,一切弊窦悉涤而清之,是为大利。然向者本出私徵,非同经费,其端介有司,不肯妄取,上司亦不敢强,贤且能者则以地方之财治地方之事,故康熙间循吏多实绩可纪,而财用亦得流通。自耗羡归公,输纳比於正供,出入操於内部,地丁公费,除官吏养廉无馀剩;官吏养廉,除分给幕客家丁修脯工资,及事上接下之应酬,與马蔬薪之繁费,亦无馀剩。地方有应行之事、应兴之役,一丝一忽取公帑,有司上畏户、工二部之驳诘,下畏身家之赔累,但取其事之美观而无实济者,日奔走之以为勤。故曰天下之大弊也。夫生民之利有穷,故圣人之法必改。今耗羡归公之法势无可改,惟有为地方别立一公项,俾任事者无财用窘乏之患,而后可课以治效之成。臣请将常平仓储仍照旧例办理,捐监一项留充各省公用,除官俸兵饷动用正项,馀若灾伤当拯恤,孤贫当养赡,河渠水利当兴修,贫民开垦当借给工本,坛庙、祠宇、桥梁、公廨当修治,采买仓穀价值不敷,皆於此动给,以地方之财,治地方之事。如有大役大费,则督抚合全省而通融之;又有不足,则移邻省而协济之。稽察属司道,核减属督抚,内部不必重加切核,则经费充裕,节目疏阔,而地方之实政皆可举行。设官分职,付以人民,只可立法以惩贪,不可因噎而废食。唐人减刘晏之船料,而漕运不继;明人以周忱之耗米归为正项,致逋负百出,路多饥殍。大国不可以小道治,善理财者,固不如此。此捐监之宜充公费也。三法既行,则度支有定,经费有资,当今要务,无急於此者。伏乞皇上深留睿虑,敕公忠有识大臣,详议施行。"①

《皇朝经世文编·卷十六吏政二·吏论下·上制军条陈利弊疏》记载:

今州、县廉俸②,多者千两,少者五六百两,以之延请幕友,尚虑不敷;加以养父母,畜妻子,仆役之工饩,差使之往来,上司之应酬,亲友同僚之赠答,皆人情事势之所不能已者。又其莅任之初,以及交代盘查,奏销册报等项,由府房以至司、院各房,随举一事,必有规费。准之廉俸,不啻数倍矣。况以捐款派之,一年之间,为数无定。区区州、县岂有点金术耶? 以故缓则敲筋炙髓,而取之于民;急则剜肉医疮,而盗之于库。凡今各县之亏空,捐款居十之四五,其明验也。夫国家经费,必有旧章。用民力者,民力承之,尤属捐也。动国帑者,国帑承之,亦无庸捐也。今也下不在民,上不在国,而曰捐之州、县,岂知州、县且上侵其国,下病其民,而并归于积欠也哉? 职以为前亏之捐款,概予豁销,嗣后则永不捐派,并其各房之规费而痛革之,庶几州、县之力少苏,而仓库亦可渐图弥补矣。③

《皇朝经世文编·卷十七吏政三·铨选·吏治因地制宜三事疏》记载:

若夫劝课之方,必足其财用,乃可以杜其侵渔;优其迁擢,乃可以鼓其志气。今养廉之典,卓异行取之法,固已具备;而臣窃以为尚有可得而议者。凡州、县之费,莫费于延幕宾。若江浙诸剧邑,非七八人不足分办;而就中所尤倚重者,非二三百金不能延至,统而计之,已至千金之外,养廉之资罄矣。其一切日用交际舟车之费,何从出也? 是养廉者其名,而养不廉者其实也。明知其不能持廉,而不得不姑听之;有发,而又不得不案治之,是孟子所为罔民者罔吏也。臣以为两司以上之养廉,不

---

① 赵尔巽等:《清史稿》,新疆青少年出版社,1999 年,第 3433 页。
② 清代官吏正俸和"养廉银"的合称。
③ 贺长龄:《皇朝经世文编》,文海出版社,1972 年。

无稍厚,而州、县以下,未免犹薄。剧如江、浙,瘠如川、黔,虽多寡悬殊,其不足于用则一。原督、抚定议之初,所以苟且如此者,拘于本省耗羡之常数,欲多留赢余归公耳。臣恭绎世宗宪皇帝圣谕,赢余本充地方公用,国家初无所利于其间,督、抚或误认为别储之项,以多留为功,非立法之本指。至于普天率土,莫非臣子,宁以疆域之攸分,致诏糈之顿异?臣请通盘合算,裒多益寡,其或不敷,凡诸杂税,似可拨支。务使经费粗足,然后绳以贪墨之法而无辞。至于盐差运使,职事本简,徒以旧为利薮,支给亦觉过多,所当一并通融定议,庶无不均之叹,此臣所请因地制宜之一端也。①

最后,腐败是封建君主专制社会的胎毒,是与生俱来的,是由多种原因导致的,低薪仅仅是其中之一。高薪养廉仅仅解决了低薪问题,尚未解决其他问题,根本不可能根除腐败的根源。低薪导致腐败,只是一种可能性。要腐败,仅有低薪是不够的,还要有腐败的条件才行。现代政治学认为,腐败是一种权力寻租。政府官员要腐败,公权力就必不可少,而集权不但导致低薪,还为官员腐败提供了条件。古代封建君主专制社会恰恰是一种权力社会,这是腐败的根源。权力社会为腐败提供了天然土壤,并决定了腐败是内生的,而非外生的。祛除腐败,权力社会走向权利社会是社会条件,唯有如此,方能实现以权利制约权力;君主专制走向现代民主政治是政治条件,只有政府权力来源于人民,才能真正实现权力的分权制衡,才能实现实质性有效监督,确保权力在阳光下运行;封建经济走向现代市场经济是经济条件,只有如此,才能有效区分公共领域与私人领域,有效规范公权力的运行范围与程序,避免公共权力市场化。

《乾隆实录》卷之一百七十八记载:

大学士等议奏、办理耗羡一事。曾奉谕旨、命九卿、翰林、科道、及外省各督抚等、直抒所见陈奏。今据陆续覆到。查诸臣所奏。俱称耗羡归公。法制尽善。不可复行更张。众议佥同。其间有一二异议者。皆系不揣事势。不量出入。但执偏见。断难施行之论。伏思耗羡一项。由来已久。弊窦渐生。世宗宪皇帝俯允臣工所请。定火耗归公之例。将州县一切陋习。皆为革除。惟将各该省旧存火耗。提解司库。

---

① 贺长龄:《皇朝经世文编》,文海出版社,1972年。

为各官养廉、及地方公事之用。从此上官无勒索之弊。州县无科派之端。而小民乃无重耗之累。盖以天下之财。为天下之用。于国家毫无所私。诚为法良意美。可以久远遵行。应勿庸轻改旧章。至总督高斌、孙嘉淦等。俱请耗羡通贮藩库。令督抚察核。仍复年终报部之例。查各省动用存公银。款项繁多。若未悉情形。概行饬驳。势必掣肘。若竟听其任意费用。则侵滥之弊。无从剔除。惟送部查核。庶诸弊可厘。应如所请行。得旨、钱粮之有耗羡。盖经国理民。事势之必不能已者。未归公以前。耗羡无定制。有司之贤者。兢兢守法。不敢踰闲。不肖者。视为应得之项。尽入私囊。一遇公事。或强民输纳。或按亩派捐。滥取横征。无所底止。且州县以上官员。养廉无出。于是收受属员之规礼节礼。以资日用。而上官下属之间。时有交际。州县有所藉口。恣其贪婪。上官瞻徇而不敢过问。甚至以馈遗之多寡。为黜陟之等差。吏治民生。均受其弊。我皇考俯允臣工之请。定耗羡归公之法。就该省旧收火耗之数。归于藩司。酌给大小官员养廉。有余则为地方公事之用。小民止各循其旧有之常。有轻减。无加益也。而办公有资。捐派不行。有司之贤者。固无所用其矫廉。而不肖者亦不能肆其贪取。此爱养黎元。整饬官方之至意。并非为国用计。为此举也。且以本地之出产。供本地之用度。国家并无所利于其间。然通天下计之。耗羡敷用之处。不过二三省。其余不足之处。仍拨正供以补之。此则臣民未必尽知者。此十数年中办理耗羡之梗概也。朕御极以来。颇有言其不便者。朕思古人云。琴瑟不调甚者。则解而更张之。此事若宜变通。何可固执。是以留心体察。并于今年廷试。以此策问诸生。乃诸生奏对。不过敷衍成文。全无当于实事。旋降旨询问九卿翰林科道、并各省督抚等。今据诸臣回奏。大抵皆以为章程一定。官民久已相安。不宜复议更易。众论佥同。其中偶有条陈一二事者。不过旁枝末节。无关于耗羡归公之本务也。朕再四思维。耗羡在下。则州县所入既丰。可以任意挥霍。上司养廉无出。可以收纳馈遗。至于假公以济私。上行而下傚。又不待言矣。则向日朕所闻者。未必不出于愿耗羡之在下、以济其私者之口。传曰、作法于凉。其弊犹贪。作法于贪。弊将若之何。朕日以廉洁训勉臣工。今若轻更现行之例。不且导之使贪。重负我皇考惠民课吏之盛心乎。此事当从众议。仍由旧章。特颁谕旨。俾中外臣民知之。余著照大学士等所议行。

第五篇
政治发展

第一章
君主立宪改革缘何没有成功

从政体类型划分角度来看,中国近现代的宪政进程可以划分为两个阶段:君主立宪阶段和民主共和阶段。君主立宪阶段大致涵盖了自鸦片战争、洋务运动到辛亥革命爆发这一阶段,这一阶段的宪政运动主要针对君主立宪政体,例如戊戌变法、清末预备立宪等运动。民主共和阶段大致涵盖了自辛亥革命至新中国成立这一阶段。这一阶段的宪政运动主要有北洋政府的宪政运动、国民政府的宪政活动、新民主主义革命宪政运动。其中,北洋政府和国民政府的宪政运动是一种变异的宪政运动,脱离了宪政的本质要求。本部分主要分析清末民初的君主立宪缘何没有成功。当然,分析的目的不是鼓吹君主立宪的优越性,而是在于通过分析当时特定历史背景下中国进行政治改革的成败得失、经验教训为推进我国政治发展提供借鉴。

第一节　君主制与共和制

从元首的产生方式来看,国家政体可以划分为君主制和共和制。从发展历史来看,由共和制取代君主制是世界历史发展的大方向。我国经过资产阶级民主革命、新民主主义革命,建立了工人阶级领导的人民共和国,实现了君主制向共和制的转型。

君主制,是共和制的对称,是指以君主(名义上或实际上)为国家元首的政权组织形式。君主制一词来源于希腊文 monos(单独)和 arche(统治),是指单独一人的统治。实行君主制国家的共同特点是君位或王位是世袭的,并且是终身的;最高权力掌握在国家元首手中。在实行君主制的早期国家,例如中国古代封建社会,国家最高权力由君主一人行使,君主拥有绝对的权力。随着历史的演变,君主制政体可以分为贵族君主制、等级君主制、专制君主制和立宪君主制。

贵族君主制是一种与领主占有制经济和分封割据制的国家结构相结合

的政体,主要存在于封建社会早期,君权比较虚弱且被分割。君位采取世袭或推举的形式,但必须得到贵族会议的确认。君权存在的基础是拥有武装的大封建诸侯的共同拥戴。君权在名义上掌握全国最高权力,实际上只限于自己的领地,各个诸侯在领地范围内享有最高权力。例如,9—12 世纪的法兰西王国、6—13 世纪的英格兰,中国的夏商、西周。

等级君主制建立了由不同封建等级的代表参加的等级代表会议。等级君主制主要存在于中世纪后期的一些西欧国家,东方国家一般没有出现,英法都曾经是典型代表。等级代表会议没有立法权,对君主的权力没有强制约束力。等级代表会议由国王自行决定召集,主要权力是批准或拒绝国王的政府征收新税,或在建立军队、战争与和平等问题上提供意见,牵制国王权力。等级君主制的形成标志是市民阶级的代表进入会议,成员主要包括僧侣、大封建主、普通贵族、市民各阶级代表,目的是君主在各个等级中寻求支持,加强王权,克服封建格局状态,适应刚刚兴起的资本主义发展。市民阶级参与是具有划时代意义的事件,为之后立宪政体的产生奠定了基础。

专制君主制,又称为绝对君主制,是典型的、普遍采用的政权组织形式。其特征主要有:君主独享一切最高权力,是"孤家寡人";君主权力不受限制,只能依赖于君主的道德自觉;君主把国家视为私产,"家天下";君主集立法、行政、司法、军事和财政大权于一身,通过直接对它负责的官僚机构进行统治。在西欧封建社会末期建立起来的专制,君主制适应了资本主义初期发展对建立统一国内市场或对外扩张的需求。中国古代社会基本上都属于君主专制政体,并且经历了一个从相对专制到极端专制的过程。在当今世界中,沙特阿拉伯、阿曼、卡达、科威特、约旦等国家仍旧是这种政体。

君主立宪制,又称为立宪君主制,是以君主为国家元首,君主权力不仅受到宪法的限制,而且受到议会制定的法律以及议会的权限限制的一种政体。根据君主实际地位和权力大小,立宪君主制划分为二元君主制和议会君主制。

二元君主制,是指君主仍然拥有较大的实际权力的立宪君主政体,尤其是君主通过掌握内阁的任命权而控制着国家的行政权,内阁向君主负责,与掌握立法权的议会构成两个权力中心。对议会通过的法律,君主一般有否决权。在有的情况下,君主还可以任命和指派部分议员,从而在一定程度上保持了对议会的控制。典型例子为明治维新到第二次世界大战的日本。

在议会君主制(又称为君主立宪制)中,议会是国家的权力中心,君主只是名义上的国家元首,不再握有实权。君主的权力不仅受到宪法的限制,而且受到议会制定的法律以及议会的权限限制；政府向议会负责，不向君主负责。

共和制是君主制的对称，是国家代表机关或国家元首由选举产生的一种政府体制或国家形式。选举产生统治者的历史源远流长，因而共和制具有不同的历史类型和阶级性质，主要可以划分为奴隶制共和制、资产阶级共和制（三权分立制：议会制/内阁制、总统制、半总统制）、无产阶级共和制（议行合一制）。

第二节　中国君主立宪设想与尝试

1915 年，作为袁世凯主导的北洋政府顾问的弗兰克·J. 古德诺发表了《共和与君主论》一文。抛开此文是否有为袁世凯复辟鼓吹之嫌疑的争论[①]，抛开当时的政治之争，从纯学理的角度看，此文亦有合理之处。本书以此文为起点来分析当时的君主立宪缘何没有成功。

古德诺认为，君主制或共和制需要与本国的历史习惯、社会经济状况相适应；若不相适应，则会出现"复以其他之相宜之国体代之"的情况。简单而言，如果政体与本国国情不相符合，则很可能会出现因政体频繁更换而导致国家混乱的局面。以此为前提，古德诺分析了君主制和共和制中的政权承继问题，并详细分析了英国、法国、美国、南美洲、中美洲等国家和地区中的政权承继、社会稳定状况，得出了两点启示。第一，实行共和制，需要有自治实践，需要民众具有良好的素养和政治能力。第二，如果民智低下，人民未尝参与政治，没有政治智慧，实行共和制是没有好结果的。如果国家元首不是世袭的，总统继承问题没有得到妥善解决，则会出现军政府的专横政府。如果是这种情况，虽然会出现短暂和平，但终究会产生纷乱。以此为基础，古德诺认为，中国尚不具备实行共和制的条件，"中国数千年以来，狃于君主独裁之政治，学校阙如。大多数之人民，智识不甚高尚，而政府之动作，彼辈决不与闻，故无研究政治之能力。四年以前，由专制一变而为共和，此诚太骤之举动，难望有良好之结果者也"。因此，古德诺得出结论，"中国如用君主，较共和制为宜，此殆无可疑者也。盖中国人欲保存独立，不得不用立

[①]　有学者或实践家认为这篇文章是为袁世凯复辟而摇旗呐喊，有学者认为这是一篇纯正的学术论文，并非为袁世凯复辟摇旗呐喊。恰恰相反，古德诺的观点是，"没有哪一种政府形式可以称得上是在任何情况下都优于其他的政府形式"（详见《古德诺与中国》，第92页），是筹安会断章取义地采用了其中某些表述来为袁世凯复辟作理论铺垫。

宪政治,而从其国之历史习惯社会经济之状况,与夫列强之关系观之,则中国之立宪,以君主制行之为易,以共和制行之则较难也"。当然,古德诺也认为,如果中国将共和制改为君主制,在一定条件下是可以取得良好结果的。

如果脱离当时的实践语境、时间语境,古德诺的观点具有合理之处。从实践上看,袁世凯去世后的中国政局也证明,所谓的北洋政府不过是立宪幌子下的北洋军阀巨头们的封建皇帝思想付诸于实践的粉末演出,当时的中国陷入了政局频繁更换、社会动荡的局面中,古德诺的话不幸一语中的。从理论上看,"古德诺关于中国宪法改革的全部论述,思考的出发点都是中国的宪法改革如何避免衰朽为最坏政体,如果说何为更好或更适合中国的政体,古德诺的答案总是视语境而定的,但作为古德诺宪法思想体系内的一项公理,最坏政体总是一国境内小专制者林立、军人专制的政治格局"①。"古德诺并不是以固定僵化而是以发展变化着的眼光去回答这个二元对立的问题。共和制之所以不那么适宜中国,是因为中国没有共和制生长的土壤,因此共和制在中国是不可持续的,会衰变为'军人独裁'这种古德诺所说的最坏政体,就会造成失序、混乱和无政府的政治格局。……因此宪政设计如何防止这种局面的出现,这是古德诺作为宪法顾问思考问题的原初出发点。具体地说,真正的比较并不发生在共和制和君主制之间,而是要引入最坏政体作为第三个支点,共和制和君主制不是两相比较,而是分别与最坏政体进行关联,如此逻辑就发生了变化。在这一新逻辑内,君主制之所以更适宜中国,就是因为理论上,君主制在中国比共和制更能避免这个最坏政体以及由此导致的最坏格局,因为君主制在定义上就是执政权世袭,而如果在世袭过程中可以形成有权威的继承明文法或惯例,则君主制比起共和制更能解决交接班这个所有人类政府都面临的难题。"

袁世凯失败了,之前的清末宪政改革、戊戌变法等君主立宪活动也失败了。根据前文的分析,因君主制"在中国比共和制更能避免这个最坏政体以及由此导致的最坏格局"而成为比较好的选择,那么是什么原因导致君主立宪活动在中国失败了呢?仅仅是古德诺所说的民众素养、政治能力、公共教育等问题吗?

---

① 田雷:《最坏的政体——古德诺的隐匿命题及其解读》,《华东政法大学学报》,2013 年第 5 期。

第三节　君主立宪改革失败的原因分析

君主立宪改革在中国失败的原因很多,下文将从如下几个方面展开分析。

一、将君主立宪当成国家富强的工具,凸显了宪政的工具理性,忽视了宪政的价值理性

鸦片战争的炮声惊醒了闭关锁国的中国,并使中国社会陷入了巨大的危机之中,如何救亡图强成为当时的时代主题,君主立宪就是在这样的社会背景下被引入了中国。

第一次鸦片战争后,洋务运动兴起,清朝将向西方学习的重点放在了物质或器物层面,企图通过学习西方国家的先进技术来实现"自强""求富"。"师夷长技以自强""师夷长技以制夷"表明了这场运动的主要目标,"中学为体、西学为用"的原则表明了这场运动旨在维护清朝的封建专制统治。然而中日甲午战争的失败宣告了洋务运动的结束与失败,宣告了先进技术与封建统治体制结合的失败,加深了民族危机,引发了国人的反省。《马关条约》签订以后,以"公车上书"为开端,以康有为、梁启超等为代表的资产阶级改良派为主体发起的戊戌变法拉开了序幕。这场变法旨在不改变封建主义经济和封建统治的前提下,仅仅通过改革部分上层建筑而使中国走上资本主义道路,实现图强。1989 年 9 月 21 日,戊戌六君子被杀,标志着戊戌变法的失败,也证明了改良主义道路在中国是行不通的。戊戌变法失败了,但是却推动了中国思想启蒙与解放的进一步发展,对中国社会进步起到了重要的推动作用。

1904 年至 1905 年间的日俄战争将旧中国的立宪运动推向了新的高潮。在这场战争中,专制体制的俄国战败于立宪体制的日本,深深地刺激了国人的神经,清廷关注的重点开始从物质文明转向制度文明。"日俄之胜负,立宪专制之胜负也","非小国能战胜于大国,实立宪能战胜于专制"成为了朝野共识。于是,为了图强,国人开始学习西方的先进制度,企图通过上层制度的改革实现国家的富强。"预备立宪"则是这场反省的直接结果。1906 年 9 月 1 日,清政府颁布预备立宪诏书和《议院未开以前逐年筹备事宜清单》,规定了九年预备立宪期限。1909 年 3 月下诏重申预备立宪,命各省当年内

成立咨议局。12 月,16 省咨议局代表组成国会请愿同志会。1910 年 10 月 26 日,资政院通过了请速开国会的奏稿,11 月 4 日,清政府发布上谕,决定提前三年于宣统五年(1913 年)开设议院。在国会请愿运动和保路运动的影响下,晚清政府于 1911 年 11 月 3 日颁发了《实行宪政谕》,仓促制定了《宪法重大信条十九条》。《宪法重大信条十九条》中,皇帝权力仅仅是从形式上进行了缩小,并未实质性缩小,仍然强调皇权至上,"皇帝神圣不可侵犯",对民权却只字未提。至此,清末的君主立宪运动彻底画上了句号。

综观整个君主立宪运动始末,君主立宪的工具理性被强调而忽略了其本身存在的价值理性,这是导致君主立宪失败的根源之一。君主立宪并不是中国政治经济文化和社会发展的自发产物,而是被嵌入的结果,而嵌入的原因则是当时的宪政主体想通过君主立宪而使中国走向富强之路,并非是君主立宪本身所具有的宪政价值。"近代中国立宪实践在学理上和宪法文本上表现出不完全一致的价值取向,学理上的立宪政治更加注重对权力关系的规范,尤其强调对人权的保护和对政府权力的约束;文本上的立宪政治更鲜明地表现出对统治权力的确认和对政治秩序的维护,宪法工具主义色彩较浓,这种区别实际上反映了宪法学者和政治家们在立宪实践中的不同的价值取向,反映了中国传统政治和社会现实的深刻矛盾。"[1]

这种工具主义理性在实践中主要表现为如下几个方面:

首先,从统治者,即晚清政府来看,实行君主立宪改革是迫不得已的,是为了缓和社会矛盾,抵制社会革命,回应社会中兴起的改革呼声,进而达到维护封建统治的目标。例如,作为晚清政府最终改革产物的《宪法重大信条十九条》中丝毫没有规定民权,而规定了皇权至上,这与君主立宪的本质要求是相左的,即君主权力只是在形式上受到宪法限制,在实质上仍然握有实权。在相关史料中,这种工具主义思想也体现得很明显。

《奏请宣布立宪密折》
(1906 年,载泽)

窃奴才前次回京,曾据一折,吁恳改行立宪政体,以定人心而维国势。仰蒙两次召见,垂询本末,并谕以朝廷原无成见,至诚择善,大知用中,奴才不胜欣感。旬日以来,夙夜筹虑,以为宪法之行,利于国,利于民,而最不利于官。若非公忠谋国之臣,化私心,破成见,则必有多为之

---

① 张继良:《近代中国政治社会变革研究》,北京大学出版社,2013 年,第 120 页。

说以荧惑圣听者。盖宪法既立,在外各督抚,在内诸大臣,其权必不如往日之重,其利必不如往日之优,于是设为疑似之词,故作异同之论,以阻挠于无形。彼其心非有所爱于朝廷也。保己一之私权而已,护一己之私利而已。顾其立言,则必曰防损主权。不知君主立宪,大意在于尊崇国体,巩固君权,并无损之可言。以日本宪法考之,证以伊藤侯爵之所指陈,穗积博士之所讲说,君主统治大权,凡十七条:

一曰,裁可法律、公布法律、执行法律由君主。

一曰,召集议会、开会、闭会、停会及解散议会由君主。

一曰,以紧急敕令代法律由君主。

一曰,发布命令由君主。

一曰,任官免官由君主。

一曰,统帅海陆军由君主。

一曰,编制海陆军常备兵额由君主。

一曰,宣战、讲和、缔约由君主。

一曰,宣告戒严由君主。

一曰,授予爵位勋章及其他荣典由君主。

一曰,大赦、特赦,减刑及复权由君主。

一曰,战时及国家事变非常施行由君主。

一曰,贵族院组织由君主。

一曰,议会展期由君主。

一曰,议会临时召集由君主。

一曰,财政上必要紧急处分由君主。

一曰,宪法改正发议由君主。

以此言之,凡国之内政外交,军备财政,赏罚黜陟,生杀于夺,以及操纵议会,君主皆有权以统治之。论其君权之完全严密,而无有丝毫下移,盖有过于中国者矣。

以今日之时势言之,立宪之利有最重要者三端:

一曰,皇位永固。立宪之国,君主神圣不可侵犯,故于行政不负责任,由大臣代负之;即偶有行政失宜,或议会与之反对,或经议院弹劾,不过政府各大臣辞职,别立一新政府而已。故相位旦夕可迁,君位万世不改,大利一。

一曰,外患渐轻。今日外人之侮我,虽由我国势之弱,亦由我政体之殊,故谓为专制,谓为半开化,而不以同等之国相待。一旦改行宪政,则鄙我者转而敬我,将变其侵略之政策,为平和之邦交,大利二。

一曰,内乱可弭。海滨洋界,会党纵横,甚者倡为革命之说。顾其所以煽惑人心者,则曰政体专务压制,官皆民贼,吏尽贪人,民为鱼肉,无以聊生,故从之者众。今改行宪政,则世界所称公平之正理,文明之极轨,彼虽欲造言而无词可籍,欲倡乱而人不肯从,无事缉捕搜拿,自然冰消瓦解,大利三。

立宪之利如此,及时行之,何嫌何疑?而或有谓程度不足者。不知今日宣布立宪,不过明示宗旨为立宪之预备。至于实行之期,原可宽立年限。日本于明治十四年(光绪七年,1881年)宣布宪政,二十二年(光绪十五年,1889年)始开国会,已然之效,可仿而行也。且中国必待有完全之程度,而后颁布立宪明诏,窃恐于预备期内,其知识未完者固待陶熔,其知识已启者先生觖望,至激成异端邪说、紊乱法纪。盖人民之进于高尚,其涨率不能同时一致,惟先宣布立宪明文,树之风声,庶心思可以定一,耳目或无他歧,既有以维系望治之人心,即所以养成受治之人格。是今日宣布立宪明诏,不可以程度不到为之阻挠也。

又或有为满、汉之说者,以为宪政既行,于满人利益有损耳。奴才至愚,以为今日之情形,与国初入关时有异。当时官缺分立满、汉,各省置设驻防者,以中原时有反侧,故驾驭亦用微权。今寰宇涵濡圣泽近三百年,从前粤、捻、回之乱,戡定之功,将帅兵卒皆汉人居多,更无界限之可言。近年以来,皇太后、皇上迭布纶音,谕满、汉联姻,裁海关,裁织造,副都统并用汉人,普天之下,歌颂同声,在圣德如地如天,安有私覆私载?方今列强逼迫,合中国全体之力,尚不足以御之,岂有四海一家,自分畛域之理?至于计较满、汉之差缺,竞争权力之多寡,则所见甚卑,不知大体者也。夫择贤而任,择能而使,古今中外,此理大同。使满人果贤,何患推选之不至,登进之无门?如其不肖,则亦宜在摒弃之列。且官无幸进,正可激励人才,使之向上,获益更多。此举为盛衰兴废所关,若守一隅之见,为拘挛之语,不为国家建万年久长之祚,而为满人谋一身一家之私,则亦不权轻重,不审大小之甚矣。在忠于谋国者,决不出此。

奴才谊属宗支,休戚之事与国共之,使茫无所见,万不敢于重大之事卤莽陈言。诚以遍观各国,激刺在心,若不竭尽其愚,实属辜负天恩,无以对皇太后、皇上。伏乞圣明独断,决于几先,不为众论所移,不为浮言所动,实宗社无疆之休,天下生民之幸。事关大计,可否一由宸衷,乞无露奴才此奏。奴才不胜忧悚迫切。谨奏。

第五篇

出国考察大臣载泽《奏请以五年为期改行立宪政体折》：

> 窃维宪法者，所以安宇内，御外侮，固邦基，而保人民者也……且夫立宪政体，利于君利于民，而独不便于庶官者也。考各国宪法，皆有君位尊严无对，君统万世不易，君权神圣不可侵犯诸条，而凡安乐尊荣之典，君得独享其成，艰巨疑难之事，君不必独肩其责。民间之利，则租税得乎平均也，讼狱得控诉也，下情得上达也，身命财产得保护也，地方政事得参预补救也。之数者，皆公共之利权，而受制于法律范围之下。至臣工则自首揆以至乡官，或特简，或公推，无不有一定之责成，听上下之监督，其贪黑疲冗、败常溺职者，上得而罢斥之，下得而攻退之。东西诸国，大军大政，更易内阁，解散国会，习为常事，而指视所集，从未及于国君。此宪法利君利民，不便庶官之说也。而诸国臣工，方以致君泽民，视为义务，未闻以一己之私，阻挠至计者。①

1906 年 9 月 1 日清政府所发布的《宣示预备立宪上谕》：

> 各国之所以富强者，实由于实行宪法，取决公论，君民一体，呼吸相通，博采众长，明定权限，以及筹备财用，经划政务，无不公之于黎庶。又兼各国相师，变通尽利，政通民和有由来矣。时处今日，惟有及时详晰甄核，仿行宪政，……以立国家万年有道之基。②

正是这些主张立宪的大臣们所强调的巩固皇权、实现国家富强等宪政所具有的工具主义优势，使得晚清统治者采纳了立宪的主张。

其次，从资产阶级维新派的角度而言，行宪政的目标也在于图强。例如，康有为在《请定立宪开国会折》中认为，"东西各国之强，皆以立宪法开国会之故"；"故人君与千百万之国民，合为一体，国安得不强？吾国行专制政体，一君与大臣数人共治其国，国安得不弱"。

《请定立宪开国会折》：

> 奏为请定立宪，开国会，以安中国，恭折仰祈圣鉴事。窃顷者东败

---

① 故宫博物院明清档案部：《清末筹备立宪档案史料》，中华书局，1979 年，第 110～111 页。
② 同上，第 43～44 页。

于日,辽台既割,胶旅继踵,臣每忧国危,未尝不仰天而叹也。闻皇上圣武发愤,变法维新臣不禁轩鼓长舞,欢欣忭蹈,以为尧舜复出也。方今变法,可陈之事万千,臣生逢尧舜之世,安敢以枝节琐末之言,上渎尧舜之君哉。

臣窃闻东西各国之强,皆以立宪法开国会之故,国会者,君与国民共议一国之政法也。盖自三权鼎立之说出,以国会立法,以法官司法,以政府行政,而人主总之,立定宪法,同受治焉。人主尊为神圣,不受责任,而政府代之。东西各国,皆行此政体。故人君与千百万之国民,合为一体,国安得不强?吾国行专制政体,一君与大臣数人共治其国,国安得不弱。盖千百万之人胜于数人者,自然之数矣。其在吾国之义,则曰,天视自我民视,天听自我民听,民之所好,好之,民之所恶,恶之。是故黄帝清问下民,则有合宫尧舜询于刍荛,则有总章;盘庚命众至庭,周礼询国危疑,洪范称谋及卿士,谋及庶人;孟子称大夫皆曰,国人皆曰,盖皆为国会之前型,而分上下议院之意焉。

春秋改制,即立宪法,后王奉之,以至于今。盖吾国君民,久皆在法治之中,惜无国会以维持之耳。今各国所行,实得吾先圣之经义,故以至强;吾有经义,存空文而不行,故以至弱。然此实治国之大经,为政之公理,不可易矣。今变行新法,故为治强之计,然臣窃谓政有本末,不先定其本,而徒从事于其末,无当也。

春秋之义,据乱之后,进以升平。上有尧舜之君,下乃有尧舜之民,伏惟皇上圣明神武,拨乱反正,真尧舜之君也。伏乞上师尧舜三代,下采东西强国,立行宪法,大开国会,以庶政与国民共之,行三权鼎立之制,则中国之治强,可计日待也。若臣言可采,乞下廷议施行,若其宪法纲目,议院条例,选举章程,东西各国,成规具存,在一采酌行之耳,则皇上之圣治,驾汉轶唐超宋迈明而上之,岂止治强中国而已哉?孟子曰,非尧舜之道不敢以陈,臣愚冒昧上闻,不胜恐惧屏营之至,伏乞皇上圣鉴,谨奏。①

从这些史料中可以看出,君主立宪被作为图强的工具引入了中国,并在理论与实践层面展开了探索。君主立宪主义倡导者和实践者从功利主义角度来理解和践行君主立宪,忽视了君主立宪的价值理性,过分强调其工具理

① (清)康有为,汤志钧编:《康有为政论集》(上),中华书局,1998年,第338~339页。

性。再加上当时的中国实行君主立宪的社会基础、经济基础和政治基础的缺失,注定了君主立宪在当时的中国难以成功。尽管过度强调君主立宪的工具理性在当时的社会背景下,在政治体制改革探索的初始阶段具有一定的历史合理性,或者说,当时特定的社会、政治、经济、文化条件决定了君主理性作为救国图强的工具具有必然性。

与君主立宪的工具理性恰恰相反的是其所具有的价值理性。如前所述,君主立宪和君主专制虽然都属于君主制政体,但是两者有着本质性区别。君主立宪制是在保留君主的前提下,通过宪法来有效保障人民主权、严格限制君主权力并实现"虚君共和"的目标。作为西方资产阶级革命和商品经济发展的产物,它是对君权至上的矫正,是资产阶级反抗封建统治、实行资产阶级民主、维护资产阶级统治的结晶,是一种限制君主权力、保护人权的一种思想、政治哲学。作为一种制度体系,它以以资本主义经济为基础的自由主义思想和社会契约论思想为基础,以自由民主为原则,以行政、立法、司法三权分权制衡为政治表现。作为一种制度设计,君主立宪遵循宪法至上、人权至上的政治理念,强调通过制度安排和程序设计来保障人权、实现自由和幸福。作为一种政治生活方式,君主立宪强调对君主权力的严格限制,强调公民对公共事务的参与,强调公共权力的行使必须按照人民意愿来进行。因此,君主立宪的价值目标是通过宪法来限制君权、保障人权、规制政府权力。概而言之,君主立宪遵循宪法至上原则、法治原则、权力分权制衡原则和保障人权原则。

更进一步说,这种价值理性是资本主义经济发展、社会发展以及由此带来的政治思想革新的结果,是资产阶级乃至资本主义经济"图强"所导致的"果",而非"因"。尽管上层建筑对经济基础具有反作用,上层建筑的变革有可能促进经济发展,但是这种关系的发生是有前提的,即经济基础具备了一定的实力,且陈旧的上层建筑阻碍了经济基础的发展。英国君主立宪制度的建立是英国资本主义经济发展到一定程度后,资产阶级为了保障其自身的经济利益(如私有产权、经济秩序等)和政治利益而推动建立起来的上层建筑。而当时的中国,资本主义经济尚未发展壮大,仅仅处于萌芽状态,此时仅仅依靠变法,依靠变革上层建筑来推动中国经济基础的发展注定困难重重,难逃失败的结局。

二、立宪与君主的矛盾使得寄希望于开明专制/开明君主推行君主立宪成为幻想

　　对君主立宪的要求之一是通过宪法来严格限制君主权力,君主仅仅掌握有限的权力,甚至是成为"虚君"。开明专制/开明君主仍旧依赖于君主的道德素养,依赖于君主对自身所肩负的国家富强的责任感的认知,并进而通过这种道德素养和责任感认知约束自身行为,这种约束是一种软约束而非硬约束,在本质上依旧属于人治范畴,而非法治范畴;属于君权至上体系而非民权至上体系。因而,与君主立宪要求有着天然的距离。

　　孟德斯鸠认为:"民主政治和贵族政治的国家,在性质上,并不是自由的国家。政治自由只在宽和的政府里存在。不过它并不是经常存在于政治宽和的国家;它只在那样的国家的权力不被滥用的时候才存在。但是一切有权力的人都容易滥用权力,这是万古不易的一条经验。有权力的人们使用权力一直到遇有界限的地方才休止。说也奇怪,就是品德本身也是需要界限的!"[1]"从事物的性质来说,要防止滥用权力,就必须以权力约束权力。我们可以有一种政制,不强迫任何人去做法律所不强制他做的事,也不禁止任何人去做法律所许可的事。"[2]权力的这种扩张本性以及权力市场化所带来的巨额收益使得这种软约束往往失效,难以确保君权受到严格约束,也更难以保障民权。君权受到宪法的严格限制与民权受到严格保障是经过资产阶级势力与封建势力的反复斗争才得以确立的。即使是实行君主立宪制的代表性国家英国,其君主立宪过程也不是一帆风顺的,也是经过了复辟、反复辟斗争才最终确立的。

　　因此,寄希望于习惯了专制的君主依靠自身的道德素养去"革"自己的"命",去限制自己的权力,失去享受"普天之下莫非王土,率土之滨莫非王臣"的权力,是不现实的,不切实际的。

三、缺乏广泛的社会基础,新型社会力量虽有崛起但不足以抗衡封建势力

　　古德诺在前文中也分析了,民众素养、政治能力、公共教育等因素对君

---

①② [法]孟德斯鸠:《论法的精神》(上卷),张雁深译,商务印书馆,1959 年,第 184 页。

主立宪改革的成功与否有重要的影响。事实上,不仅一个国家选择何种政治模式要与本国的经济状况、历史传统、制度环境、社会环境、教育程度、文化水平、国民素质等状况相适应,政治改革也需要与上述这些因素的状况相适应。即使是自上而下的政治改革也需要回应社会需求,需要一定的社会基础作为支撑。君主立宪制改革失败的一个重要原因在于缺乏相应的社会基础。社会基础包含的内容很多,这里仅从主体和意识两个方面展开分析。

主体方面,主要体现在资产阶级虽有崛起但不足以抗衡封建势力。戊戌变法由资产阶级中的改良派领导,清末宪政由统治阶级领导。两者均为摆脱当时的内忧外患而发动,但均因为主体基础不足而失败。由统治阶级主导的自上而下的宪政运动因为难以触及自身实质利益而半途而废。由改良派领导的改革因支持力量难以抗衡封建势力而失败。从世界范围内看,君主立宪的成功是资产阶级革命的成果,是由资产阶级领导和发动的。结合中国的君主立宪活动,无论是由改良派领导的还是由统治阶级领导的,资产阶级都应该是主力军。但事实并非如此,当时的资产阶级尚未壮大到足以抗衡封建势力的程度,因此导致了君主立宪活动的失败。具体而言,鸦片战争以前,中国是完整的封建社会,经济形态为以自给自足的小农经济为主要内容的封建经济。鸦片战争以后,中国变成了半殖民地半封建社会,外国资本主义开始在中国设厂、洋务运动开始创办军事工业和民用工业,近代工业开始发展。经济结构的变化导致了中国社会阶级结构的变化,中国社会开始由以前的地主阶级与农民阶级的二元对立结构转变为地主阶级与农民阶级、资产阶级与工人阶级、民族资产阶级与官僚买办资产阶级等多元对立结构。这仅仅是社会阶级成分的变化。在社会阶级比例方面,虽然资本主义经济开始发展但是比较缓慢,民族资本主义的力量还十分弱小,在整个社会中所占比重非常小,这种比例尚不足以将中国社会由封建经济占据主导地位的社会转变为资本主义经济占据主导地位的社会。资产阶级力量的弱小导致中国的宪政改革,例如,资产阶级改良派领导的戊戌变法存在先天的缺陷,难以获得足够的社会支持。

意识方面主要体现在臣民意识浓厚,公民意识淡薄。如前所述,鸦片战争以后,虽然中国自然经济开始解体,资本主义经济开始发展,但发展程度尚不足以改变当时中国的半殖民地半封建社会性质,仍然是封建生产关系占据主导地位。从社会意识层面来看,在这种经济基础决定的社会中,个体的意识仍旧停留在封建社会时期的臣民意识中,尚未建立起现代意义上的公民意识。换句话说,当时的中国,普通大众尚未觉醒,现代公民尚未产生,每个人依旧被锁在封建生产关系所决定的社会阶级关系中,尚未意识到自身的权利与自由,不具备公民应有之素质。张朋园在《中国民主政治的困境:1909—1949 晚清以来历届议会选举述论》一书中描述了清朝末年预备立宪中咨议局的选举状况:当时的两广总督张人骏认为"人民不知选举权利,即备有资格之人亦往往不愿入册"[1];《顺天时报》报道称:"具有五千营业资本及不动产者,则本人坚持不承认。即以选举权利再三劝告,亦卒若罔闻"[2];全国上下除了极少数知识分子外均不知何谓选举。投票状况更为惨淡,"投票所门可罗雀,形同虚设。以广东省广州府为例,该府选民共 1600 余人,真正投了票的仅得 399 人。该府各属计设 85 个投票所,其中仅有一所得十六票,算是得票最多的,其他三票五票不等,有 60 处竟各仅一票。再以福建省城为例,有一则报导说:'福州初选举,投票之日,城市各区到者仅十分之四,乡村各区,则十分不及一二,概皆自弃选举权也。'广州、福州本是沿海得风气之先的城市,其情形如此,其他偏僻各地对投票的冷淡,已可想见"。[3]

事实上,没有动员广泛的社会基础来参与近代的立宪活动是中国近代所有改革没有成功的一个重要原因。这种状况直到中国共产党开始领导新民主主义革命时才开始发生根本性改变,扎根群众、服务群众、拥有最广泛的群众基础也正是历史选择中国共产党的重要原因之一。

四、君主和君权的世俗性

君主立宪制中的君主是世袭虚君,是一个国家和民族的象征,享有无可置疑的神圣性。而且这种神圣性或来源于历史悠久的民族文化传统,或来源于宗教信仰。以英国为例,《华尔街日报》认为:"王室是最受尊敬的英国传统之象征。传统是社会认同的根源,不需要借助于强力,认同自然产生社会凝聚力,而凝聚力是一个政体生存不可或缺的条件。"正是这种民族文化传统使得英王室获得了宗教信仰般的崇拜与尊敬,获得了全民的认同与拥戴,获得了民众近乎"民粹主义的屈从",并永远"活在英国人心中"。正是这种宗教般的崇拜与认同使得英国王室无需担心被篡夺王位。正是这种宗教般的崇拜与认同导致英国王室无需用绝对权力来维护自身的至尊地位。因此,为英国君主立宪制的成功实施提供了必要条件。

---

①②　转引自张朋园:《中国民主政治的困境:1909—1949 晚清以来历届议会选举述论》,上海三联书店,2013 年,第 54 页。

③　同上,第 55 ~ 56 页。

中国则不同，中国的皇帝是世俗皇帝，缺乏神圣性。中国皇帝获得百姓的认同与拥戴是与其所掌握的绝对权力（甚至是暴力）有关的。首先，君主由武力夺权产生，并由绝对权力来保证君权的至高性，这决定了君主可以"轮流换"以及君主具有同质性和可替代性。在中国古代，武力夺权并建立王朝是常态，皇帝或君主更多的时候是某一个时间段某一个王朝的总代表，并未在百姓心中形成神圣性。"天子，兵马强壮者当为之"、成王败寇、"皇帝轮流做明年到我家""彼可取而代也"等诸多说法反映了中国古代封建王朝上至文武百官下至芸芸百姓的普遍心态，民众对君主的世俗性崇拜不过是对皇帝所拥有的政治权力的崇拜，本质上仍是一种权力崇拜。"真命天子"一说不过是君主夺权以后塑造皇位正统性、合法性的说辞罢了。如若不能始终保持至强实力（军事能力、财政能力、最高权力等），君主是可以被"变置"的，更妄谈受到全体民众的普遍爱戴与宗教般的崇拜与认同了。

《史记·十二本纪·项羽本纪》记载：

> 项籍少时，学书不成，去学剑，又不成。项梁怒之。籍曰："书足以记名姓而已。剑一人敌，不足学，学万人敌。"於是项梁乃教籍兵法，籍大喜，略知其意，又不肯竟学。项梁尝有栎阳逮，乃请蕲狱掾曹咎书抵栎阳狱掾司马欣，以故事得已。项梁杀人，与籍避仇於吴中。吴中贤士大夫皆出项梁下。每吴中有大繇役及丧，项梁常为主办，阴以兵法部勒宾客及子弟，以是知其能。秦始皇帝游会稽，渡浙江，梁与籍俱观。籍曰："彼可取而代也。"梁掩其口，曰："毋妄言，族矣！"梁以此奇籍。籍长八尺馀，力能扛鼎，才气过人，虽吴中子弟皆已惮籍矣。[1]

《史记·十二本纪·高祖本纪》记载：

> 高祖常繇咸阳，纵观，观秦皇帝，喟然太息曰："嗟乎，大丈夫当如此也！"[2]

《史记·三十世家·陈涉世家》记载：

---

[1]　（西汉）司马迁：《史记》（上），吉林大学出版社，2015年，第71页。
[2]　（西汉）司马迁：《史记》，北方文艺出版社，2007年，第100页。

　　吴广素爱人，士卒多为用者。将尉醉，广故数言欲亡，忿恚尉，令辱之，以激怒其众。尉果笞广。尉剑挺，广起，夺而杀尉。陈胜佐之，并杀两尉。召令徒属曰："公等遇雨，皆已失期，失期当斩。藉弟令毋斩，而戍死者固十六七。且壮士不死即已，死即举大名耳，王侯将相宁有种乎！"徒属皆曰："敬受命。"①

《孟子·尽心下》记载：

　　民为贵，社稷次之，君为轻。是故得乎丘民而为天子，得乎天子为诸侯，得乎诸侯为大夫。诸侯危社稷，则变置。牺牲既成，粢盛既洁，祭祀以时，然而旱干水溢，则变置社稷。②

《左传》昭公三十二年记载：

　　社稷无常奉，君臣无常位，自古以然。故《诗》曰："高岸为谷，深谷为陵。"三后之姓，于今为庶，主所知也。③

　　其次，君主合法性塑造方式。主要有两种，一是政权产生以后的政绩，即前文所说的治理合法性。政绩主要包括：减轻百姓负担（如减赋减税）、促进经济繁荣、社会大治等。当然政绩还包括通常意义上的顺应民意。如若不能顺应民意，君主是可以被"变置"的。至于"民贵君轻"思想，诸如"民为贵，社稷次之，君为轻""社稷无常奉，君臣无常位，自古以然"等思想，则为君主"变置"提供了理论与道义上的支持。也因此，对中国古代皇帝的约束仅仅停留在道义或道德层面，难以进行实质性约束。中国历史上一个王朝建立以后，一般情况下都会出现社会经济繁荣、天下大治的景象，这与古代君主通过政绩来塑造合法性有很大的关系。二是通过汤武革命、自诩神圣的"天命"等方式来进行，缺乏一套宗教性仪式来塑造自己的神圣性。所谓汤武革命原是指商汤与周武王以武力推翻前朝的革命。《周易·革卦·象传》记载："天地革而四时成，汤武革命，顺乎天而应乎人。"因此，汤武革命被用来塑造推翻不得人心、政绩较差的政权的合法性。至于通过自诩神圣的"天

---

①　（西汉）司马迁：《史记》（上），吉林大学出版社，2015 年，第 395 页。

②　（战国）孟子：《孟子选注》，漓江出版社，2014 年，第 175 页。

③　《左传》，吉林文史出版社，2009 年。

命"来塑造合法性则更为荒唐。

《汉书·高祖纪》记载：

> 高祖，沛丰邑中阳里人也，姓刘氏。母媪尝息大泽之陂，梦与神遇。是时雷电晦冥，父太公往视，则见交龙于上。已而有娠，遂产高祖。
>
> 高祖为人，隆准而龙颜，美须髯，左股有七十二黑子。宽仁爱人，意豁如也。常有大度，不事家人生产作业。及壮，试吏，为泗上亭长，延中吏无所不狎侮。好酒及色。常从王媪、武负贳酒，时饮醉卧，武负、王媪见其上常有怪。高祖每酤留饮，酒雠数倍。及见怪，岁竟，此两家常折券弃责。
>
> ……
>
> 高祖以亭长为县送徒骊山，徒多道亡。自度比至皆亡之，到丰西泽中亭，止饮，夜皆解纵所送徒，曰："公等皆去，吾亦从此逝矣！"徒中壮士愿从者十余人。高祖被酒，夜径泽中，令一人行前。行前者还报曰："前有大蛇当径，愿还。"高祖醉，曰："壮士行，何畏！"乃前，拔剑斩蛇。蛇分为两，道开。行数里，醉困卧。后人来至蛇所，有一老妪夜哭。人问妪何哭，妪曰："人杀吾子。"人曰："妪子何为见杀？"妪曰："吾子，白帝子也，化为蛇当道，今者赤帝子斩之，故哭。"人乃以妪为不诚，欲苦之，妪因忽不见。后人至，高祖觉。告高祖，高祖乃心独喜，自负。诸从者日益畏之。
>
> 秦始皇帝尝曰"东南有天子气"，于是东游以<月犬>当之。高祖隐于芒、砀山泽间，吕后与人俱求，常得之。高祖怪问吕后，后曰："季所居上常有云气，故从往常得季。"高祖又喜。沛中子弟或闻之，多欲附者。①

《明史·太祖本纪》记载：

> 太祖开天行道肇纪立极大圣至神仁文义武俊德成功高皇帝，讳元璋，字国瑞，姓朱氏。先世家沛，徙句容，再徙泗州。父世珍，始徙濠州之钟离。生四子，太祖其季也。母陈氏，方娠，梦神授药一丸，置掌中有光，吞之，寤，口余香气。及产，红光满室。自是夜数有光起，邻里望见，惊以为火，辄奔救，至则无有。比长，姿貌雄杰，奇骨贯顶。志意廓然，

---

① （东汉）班固：《汉书》，中州古籍出版社，1996年，第1～2页。

人莫能测。

……

　　太祖孤无所依,乃入皇觉寺为僧。逾月,游食合肥。道病,二紫衣人与俱,护视甚至。病已,失所在。①

　　这种后天的自我塑造合法性的方式,即自我证明"我是天命所归",存在致命的缺陷。例如,每一位通过武力夺取政权的君主均可以在夺取政权后再论证自身合法性,而事实上,这种合法性也是不可以被证明的。因此,这种关于自身神圣性的塑造就成为赤裸裸的欺骗性宣传。同样,这种论证方式也为后续通过武力夺取政权的君主提供了极大的方便并不断被模仿(朱元璋和刘邦用来论证自己天命所归的故事具有极大的相似性)。

　　最后,中国古代君主通过暴力夺取政权的最大目的在于实现"普天之下莫非王土、率土之滨莫非王臣"的目的,即通过夺取政权来获取天下的私有产权。正如黄宗羲所认为的,"后之为人君者不然,以为天下利害之权皆出于我,我以天下之利归于己,以天下之害尽归于人……以我之大私为天下之大公,始而惭焉,久而安焉,视天下为莫大之产业,传之子孙,受享无穷"②。于是,中国古代社会形成了死循环:通过武力来夺取天下→获取天下的私有产权→怕失去而不断强化绝对权力→合法性失效(如社会动乱、百姓民不聊生等)→武力夺取天下;中国古代的皇帝们更不可能主动让出自己的绝对权力并受到宪法的严格限制来实现君主立宪的政体转型。

　　上文虽然分析的是中国君主立宪改革没有成功的原因,但实际上,这些原因也是中国近代民主共和没有取得成功的原因所在。例如,将民主共和作为工具,为了民主共和而共和,完全忽视了民主共和所需要的社会基础、经济基础等。再比如,当时的社会大众臣民意识浓厚,完全不知道民主共和为何物,对民主共和的倡导仅仅局限于少数先进知识分子和民族资产阶级分子。

---

① (清)张廷玉等:《明史》,第1页。
② (明)黄宗羲:《明夷待访录校释》,岳麓书社,2011年,第118页。

第二章
政治文化发展：五四时期的新文化运动

中国政治文化绵延了几千年。对中国政治文化发展影响深远乃至决定了中国政治文化发展方向的莫过于先秦时期的百家争鸣和五四时期的新文化运动。先秦时期的百家争鸣为"后来2000多年的封建社会奠定了制度文化和观念文化的基础"①。五四时期的新文化运动开启了中国社会、政治和文化的现代转型，为中国政治变革提供了有效的价值选择，奠定了今天中国政治文化的发展基础。

第一节　兴起缘由

鸦片战争以后，中国人开始向西方学习的历程，先后经历了引进物质文明和制度文明阶段（君主立宪和民主共和），但是均失败了。正如毛泽东同志所说的：

> 自从一八四〇年鸦片战争失败那时起，先进的中国人，经过千辛万苦，向西方国家寻找真理。洪秀全、康有为、严复和孙中山，代表了在中国共产党出世以前向西方寻找真理的一派人物。那时，求进步的中国人，只要是西方的新道理，什么书也看。向日本、英国、美国、法国、德国派遣留学生之多，达到了惊人的程度。国内废科举，兴学校，好像雨后春笋，努力学习西方。我自己在青年时期，学的也是这些东西。这些是西方资产阶级民主主义的文化，即所谓新学，包括那时的社会学说和自然科学，和中国封建主义的文化即所谓旧学是对立的。学了这些新学的人们，在很长的时期内产生了一种信心，认为这些很可以救中国，除了旧

① 王磊：《一个黄金时代的形成与终结——对战国百家争鸣现象的一种解读》，《陕西师范大学学报》（哲学社会科学版），2007年第1期。

学派,新学派自己表示怀疑的很少。要救国,只有维新,要维新,只有学外国。那时的外国只有西方资本主义国家是进步的,它们成功地建设了资产阶级的现代国家。日本人向西方学习有成效,中国人也想向日本人学。在那时的中国人看来,俄国是落后的,很少人想学俄国。这就是十九世纪四十年代至二十世纪初期中国人学习外国的情形。帝国主义的侵略打破了中国人学西方的迷梦。很奇怪,为什么先生老是侵略学生呢? 中国人向西方学得很不少,但是行不通,理想总是不能实现。多次奋斗,包括辛亥革命那样全国规模的运动,都失败了。国家的情况一天一天坏,环境迫使人们活不下去。怀疑产生了,增长了,发展了。①

这是五四时期新文化运动发生的一大背景。当然,还有其他背景,例如封建复古思潮或尊孔思潮的兴起,典型体现为袁世凯复辟、筹安会的思想造势等。

这种背景决定了五四时期的新文化运动表面上是文化之争,但实质上是政治之争,即如何拯救中国、中国应该往哪里去? 而要分析中国应该往哪里去,则必须分析之前的改革为什么失败了。作为新文化运动发起者的陈独秀认为,失败的原因不仅仅在于封建守旧势力的阻挠,还在于人民大众尚未觉悟,尚未觉醒。高一涵认为是由"制度革命、思想不革命"造成的。

高一涵在《非"君师主义"》②一文中认为:

再说共和政治,不是推翻皇帝便算了事,国体改革,一切学术思想亦必同时改革。单换一块共和国招牌,而店中所买的,还是那些皇帝"御用"的旧货,绝不得谓为革命成功。法国当未革命之前,就有卢梭、福禄特尔、孟德斯鸠诸人,各以天赋人权、平等、自由之说,灌人人民脑中。所以打破帝制,共和思想,即深入于一般人心。美国当属英的时候,平等、自由、民约诸说,已深印于人心,所以甫脱英国的范围,即能建设平民政治。中国革命是以种族思想争来的,不是以共和思想争来的。所以皇帝虽退位,而人人脑中的皇帝尚宋退位;所以人民国以来,总统行为,几无一处不摹仿皇帝。皇帝祀天,总统亦祀天;皇帝尊孔,总统亦尊孔;皇帝出来地下敷黄土,总统出来地下也敷黄土;皇帝正心,总统亦

① 毛泽东:《毛泽东选集》(第四卷),人民出版社,1991 年,第 1469～1470 页。
② 高一涵:《非"君师主义"》,《新青年》第 5 卷第 6 号,1918 年 12 月 15 日。

要正心;皇帝"身兼天地、君亲、师之众责",总统也想"身兼天地、君亲、师之众责"。这就是制度革命、思想不革命的铁证。

陈独秀在《吾人最后之觉悟》一文中认为:

> 然自今以往,共和国体果能巩固无虞乎? 立宪政治果能施行无阻乎? 以予观之,此等政治根本解决问题,犹待吾人最后之觉悟……今兹之役,可谓为新旧思潮之大激战。浅见者咸以吾人最后之觉悟期之,而不知尚难实现也。何以言之? 今之所谓共和,所谓立宪者,乃少数政党之主张,多数国民不见有若何切身利害之感而有所取舍也。盖多数人之觉悟,少数人可为先导,而不可为代庖。共和立宪之大业,少数人可主张,而未可实现。人类进化恒有轨辙可寻,故予于今兹之战役,固不容怀悲观而取卑劣之消极态度,复不敢怀乐观而谓可踌躇满志也。故吾曰:此等政治根本解决问题,不得不待诸第七期吾人最后之觉悟。此觉悟维何? 请为我青年国民珍重陈之。①

在《一九一六年》一文中,陈独秀也表达了类似的观点:

> 吾国年来政象,惟有党派运动,而无国民运动也。法兰西之革命,法兰西国民之恶王政与教权也。美利坚之独立,十三州人民之恶苛税也。日本之维新,日本国民之恶德川专政也。是乃法、美、日本国民之运动,非一党一派人之所主张所成就。凡一党一派人之所主张,而不出于多数国民之运动,其事每不易成就,即成就矣,而亦无与于国民根本之进步。吾国之维新也,复古也,共和也,帝政也,皆政府党与在野党之所主张抗斗,而国民若观对岸之火,熟视而无所容心,其结果也,不过党派之胜负,于国民根本之进步,必无与焉。②
>
> ……
>
> 自负为一九一六年之男女青年,其各自勉为强有力之国民,使吾国党派运动进而为国民运动,自一九一六年开始。世界政象,少数优秀政党政治,进而为多数优秀国民政治,亦将自一九一六年始。此予敢为吾

---

① 陈独秀:《吾人最后之觉悟》,《青年杂志》第1卷第6号,1916年2月15日。
② 陈独秀:《一九一六年》,《青年杂志》第1卷第5号,1916年1月15日。

青年诸君预言者也。①

要使国民取得根本进步，要使党派运动转变为国民运动，要使政党政治转变为国民政治，必须启迪"政治的觉悟"和"伦理的觉悟"，必须"欲建设西洋式之新国家，组织西洋式之新社会，以求适今世之生存，则根本问题，不可不首先输入西洋式社会国家之基础，所谓平等人权之新信仰，对于与此新社会新国家新信仰不可相容之孔教，不可不有彻底之觉悟，猛勇之决心；否则不塞不流，不止不行！"②

以此为发端，新文化运动的倡导者们，高举"科学"和"民主"旗帜，传播新思想、新道德和新观念，批判以孔孟之道为核心的封建旧思想、旧道德、旧文化和旧习俗，推动了思想解放，推动了中国社会向现代转型。用陈独秀的话来说，这是一场"新旧思潮之大激战"。这场"新旧思潮之大激战"以1915年陈独秀创办《新青年》杂志为标志，由胡适、陈独秀、鲁迅、钱玄同、李大钊等受过新式教育的知识分子发动，以1919年兴起的五四运动为分界线，前期（1915年—1919年）主要围绕资产阶级新文化反对封建旧文化展开，后期（1919年以后）以马克思主义的传入和传播为主题。

第二节　科学与民主

科学与民主是新文化运动的口号，贯穿于这场运动始终，具有历史必然性和现实针对性。

什么是科学？陈独秀在《新青年》③发刊词中认为，"吾人对于事物之概念，综合客观之现象，诉之主观之理性，而不矛盾之谓也"。为什么要高举科学旗帜，因为"我们相信尊重自然科学实验哲学，破除迷信妄想，是我们现在社会进化的必要条件"④，"人类将来之进化，应随今日方始萌芽之科学"⑤。当时的中国民众"有想象而无科学"，"欲脱蒙昧时代"，则要"以科学与人权并重"，要"以科学说明真理，事事求诸证实"，"凡此无常识之思惟，无理由之信仰，欲根治之，厥为科学"。

① 陈独秀：《一九一六年》，《青年杂志》第1卷第5号，1916年1月15日。
② 陈独秀：《宪法与孔教》，《新青年》第2卷第3号，1916年11月（上）。
③ 创办之初，名字为《青年杂志》，后改名为《新青年》。
④ 陈独秀：《〈新青年〉宣言》，《新青年》第七卷第一号，1919年12月1日。
⑤ 陈独秀：《再论孔教问题》，《新青年》第二卷第五号，1917年1月1日。

对于民主,陈独秀在《新青年》发刊词中尚未明确提出,但是已经有了相关表述。例如,"自主之权""自主自由之人格""政治之解放""宗教之解放""经济之解放""男权之解放""人权平等"等表述。其实,在当时"吾人于共和国体之下,备受专制政治之痛苦"①的社会背景下,民主并不仅仅指民主制度,也指民主精神和民主价值,更泛指经济、社会、文化领域的解放。在这层意义上看,"科学与人权并重"实际上就是当时条件下的科学与民主并重,因为人权平等、人的觉醒、个性解放、婚姻自由、女性解放等提法可以说是当时条件下的民主代名词。这种对民主的理解可以从陈独秀在《〈新青年〉罪案之答辩书》②一文中得到印证,例如,在"要拥护那德先生,便不得不反对孔教、礼法、贞节、旧伦理、旧政治"这句话中,陈独秀将孔教、礼法、贞节、旧伦理、旧政治视为民主的对立面。

三年之后,针对社会上对《新青年》"破坏孔教,破坏礼法,破坏国粹,破坏贞节,破坏旧伦理(忠、孝、节),破坏旧艺术(中国戏),破坏旧宗教(鬼神),破坏旧文学,破坏旧政治(特权人治)"的非难,陈独秀在《〈新青年〉罪案之答辩书》③一文中提出,正是拥护德先生和赛先生,才犯了"滔天的大罪"。

> 这几条罪案,本社同人当然直认不讳。但是追本溯源,本志同人本来无罪,只因为拥护那德莫克拉西(Democracy)和赛因斯(Science)两位先生,才犯了这几条滔天的大罪。要拥护那德先生,便不得不反对孔教、礼法、贞节、旧伦理、旧政治;要拥护那赛先生,便不得不反对旧艺术、旧宗教;要拥护德先生又要拥护赛先生,便不得不反对国粹和旧文学。④
> ……
> 西洋人因为拥护德、赛两先生,闹了多少事,流了多少血,德、赛两先生才渐渐从黑暗中把他们救出,引到光明世界。我们现在认定只有这两位先生,可以救治中国政治上道德上学术上思想上一切的黑暗。若因为拥护这两位先生,一切政府的压迫,社会的攻击笑骂,就是断头流血,都不推辞。⑤

从上述论述中可以看出,以科学和民主为口号,具有历史必然性和现实针对性。

---

① 陈独秀:《吾人最后之觉悟》,《青年杂志》第 1 卷第 6 号,1916 年 2 月 15 日。
②③④⑤ 陈独秀:《〈新青年〉罪案之答辩书》,《新青年》第 6 卷第 1 号,1919 年 1 月 15 日。

一、历史必然性方面

新文化运动的先哲们将西方社会进步抽象概括为科学和民主是不无道理的,是符合历史发展潮流与规律的。综观西方社会发展,从文艺复兴到宗教改革再到启蒙运动无疑是从专制到民主、从神学到科学的过程,这一过程高举人文主义旗帜,批判了封建思想和神学,将人从封建专制和神学统治中解放出来,为资本主义经济、政治和文化的发展奠定了基础。

（一）文艺复兴

中世纪是欧洲的黑暗时代,基督教教会是欧洲中世纪封建社会的精神支柱,上帝是绝对权威,文学、艺术和哲学一切以基督教的《圣经》为准,受到教会的严格控制。14 世纪到 16 世纪,欧洲资本主义经济萌芽,开始形成新型的资产阶级。与经济发展相伴随的是人们对基督教宗教控制的不满,希望冲破教会神学的束缚。这种冲破束缚的行为最先在 14 世纪的意大利发生,随后扩展到西欧各国,在 16 世纪的时候达到巅峰。世俗市民和知识分子由于没有成熟的文化理论体系来代替封建神学,故采用复兴古代希腊、罗马文化的方式来表达自己的文化主张,是借古典之名来兴资产阶级文化之实和反抗封建与教会统治之实。

这次思想解放运动揭开了欧洲近代史的序幕,被学术界认为是欧洲中世纪和近代的分界线。这次思想解放运动高举人文主义精神旗帜,倡导以人为中心而非以神为中心,倡导自由平等而非等级观念,倡导理性科学而非愚昧,将人从封建专制和宗教神学中解放出来,倡导人的个性解放、人的尊严和价值,反对神学思想,促进了人的觉醒,为宗教改革和启蒙运动奠定了基础,为资本主义发展奠定了主体条件。这次思想解放运动在本质上是新兴的资产阶级反封建反神学、弘扬资产阶级文化的新文化运动,为资本主义发展奠定了思想文化基础。这次思想解放运动将科学和艺术从封建和宗教统治之中解放出来,奠定了近代自然科学的基础,产生了诸如但丁的《神曲》、薄伽丘的《十日谈》等文学成就,产生了以达·芬奇、米开朗基罗、拉斐尔、莎士比亚等为代表的文学艺术巨匠,出现了诸如哥白尼、布鲁诺、伽利略、开普勒等著名天文学家,推动了人类对天文的探索;出现了诸如费马、笛卡儿、雷蒂库斯、韦达、费拉里、卡尔达诺等数学家;出现了伽利略、帕斯卡、波义耳等物理学家;出现了哈维、塞尔维特等生理学家以及其他心理、美学、音乐、建筑学家等。概而言之,文艺复兴与其说是文艺的"复兴",实质上是资产阶级新文化的创造,是资产阶级的思想解放运动。它秉持人文主义精神,重新发现了人,解放了人的思想,打破了封建专制和神学宗教一统天下的局面,产生了诸多文艺作品,极大地推动了资本主义科学艺术的发展。此外,文艺复兴通过推动自然科学发展和对神学的批判为宗教改革运动奠定了思想基础。

(二)宗教改革

16 世纪,另一场运动——宗教改革运动在欧洲轰轰烈烈展开,与文艺复兴遥相呼应。宗教改革兴起于德国并发展到整个欧洲,其性质为宗教改革和政治革命,实质为资产阶级反对封建和天主教会的思想解放和社会改革运动,运动的主体为资产阶级和接受资产阶级思想意识的基督教徒,封建主(国王)和农民群众。

宗教改革的背景如下:

1. 中世纪基督教神权在欧洲专制统治的形成

基督教于公元 1 世纪中叶产生于地中海沿岸的巴勒斯坦。公元 135 年,从犹太教中分离出来成为独立的宗教。公元 392 年,基督教被罗马帝国政权利用,被定为罗马帝国国教,借助罗马帝国的庞大版图,基督教获得了绝佳的传播机会,并逐步成为统治欧洲的宗教。此时,王权高于教权。公元 395 年,罗马帝国分为西罗马帝国和东罗马帝国,基督教也相应地分为西派教会和东派教会。西派教会以罗马为中心,形成天主教传统。东派教会以君士坦丁堡为中心,形成正教传统。公元 1054 年,东西两派教会正式分裂,东派自称正教,即东正教,西派自称公教,即天主教。西罗马帝国于公元 476 年灭亡,西欧进入漫长的中世纪①,天主教也进入漫长的中世纪发展阶段。东正教则因为东罗马帝国的衰亡而逐渐分化。需要说明的是,东罗马帝国相对富裕,并建立了相对完善的官僚体系,形成了以皇帝为中心的管理体制,教权在皇权之下。而西罗马帝国则截然相反。

欧洲中世纪的封建领主经济,导致欧洲并未形成类似于中国古代社会的中央集权体制。"层层分封的权力结构造成了一种严重分裂和闭塞的政治环境,受制于封建附庸关系的人们从生到死都围限于狭小的封建领地中,普遍缺乏统一的民族意识和国家观念。封建社会的这种分散而闭塞的政治

① 约公元 476 年~公元 1453 年,是欧洲历史上的一个时代(主要是西欧),自西罗马帝国灭亡(公元 476 年)到拜占庭帝国灭亡(公元 1453 年)的这段时期。罗马帝国,公元前 27 年—公元 395 年;西罗马帝国,公元 395 年—公元 476 年;东罗马帝国,公元 395 年—公元 1204 年,公元 1261 年—公元 1453 年。

结构,很难支撑起一个像罗马帝国那样强盛的世俗国家,但是它却为基督教会的精神统一提供了便利条件。随着罗马天主教会对日耳曼蛮族的信仰教化的完成,在彼此隔绝的封建领地之中和之上,逐渐形成了一个以罗马教廷为核心的教会组织,它如同蜘蛛网一般广泛分布在西欧社会的每一个角落。所有的灵魂——从国王一直到农奴——要想进入天国,都必须从教会那里获得通行证。这种属灵的特权使得罗马教会得以理直气壮地干预现实政治,从而由灵性世界的引领者蜕变为世俗权力的操控者。"①"经过数百年的激烈博弈,到 13 世纪下半叶,罗马教会已经无可置疑地确立起对西欧封建王权的优势地位,形成了一统天下的专制格局。"②基督教一统天下的专制格局意味着王权与教权关系的转变,即由之前的王权高居于教权之上逐步转变为教权高居于王权之上③(例如著名的"卡诺莎之辱");意味着基督教以罗马为中心,形成了一个跨越国界统一的神权组织;意味着基督教在欧洲政治、经济、文化思想等领域形成了专制。

2. 政治方面,中世纪基督教在欧洲所确立的神权统治与建立统一的独立的民族国家之间的矛盾

15 世纪,西欧进入封建社会末期,资本主义生产关系开始萌芽和成长,地理大发现扩大了世界市场,刺激了商业、航海业和工业的发展,商业资本的发展和资本主义原始资本积累的需求迫切需要建立国内统一市场和世界市场。于是,新形成的商业资产阶级和新贵族开始联合起来共同反抗封建特权,企图改变封建领主制经济所造成的国家分裂割据局面,实现政治上的统一。这种经济上的需求在政治领域的反映即为封建君主在资产阶级和新贵族的支持下建立起来的君主专制制度。新形成的专制君主一方面推行重商主义,运用国家力量推动商业发展,强化资本积累,一方面加强中央集权,有力地促进了国家的统一和民族国家的发展。与此同时,商业发展推动了民主主义观念的形成和民族意识的觉醒。在多重因素的推动之下,资产阶级和新形成的封建专制君主迫切需要改变在中世纪形成的教权凌驾于王权之上的局面,打破天主教的控制成为了现实需求。之所以首先发生在德国,是因为当时的德国还处于分裂状态,迫切需要政治统一。这种分裂状态一方面阻碍了经济发展,另一方面也为教会的剥削提供了便利,德国因教会每

---

① ②　赵林:《简论中世纪西欧封建社会的教俗之争》,《求是学刊》,2017 年第 44 期。
③　教权与王权之争也是一个关于权力的永恒话题,不同的时期,两者关系不同。初期,如罗马帝国时期,王权高于皇权;中世纪时期,教权高于王权(例如著名的"卡诺莎之辱");中世纪后期,王权高于教权(例如著名的"阿维农之囚")。

年剥削的财富巨大而被称之为"教皇的奶牛"。至于在德国向教徒兜售赎罪券则成为了德国宗教改革的直接导火索。

3. 经济方面,教会是欧洲最大的封建主

罗马教会在欧洲一统天下专制格局的形成也意味着罗马教会掌握无限的权力,意味着罗马教会是欧洲最大的封建主。有资料显示,中世纪的天主教会控制了欧洲大约三分之一的土地,这些土地由教堂和大小僧侣掌握,采用封建剥削的方式。除此之外,还向信徒征收什一税、出售神职、圣物和赎罪卷等。基督教思想也束缚了资本主义经济发展。例如,禁欲主义要求信徒抛弃现世物质享受,忍受剥削,安分守己。资本主义经济的发展和新兴资产阶级的成长要求打破天主教神学的束缚。

4. 思想文化方面,基督教教会占据着意识形态领域的统治地位

基督教教会垄断了文化、教育、艺术等,实行精神独裁。控制《圣经》解释权,任何不符合基督教教义的行为与思想均被视为异端行为和思想,成立宗教裁判所,对异端行为和思想进行残酷镇压。正如恩格斯所说的,"中世纪只知道一种意识形态,即宗教神学"。早期的文艺复兴所倡导的人本主义思想得到了进一步传播。

5. 天主教的堕落与残暴激化了社会矛盾

例如,神职人员生活腐化,教会贪婪成性等。在这样的背景下,西欧的宗教改革将矛头对准了罗马教会在欧洲的大一统专制,以德国的宗教改革为开端,逐步扩展到了整个欧洲。在这场轰轰烈烈的宗教改革中,著名的当为马丁·路德的宗教改革、加尔文宗教改革、亨利八世宗教改革。

宗教改革"是西欧社会转型的真正的历史起点和逻辑起点","宗教改革打破了罗马天主教会一统天下的专制局面,它所造成的宗教分裂事实使得宗教信仰成为纯粹个人的事情,从而开创了一种宗教宽容的新时代精神,为科学理性的勃兴、民主政治的生长和资本主义经济的发展创造了条件。然而,宗教改革的最重要的意义却在于,它克服了中世纪基督教在灵魂与肉体、天国与人间、理想与现实之间造成的二元对立以及由这种对立而导致的信仰虚假和道德堕落,把基督教的宗教理想与平凡的现实生活和谐地统一起来。路德教将神性与人性融为一体,使人类精神获得了自由;安立甘教将上帝与"凯撒"融为一体,使国家利益成为至高无上的;加尔文教将宗教生活与世俗生活融为一体,使日常工作具有了神圣性。正是由于宗教改革改变了世俗生活与宗教生活之间的对立关系,17世纪以后出现的自然神论、道德神学、自由派神学等近现代西方神学流派才得以在科学与宗教、知识与信

仰、经验理性与神学规范之间寻求和解"①。具体而言主要包括如下几个方面：

政治方面，打击了天主教会的神权统治，剥夺了教会在各国的政治、经济特权，实行了世界性政教分离原则，各国王权得到加强，促进了民族国家的发展。

经济方面，夺取了大量原属教会的财产和土地，确立了适应资产阶级需要的伦理规范和生活方式，有利于资本主义经济的发展。

文化方面，打破了教会精神专制，解放了人们的思想，发展了人文主义；促进了西欧各国民族文化和教育事业的发展，传播了资产阶级的意识形态，促进了科学革命和科学教育体系蓬勃发展。

（三）科学革命

文艺复兴解放了人们的思想，使自然科学获得新的生命；新航路开辟为欧洲带来新知识和新发现；宗教改革"所涉及的上帝观、自然观和人性观三个层面的重大转变，都直接或间接地为近代科学之树的破土而出松动了土壤，输送了营养，并与其他的人文背景一起为近代科学之树的萌生和发展提供了必要的环境"②。资本主义工商业的发展，共同推动了科学的迅速发展。于是，在16世纪到17世纪的欧洲，尽管在封建势力和经院哲学的重重阻挠下，科学理论体系发生了剧烈变革。这场剧烈变革被称之为"科学革命"。16世纪（公元1543年），哥白尼的《天体运行论》发表，日中心说替代地心说，开启了近代科学史上的天文学革命，初步形成了与中世纪神学和经验哲学完全不同的新兴科学体系，标志着近代自然科学的诞生。伽利略以实验、观察和数学推理为主要研究方法，证明了哥白尼"日心说"的正确性，发现了力学相对性原理、自由落体定律和惯性原理等理论，开启了"实验科学"研究传统，改变了自亚里士多德以来的以思辨为主的研究方法传统，标志着物理学的真正开端，为牛顿力学体系的建立奠定了基础，因此被称为"近代科学之父"。在伽利略等科学巨匠的研究成果基础上，1687年，牛顿出版《自然哲学的数学原理》，系统阐述了物体运动三大定律和万有引力定律，形成了一个以实验为基础，以数学为表达形式的近代物理科学体系即经典力学体系。它是人类在认识自然的历史上，对自然规律第一次进行理论性概括和总结，明确了自然科学的基本特征，成为其他自然科学的典范。它所形成的研究

①　赵林：《宗教改革对于西欧社会转型的历史作用》，《江苏社会科学》，2002年第3期。
②　杨渝玲：《宗教改革：近代科学产生的宗教背景》，《自然辩证法通讯》，2010年第32期。

方法得到了推广应用,对其他科学乃至人文社会科学也产生了深刻影响;它标志着近代自然科学的形成,并为法国启蒙思想奠定了科学基础。

科学革命的发生诞生了近代自然科学,将人们对世界的看法从宗教神学的束缚中解放出来,改变了人们的世界观。科学革命使科学知识开始普及,人们理解世界和掌控世界的能力得到了极大程度的提升,相信自己能够战胜世界。科学革命使科技成为了第一生产力,科技成为人类文明发展的动力之一。

(四)启蒙运动

如果说文艺复兴和宗教改革运动解放了人们的思想,把人和科学从神学的桎梏中解放出来,进入了实验科学时代,再加上地理大发现和航海时代的到来,共同推动了近代科学从产生到形成;推动了人文主义精神从萌芽到发展,那么启蒙运动继承并发展了文艺复兴和宗教改革运动所倡导的人文主义思想,继承了科学革命所确立的理性主义思想基础,以理性、民主、平等和科学为主要内容,反对专制王权、封建特权、等级制度和愚昧迷信,提倡政治民主、权利平等、个人自由和科学精神,试图构建一个民主和科学的美好时代。

启蒙,简单而言即为开导蒙昧的意思。发生在 17 世纪至 18 世纪时期的启蒙运动(Movement of Enlightenment)(又称为启蒙时代,Age of Enlightenment;理性时代,Age of Reason)即是开导愚昧专制,开启理性,将人们从愚昧专制的封建专制统治和教权统治中解放出来,争取自由平等的运动。它发源于 17 世纪中后期的英国,于 18 世纪在法国达到巅峰,随后逐步扩展到了欧洲,影响了全世界。[①] 代表人物主要有霍布斯、洛克、伏尔泰、孟德斯鸠、罗素、狄德罗、康德等。它涵盖了自然科学、哲学、伦理学、政治学、经济学、历史学、文学、教育学等多个知识领域。它是资产阶级反封建的思想文化运动,是继文艺复兴之后的第二次思想解放运动,它为建立资本主义政治制度奠定了基础。

1. 启蒙运动的背景

如前所述,在基督教在欧洲建立统一的专制统治的背景下,文艺复兴将人从封建专制和宗教神学中解放出来,倡导人的个性解放、人的尊严和价值,反对神学思想,促进了人的觉醒。宗教改革发生的背景之一为基督教,

---

① 有学者把 1687 年到 1789 年这段时间归为启蒙时代,前者是牛顿发表《自然哲学的数学原理》一书的时间,后者是法国大革命爆发的时间。它是紧接着文艺复兴时期的一段历史时期。

主要是天主教在欧洲神权统治的建立与统一的民族国家建立之间的矛盾，背后是资本主义经济的发展，宗教改革的直接结果是封建君主在资产阶级的帮助之下建立了封建专制统治，确立了政教分离原则，将王权从神权中解放了出来。尽管这种封建专制统治奉行的重商主义政策进一步推动了资本主义经济的发展，将欧洲由中世纪封建社会引入到了资本主义社会，但毕竟封建君主专制统治对资本主义经济的发展逐步从保护作用转变为障碍桎梏作用，限制了资本主义经济、政治和社会的进一步发展。由于封建势力不会自行退出历史舞台，故需要一场新的革命来加速封建势力的衰落和资本主义社会的建立。这是这次启蒙运动的总体背景。具体如下：①经济方面，资本主义经济进一步发展，资产阶级力量进一步壮大。②政治方面，封建君主专制和天主教会阻碍资本主义经济发展。③科学基础方面，近代自然科学的发展，使教会的权威受到挑战。④思想方面，文艺复兴和宗教改革解放了人的思想。

如前所述，文艺复兴和宗教改革的发生、科技革命的发生、近代自然科学的发展逐步改变了人们的世界观，破除了人们对宗教神学的迷信，科学方法逐步成为认识世界的方法。科技革命所确立的理性更是成为人们认识世界的准则，为启蒙运动奠定了基础。

2. 启蒙运动的内容

"17世纪末科学革命的胜利为启蒙运动奠定了基础。"科学革命所倡导和坚持的理性主义是启蒙运动的核心。理性是指人的思考和判断，运用自己的智力去认识、判断和理解事物。它与感性和神性相对立，强调运用科学知识来认识事物，不依赖天意或神的旨意，其目的是为了保障人的自然权利。理性主义(Rationalism)是建立在承认人的推理可以作为知识来源的理论基础上的一种哲学方法，它要求人们科学地认识事物，反对迷信和盲从，只承认人的理性而不承认神的意旨，呼唤用理性来批判现实，改造世界。科学革命，尤其是经典力学体系的建立，使得人们认识到通过实验观察和数学推理等方法可以发现自然界中的自然规律或法则。例如，培根等经验主义哲学家认为，认识来自经验，强调观察、实验和归纳推理的方法。科学革命中的理性主义被启蒙思想家应用到了社会领域。他们认为，与自然规律一样，社会规律也是客观的，也是可以通过实验观察、归纳演绎、推理等理性方法来发现的。"这些哲人受万有引力定律的影响很大，相信存在着不仅像牛顿所证实的那样控制物质世界、也控制人类社会的自然法则。按照这一设想，他们开始将理性应用于所有领域，以便发现种种有效的自然规则。他们使一切事物——所有的人、所有的制度、所有的传统——受到理性的检验。"①伏尔泰也认为:"整个自然界,所有行星竟会服从永恒的定律法则,而有一种身高仅五尺的小动物竟能不顾这些法则,完全按照自己的奇思怪想随心所欲地行动,这是非常奇异的。"具体而言,"启蒙运动推崇'知识至上'和'理性至上'。人类历史从此展开在思想和知识上的'启蒙',开启了现代化和现代性的发展历程。德国哲学家康德以'敢于求知'的口号来阐述启蒙精神和理性担当。他认为启蒙运动是人类的解放时代,是将人类意识从不成熟的无知状态中解放出来的时代。启蒙运动反对神学权威和传统教条,继承了文艺复兴时期反对神权,解放人性的精神。这一运动将反传统的精神基于人的理性。它鼓励人相信理性并敢于求知。该运动认为基于理性的科学和艺术知识的发展,可以改进人类的生活。启蒙运动反对'君权神授',主张'天赋人权';反对贵族的等级特权,主张'法律面前人人平等'。启蒙运动相信,普世原则和普世价值可以在理性的基础上建立,对传统存有的社会习俗和政治体制,以理性方法检验并改进,包含了'自由平等'的观念。启蒙运动大大影响了西方的教育思想,是西方现代教育的基石。"

以理性主义为基础,启蒙运动将斗争矛头指向了封建专制制度和天主教会,批判反对专制王权、封建神权、贵族特权、等级制度和愚昧迷信,追求自由、民主、科学、平等。因而,是一场思想解放运动。

启蒙运动的代表性人物主要有:霍布斯、洛克、孟德斯鸠、伏尔泰、卢梭、康德等。

启蒙运动代表性人物的代表性作品、主要观点和影响评价汇总

代表人物	代表性作品	主要观点	影响评价
霍布斯	《利维坦》	"自然状态",国家起源学说;天赋人权;社会契约;反对君权神授,不反对君主专制。	代表了英国资产阶级革命期间资产阶级上层的利益,提出了一些最基本的启蒙思想,又带有明显的封建落后意识。
洛克	《政府论》	"自然状态",国家起源学说;分权学说;君主立宪。	对哲学和政治哲学界产生了极大影响,尤其是自由主义的发展;对伏尔泰有极大影响;影响了美国开国元勋与先驱;为资产阶级反封建革命提供了理论基础。

① 《全球通史》第十二章政治革命(上)启蒙运动。

续表

代表人物	代表性作品	主要观点	影响评价
伏尔泰	《哲学通信》《路易十四时代》	抨击天主教会；反对君主专制，开明君主制构想；倡导天赋人权；人生而自由；法律应以人性为出发点，法律面前人人平等。	法兰西思想之王；欧洲的良心；法国启蒙运动的良心；其思想对18世纪的欧洲产生了深远影响；思想具有局限性。
孟德斯鸠	《论法的精神》	倡导天赋人权；反对君主专制；提出三权分立。	资产阶级国家学说和法学理论的奠基人；否定了封建专制制度的合理性，为资本主义国家政治体制建立奠定了基础。
卢梭	《社会契约论》《论人类不平等的起源和基础》	天赋人权；社会契约论；人民主权说；人类不平等的根源是财产私有。	激进的民主主义者；人民主权的思想对后世具有深远影响；否定了封建王权，描绘了资产阶级共和政体的蓝图；成为法国大革命的思想先导；直接影响了美国政治制度的建立。
狄德罗	《百科全书》	天赋人权；人民是主权者；倡导科学和理性，反对迷信和专制。	体现了科学民主的时代精神；"百科全书派"成为法国启蒙运动的中坚力量；为法国大革命作了充分的思想准备。
康德	《纯粹理性批判》	独立思考；理性判断；人非工具而是目的；自律；天赋人权、自由平等；主权在民；反对暴力革命，主张建立共和政体；不反对财产上的不平等。	启蒙运动的完成者；理性批判哲学创始人；西方哲学史上划时代的哲学家；对理性作了哲学的探讨，其理性批判哲学最终确立了人类的主体地位，道出了启蒙的真谛。

注：自然权利源于拉丁文 jusnafural，中文习惯译为天赋人权，指自然界生物普遍固有的权利，并不由法律或信仰来赋予。自然权利源自于古希腊哲学的自然法理论。自文艺复兴以来，成为西方法律与政治思想的重要议题。

3.启蒙运动的影响

如果说文艺复兴倡导人性，将人从封建神权的束缚中解放出来，则启蒙运动倡导理性，将人从封建王权中解放出来。它以理性主义为核心，反对封建专制统治，反对宗教神学统治，主张消灭专制王权、专制教权和特权，追求自由、平等、科学、民主，是继文艺复兴之后的又一次思想解放运动。因启蒙运动发生在资本主义经济进一步发展和资本主义政治体制即将建立的时间段，故其影响更为深远和广泛。

在对这场运动进行评价之前，让我们看一下《全球通史》一书中"启蒙运动"章节①和恩格斯对启蒙运动的评价。

---

① 参见[美]斯塔夫理阿诺斯：《全球通史》第十二章政治革命(上)启蒙运动部分内容。

　　他们在经济领域中的主要口号是自由放任——让人民做他们愿意做的事,让自然界自然地发展。这种对政府干涉的反对,是对于通常称为重商主义这种对经济生活的全面、严格的控制的一种反应。在国家建立的早期阶段,重商主义被认为是国家安全所必需的。但是,到18世纪,它似乎是多余的,甚至是有害的。受到专利权、国内税或过多的关税和杂税妨碍的商人们热情地接受了自由放任的口号。我们已提到过,英国商人们的情况就是如此;他们攻击斯图亚特王朝的国王所出售的专利权。但是,重商主义在法国甚至更具有限制性,所以,哲人们自然将他们的注意力转向重商主义。他们寻找构成经济行为的基础的自然法则,提出了自由放任主义的一般原则——国家对自然经济力量的自由发挥作用不得干涉。

　　在宗教方面,主要口号是"Ecrasezi ínfame！"——砸烂可耻的东西,即消灭宗教的狂热和不容异说。这种对不容异说的强烈反对有着两方面的原因。一个原因是人们确信不容异说妨碍了科学讨论和得出真理。另一原因是不容异说似乎危及政治上的统一和稳定。因而,宗教信仰自由的杰出拥护者伏尔泰说,"如果在英国仅允许有一种宗教,政府很可能会变得专横;如果只有两种宗教,人民就会互相割断对方的喉咙;但是,当有大量的宗教时,大家都能幸福地生活、和睦相处。"

　　更准确地说,哲人们拒绝接受上帝支配世界并任意地决定人类的命运这种传统的信仰。相反,他们寻找一种与理智的判断相一致的自然宗教。结果产生了种种根本违背宗教正统观念的东西。

　　同样,在政治方面,哲人们也有一个关键性的用语——"社会契约"。关于统治的契约论并不是一种新理论:英国政治理论家约翰·洛克在1690年发表的《政府论》一书中已系统地提出了这一理论。洛克在这部论著中说,如果统治者对其臣民管理不当,"他们就会因这种失职行为而丧失早先人民为着完全相反的目的而授予他们的权力,权力就会被移交给人民,人民有权利恢复自己原先的自由。……"换句话说,洛克将统治看作是统治者与被统治者之间的一种政治契约。但是,法国哲学家让·雅克·卢梭把它改变成一种社会契约而非政治契约。在他看来,契约就是人民之中的一个协议。卢梭在其主要政治著作是《社会契约论》(1762年)一书中说,所有公民在建立一个政府的过程中,把他们的个人意志熔合成一个共同意志,同意接受这共同意志的裁决作为最终的裁决。卢梭关于共同意志的观念是抽象的,可以有种种解释。20 世纪的独裁者们就是利用这一学说为自己的极权主义政权辩护。然而,从欧洲政治革命的观点看,重要的一点在于卢梭强调了人民的主权。他把统治权看作只是一种"代办权",从而证明把人民的合法权力归还给拥有最高权力的人民这种革命是正当的。"行政权的受托人不是人民的主人,而是人民的办事员;它(人民)能如心所愿地使他们掌权和把他们拉下台;对受托人来说,不存在契约的问题,只有服从。"

以上简短的评述表明了启蒙运动对欧洲政治革命的意义。"砸烂可耻的东西""自由放任"和"社会契约"这些口号破坏了传统的制度和习俗。此外,它们不仅对法国的现状,而且对整个欧洲甚至海外地区的现状,也是一个挑战。实际上,哲人们并不把自己看做法国人或欧洲人,而是把自己看做人类的成员。值得注意的是,伏尔泰曾批评了博绪哀主教的《世界史教程》一书,其理由在于,这部著作主要论述犹太教徒和基督教徒的历史,忽视了异教的古人和其他文化的历史。这一批评颇为典型地表明了哲人们有意识地试图从全球的而非西方的角度来思考和行动。他们试图发现与牛顿的物质世界的定律相当的、具有普遍适用性的法则。

在南北美洲,启蒙运动也有着直接的、非常重大的影响。在拉丁美洲,新的学说由于官员、商人和移民川流不息地到来而得到传播。有位历史学家在分析了哲人们的著作在拉丁美洲的大学和私人图书馆中的广泛传播之后,下结论说,"启蒙运动显然影响了……约 1808 年前后达到成熟的整整一代人,导致了争取独立的斗争。至于英国的十三个殖民地,我们将在下面论述美国革命的一节中详细考察。这里只要提一下托马斯·潘恩、本杰明·富兰克林和托马斯·杰斐逊正象伏尔泰、卢梭和孟德斯鸠那样完全是哲人就够了。毕竟,正是杰斐逊宣布每个人都有两个祖国:他自己的国家和法国。"

《马克思恩格斯选集》记载:

他们不承认任何外界的权威,不管这种权威是什么样的。宗教、自然观、社会、国家制度,一切都受到了最无情的批判;一切都必须在理性的法庭面前为自己的存在作辩护或者放弃存在的权利。思维着的知性成了衡量一切的唯一尺度。那时,如黑格尔所说的,是世界用头立地的时代。最初,这句话的意思是:人的头脑以及通过头脑的思维发现的原理,要求成为人类的一切活动和社会结合的基础;后来这句话又有了更广泛的含义:同这些原理相矛盾的现实,实际上从上到下都被颠倒了。以往的一切社会形式和国家形式、一切传统观念,都被当作不合理性的东西扔到垃圾堆里去了;到现在为止,世界所遵循的只是一些成见;过去的一切只值得怜悯和鄙视。只是现在阳光才照射出来,理性的王国才开始出现。从今以后,迷信、非正义、特权和压迫,必将为永恒的真理,为永恒的正义,为基于自然的平等和不可剥夺的人权所取代。①

　　具体而言,主要表现在如下四个方面:①政治方面,这次启蒙运动为欧美的资产阶级革命和政治体制构建奠定了理论基础,勾勒了蓝图。例如,为法国大革命奠定了思想基础,启蒙运动所描绘的政治思想在美国首先变成了现实。正如拿破仑所说的:"没有卢梭,就没有法国革命。"②经济方面,进一步促进了资本主义经济的发展,确立了资本主义经济的基本原则——自由放任(的市场经济)。这一原则至今仍未发生改变。③思想方面,进一步解放了人的思想,使得自由、平等、民主、科学的思想深入人心,为资产阶级革命和资产阶级政治体制的建立奠定了群众基础。启蒙运动所追求的自由、民主、科学、平等和理性等至今仍为人类社会所不懈追求。④其他方面,为亚洲、北美洲、拉丁美洲等地区的民主政治建设提供了思想武器,推动了革命的发展。例如,对中国政治体制改革与构建的影响(戊戌变法、辛亥革命和新文化运动等),对美国独立战争与政治体制构建的影响,对拉丁美洲殖民地人民反抗殖民运动的影响(圣瓦丁和玻利瓦尔领导的民族独立斗争)。

　　当然,启蒙运动也具有阶级和时代的局限性,民主、自由、平等主要是资产阶级的民主、自由和平等,是为资产阶级服务的。正如恩格斯所评价的:"这个理性的王国不过是资产阶级的理想化的王国;永恒的正义在资产阶级的司法中得到实现;平等归结为法律面前的资产阶级的平等;被宣布为最主要的人权之一的是资产阶级的所有权;而理性的国家、卢梭的社会契约在实践中表现为,而且也只能表现为资产阶级的民主共和国。18 世纪伟大的思想家们,也同他们的一切先驱者一样,没有能够超出他们自己的时代使他们受到的限制。"②"我们已经看到,为革命作了准备的 18 世纪的法国哲学家们,如何求助于理性,把理性当作一切现存事物的唯一的裁判者。他们认

---

① 《马克思恩格斯选集》(第 3 卷),人民出版社,1995 年,第 719~720 页。

② 同上,第 720 页。

为,应当建立理性的国家、理性的社会,应当无情地铲除一切同永恒理性相矛盾的东西。我们也已经看到,这个永恒的理性实际上不过是恰好那时正在发展成为资产者的中等市民的理想化的知性而已。"①

从文艺复兴到宗教改革再到科学革命再到启蒙运动,西欧资本主义发展从无到有,从萌芽到确立资本主义伦理规范再到资本主义政治制度建立,西欧完成从神性到人性再到理性的建构,实现了从愚昧、等级专制到科学再到科学与民主的转变。因此,可以说,中国新文化运动期间提出的科学和民主两大旗帜,反映了当时的资产阶级知识分子企图在中国建立资产阶级政权的愿望,是具有历史必然性的。

当然,理性的过度发展会导致启蒙悖论。科学革命所树立的理性主义在启蒙运动时期深入到了各个领域,"宗教、自然观、社会、国家制度,一切都受到了最无情的批判;一切都必须在理性的法庭面前为自己的存在作辩护或者放弃存在的权利。思维着的知性成了衡量一切的唯一尺度"②。在这种背景下,科学开始成为一种信仰。人类开始以一种全新的理念来认识自然、改造自然,人类对自然的崇拜和神秘感消失时,自然开始成为了人类研究与征服的对象,与之相伴随的是生态危机的加重。人类开始以一种全新的理念来看待自己及其与他人的关系,随之而来的则是人的异化,人陷入理性的牢笼之中而不能自拔。例如,当马克斯·韦伯所建构的科层官僚制成为一种社会体制时,人类社会将如何突破科层官僚制牢笼的限制?当然,这些都是后话了,如何应对这些由理性主义过度发展所到来的消极问题也是后话了。

二、现实针对性方面

新文化运动倡导的科学主要包括两层意思。第一层意思主要是指科学技术,第二层主要是指科学精神、科学思想和科学方法。两个层面相较,科学技术是次要的,科学精神、科学思想和科学方法是主要的,正是文艺复兴将人从神权中解放出来,确立了观察实验、数学推理等科学思想、科学方法,之后才有可能催生科学革命,才有可能为启蒙运动奠定理性主义基础。何为科学?陈独秀认为科学即为"说明真理,事事求诸证实"③。这种观点与由

① 《马克思恩格斯选集》(第3卷),人民出版社,1995年,第722页。
② 同上,第719~720页。
③ 陈独秀:《敬告青年》,《青年杂志》第1卷第1号,1915年9月15日。

西方科学革命所倡导的并由启蒙运动所坚持下来的理性主义有相通之处。更进一步说，陈独秀对科学的这种看法更多的是侧重于科学精神、科学方法层面的，而非科学技术层面的。中国洋务运动等对西方器物的学习主要停留在科学技术层面。中国当时的科学精神、科学思想和科学方法尚未起步，更谈不上自然科学体系的建立。中国人整体上还处在封建愚昧、迷信盲从等状态中，确立理性主义尚不可能。因此，资产阶级知识分子要在中国建立资产阶级政体，首要任务是使人们摆脱封建愚昧和迷信盲从状态，将人从封建专制、封建意识形态中解放出来。此中规律，当时的资产阶级先进知识分子也是看到了。例如，陈独秀认为："近代欧洲之所以优越他族者，科学之兴，其功不在人权说下，若舟车之有两轮焉。今且日新月异，举凡一事之兴，一物之细，罔不诉之科学法则，以定其得失从违；其效将使人间之思想云为，一遵理性，而迷信斩焉，而无知妄作之风息焉。"①因此，陈独秀的观点——"要拥护那赛先生，便不得不反对旧艺术、旧宗教"——便是合情合理的了，是针对当时中国的现实情况而言的。

新文化运动倡导的民主，不单单指民主制度，即当时的资产阶级先进知识分子所欲建立的资产阶级民主制度，也指民主思想和民主精神。之所以倡导民主，针对的是"吾人于共和国体之下，备受专制政治之痛苦"②这一当时的社会现实。辛亥革命建立了资产阶级共和国，但是由于民主思想和民主精神的缺失，导致仍旧受到"专制政治之痛苦"。例如，北洋政府虽然有议会等名义上的民代机构，但实质上仍然保有封建专制思想。"中国目下一方面既采用立宪共和政体，一方面又采倡尊君的孔教，梦想大权政治，反对民权；一方面设立科学的教育，一方面又提倡非科学的祀天，信鬼，修仙，扶乩的邪说；一方面提倡西洋实验的医学，一方面又相信三焦，丹田，静坐，运气的卫生：我国民的神经颠倒错乱，怎样到了这等地步！我敢说：守旧或革新的国是，倘不早早决定，政治上社会上的矛盾，紊乱，退化，终久不可挽回！"③因此，要在当时的中国建立名副其实的民主制度，必须有民主精神和民主思想作为支撑，"要拥护那德先生，便不得不反对孔教、礼法、贞节、旧伦理、旧政治"，"吾国欲图世界的生存，必弃数千年相传之官僚的、专制的个人政治，而易以自由的、自治的国民政治也"。④有学者认为，"'五四'新文化运动前，'民主'多作为一种政治制度来讨论，'五四'新文化运动的知识分子深化了

① 陈独秀:《敬告青年》,《青年杂志》第1卷第1号,1915年9月15日。
②④ 陈独秀:《吾人最后之觉悟》,《青年杂志》第1卷第6号,1916年2月15日。
③ 陈独秀:《今日中国之政治问题》,《新青年》第5卷第1号,1918年7月15日。

对民主的认识,强调了人的解放,肯定人的价值和生命的意义,同时他们把民主扩大到经济、社会、文化领域的解放,胡适、鲁迅、周作人等在文学界呼吁'人的觉醒',社会中个性解放、婚姻自由、女性解放风气日盛,推进了民主在中国的现实进程。'五四'新文化运动时期'民主'旗帜标志着国人对人权和民族独立观念的觉醒"①。可见,在当时"尊卑贵贱之殊"以及"孔子之道"大行其道的背景下,倡导人的觉醒无疑具有非常强的针对性。

正如启蒙运动以理性为核心,本质上是为了倡导自由、民主、平等、科学等资产阶级核心价值一样,当时的中国倡导科学和民主是为了为在中国建立资产阶级政权奠定基础。因此,"要拥护德先生又要拥护赛先生,便不得不反对国粹和旧文学"是合情合理的,是具有现实针对性的。有资料显示,"在新文化潮流冲击下……有女生已经开始觉悟,抵制学校开设'烈女传'……(他们)以实际行动反抗旧礼教,争取女性婚姻自由"。

第三节　五四运动之前:中西文化论争

这场古今中西激战的双方分别为资产阶级民主主义者和封建旧知识分子。前者倡导西方资产阶级自由主义文明,对中国传统文化全盘否定,主张以西方文化改造中国社会,又可以称之为文化自由主义者或激进主义者;后者倡导中国传统文化,主张中国文化本位,调适中西方文明又可以被称之为文化保守主义者。前者在五四运动之前以陈独秀、李大钊、胡适等为代表,五四运动之后分为了两派:陈独秀和李大钊倡导以社会主义思想改造社会,胡适仍旧坚持西方自由主义文明,但是在原有立场上有所退却;后者以杜亚泉、章士钊、梁启超和梁漱溟等为代表。前者的思想主要体现在《新青年》的发刊词《敬告青年》《东西民族根本思想之差异》《法兰西人与近世文明》《吾人最后之觉悟》《宪法与孔教》《东西文明根本之异点》《平民政治与工人政治》等文章中;后者的思想主要体现在《论社会主义运动之趋势与吾人处事方针》《静的文明与动的文明》《迷乱之现代人心》《战后东西文明之调和》《东西文化及其哲学》《欧游心影录》等文章和书刊中。双方以《新青年》和《东方杂志》为主阵地②,围绕中西文化之别与优劣、新旧文化关系等主题展

---

① 穆允军:《文化比较视域下"五四"新文化运动再思考》,山东大学学位论文,2010年。
② 除此之外,还有《新潮》《民铎》《每周评论》《觉悟》等杂志也充当了论战阵地。

开了激烈的论战①。例如：

陈独秀在《敬告青年》②一文中认为，要倡导自主的而非奴隶的、进步的而非保守的、进取的而非退隐的、世界的而非锁国的、实利的而非虚文的、科学的而非想象的新文化。他在《东西民族根本思想之差异》一文中认为，西洋民族以战争为本位，东洋民族以安息为本位；西洋民族以个人为本位，东洋民族以家族为本位；西洋民族以法治为本位，以实利为本位；东洋民族以感情为本位，以虚文为本位。他在《宪法与孔教》一文中认为，"欲建设西洋式之新国家，组织西洋式之新社会，以求适今世之生存，则根本问题，不可不首先输入西洋式社会国家之基础，所谓平等人权之新信仰，对于与此新社会、新国家、新信仰不可相容之孔教，不可不有彻底之觉悟，猛勇之决心，否则不塞不流，不止不行！"③

李大钊在《东西文化根本之异点》一文中认为"东西文明有根本不同之点，即东洋文明主静，西洋文明主动是也"；认为"中国文明之疾病，已达炎热最高之度，中国民族之运命，已臻奄奄垂死之期，此实无庸讳言。中国民族今后之问题，实为复活与否之问题，亦为吾人所肯认。顾吾人深信吾民族可以复活，可以于世界文明为第二次之大贡献。然知吾人苟欲有所努力以达此志者，其事非他，即在竭力以受西洋文明之特长，以济吾静止文明之穷，而立东西文明调和之基础"。"余既言之，物质的生活，今日万不能屏绝勿用。则吾人之所以除此矛盾者，亦惟以彻底之觉悟，将从来之静止的观念、怠惰的态度，根本扫荡，期与彼西洋之动的世界观相接近，与物质的生活相适应。然在动的生活中，欲改易一新观念，创造一新生活，其事较易；在静的生活中，欲根本改变其世界观，使适于动的生活，其事乃至难，从而所需之努力亦至大，吾人不可不以强毅之气力赴之。"

杜亚泉在《静的文明与动的文明》一文中认为东西方社会文明不同，但可以调和，"盖吾人意见，以为西洋文明与吾国固有之文明，乃性质之异，而非程度之差；而吾国固有之文明，正足以救西洋文明之弊，济西洋文明之穷者。西洋文明，醲郁如酒，吾国文明，淡泊如水，西洋文明，腴美如肉，吾国文明，粗物如蔬，而中酒与肉之毒者，则当以水及蔬疗之也。文明者，社会之生

---

① 关于这场论战中的派别之分与论战主题之分，不同的学者从不同的视角得出了不同的观点。参见武圣强：《近年来五四时期东西文化论战研究综述》，《北京党史》，2005 年第 3 期。这篇文章对相关问题进行了总结。

② 陈独秀：《敬告青年》，《青年杂志》第 1 卷第 1 号，1915 年 9 月 15 日。

③ 陈独秀：《宪法与孔教》，《新青年》第 2 卷第 3 号，1916 年 11 月 1 日。

产物也。社会之发生文明,犹土地之发生草木,历史视界其草木之种类,常随土地之性质而别。西洋文明与吾国文明之差异,即由于西洋社会与吾国社会之差异。";"西洋社会,为动的社会,我国社会,为静的社会;由动的社会,发生动的文明,由静的社会,发生静的文明"。

与中西文化论争相伴随的则是中西文化调和论的出现。这种文化调和论在李大钊和杜亚泉的观点中也有所体现。

第四节　五四运动之后:马克思主义传播

1919年,爆发了轰轰烈烈的五四运动,扭转了新文化运动的发展方向。第一次世界大战战胜国的中国在巴黎和会的外交失败,使中国知识界认清了帝国主义的本质,认清了中国北洋军阀政府的性质,爆发了轰轰烈烈的、彻底的反帝反封建的五四爱国运动。在这次运动中,青年学生起到了先锋队的作用,中国的无产阶级开始登上政治舞台。这次运动发生在俄国十月革命之后,是世界无产阶级革命的一部分,传播了马克思主义,是中国新民主主义革命的开始。

毛泽东在《新民主主义的政治与新民主主义的文化》一文中认为:"中国革命分为两个历史阶段,而其第一阶段是新民主主义的革命,这是中国革命的新的历史特点。这个新的特点具体地表现在中国内部的政治关系和经济关系上又是怎样的呢?下面我们就来说明这种情形。在一九一九年五四运动以前(五四运动发生于一九一四年第一次帝国主义大战和一九一七年俄国十月革命之后),中国资产阶级民主革命的政治指导者是中国的小资产阶级和资产阶级(他们的知识分子)。这时,中国无产阶级还没有当作一个觉悟了的独立的阶级力量登上政治的舞台,还是当作小资产阶级和资产阶级的追随者参加了革命。例如辛亥革命时的无产阶级,就是这样的阶级。在五四运动以后,虽然中国民族资产阶级继续参加了革命,但是中国资产阶级民主革命的政治指导者,已经不是属于中国资产阶级,而是属于中国无产阶级了。这时,中国无产阶级,由于自己的长成和俄国革命的影响,已经迅速地变成了一个觉悟了的独立的政治力量了。"

"十月革命一声炮响,给我们送来了马克思列宁主义。""中国民族几十年来受剥削,到今日才感受殖民地的滋味。帝国主义压迫的切骨的痛苦,触醒了空泛的民主主义的噩梦。学生运动的引子,山东问题,本来就包括在里边。工业先进国的现代问题是资本主义,在殖民地上就是帝国主义,所以学生运动倏然一变而倾向于社会主义,就是这个原因。"①在运动期间,陈独秀、李大钊等知识分子在俄国十月革命的影响下,价值观由倡导资本主义文明、批判封建文化逐步发展为否定资本主义文明、肯定社会主义文明,成为了马克思主义者。例如,李大钊成为了彻底的马克思主义者,撰写了《平民政治与工人政治》《庶民的胜利》《由平民政治到工人政治》等文章和讲稿来宣传马克思主义。马克思主义中国化的理论与实践探索由此开始。

1919 年 6 月,作为《每周评论》主编的陈独秀因散发传单而被捕,胡适接任主编工作。7 月 20 日,胡适在《每周评论》上发表《多研究些问题,少谈些主义》的文章,认为"凡'主义'都是应时势而起的。某种社会,到了某时代,受了某种的影响,呈现某种不满意的现状。于是有一些有心人,观察这种现象、想出某种救济的法子。这是'主义'的原起。主义初起时,大都是一种救时的具体主张。后来这种主张传播出去,传播的人要图简便,使用一两个字来代表这种具体的主张,所以叫他做'某某主义'。主张成了主义,便由具体计划,变成一个抽象的名词,'主义'的弱点和危险,就在这里。……奉劝新舆论界的同志道:'请你们多提出一些问题,少谈一些纸上的主义。'更进一步说:'请你们多多研究这个问题如何解决,那个问题如何解决,不要高谈这种主义如何新奇,那种主义如何奥妙。'……我希望中国的舆论家,把一切'主义'摆在脑背后,做参考资料,不要挂在嘴上做招牌,不要叫一知半解的人拾了这些半生不熟的主义,去做口头禅。'主义'的大危险,就是能使人心满意足,自以为寻着包医百病的'根本解决',从此用不着费心力去研究这个那个具体问题的解决法子了。"

李大钊撰写了《再论问题与主义》一文对胡适的观点进行了回应。首先,关于问题与主义的关系,他认为,"我觉得'问题'与'主义',有不能十分分离的关系。因为一个社会问题的解决,必须靠着社会上多数人共同的运动。那么我们要想解决一个问题,应该设法使他成了社会上多数人共同的问题。要想使一个社会问题,成了社会上多数人共同的问题,应该使这社会上可以共同解决这个那个社会问题的多数人,先有一个共同趋向的理想、主义,作他们实验自己生活上满意不满意的尺度(即是一种工具)。那共同感觉生活上不满意的事实,才能一个一个的成了社会问题,才有解决的希望。不然,你尽管研究你的社会问题,社会上多数人,却一点不生关系。那个社会问题,是仍然永没有解决的希望;那个社会问题的研究,也仍然是不能影

---

① 瞿秋白:《饿乡纪程》,太白文艺出版社,1995 年。

响于实际。所以我们的社会运动,一方面固然要研究实际的问题,一方面也要宣传理想的主义。这是交相为用的,这是并行不悖的。……不论高揭什么主义,只要你肯竭力向实际运动的方面努力去作,都是对的,都是有效果的。这一点我的意见稍与先生不同,但也承认我们最近发表的言论,偏于纸上空谈的多,涉及实际问题的少,以后誓向实际的方面去作。这是读先生那篇论文后发生的觉悟。""主义的本性,原有适应实际的可能性,不过被专事空谈的人用了,就变成空的罢了。那么,先生所说主义的危险,只怕不是主义的本身带来的,是空谈他的人给他的。"

其次,关于根本解决的问题,他认为,"恐怕必须有一个根本解决,才有把一个一个的具体问题都解决了的希望。……依马克思的唯物史观,社会上法律、政治、伦理等精神的构造,都是表面的构造。他的下面,有经济的构造作他们一切的基础。经济组织一有变动,他们都跟着变动。换一句话说,就是经济问题的解决,是根本解决。经济问题一旦解决,什么政治问题、法律问题、家族制度问题、女子解放问题、工人解放问题,都可以解决,可是专取这唯物史观(又称历史的唯物主义)的第一说,只信这经济的变动是必然的,是不能免的,而于他的第二说,就是阶级竞争说,了不注意,丝毫不去用这个学理作工具,为工人联合的实际运动,那经济的革命,恐怕永远不能实现,就能实现,也不知迟了多少时期。有许多马克思派的社会主义者,很吃了这个观念的亏。天天只是在群众里传布那集产制必然的降临的福音,结果除去等着集产制必然的成熟以外,一点的预备也没有作,这实在是现在各国社会党遭了很大危机的主要原因。我们应该承认:遇着时机,因着情形,或须取一个根本解决的方法,而在根本解决以前,还须有相当的准备活动才是"。此后,胡适又相继发表了《三论问题与主义》《四论问题与主义》等文章,与李大钊进行辩论。之后,《每周评论》被北洋政府查封,问题与主义之争戛然而止。

问题与主义之争是一场具有浓郁政治意味的学术辩论,是资本主义自由思想与马克思主义思想的第一次交锋。与中心文化论争的主题相同,都是围绕如何拯救中国、中国何去何存的主体展开。所不同的是,问题与主义之争提出了不同的解决方案,即社会改造的自由资本主义方案(改良)和社会主义方案(革命)。概而言之,胡适倡导的自由主义主张采用改良的方法,通过引入实验主义的方法,实行"一点一滴的改造","文明不是笼统造成的,是一点一滴的造成的进化,不是一晚上笼统进化的,是一点一滴的进化的。现今的人爱谈'解放与改造',须知解放不是笼统解放,改造也不是笼统改造。解放是这个那个制度的解放,这种那种思想的解放,这个那个人的解放,是一点一滴的解放。改造是这个那个制度的改造,这种那种思想的改造,这个那个人的改造,是一点一滴的改造"①。社会主义方案则主张根本的解决,先解决经济问题,其他问题就迎刃而解了。在当时迫切需求变革的社会背景下,胡适所信奉的实验主义方法内在地决定了他难以为社会变革提供一整套政治方案或具体而有效的行动纲领以解决当时的社会问题、政治问题、经济问题和文化问题等。正如余英时所认为的,"这一质难可以说正好击中了胡适思想的要害。如果我们用"大胆的假设,小心的求证"来代表胡适的基本态度,那么要他立刻提出一个对中国社会的性质的全面论断来以为行动的指南,便等于要他只保留"大胆的假设",而取消"小心的求证"。这在他以"科学方法"为中心的思想模式中是不可想象的"②。"这里我们清楚地看到了胡适思想在'改变世界'方面的内在限制。他的'科学方法'——所谓'大胆的假设,小心的求证'——他的'评判态度',用之于批判旧传统是有力的,但是它无法满足一个巨变社会对于'改变世界'的急迫要求。批判旧制度、旧习惯不涉及'小心的求证'的问题,因为批判的对象本身(如小脚、太监、姨太太之类)已提供了十分的'证据'。科学方法的本质限定它只能解决一个一个的具体问题,但是它不能承担全面判断的任务,即使在专门学科的范围之内也不例外。专门学者或科学家当然无法完全避免在自己专题研究的范围之外,表示一些关于本行的全面性的意见。但是我们必须了解,当他这样做时,他也许仍然表现出科学的精神,但他所用的却已不是严格意义上的科学方法了。科学方法的训练可以使人谨严而不流于武断。正因如此,严守这种方法的人才不敢不负责任地放言高论,更不必说提出任何涉及整个社会行动的确定纲领了。这在实验主义者而言,尤其是如此,因为实验主义者首先便要考虑到社会的效果问题。一言可以兴邦,一言也可以丧邦,他的科学的态度不容许他轻下论断。"③"以胡适所代表的新思潮竟抵挡不住马克思主义的冲击"④也就不足为怪了。

通过这次交锋,李大钊认识到主义要与具体实践相结合,"以后誓向实际的方面去作"。换句话说,李大钊认识到马克思主义理论需与中国具体实

① 胡适:《新思潮的意义》,《新青年》第7卷第1号,1919年12月1日。
② [美]余英时:《重寻胡适历程——胡适生平与思想再认识》,广西师范大学出版社,2004年,第213页。
③ 同上,第214~215页。
④ 同上,第209页。

践相结合,尽管这种认识是懵懂的,但也显得尤为珍贵。这场争论也开启了马克思主义中国化的实践之门。"在争论中作为早期马克思主义者的李大钊和作为改良主义者的胡适的'主张互相发明',相互影响,相互激荡而又各自调整,不断促使对立面的转化与强大,从而为马克思主义中国化过程开启了实践之门"①,"如果追寻马克思主义中国化研究的历史起源,不管是从'旁观者清'的角度考虑还是从歪打正着的层面搜索,都非胡适莫属。一个非马克思主义者,却点破了马克思主义中国化的先机,虽非他本人所愿,但却是中国思想史上发展的必然。"②

中国的马克思主义者并没有抛弃新文化运动所高举的科学与民主旗帜,相反,而是继承和发展了科学与民主旗帜,为其赋予了新的内容,将资产阶级民主发展到了无产阶级民主。

李大钊在《平民政治与工人政治》(Democracy and Ergatocracy)③一文中认为:

> 普通诠释平民政治的人,都是说"平民政治是为人民,属于人民,由于人民的政治"(Democracy is the Government of the People, for the people, by the people)。但是看破此语是虚伪的,不止马洛克(Mallock)一人。马洛克在他的 *The Limits of Pure Democracy* 里开宗明义即揭破此言的虚伪。
>
> 因为他们所用的"人民"这一语,很是暧昧,很是含混。他们正利用这暧昧与含混把半数的妇女排出于人民以外,并把大多数的无产阶级的男子排出于人民以外,而却僭用"人民"的名义以欺人。普通所说的平民政治,不是真正的平民政治,乃是中产阶级的平民政治。所以列宁(Lenin)氏于一九一九年四月在莫斯苦瓦第三国际大会里演说,曾竭力为中产阶级的平民政治与无产阶级的平民政治作区分。后来在他所著的"国家与革命"里,并别的著作里,亦尝屡屡赞扬这无产阶级的平民政治。但列宁氏虽称道平民政治,却极反对议会政治。他以为议会制度纯是欺人的方法。此方法的妙处,在以人民代表美名之下,使此机关仅为哓舌的机关,为中产阶级装潢门面,而特权政治则在内幕中施行。列

---

① ② 彭继红、何为:《"问题与主义"论战中的马克思主义中国化》,《湘潭师范学院学报》(社会科学版),2002 年第 1 期。

③ 李大钊:《平民政治与工人政治》(Democracy and Ergatocracy),《新青年》第 9 卷第 6 号,1922年 7 月 1 日。

宁氏以为欲救此弊,要在使代表机关不但为言论机关,并须为实行机关。无代表制度固无平民政治,而无议会制度则依然可行平民政治,而且真实的平民政治非打破这虚伪的议会制度必不能实现。这样看来,现在的平民政治正在由中产阶级的平民政治向无产阶级的平民政治发展的途中。在无产阶级的平民政治下,自然亦没有两性的差别了。有人说,只有无产阶级的平民政治才是纯化的平民政治,真实的平民政治,纯正的平民政治,就是根据这个道理。

从实质上说,这无产阶级的平民政治虽亦是平民政治的一种,但共产主义者的政治学者,因为此语在资本主义时代已为中产阶级用烂了,乃别立一新名词以代平民政治而开一新纪元。这新名词就是"工人政治"(Ergatocracy)。此语出世不久,在字典上还没有他的位置。此语的创立,亦和"Democracy"是一样,借重于希腊语丰富的语源。希腊语"Ergates"是"工人"(Workers)的意思,故"Ergatocracy"意为"工人的统治"(Worker's rule),故可译为"工人政治"。在革命的时期,为镇压反动者的死灰复燃,为使新制度新理想的基础巩固,不能不经过一个无产者专政(Dictatorship of the Proletariat)的时期。在此时期,以无产阶级的权力代替中产阶级的权力,以劳工阶级的统治代替中产阶级的少数政治(Bourgeois Oligarchy)。这一期的工人政治,实有"统治"(rule)的意味,并且很严,大权全集于中央政府,以严重的态度实行统治别的阶级。在社会主义制度之下,实行社会主义的精神,使之普及于一般,直到中产阶级的平民政治的特色私有制完全废止,失了复活的可能的时候,随着无产者专政状态的经过,随着阶级制度的消灭,Ergatocracy的内容将发生一大变化。他的统治的意义,将渐就消泯,以事物的管理代替了人身的统治。此时的工人政治就是为工人,属于工人,由于工人的事务管理(Ergatoracy is the administration of the workers, for the workers, by the workers)。因为那时除去老幼废疾者,都是作事的工人,没有阶级的统治了。这才是真正的工人政治。

李大钊在《由平民政治到工人政治》[①]一文中认为:

现代德谟克拉西的意义,不是对人的统治,乃是对事物的管理或执

① 《晨报副刊》1921年12月15、16、17日题注:"李守常先生在中国大学讲,甘蛰仙记"。

行。我们若欲实现德谟克拉西，不必研究怎样可以得着权力，应该研究管理事物的技术。德谟克拉西，无论在政治上、经济上、社会上，都要尊重人的个性。社会主义的精神，亦是如此。从前权势阶级每以他人为手段、为机械而利用之、操纵之，这是人类的大敌，为德谟克拉西及社会主义所不许。社会主义与德谟克拉西有同一的源流，不过社会主义，目前系注重经济方面：如男子占势力，而以女子为奴隶；贵族自为一阶级，而以平民为奴隶；资本家自为一阶级，而以劳动者为奴隶。凡此社会上不平等不自由的现象，都为德谟克拉西所反对，亦为社会主义所反对。

后德谟克拉西而起者，为伊尔革图克拉西（Ergatocracy）。Ergates 在希腊语为"工人"（Worker）之意，故伊尔革图克拉西可译为"工人政治"，亦可以说是一种新的德谟克拉西。在俄国劳农政府成立以后，制度与理想全为新创，而却无新字以表章之，故政治学者创 Ergatocracy 一语以为表章此新理想、新制度之用。然俄国的政治现状尚在无产阶级专政时期，他们要由这无产阶级统治别的阶级，所以他们去用"伊尔革图克拉西"，似尚带用着统治（Rule）之意。大权皆集中于中央，而由一种阶级（无产阶级）操纵之；现在似还不能说是纯正的 Ergatocracy，不过是无产阶级专政的制度而已。他们为什么须以此种阶级专政为一过渡时期呢？因为俄国许多资本阶级，尚是死灰复燃似的。为保护这新理想、新制度起见，不能不对于反动派加以提防。

将来到了基础确立的时候，除去少数幼稚、老休、残疾者外，其余皆是作事的工人，各尽所能以做工，各取所需以营生。阶级全然消灭，真正的伊尔革图克拉西，乃得实现。这种政治完全属之工人；为工人而设，由工人管理一切事务，没有治人的意义。这才是真正的工人政治。从实质上说，伊尔革图克拉西亦是德谟克拉西的一种。

列宁氏于一九一九年四月在莫斯科第三国际大会里曾说过：今之德谟克拉西有两种，一为中产阶级的德谟克拉西，一为无产阶级的德谟克拉西。后来在《国家与革命》的书里，亦屡屡称道无产阶级的德谟克拉西。看来伊尔革图克拉西，亦是由德谟克拉西的精神蜕化而来的。无产阶级另用伊尔革图克拉西，不乐用德谟克拉西，是鉴于德谟克拉西为资产阶级沿用坏了。

从这些表述中可以看出，当时的马克思主义者已经看到了资产阶级民主的局限性，因此试图将资产阶级民主发展为无产阶级民主。在社会主义建设时期,追求民主依旧是我们的奋斗目标。邓小平同志曾经说过:"没有民主就没有社会主义,就没有社会主义的现代化。"习近平同志在《在庆祝全国人民代表大会成立 60 周年大会上的讲话》中也强调:"人民当家作主是社会主义民主政治的本质和核心。人民民主是社会主义的生命。没有民主就没有社会主义,就没有社会主义的现代化,就没有中华民族伟大复兴。我们必须坚持国家一切权力属于人民,坚持人民主体地位,支持和保证人民通过人民代表大会行使国家权力。要扩大人民民主,健全民主制度,丰富民主形式,拓宽民主渠道,从各层次各领域扩大公民有序政治参与,发展更加广泛、更加充分、更加健全的人民民主。"可谓是真正地继承和发扬了新文化运动的民主精神。

对于新文化运动高举的科学旗帜,马克思主义学者也继承并发展了。"'五四'以降人们对'科学'的认识,超越清末的'格致'观,从自然科学、技术科学,扩及社会、人文领域,陈独秀说:'科学有广狭二义:狭义的是指自然科学而言,广义的是指社会科学而言。'马克思主义是一种'科学的社会学',而'五四'以来,马克思主义的唯物史观是作为科学的社会学、科学的历史学被中国知识分子欢迎与接受的。"①事实也表明,中国共产党之所以能够领导中国成功地进行革命和建设,也正是坚持与发展唯物史观的结果。

陈独秀《新文化运动是什么?》:

> 科学有广狭二义:狭义的是指自然科学而言,广义是指社会科学而言。社会科学是拿研究自然科学的方法,用在一切社会人事的学问上,像社会学、伦理学、历史学、法律学、经济学等,凡用自然科学方法来研究、说明的都算是科学;这乃是科学最大的效用。我们中国人向来不认识自然科学以外的学问,也有科学的威权;向来不认识自然科学以外的学问,也要受科学的洗礼;向来不认识西洋除自然科学外没有别种应该输入我们东洋的文化;向来不认识中国底学问有应受科学洗礼的必要。我们要改去从前的错误,不但应该提倡自然科学,并且研究、说明一切学问(国故也包含在内),都应该严守科学方法,才免得昏天黑地乌烟瘴气的妄想、胡说。现在新文化运动声中,有两种不祥的声音:一是科学无用了,我们应该注重哲学;一是西洋人现在也倾向东方文化了。各国政治家、资本家固然利用科学做了许多罪恶,但这不是科学本身底罪

---

① 冯天瑜:《唯物史观在中国的早期传播及其遭遇》,《中国社会科学》,2008 年第 1 期。

恶;科学无用,这句话不知从何说起？我们的物质生活上需要科学,自不待言,就是精神生活离开科学也很危险。哲学虽不是抄集各种科学结果所能成的东西,但是不用科学的方法下手研究、说明的哲学,不知道是什么一种怪物！杜威博士在北京现在演讲底《现代的三个哲学家》:一个是美国詹姆士,一个是法国柏格森,一个是英国罗素,都是代表现代思想的哲学家,前两个是把哲学建设在心理学上面,后一个是把哲学建设在数学上面,没有一个不采用科学方法的。用思想的时候,守科学方法才是思想,不守科学方法便是诗人底想象或愚人底妄想,想象、妄想和思想大不相同。哲学是关于思想的学问,离开科学谈哲学,所以现在有一班青年,把周、秦诸子,儒、佛、耶、回,康德、黑格尔横拉在一起说一阵昏话,便自命为哲学大家,这不是怪物是什么？西洋文化我们固然不能满意,但是东方文化我们更是领教了,他的效果人人都是知道的,我们但有一毫一忽羞恶心,也不至以此自夸。西洋人也许有几位别致的古董先生怀着好奇心要倾向他;也许有些圆通的人拿这话来应酬东方的土政客,以为他们只听得懂这些话;也许有些人故意这样说来迎合一般朽人底心理;但是主张新文化运动底青年,万万不可为此呓语所误。"科学无用了","西洋人倾向东方文化了",这两个妄想倘然合在一处,是新文化运动一个很大的危机。

陈独秀《马克思的两大精神》①:

　　就是拿许多事实归纳起来证明一个原理。这便是归纳法与演译法相反之文。我们自然对于这两种方法,应该互为应用。但是科学发明之后,用归纳法之处为多,因为一个原理成立,必须搜集许多事实之证明,才能成立一个较确实的原理。欧洲近代以自然科学证实归纳法,马克思就以自然科学的归纳法应用于社会科学。

　　马克思搜集了许多社会上的事实,一一证明其原理和学说。所以现代的人都称马克思的学说为科学的社会学,因为他应用自然科学归纳法研究社会科学。马克思所说的经济学或社会学,都是以这种科学归纳法作根据,所以都可相信的,都有根据的。现代人说马克思为科学的社会主义,和空想的社会主义不同,便是在此。这便是马克思实际研

---

① 《广东群报》,1922 年 5 月 23 日。

究的精神。

李大钊《马克思的历史哲学与理恺尔的历史哲学》：

今日持政治的历史观的历史家，因为受了马克思的经济的历史观影响，亦渐知就历史学的学问的性质加以研考。依他们的主张，于历史研究社会的变迁，乃欲明其原因结果的关系。换句话说，历史学亦与自然科学相等，以发见因果法则为其目的。于此一点，与马氏的历史观，实无所异。依马氏的说，则以社会基址的经济关系为中心，研究其上层建筑的观念的形态而察其变迁，因为经济关系能如自然科学发见其法则。此派历史家，虽在今日，犹以为于马氏所谓上层建筑的政治关系能发见因果的法则，此点实与马氏的意见不同。然其以历史学的目的为与自然科学相等存于法则的发见，则全与马氏一致。而于此点所受马氏的影响者亦实不为小。要之，马克思和今日的一派历史家，均以社会变迁为历史学的对面问题，以于其间发见因果法则为此学目的。二者同以历史学为法则学。此由学问的性质上讲，是说历史学与自然科学无所差异。此种见解，结局是以自然科学为唯一的科学。自有马氏的唯物史观，才把历史学提到与自然科学同等的地位。此等功绩，实为史学界开一新纪元。自时厥后，历史的学问，日益隆盛。①

李大钊《唯物史观在现代社会学上的价值》：

唯物史观的要领，在认经济的构造对于其他社会学上的现象是最重要的；更认经济现象的进路，是有不可抗性的。经济现象，虽用他自己的模型制定形成全社会的表面构造（如法律、政治、伦理及种种理想上、精神上的现象都是），但这些构造中的那一个，也不能影响他一点。受人类意思的影响，在他是永远不能的。就是人类的综合意思，也没有这么大的力量；就是法律，他是人类的综合意思中最直接的表示，也只能受经济现象的影响，不能与丝毫的影响于经济现象。换言之，就是经济现象，只能由他一面与其他社会现象以影响，而不能与其他社会现象发生相互的影响，或单受别的社会现象的影响。

---

① 李大钊：《史学要论》，时代文艺出版社，2009年，第125页。

经济构造是社会的基础构造，全社会的表面构造，都依着他迁移变化。但这经济构造的本身，又按他每个进化的程级，为他那最高动因的连续体式所决定。这最高动因，依其性质必须不断的变迁，必然的与社会的经济的进化以诱导。

……

社会学得到这样一个重要的法则，使研究斯学的人有所依据，俾得循此以考察复杂变动的社会现象，而易得比较真实的效果。这是唯物史观对于社会学上的绝大贡献，全与对于史学上的贡献一样伟大。①

陈独秀《科学与人生观》序：

我们相信只有客观的物质原因可以变动社会，可以解释历史，可以支配人生观，这便是"唯物的历史观"。我们现在要请问丁在君先生和胡适之先生：相信"唯物的历史观"为完全真理呢，还是相信唯物以外像张君劢等类人所主张的唯心观也能够超科学而存在？②

用毛泽东同志在《反对党八股》中的话来作一下总结："一部分人继承了五四运动的科学和民主的精神，并在马克思主义的基础上加以改造，这就是共产党人和若干党外马克思主义者所做的工作。另一部分人则走到资产阶级的道路上去，是形式主义向右的发展。"这是新文化运动的分化，也是拯救中国路线的分化，对中国之后的实践产生了深远的影响。

第五节　新文化运动的认识与评价

如果仅从文化层面看，新文化运动形成了以儒家文化、资本主义文化、社会主义文化相互竞争的多元文化局面，为中国社会发展提供了可供借鉴的不同价值选择。

但是从新文化运动发生的特定历史背景来说，不能仅仅从文化层面来看待，更要从深层面来看待。表面上是文化之争，实际上是政治之争，是如何改造社会、拯救国家之争，是不同的政治主体按照什么样的价值选择塑造中

---

① 李大钊：《史学要论》，时代文艺出版社，2009 年，第 137 ~ 138 页。
② 陈独秀、李大钊：《新青年精粹》，中国画报出版社，2013 年，第 99 页。

国社会和中国政治的争论。正是基于此,有学者将新文化运动称之为中国的文艺复兴和启蒙运动,是不无道理的。正如文艺复兴、宗教改革、科学革命和启蒙运动开启了西欧社会现代化转型一样,新文化运动在一定意义上也开启了中国社会现代化转型。只不过这种转型由于中国当时特殊的历史背景和社会条件而显得更为曲折和复杂、更与众不同。借用舒衡哲的话来说:"正是这场新文化运动,为中国的未来奠定了一块最牢固的希望的基础。"①

　　何谓启蒙?康德在《历史理性批判文集》中认为:"启蒙运动就是人类脱离自己所加之于自己的不成熟状态,不成熟状态就是不经别人的引导,就对运用自己的理智无能为力。当其原因不在于缺乏理智,而在于不经别人的引导就缺乏勇气与决心去加以运用时,那么这种不成熟状态就是自己所加之于自己的了。Sapereaude!要有勇气运用你自己的理智!这就是启蒙运动的口号。"②

　　在西欧,这种"有勇气运用你自己的理智"经历了漫长的过程。如前所述,西欧社会从文艺复兴经过宗教改革和科学革命到启蒙运动的发展历程在本质上就是科学与民主的发展历程,是资本主义经济和资产阶级从萌芽到壮大再到建立统治地位的过程。通过文艺复兴,将人从基督教神学的束缚中解放出来,解放了人的思想,发掘了"人性",促进了资本主义经济的发展;通过宗教改革,为科学理性的勃兴、民主政治的生长和资本主义经济的发展创造了条件,打破了教会精神专制,解放了人们的思想,发展了人文主义;促进了西欧各国民族文化和教育事业的发展;确立了资产阶级的伦理规范。通过启蒙运动,继承并发展了由文艺复兴开启、科学革命发展的理性主义,将人从封建专制和神权中解放出来,实现了"理性",最终确立了人的主体地位,为资产阶级政治体制的建立奠定了思想基础,勾勒了蓝图。

　　相对于西欧经历了几个世纪的漫长的启蒙过程,中国的启蒙历程可谓短暂。新文化运动在历史的长河中仅仅是一个非常短暂的历史事件。新文化运动意味着人开始觉醒,人的主体地位开始确立。这一觉醒是通过高举"德先生"和"赛先生"旗帜来实现的。通过科学来确立人与自然的关系,摆脱愚昧无知状态。通过民主来确立人与人之间的关系,摆脱统治与奴役的关系。尽管这一觉醒历程也很漫长,但毕竟开启了,这就是一大历史进步。新文化运动虽然没有为中国政治改革与革命实践勾勒蓝图,但毕竟为之后

　　① 转引自[美]维拉·施瓦支:《中国的启蒙运动——知识分子与五四运动》,山西人民出版社,1989年,第10页。

　　② [德]康德:《历史理性批判文集》,何兆武译,商务印书馆,1996年,第22页。

的中国革命和建设提供了多元价值选择,甚至改变了中国革命和建设的方向。

文化传统不同。西欧发生文艺复兴、宗教革命和启蒙运动的前提是基督教在欧洲神权专制统治的建立。神学占据了统治地位,即使是一切学科之基础的哲学也是"神学的婢女"。之后,科学革命的兴起,发展了文艺复兴时期兴起的理性主义。理性主义也得以成为启蒙运动的核心。即使在启蒙运动发生之后,神学也并没有消失,而是以另外一种方式维护着资本主义发展。例如,宗教改革以后产生的新教对资本主义文明的形成与发展产生了重要影响。在中国,则是以儒学为主、儒道释互补的文化传统,这种传统主张道德或德性,而非理性。即使是新文化运动发生的前夕,仍未发生科学革命。因此,当时的中国不存在理性的文化传统。也正因为如此,新文化运动是嵌入式发展而非内源式发展。

历史条件不同。西方对科学与民主的启蒙是随着资本主义经济的深入发展而兴起的。换句话说,资产阶级之所以想要摆脱宗教束缚和封建王权专制,主要是为了自身的经济利益,主要是为了促进资本主义经济发展,科学与民主仅仅是斗争结果的副产品。与西方所不同的是,中国对科学与民主的提倡是知识分子主动提出来的,是在民族危亡的社会背景下提出来的,是从文化的角度认识到中国资产阶级民主立宪活动失败的根源在于民众尚未觉悟之后提出来的,是以"救治中国政治上道德上学术上思想上的一切的黑暗"为目的提出来的,并非中国资产阶级和资本主义经济发展的自然结果。

批判的焦点不同。西方启蒙运动批判封建专制王权和基督教神权,期望从基督教神权和封建专制中解脱出来,期望以从自然王国中发现的真理来替代宗教信仰。中国则不同。新文化运动是"破坏孔教,破坏礼法,破坏国粹,破坏贞节,破坏旧伦理(忠、孝、节),破坏旧艺术(中国戏),破坏旧宗教(鬼神),破坏旧文学,破坏旧政治(特权人治)"①,期望从"君为臣纲、父为子纲、夫为妻纲"的封建纲常伦理中解脱出来。

内源式发展与嵌入式发展的不同。正如中国近代的洋务运动、维新变法、清末立宪、辛亥革命等是外来嵌入式发展的结果一样,新文化运动的兴起与发展也是一种外部嵌入式发展的结果,而非内源式发展的结果。在当时的中国,倡导科学和民主缺乏足够的资本主义经济成熟发展提供的基础

---

① 陈独秀:《〈新青年〉罪案之答辩书》,《新青年》第 6 卷第 1 号,1919 年 1 月 15 日。

支撑;缺乏资产阶级力量壮大提供的主体支撑;缺乏科学足够发展提供的理念支撑。新文化运动的兴起更多的救亡,当然也有启蒙。正式这种嵌入式发展导致当时没有处理好文化的"古今中西"之别与联系,产生了全盘西化、全盘否定和盲目保守等的问题,没有处理好文化发展中的民族性和时代性、特殊性与普遍性等关系。正如毛泽东同志在《反对党八股》一文中所说的:"那时的许多领导人物,还没有马克思主义的批判精神,他们使用的方法,一般地还是资产阶级的方法,即形式主义的方法。他们反对旧八股、旧教条,主张科学和民主,是很对的。但是他们对于现状,对于历史,对于外国事物,没有历史唯物主义的批判精神,所谓坏就是绝对的坏,一切皆坏;所谓好就是绝对的好,一切皆好。"

参考文献

一、学术专著

1. 【英】安德鲁·海伍德:《政治学》(第三版),张立鹏译,中国人民大学出版社,2012年。

2. 安作璋、熊铁基:《秦汉官制史稿》(上册),齐鲁书社,1984年。

3. (东汉)班固:《汉书》,中州古籍出版社,1996年。

4. 白钢:《中国政治制度史》(上卷),天津人民出版社,2002年。

5. 曹沛霖:《外国政治制度》,高等教育出版社,1992年。

6. 陈建远:《社会科学方法辞典》,辽宁人民出版社,1990年。

7. (西汉)董仲舒:《春秋繁露》,中华书局,2011年。

8. (南朝宋)范晔:《后汉书》,中州古籍出版社,1996年。

9. 高放:《社会主义大辞典》,河南人民出版社,1988年。

10. (战国)韩非:《韩非子·外储说》,山西古籍出版社,2001年。

11. 【德】黑格尔:《历史哲学》,王造时译,上海书店,2001年。

12. 【美】黄仁宇:《万历十五年》,生活·读书·新知三联书店,1997年。

13. 梁研慧:《全面深化改革案例100深度解读》,中共中央党校出版社,2014年。

14. (宋)李昉等:《太平御览》,中华书局,1960年。

15. 【意】尼科洛·马基雅维利:《君主论》,潘汉典译,商务印书馆,2012年。

16. (明)李贽:《焚书》,蓝天出版社,1999年。

17. (明)李贽:《续焚书》,中华书局,1961年。

18. 【法】卢梭:《社会契约论》(第3版修订本),李平沤译,商务印书馆,2003年。

19.【美】马克斯·韦伯:《经济与社会》(上卷),王迪译,商务印书馆,1997年。

20. 钱穆:《中国历史研究法》,生活·读书·新知三联书店,2013年。

21.【美】萨拜因:《政治学说史》(下),盛葵阳、崔妙因译,商务印书馆,1986年。

22. 王惠岩:《政治学原理》(第二版),高等教育出版社,2006年。

23. 王浦劬等:《政治学基础》,北京大学出版社,2014年。

24. (西汉)司马迁:《史记》(下),吉林大学出版社,2015年。

25. 王亚南:《中国官僚政治研究》,商务印书馆,2010年。

26. 夏曾佑:《中国古代史》,河北教育出版社,2000年。

27. 杨光斌:《政治学导论》(第四版),中国人民大学出版社,2011年。

28. 张继良:《近代中国政治社会变革研究》,北京大学出版社,2013年。

29. 张学仁、陈宁生:《二十世纪之中国宪政》,武汉大学出版社,2002年。

二、期刊论文

1. 包心鉴:《国家治理现代化对执政党建设的新要求》,《中国浦东干部学院学报》,2014年第5期。

2. 白彤东:《中国是如何成为专制国家的》,《文史哲》,2016年第5期。

3. 陈梦、汪洸:《抗日根据地的民众政治社会化——以陕甘宁边区的社会教育运动为例》,《广西教育学院学报》,2016年第2期。

4. 陈旭:《孝亲、忠君、爱民——清官政治思想模式》,《同济大学学报(社会科学版)》,2004年第6期。

5. 程天君:《以政治为教育——从"革命的北大"说到"党义教育"》,《南京师大学报(社会科学版)》,2014年第4期。

6. 何增科:《国家治理现代化的维度和面向》,《人民论坛》,2014年第27期。

7. 胡伟:《如何推进我国的国家治理现代化》,《探索与争鸣》,2014年第7期。

8. 金太军:《论中国封建社会儒学传播和延续的教育机制》,《中州学刊》,1997年第1期。

9. 卢山冰:《马基雅维里非道德政治观及其评析研究》,《西北大学学报(哲学社会科学版)》,2002年第1期。

10. 任剑涛:《道德与中国传统政治的合法性》,《华中师范大学学报(人文社会科学版)》,2005 年第 1 期。

11. 孙克:《中国传统臣民文化之价值结构析论》,《大连理工大学学报(社会科学版)》,2010 年第 2 期。

12. 王衡:《皇权官僚政治视野下的中国古代考绩制度》,《北京行政学院学报》,2014 年第 1 期。

13. 谢海光、陈中润:《中国传统臣民文化刍议》,《中共青岛市委党校:青岛行政学院学报》,2006 年第 2 期。

14. 张星久:《中国君主专制政体下的皇位嫡长子继承制新论》,《武汉大学学报(哲学社会科学版)》,1998 年第 5 期。

15. 张昭:《中国古代政治与道德关系的历史考察》,《中州学刊》,2016 年第 12 期。

16. 赵鼎新:《国家合法性和国家社会关系》,《学术月刊》,2016 年第 8 期。

后 记

自 2015 年秋学期开始承担"中国政治制度史"课程的授课以来，深切感受到了任务的艰巨性。一是初上讲坛，没有教学经验，教学方法掌握不娴熟，需要不断地学习和提升。二是学生对教学内容兴趣有限，需要不断地革新教学内容，契合国家治理时代变革，贴近社会生活实践。"问渠哪得清如许？为有源头活水来"，较之教学方法的提升与革新，教学内容的革新才是"源头活水"。基于此，自任教以来，在不断提升教学方法的同时，也花大力气在教学大纲允许范围内不断地对教学内容进行革新。本书是这三年来对教学内容进行革新的结果。

革新意味着既有基础上的发展。在内容框架方面，本书对既有的教科书框架进行了大幅度的改动。在借鉴和浓缩既有教科书内容的基础上，将中国政治制度史的课程内容置于国家治理框架内，以性质—意识—制度体系—行为—发展五个方面作为框架来组织内容。具体来说，本书一是重新引入了一些史料，希望通过引入史料来增加该课程的厚重感和严密性，充实中国政治制度分析的资料基础。中国政治制度史的分析对象是已经存在的政治制度，即"史"，只有扎根于"史"，才能更好地分析其运行规律和当代借鉴。二是补充了中国政治制度史的最新研究成果。这主要体现在政治意识、政治行为、政治发展等篇章中。

革新也意味着本书有待进一步完善，使之更加成熟。例如，在内容框架之下的具体内容还可以进一步充实，使之更全面化；中国近现代政治体系还可以进一步补充。这些都是未来需要进一步完善的地方。

在出版之际，感谢导师吴春梅教授在该书框架结构方面给予的宝贵意见，感谢中国矿业大学公共管理系主任许超教授在本书的编写出版过程中给予的大力支持，感谢研究生黄宏和本科生安庆在书稿校对、参考文献整理方面付出的辛勤劳动，感谢天津人民出版社郑玥编辑在出版过程中付出的辛勤劳动，感谢中国矿业大学公共管理专业品牌专业建设资金支持——感谢中国矿业大学 2018 年教学研究项目教材建设项目立项支持——本书系"中国矿业大学教材建设专项资金资助出版教材"。最后,感谢家人在本书撰写过程中给予的全力支持。

2018 年 7 月 20 日